# 木片に残った文字

—大庭脩遺稿集—

大庭脩 著

柳原出版

# 序――大庭脩先生の遺著によせて

大庭脩先生のご遺著が、このたび門下生や関係の皆様方のご尽力で、刊行されることになったのは喜ばしいことである。私がその序文を書くのは光栄であるが、他にも適任の方がおられると思うので、いささか面はゆい。ともあれ先生への敬意と、生前のご指導に感謝して、これを記すことにした。

先生のお名前は早くから存じ上げていたが、一九八八年に先生が日本側の代表を務められたハワイ・マウイ島での「International History of Early Modern East Asia 1550~1750」日米合同の研究会に誘ってくださり、お近づきになった。その後も、さまざまな心配りをしていただきご教示に与ったが、それは忘れがたい思い出になっている。

先生のお仕事は、日本学士院賞に輝く『江戸時代における中国文化受容の研究』をはじめ、中国史・日本史の広い分野にわたっているが、本書は『木片(きぎれ)に残った文字』を中心に晩年の論文・随筆が、中国編・日本編等にわけられて集められている。もちろんご専門の大著などのご業績をふまえられて、折に触れてお書きになったもので、先生のなされた研究の広がりや深さを読み取りうるものであり、それだけに先生の学問への情熱をうかがえるものと思う。

先生は大阪府立旧制北野中学を五七期に卒業されており、私は六二期で五期後輩になる。その後輩からの感謝の意をこめて、序文としたい。

平成十九年十一月

脇田　修

木片に残った文字——大庭脩遺稿集——

目次

## 目次

●凡　例

一、本書は市販向けに上梓された書籍ではなく、私家版や各団体・研究機関の紀要や雑誌から選んだ論考等を選択し一冊にまとめたものである。

二、原本に忠実を旨として編集したが、読書の便をはかるため、次の点を施したところもある。

・読みやすさを鑑み、読点を追加した。

・重要語句などにルビを付した。

・書名・資料名等の前後に『　』、「　」を挿入した。

・年代の元号表記の後に西暦年を追加した。

・原本と同様の図版を掲載し、数点追加した。

三、原本となった論考の初出は巻末の「編集後記」に記した。

# Ⅰ

# 木片（きぎれ）に残った文字——中国木簡の世界——

# はじめに　木に文字を書く

## ポンペイのパン屋の夫婦

波頭があとからあとから覆いかぶさってくるように、前の車の外側へ出てくる無秩序な車の洪水の中を、土地の人の見様見真似で歩いてみれば、何とか向こう側へ横断できた。名にしおうナポリの街角である。博物館の開館前に入口まで来てみると、小学生の小集団をつれて見学に来ていた先生が、つと妻の所へ寄って来て、アクセサリーを全部はずしてバッグに仕舞いなさいとアドバイスしてくれた。

私たちは宿願のポンペイを見るためナポリに滞在し、一昨日はポンペイと同日にヴェスビオスの噴火に呑まれたエルコラーノを訪れ、昨日は一日ポンペイの町を歩き廻った。とにかく暑い所である。一九七二年、関西大学在外研究調査員として初めてヨーロッパへ行き、ケンブリッジ大学にいた時、ローマを訪れ、日帰りツアーでポンペイへ行ったが、中国古代史を専攻している者として、古代都市がこのように発掘出現していることを見て、もう一度ゆっくり来たいと思い、多くの所は期待して出かけ、時に失望することがあるが、聞きしに勝るポンペイと人にも語っていた場所である。時に一九九三年七月初のことであった。

だが、七二年の時に閉じられて見ることができなかった入口の資料館は、二十一年後全く同じ恰好で固く鎖されていたし、待ち兼ねて入場したナポリの博物館では、ポンペイの壁画の展示場は「都合で」公開を中止していた。

イタリアだねえと言う感想であった。

　ポンペイの壁画の有名なものは、図録や書物に写真が出ていて一応は知っているけれど、実物を見て、まず大きさ、それに色合いなどを実感してみたいところである。特に、コーデックスを持つ少女の壁画と、Terentius Proculas 夫妻かという肖像画で、夫がパピルスを、妻がコーデックスを持っている絵がお目当てであったのに（七頁、図2）。結局この絵は横浜で開かれたポンペイ展で見たが、先に名のある夫妻であったのに、横浜ではパン屋の夫妻になっていた。研究が進んだ結果であろうか。

## 木に文字を書く――合格祈願の絵馬

「木に文字を書く。紙ではなくて。そういう事があり得るのか?」、そう言ったあと、ふり返って黒板に文字を書き、「諸君、これは何か。黒板、木ではないか」と言えば、もう木簡の語義は始まっている。学生の日常生活で木に文字を書く身近な例が、あるだろうかと考えてみた。君たちの家の表札は何に書いてあるか。この例はまだ使える。魚屋さんや八百屋さんの値段は何に書いてあるか。この例は片木（へぎ）からもうプラスチックに変わって、一般的でなくなった。水濡れする場所では木を使うという例に使えなくなった。鉄筋ビルでも棟木は木だと言っても一般的でなくなったし、春秋彼岸（ひがん）の墓参りの卒塔婆（そとば）や経木（きょうぎ）は木だと言っても、寺や墓に関係のない連中にはかえって説明が難しい。だが、近年増えているよい例に気がついた。合格祈願の絵馬の材料は何か、である。

　紙を使っていても木に文字を書くということを、一般に解りやすくしたのは、一九六一（昭和三十六）年一月二十六日、奈良市の西郊平城宮跡のＳＫ二一九地点で最初の木簡の出土があり、正倉院文書のある奈良時代に木簡も使っていたという事実が示されたことであろう。出土木簡十万点時代になって、木簡は人びとの常識となった。

　負けないと教えられていた日本が敗れ、イデオロギーに色あげされた歴史を疑うことを強いられた私は、みずから確認したこと以外は信じない「実証史学」をやりたいと思って中国の古代史、秦漢の歴史を選んだ。中国史は遡るにしても、時代を下るにしても漢から始めるのがよいと内藤湖南先生が言ったという話を聞いて、その通りにしてみようかと『史記』や『漢書』にとりついていた時、発掘された漢代の木簡の研究が日本にも入ってきて、その共同研究に参加させてもらえた幸運は、「むすびに」（一二九頁）に述べるとおりである。

一九五二年の頃、私たちの常識では、「竹に書くのが本来で、竹の少ないところでは木に書いた」と思っていたし、そもそも「紙がないから木に書いた」と思っていた。まさか十年後に日本で奈良時代の木簡が出てくるとは、夢にも思わなかったのである。

**西洋の木簡**

西洋にも木簡があるという認識は、マイクル・ローウェ（Michael Loewe）氏によって与えられた。彼は一九六〇年に一年間、京大人文科学研究所にいて、写真版によって居延漢簡を読んだ仲間である。

一九七二年秋、イギリスのヴィンドランダの四世紀のローマ遺跡にトレンチを入れたR・E・バーレー氏は、製作者の名前の入った女性用の皮サンダルを含む皮製品や繊維製品の断片を発掘し、一九七三年三月にこの遺跡にもう一度鍬を入れたところ、皮製品や繊維製品のかたまりとともに木に文字を書いてあるものを発掘した。これらは私信を含むが、多くはローマ陸軍の記録で、紀元一世紀後半から二世紀の初めと見られ、ローマ史研究者の間では"The Vindolanda writing Tablets"とよばれて七三・七四年のローマ史の雑誌では話題になった。ローウェ氏はこの事を私に話してくれ、「イギリスで出たから英簡と言うのかな」と笑った。

**ヴィンドランダ**

ヴィンドランダには、九三年のナポリ、ポンペイ訪問のあとで出かけた。ブリテン島の中央部、少しくびれたあたりの東海岸に、ニューカッスル・アポン・タインという町があり、このタイン川に沿ってカーライルまでの間、二世紀にハドリアヌス皇帝が築いたローマの長城、ハドリアン・ウォールがある。ニューカッスルから列車とタクシーを乗りついで、ヴィンドランダへ行ってみると、豊かな緑の中にちょっと瀟洒な建物があって、入場料を払って裏へ抜けると、芝地がひろがり、発掘された建物のあとが石組でわかり、一つの砦であることを示している。小さなユンボと二人の人がのんびりと掘っている所があり、聞いてみると個人で発掘しているのだという。ただ、遺跡の芝地のあたりは雨のあとで極めて気分のよい空気が満ちており、その雰囲気は別に中国で満城漢墓を訪れた時に感じたが、案内してくれた中国人が、これは風水が良いのだと説明した。ヴィンドランダも風水が良いのだろうか。ただ、木簡はブリティッシュ・ミュージアムへ行っており、折角の瀟洒な受付の売店も、その後少し廻ってみた遺跡の小さな資料館の展示もはなはだプアで、物好きな歴史好きがたまに訪れる田舎であった。

ブリティッシュ・ミュージアムでは展示されたタブレットを見、人を介して担当者に会った。日本人が一体何を聞きたいのだろうといういぶかしげな表情に対し、自分は中国の木簡を研究しているのでヴィンドランダにも関心があって見に来たが、あのタブレットの縮みようは、濡れて出土したものの乾燥に失敗したのだろうと言うと、担当者は君は玄人だなと答え、木簡の倉庫へ案内してくれ、ヴィンドランダ出土の私信の中に、砦の隊長婦人が隣砦の隊長に、明日は私の誕生日だからパーティーにいらっしゃいという招待状があるが、世界で一番古い招待状ではないかと話してくれた。発掘、研究をめぐって、現地と多少問題があるようだった。

## 書物の歴史

中国の書物の発達の歴史は、「名を竹帛(ちくはく)に垂(た)れる」というわけで、竹簡帛書に直結するが、西洋の書物の歴史は全く違って、みなひとしく印刷術の発明が大きく取り上げられ、その以前のことは詳しくないようである。グーテンベルグの存在は偉大なのである。

庄司淺水氏は『本の五千年史――人間とのかかわりの中で――』（東書選書一一五、一九八九、東京書籍株式会社）において「書写の材料」の一章をたて、本の材料には、石、粘土、パピルス、パーチメント（Parchment　羊皮紙）、ヴェラム（Vellum　子羊の皮）、蝋板をあげ、さらにその他の材料として、金属板、樹皮、木葉、竹、絹布、麻布などを列挙している。中国では、竹簡、冊簡が使われたとは書いてあるが、叙述は不正確で余り関心がないように見える。

F・G・ケニオンの『古代の書物――ギリシャ・ローマの書物と読者――』（岩波新書一四七　高津春繁訳、一九五三）では、パピルスの巻物を述べている中に、古代において文字を書くための材料として碑文、つまり石をあげ、ついでインドやその近隣諸国で今日に至るまで大いに行なわれている木の葉に書くということがあるという。樹皮に書くことはイタリアで早くから行なわれ、それはラテン語の liber に「樹皮」と「本」の両方の意味を持つことによって証明される。フランス語の lieble もこれに起因する。

そして、「木は書板（タブレット）用に使用され、木地のままでも、白くしたものも、蝋を塗ったものもあり、多くの実物の見本が現存している」という。また、「皮紙と巻子本」の章では、

> 皮紙の主な用途はノート・ブックらしく、公表するためパピルスに書く前に文学作品の準備に広く使用された。ノート・ブックということでは、本の冊子型の発達に関係がある。携帯することができて、時折の覚書や詩の草稿に用い得るノート・ブックについて、つまり tabellae puqillares の使用についての言葉はよくある。普通これは木で、蝋を塗ったり、石炭を塗ったりし、蝋の場合は鉄筆（stylus　ラテン語の stilus）でひっかいて書き、石炭の場合はインクで書いた。

と述べ、ようやく木についての叙述がある。英語の tablet はラテン語の tabula から発生した語で、意味は板（board）である。ローマ時代の書板は、一四〜一四・五センチに一一・五センチ程度の大きさが普通で、中には一八センチに一六センチから、二七・五に二三・五センチという大きなものもある。各地のローマ遺跡や博物館で見られる一枚の書板は図１にあるようなものである。これが二枚続きになると diptych、三枚続きは triptych というように用語があり、この冊子型のものがいわゆる codex で、block of wood、writing tablet、book の意味があるという。ポンペイの壁画（図２）にあるのがそのコーデックスである。私がナポリで是非見たいと思っていたのは、つまりローマの木簡を持っている姿であったのだ。ついでに言えば英語の book、ドイツ語の Buch はぶなの木からきた文字である。古代ローマでも木に文字を書いたということは明らかになったと思う。

図1● VINDOLANDAのローマ木簡

図2●パピルスとコーデックスを持つ夫婦（左）とコーデックスを持つ少女の壁画（右）

　なお一九二〇年代から始まった発掘で、スイスのチューリッヒの近く、現在 Windisch という所からローマの木簡が出土している。ここはヴィンドニッサ（Vindonissa）とよばれ、ライン川沿いのローマ軍駐屯地の一つで六千人の兵士がいたという。ここの北の駐屯地はバーデン・バーデンで遙かケルンにつながる防衛線で、現在ヴィンドニッサ博物館が建っている。私たちは一九九四年七月下旬に訪れ、歓待を受けた。文字の書かれた木簡の保有量は多い。

東の秦漢帝国を専門にしてみると、どうしてもほぼ同時代の西のローマ帝国が、比較文明史的に気になるものだ。ローマにも木簡があるということを確認して、その他の地域のことも見ておくとしよう。

### 木の葉に書く――貝多羅――

エジプトはどうだろうか。これは簡単、ミイラの木の棺にヒエログリフが書かれている。絵が書いてあるのではないのだ。

先にケニオンがあげたインドやその近隣諸国では木の葉を使うというのは何であろう。これはインドにおける貝(ばい)多羅(たら)のことである。日本の法隆寺などに古いもののある貝葉経典などがそれである。貝多羅というのはサンスクリットのバットラ、すなわち「葉」のことで、ターラーというシュロ科の樹の葉を乾燥して、縦七センチ、横四五～六〇センチに切り、筆または錐で文字を書いた。そして左右の端に近いところで穴をあけ、紐を通してまとめ、それを一枚ずつ繰(く)って見るのであるが、チベット語やパーリー語の経典は、その形を模した紙に横書きし、左右の穴で綴じているのは興味が深い。紙を使っても原型は変えないのである。一八九一年に中央アジア探検の先駆者の一人であるイギリスの騎兵大尉バリーがクチャ（亀茲）で入手したバリー・マニュスクリプトも樺の皮に書かれていた経典で、紀元二世紀に遡るといわれているが、貝多羅と同じ範疇に入るだろう。

近年、というのは一九七九年頃、北部タイのチェンマイ周辺の寺院で、九万点を上まわる「ランナータイ」語で「バイ・ラーン」に書かれた文書が発見され、タイ国立チェンマイ大学と、日本の国立民族学博物館が合同でマイクロ化保存を行なった。ランナータイは、北部タイの地域に一三世紀以来成立していたタイ族の王国で、一六世紀には首都チェンマイを中心に仏教を基調とする独自の文化を誇っていたが、一九世紀末にシャムに併合された。「バイ・ラーン」はラーン樹のバイ（葉）で、ヤシの一種の葉に書いてある。九万点の文書の内容は、仏教経典のほかに、寺院の縁起、王室の年代記、慣習法の法典などがあるというから、一六世紀になってもバイタラ様の材料が使われていたということである。

木の皮ということでは、ロシアのノヴォゴロで白樺の皮に書いた中世の文書が発見されているし、西蔵文や西夏文で書かれた中世の木簡もあり、朝鮮半島では新羅の雁鴨池から木簡が発見されている。

## 帛書

ここまでの話で、木に文字を書くという行為は世界的な現象であることは理解してもらえたであろう。決して紙がないから木に書いたというような単純な話ではない。ところが、これを逆にして、紙ができたので木に書くことが少なくなった、あるいは機能的に紙と木の使用が分かれたと言えるだろうか。それは単純な話ではない。紙は中国の発明で、製紙技術が西へ伝わるのは唐代、タラスの戦い以後だからである。

ここでもう一度、先に引いたケニオンの「皮紙と巻子本」の記事を思い出してみよう。皮紙の用途はノート・ブックで、パピルスに書いて公表する文学作品の準備に使うとあり、そしてノート・ブックとしてコーデックスが出てきた。つまり、一番大事な書写材料はパピルスだということになる。では中国でこのパピルスに当たるものは何であろう。私はここで帛（はく）に思い当たる。帛は新しく出土した材料である。帛と紙と木、この関係は面白そうである。そこで一度章を改め、発掘の経過について考えてみよう。

# 一、木簡発見と研究の百年

## 正倉院の伝世木簡

中国の木簡はみな出土品である、というと日本の木簡やその他の地域の木簡で、出土品でないものがあるのかと尋ねられるのではないか。それが、木簡が使用された時から今まで、一度も土中をくぐらずに伝わった、いわゆる「伝世木簡」が正倉院にあるのだ。

一つは献物牌（けんもつはい）とよばれる、大仏開眼会に献納された品につけた献納者名を書いたもので、日本木簡で「付け札」と呼ばれ、中国では「楬（けつ）」という（四〇頁）類のもので、「橘夫人」だとか、「藤原朝臣百□」などと書いたものが約四〇点ある。二〇〇二年は大仏開眼一千二百五十年の法要をしているのだから、一二五〇年伝わった木簡であることになる。

それだけではない。実際に使われた文書木簡が一〇点あり、たとえば天平勝宝五年（七五三）三月二十五日付の装束司牒（そうぞくしのちょう）は、長さ五一・五センチ、幅五・四センチの札に表裏にわたって、同日行なわれた仁王会（にんのうえ）に必要な品物を調達することについての解文（げぶみ）と、裏には関係官人の位署（いしょ）書きと自筆の署名まである。紙の正倉院文書との関係もはっきりしていて、紙と木の併用が証拠だてられる。正倉院とは木簡学の上でも珍しい存在である。

## 二〇世紀の新史料

さて、中国の木簡はみな出土品である。特に漢代木簡は一九〇一年に発掘されたので、昨年が百年の節目に当たり、最近出土して話題になった湖南省長沙市走馬楼呉簡の出土を記念して長沙市で百周年記念シンポジウムが行なわれた。偶然切りのよい年に出たので、中国史研究のための二〇世紀の出土資料と言ってもよいのだが、今世紀は初めに二千年来続いていた皇帝支配の国家形態も崩壊し、紆余曲折を経ながら中国の近代化の発展は眼を見張るものがある。二〇世紀になって出現した中国史研究の新資料として、殷代の甲骨文、六朝から宋にかけての敦煌文献、清朝滅亡に伴う档案とよばれる行政文書に、中国古代の木簡の四つが数えられたが、今はそのほかに、中国各地で発見、発掘される考古学関係資料も加えなければならない。正直なところ、大学生になった頃の五十年前に得た知識は、ほとんど役に立たなくなった。

その二〇世紀の中国史は、ちょうど半ばの一九四九年、中華人民共和国の成立をもって前後に分けて説明するのが便利である。世紀の前半は、一九世紀アヘン戦争以来の各国よりの侵略をうけ、半封建、半植民の苦難から日中戦争十五年の被害を蒙り、さらに国共内戦の分裂状態から共産党政権の独立までの苦難の道であった。

ところで一九世紀終わりごろの世界地図では、中央アジアには白く残されて何も書いてない部分があった。その地を訪れて正確に地図を書くことができる人がいなかったからである。タクラマカン砂漠をはじめとする未知の世界は、学術的研究心と冒険心の魅力ある目標であった。と同時に、周辺諸国の軍事的関心の的(まと)でもあった。

## シルクロードの探検

当時ベルリン大学にいたドイツの地理学者F・フォン・リヒトホーフェン（F.von Richthofen）は、一八七七年以後に書いた〝China〟という書物の中で、中央アジアを経由した古代の東西交通路を指して Seiden Strassen —— Silk

Road——と呼んだ。このロマンチックな響きが人びとに受け入れられ、殊に日本では今でも何かというとシルクロードと言って誤魔化すが、実は一九世紀末の新造語なのである。リヒトホーフェンは自ら中央アジアへゆくことはなかった。しかし、彼に師事し、その影響によって中央アジア探検を繰り返した、スウェーデンのスウェン・ヘディン（Sven Hedin）をはじめとして、帝政ロシアの将校であったN・M・プルジェヴァルスキー（N.M.Przhevalsky）、その弟子のP・コズロフ（P.Kozlov）、ドイツのA・フォン・ルコック（A.von Le Coq）、A・グリュンベーデル（A.Grünwedel）、それにブダペスト生まれで英国に帰化したM・オーレル・スタイン（M.Aurel Stein）、日本西本願寺法主大谷光瑞と大谷探検隊などが、一八〇〇年代後半から一九三〇年代にかけて中央アジアの探検を行ない、考古学、美術史、地理学などの分野において多くの成果をあげ、歴史研究のために重要な遺跡、遺物を発見した。このうち木簡学に大きな関係を持つのはスウェン・ヘディンとオーレル・スタインである。

## スウェン・ヘディン

スウェン・ヘディンは一八九三～九七、一八九九～一九〇二、一九〇六～〇八、一九二七～三五年の四度にわたって中央アジアの探検を行なった。彼の限りない業績の中でも大きなものは、トランス・ヒマラヤ山脈を発見したこと、タクラマカン砂漠の地理を明らかにしたこと、ロプ・ノール（湖）の周期的移動を確認したこと、楼蘭（ローラン）遺跡を発見したことなどであるが、ターリム河を下降して新旧ロプ・ノールの位置を調査した時、旧ロプ・ノール北岸で古（いにしえ）の楼蘭と推定される遺跡を発見し、多数の紙片とともに晋代の木簡一二一片を発掘した。この晋簡は現在ストックホルムの民族博物館にあり、一九二〇年にドイツの東洋学者A・コンラディ（August Conrady）によって釈文研究が発表された。ヘディンが最初の木簡を発見したのは一九〇一年三月八日である。

## オーレル・スタイン

オーレル・スタインはインド古跡調査局に勤め、インド政府から派遣されて一九〇〇年から翌年にかけて彼の第一回探検に出、昔の于闐(うてん)国の遺跡とその付近を調査したが、一九〇一年にターリム盆地南端の、タクラマカン砂漠に埋もれていた尼雅(にや)遺跡で晋簡五〇点を発掘した。これが漢文木簡出土の最初で、一九〇一年二月三日のこと、ヘディンに先立つこと約一ヵ月である。何故日付けまでいうのかといえば、このスタインとヘディンの二大探検家のどちらが先に漢文木簡を見つけたのだろうと思ったので、結局彼らの調査日記を見て何日か見定めることになった。二人は同じ頃、中央アジアの東寄りと西寄りとで木簡を見つけていたのである。

## カロスティー木簡

ただ、木簡だけに限ると、スタインはそれより先、カロスティー文字を書いた木簡を発掘していた。これは西北インドを中心に、アフガニスタン、バルチスタン、東西トルキスタンで用いられていた文字で、前五～三世紀にできたと推定されるものである。現在の確実な資料は、前三世紀のアショーカ王碑文に使われている。だがスタイン発掘のカロスティー木簡文書は、二～四世紀の楼蘭王国で書かれたものである。カロスティー木簡は形がさまざまでていねいに細工され、紐で縛って封をしたままのものがいくつもあった。スタインは、カロスティー木簡が、幅が広くて形がいろいろあるのに比べると、漢字の木簡は形が整一で、tablet（板）というよりは slip（木片）という表現の方が当たっていると述べている。漢字木簡の場合、次章で述べるように規格が定まっていて整合性があり、私は初めて平城木簡を見た時に、簡の大きさも文字の大きさも余りにもバラバラなのに違和感を覚えたことが印象に残っている。また、最初は実例が少ないため、漢文木簡とカロスティー木簡を同じ概念で把えた結果、多少問題を残したこともある。

さて、この尼雅の晋簡は、コレジ・ド・フランスのエドワルド・シャバンヌ（Édouard Chavannes）によって研究され、一九〇五年に"Journal Asiatique"に発表、ついで二年後に刊行されたスタイン第一次探検の報告書"Ancient Khotan"に付録として再び出版された。

スタインとヘディンは木簡発掘、研究については競争しているかのように成果をあげるが、その結果の発表についてはスタインが圧倒的に早い。シャバンヌのような最高の研究者が引き受けているせいもあるが、発表を早くすることについては「六、木簡学のテクニック」（一〇一頁）でもう一度とりあげる。

最初の木簡発見の競争では、スタインが一ヵ月先行したが、その次の発見ではスタインが大きくリードする。彼の敦煌漢簡の発見である。

**敦煌漢簡**

スタインは一九〇六年から〇八年にかけて第二次中央アジア探検に出た。〇六年九月末、コータン・オアシスから東に向かい、カダリク（Khadalik）の近くのバラワスト（Balawaste）という小さな遺跡で唐代の木簡九片、十月に尼雅遺跡のN・xiv・iiiと名づけた建物の遺跡で一一点の晋代の楬(けつ)を見つけ、十二月には楼蘭遺跡を調査して魏晋時代の木簡一四〇点と、カロスティー木簡を発見している。

その後彼は敦煌に向かって東進するが、その道筋に沿って漢代の長城があり、見張り台の遺跡が所々に残っているのを望見。ブリテン島に残るHadrian's Wallを思い出させ、見張り台、長城をしばしば"Lines"と呼んでいる。

一九〇七年三月十二日、スタインは敦煌に到着、十六日千仏洞へ行って壁画を見ると共に、初めて敦煌文書を見るのである。敦煌文書は敦煌石室第十七洞蔵経洞に保管されていた六朝時代から宋代にいたる時期の仏教経巻や古文書群で、この時その一部をスタインが買って持ち帰り、世界を驚倒させた。

千仏洞で敦煌文書を一瞥したスタインは、三月二十五日から敦煌の北方に残る漢代の見張り台や城壁の調査を行ない、合計七〇四点の漢代木簡を発掘した。これが「敦煌漢簡」とよばれるもので、現在ロンドンのブリティッシュ・ライブラリーに保管されている。

スタイン第二次探検で得られた漢文資料のうち、敦煌文書を除く木簡と紙文書は、前回と同じくシャバンヌ教授によって研究され、一九一三年にオックスフォード大学出版部から "Les Documents chinois découverts par Aurel Stein dans les sables du Turkestan oriental" と題して出版された。この探検の旅行記がスタインの "Ruins of Desert Cathay" (2 vols. 1912) であり、正式の報告書が "Serindia" と題する五冊の大冊である。

**『流沙墜簡』**

また、清朝の滅亡に際して日本京都に亡命していた羅振玉は、シャバンヌに求めて写真を貰い、一緒に日本に来ていた弟子の王国維と共同で研究をして『流沙墜簡』という大冊を日本で刊行した。これが漢字で書かれた木簡研究書の最初で、清朝考証学が木簡研究に咲いた華といえる。この書についても「むすびに」(一三五頁)でもう一度ふれる。

**スタイン第三次探検**

スタインは一九一三〜一六年にかけて第三次中央アジア探検に出た。一九一三年の一月にカシミールを出発し、カシュガール、コータン、楼蘭を経て、一九一四年三月十七日から敦煌北方につづく漢代の城壁と見張り台の線に沿って敦煌に入り、さらに東へ調査を続け、毛目(マオムー)から額済納(エチナ)川に沿って黒城(カラホト)にまで至った。黒城はロシアのコズロフ探検隊が西夏時代の遺物を発掘した場所であり、遺跡の一部は漢代の居延県のあとで、後にこの額済納川沿いの見張り台跡から居延漢簡が発掘されるのだが、スタインはこの時、全行程で漢簡一六六点を得たのみであった。なお楼蘭遺跡では多くの紙片と共に晋簡四九点を発掘した。

第三次探検の正式の報告書は〝Innermost Asia〟といって、一九二八年に刊行されたが、木簡や紙片などの漢文資料はシャバンヌ氏の没後にイギリスに到着したため、彼の弟子であり後任者でもあったアンリ・マスペロ（Henri Maspero）が研究にあたり、一九二〇年から一五年を費やして一九三六年に報告書を完成させた。しかし報告書の印刷は第二次大戦によって大幅に遅れ、一九五三年になって大英博物館から出版された。〝Les documents chinois de la troisiéme expédition de Sir Aurel Stein en Asie centrale〟という題だが、出版されたときにはマスペロ教授は戦争の犠牲になって亡くなっていた。

なお、二度にわたる探検でスタインが拾得した木簡や紙片と釈文を中国で一九三一年に出版した、張鳳の『漢晋西陲木簡彙編』という本があり、マスペロの本が出るまでは、第三次探検の拾得木簡はこの本以外に写真を見ることがなかったが、ひどい写真印刷と少量の釈文のみであったから、マスペロ本は皆に歓迎された。

### シノ・スウェーディシュ・エクスペディション

相次ぐ中央アジア探検の成果を欧米人があげる中で、中国政府は文化財が国外への流出することを恐れ、中国と共同工作が行なわれなければ、中国内での研究調査を禁止する旨の方針を決めた。そして、スウェン・ヘディンを指導者とする研究組織が、スウェーデンと中国共同で作られた。それが西北科学考察団（The Sino-Swedish Expedition）で、一九二七年から一九三五年の間に断続的に調査が計画された。第一期は、ベルリンと北京、上海を結ぶ航空路開設のための調査が目的で、ドイツのルフトハンザ社が出資したが、空路開設に対する政治的反対があって同社が手を引き、第三期は新疆省の内戦に巻き込まれて成果があげられず、結局一九二八年夏から一九三三年秋までの第二期に、スウェーデン・中国両政府の費用と外部の寄附金によって純粋に学術調査をした時に成果をあげた。

探検隊はおもにスウェーデンと中国の学者で構成され、若干の他国人学者もいたが、その分野は、地理学・測地学・地質学・古生物学・古生植物学・動物学・植物学・考古学・民族学・気象学の広い範囲に及び、その成果は全巻で五五巻に及ぶ報告書の叢刊（Reports from the Scientific Expedition to the North-western Provinces of China under the Leadership of Dr. Sven Hedin, The Sino-Swedish Expedition Publication）として出版されている。また中国側の報告書も『西北科学考察団叢刊』として数点がある。

## 居延漢簡の発掘

このうち木簡学に関するのは考古学の分野で、スウェーデン側の学者としてはフォルケ・ベリイマン（Folke Bergman）、中国側は黄文弼が参加した。ベリイマンは一九三〇年から三一年にかけて現在の甘粛省北部の額済納川（エチナ）流域で、ほぼ東経一〇〇～一〇一度、北緯四一～四二度の地域に点在する漢代の見張り台あとから、約一万一千余点の漢簡を発掘した。額済納川というのはモンゴル語名で、青海省境の山脈に源を発し、西部甘粛のオアシスを経て、ガシュン・ノールとソゴ・ノールの二つの鹹湖（かんこ）に分かれて注ぐ河で、中国名は弱水、ガシュン・ノールへ向かうのが西河、ソゴ・ノールへ入るのを東河と呼び、この両河の沿岸に遺跡が分布する。そして更に下流にあるのがモンゴル名カラ・ホト、中国名黒城、先に述べた漢の張掖郡居延県城と推定され、そこからこれらの木簡を居延漢簡と名づけるのである。

ベリイマンは一九三〇年四月二十七日に、カラ・ホトの東南三〇キロにあるボロツォンチで第一簡を発見した。彼は前日、この地にある見張り台の見取り図を作るため、見張り用の塔に隣接した矩形の部屋を計測していてペンを落とした。それを拾うためにかがんだ時、その側に保存の良い漢の五銖銭を見つけ、もっと注意深く探してみると、ほどなく銅の鏃と別の銭が見つかった。そこでこの日発掘を始め、ほどなく第一簡が出てきた。

その後同地で約三六〇簡、カラ・ホトの西南七〇キロにあるム・ドルベルジン（破城子）で約四〇〇〇簡、その東南、タラリンジン・ドルベルジン（大湾）で約一五〇〇簡というように、点在する漢代の保塁址を調査しつづけ、合計が一万点あまりに達したのである。

スタイン、ヘディンの木簡レースでは、今度はヘディンが圧倒的多数の簡を見つけたことになる。

**居延漢簡の戦禍被災**

これらの居延漢簡のうち、文字のあるものは一九三一年五月末に北京に、その他の出土品はストックホルムへ運ばれ、簡の釈読は北京大学の馬衡（ばこう）・向達・賀昌群・余遜・労榦氏らがあたり、スウェーデンからはカールグレン氏が加わる予定であったが実現しなかった。そして釈読作業がある程度まで進展していたのに、一九三七年以来の日中戦争により中断し、漢簡は北京を脱出、曲折を経て現在は台北の中央研究院歴史語言研究所にある。また上海において戦火で写真原版が焼け、香港においても被害をうけた。

労榦氏はわずかに残った写真の副本をもとに、中央研究院の避難先、四川省の南渓にあって単独で研究を続け、一九四三年に『居延漢簡考釈』釈文之部四冊、四四年には『同』考証之部二冊を、自ら原稿を書いたガリ版刷り油印本で出版した。居延漢簡の出版研究については「むすびに」（一三〇頁）で述べる。

一九四五年八月、第二次大戦は終わったが、中国内部では国共内戦が続き、そして一九四九年十月、中華人民共和国が成立した。中国木簡の研究も世紀後半に入って違った様相を示す。

**探検から発掘へ**

世紀前半と後半の研究の違いを、私は端的に、エクスプローレイション（探検）から、エクスカーベイション

（発掘）へと言う。

詳細はあとで述べるが、一九七三・七四年、甘粛省では額済納川流域の再調査を行ない、ム・ドルベルジン（現在の中国名は破城子）では前回五二〇〇枚の木簡と一二三〇点の遺物が出ていたのに、今回は六八六五枚の木簡と八八一点の遺物が見つかった。ここはA8とよばれる調査地点で、漢代の甲渠候官城のあとである。またA32という、漢代の肩水金関の関所あとからは、前回五ヵ所を掘って八五〇枚の木簡と五〇点の遺物が出ていたが、今回は三七ヵ所から一一五七七枚の木簡が出土、前回木簡一枚が出ていたP1地点からは、一六三枚の木簡が見つかった。A8でもA32でもそれぞれ一二〇〇〇点の木簡が発掘され、居延では約三万点の漢簡が出ていることになる。

敦煌においてはスタインの発見した七〇〇点の木簡があったが、一九七九年スタインが発掘にあたってつけたT11、T12aの見張り台の間に、甘粛省博物館でつけなおした整理番号D22という見張り台があって、スタインは見落としていたことがわかり、発掘の結果、一二一七枚の木簡が出土した。この一遺跡（現地名から馬圏湾とよぶが）の出土簡数がスタインの全発見簡数を上まわる。

**厳しい自然環境**

これは探検調査のため一定期間通過してゆく研究と、その土地の人が土地に住んで行なう研究の違いである。ベリイマン氏の日記によれば、彼はタラリンジン・ドルベルジン（大湾）、ウラン・ドルベルジン（地湾）付近の調査のあと、次のように書いている。

この地域の各地点を私が余すところなく研究することは決してできない。多分なお多くの木簡を得ることはできるであろう。しかし秋は深まり、私はさらに川を下るであろうと思う。そこにはなお発掘されるのを待っている多くの他の場所がある。

ベリイマン氏はすでに調査の限界と、木簡出土の予測を持っていたのである。しかもこの地域は、スタインが第三次探検で通った場所なのである。

甘粛省文物考古研究所長であった岳邦湖氏は、居延地域の厳しい自然について、去年の発掘場所は今年行ってみると、砂嵐できれいに均(な)らされて全くわからなくなると述べた。

外国人が「探検」するのでなく、土地の中国人が「発掘」をするのだという違いを理解してもらえただろうか。ただし、スタイン、ヘディンらの調査報告は、十分に現在の発掘に活かされていることは付言しておいてよいかもしれない。西北科学考察団の出版物がない、台湾の労榦の『居延漢簡』がないという甘粛省の研究者の悲鳴に、永田英正氏や私は、何度も対応してきたのである。

**薄古厚今**

中華人民共和国は成立し、中国共産党の独裁政権は、人民の貧困からの解放、新国家の建設に向かうと共に、世界の資本主義、帝国主義陣営とは厳しく対決し、やがてはソビエトの社会帝国主義にも対決し、独自の路線を歩む。帝国主義の学術図書や、国民党支配の地で出版された本などとんでもない。

新しい中国は激しい政治の季節を迎え、経済政策は大躍進時代、人民公社の時代等など、次々と手がうたれていった。党内における路線の闘争も起こった。現代中国の専門家でもない私が、本書に中国現代史を書くわけではない。しかし中国の政治に無関心でいられるわけではなく、その動きは他の外国よりは関心の対象となった。

中国史に関係する研究生活を約五十年してきた中で、歴史ではなく、現代の中国に関係のあることにも関心を抱いたのは当然であるけれど、やはり特異であったのは、一九六六年から七六年にわたる文化大革命の時期であろう。その十年間につき専門の研究者もいる中で、古代史関係の者に何程の事がわかるかと言われそうだけれど、言わば岡目八目のような感想もあろうし、この時期は日本でも大学紛争があって通常的でない動きを求められた時期でもある。

古代史の人間は、『文物』『考古』『考古学報』を取り、それらの雑誌の記事が情報源になっていることが多いが、私は例えば、『文物』に書法・筆・硯関係の記事が出ている時は、どちらかといえば政治路線は右傾し、左傾しはじめるとこの関係の記事は出ないという感覚で見ていた。また「薄古厚今」というスローガンがあって、歴史・考古関係は重視されていないことがわかっていた。

そして六六年五月に文革が発動されると、『文物』以下三誌は出版されなくなった。紅衛兵らの暴力で古文物が破壊される一方、貴重な文化財の発見も相次ぎ、それらの安全な保管処置も行なわれていた。その間の詳しい事情は、実はよくわからない。

## 古為今用――文革中の大転換

ところが『文物』『考古』『考古学報』の三誌は、七二年一期から復刊することになった。それらは復刊後ほぼ毎号に「毛沢東語録」、時に「列寧（レーニン）語録」「馬克思（マルクス）語録」を載せている。「毛沢東語録」などが載るのは一九七七年二期までであるが、語録の文章は毎回違うのかと思っていたところ、同文のものが二度三度使われている。もっとも面白いのは、七三年三期の『文物』誌上の毛語録の中に、

今日の中国は歴史上の中国の発展したもので、我々はマルクス主義の歴史主義者として歴史を分断してはならない。「孔夫子」より「孫中山」にいたるまで、我々は総括的に把え、一つの貴重な遺産として継承せねばならぬ。

という文があり、孔子に対して「孔夫子」、孫文には「孫中山」と敬意を表していることに注目される。やがて四

人組が周恩来総理に的を絞って、七四年以降批林批孔の運動がおこると、孔夫子は「孔老二」へ呼称が変わる。その変化が時の政情の変化の激しさを物語るわけであるが、まさかその一年前の毛語録に「孔夫子」と言っていたとは思いもよらなかった。

ところで七二年一期の『文物』の最初の記事は、毛主席の「古為今用」の方針は確実であるという見出しのもとに一九六六年から七〇年にかけての発掘出土文物を紹介する七一年七月二十四日付『人民日報』よりの転載記事があり、『考古』の文頭には、毛語録のあとに、「古為今用、洋為中用」（古を今の用に役立て、西洋をもって中国の用としよう）という標語がついている。「薄古厚今」は「古為今用」に変わったのである。

## 七一年七月二十二日

七二年一期から雑誌を復刊するためには、七一年後半には準備をせねばならぬが、何時その方針が決まったのであろうか。中国古代史を専門にしているチャイナ・ウォッチャーの現代史に関する疑問である。

その解答は一九七九年十一月に刊行された『文物工作三十年　一九四九―一九七九』の末尾にある「文物工作三十年記事」の中にあった。そのうち、一九七一年七月二十二日の記事は、

周総理が郭沫若同志の『考古学報』『文物』『考古』三誌の復刊と国外で「中国出土文物展覧」を創設するという報告を批准した。

とある。そして年表記事として七月二十四日の「古為今用」のスローガンと共に出土文物を紹介した『人民日報』の記事を加えたいところである。また、「文物工作三十年記事」の七月一日には、

周総理の承認を経て故宮博物院がよそおいを新たにして開かれたこと、そして「無産階級文化大革命展覧」が故宮博物院で開幕した。

と記す。この展覧会を海外でも行なうという企画が二十二日に承認されたわけだが、その七月に北京で開かれていた展覧会を見たに違いない外国人がいた。その名はヘンリー・キッシンジャー。この大統領補佐官は七月九日から十一日の間、密かに北京を訪問していた。

その後二ヵ月、九月八日林彪は毛沢東謀殺を試みて失敗、十三日飛行機でソ連へ逃亡しようとして、モンゴル領内で墜死したことになっている。

文化大革命は、私にとっては四十歳から五十歳という、一応一人前の教師として立った時期に同時進行でおこった事件であり、いわば始めと終わりがある完結体としての事件で歴史の理解に役立つものであった。文革十年は何であったのかという反省や検証の内、政治的な動きを中心にした著書、例えば『中国文化大革命辞典』（陳東林等主編・加々美光行監修、一九九四、中国書店）の目録などには、右に述べたような動きは全く記録されていないが、古代史・考古学関係者にとっては、一応知っていてよい話である。

そして現実の米中接近の戦略的転換はもっと早くから萌していたわけで、せいぜい一九七九年十一月になって、『文物』等三誌の復刊はそういう背景かと解ってみても、外交の先端にいる人びとや、現代史の専門家にはあとの祭りである。万事後追いで鳧（けり）がつく歴史家をやっていてよかった本当に、という所である。

## 居延新簡の出土

「薄古厚今」から「古為今用」へ、そして世界が驚く文化財を持って廻って、文化大革命で失われた中国の面目を、他面から改めようとする作戦と、米中接近、ニクソン訪中の現実路線の転換が行なわれ、そして四人組支配の文革後半がなお五年間続く。周恩来が死に、毛沢東が死に、四人組が逮捕され、一九七六年に文革が終わると、われわれにも中国訪問の機会がめぐって来た。

「森鹿三団長からは、以前から『居延漢簡乙編』を何時出版するのかお尋ねをうけていましたが、林彪・四人組を一掃した今、一九七九年の早々に私達は『甲編乙編』を合わせて出版することにしています。」

と夏鼐先生は白皙の顔を輝かしてこう語った。一九七八年十月九日、森鹿三団長のもとに「中国文物歴史」研究者友好訪中団は前日夜北京に到着し、翌朝早々北京飯店で夏鼐、徐苹芳などの考古研究所のメンバーと座談会を行なった。

その前年、京都市からのメンバーとして訪中した永田英正氏は、近づいて来た夏鼐先生から一九七二・七三年に額済納川流域の居延漢簡の発掘場所から、更に以前を上まわる木簡が出たことを、そっと伝えられていた。世紀後半の発掘をめぐっては、スタインやベリイマンのような物語性はない。発掘は「簡報」とよばれる学術的な概略の報告によって伝えられ、正式の報告書が出るのである。もはやそれは「エクスカーベイション（＝発掘）」だからである。

あとで述べるように、七二・七三年の居延漢簡（居延新簡）以外に、いくつもの特筆すべき木簡の発掘はあるのだが、この出土が非常に印象に残るのは、文革中の発見であったことと、先に西洋人が発掘していったあとから、それを上まわる成果があがったことによるのだろう。居延新簡の発掘簡報は『文物』一九七八年の一期に出た。

発掘作業をしたのは甘粛省博物館を中心に作られた甘粛居延考古隊で、一九七二年秋に額済納川の流域調査を皮切りに、七三・七四年の夏、秋に漢の甲渠候官遺址（A８地点）、漢の甲渠第四隧遺址（P１地点）、肩水金関遺址（A32地点）の三ヵ所を重点発掘し、前述のような多数の木簡を取得した。

### 甲渠候官呰

甲渠候官城呰は北西部に突き出た土製の煉瓦（れんが）で築いた四角い障の部分――二三・三メートル四方で厚さ四～四・

五メートルの壁で囲まれ、現在の高さ四～六メートルが残っている――と、それに接続した方四七・五×四五・五メートルの土を固めた壁に囲まれた部分よりなっている。その壁は厚さ一・八～二メートル、現在の高さは〇・九メートルである。この壁を塢（う）と呼ぶ。塢の下層部には二度の火災にかかった建物のあとがあり、城壁内には少なくとも三十七の建物があったことが確認されている。

その中で西北部にあるF16という部屋が一番大きく、その部屋の中や近くから出てきた木簡には「塞上烽火品約」（のろしの上げ方の規則）、「相利善剣刀」（良い刀の見分け方）、建武初年の違法役人の弾劾状などが出てきているので、ここにはおそらく最終時期の甲渠候（この地域の司令官）の部屋だろうと思われる。

また、城壁内の東側にあるF26～31の部屋は吏卒の居住区であり、その内F26はかまどがあり、F22は文書庫であっただろう。ここは六平方メートルたらずの小部屋だが、その中からは九〇〇枚の木簡が見つかり、王莽の天鳳年間（西暦一四～一九年）から建武初年にいたる間の四十冊余りの冊書が含まれている。

## 烽火台の残りとごみ捨て場

城壁の南六〇メートルに甲渠候官専用の烽火台の残りがあり、城壁の東側、門から三〇メートルの所には、七〇×四〇メートルの範囲にわたって、柴草、糞便、廃棄物を包む焼灰と砂礫の堆積があり、ここを掘って三二二三枚の木簡と七三九点の遺物を見つけた。一般的に言って、この砦の北・東・南部から出た木簡は時期的に古く、昭帝・宣帝期（前八六～四九）、西北部が元帝・成帝期（前四八～七）、西部が一番新しくて王莽時代（九～二三）のものである。これに対して城内から発見された木簡は三四三四枚あり、時代は後期のものが多い。

結局、木簡の総計は六八六五枚、遺物八八一点で、一九三〇・三一年出土の旧簡約五二〇〇枚を加えると、甲渠候官遺址出土の木簡は約一二〇〇〇枚ということになる。出土遺物は、弓・箭（や）・銅鏃・鉄甲・ろくろ・貨幣・鉄製農具などで、珍しいものとしては木版画、竹笛などがある。

この状況について基本的に重要なことを指摘しておきたい。城壁の東側、門から三〇メートルの所に塵溜(ごみだ)めがあって焼却したが焼け残っていた。そして一般的に東から西の方へ居住の中心が移っていった。そしてF22は砦の最後の時にも文書庫であったということである。だがよく考えねばならぬことは、F22の文書庫の現役文書も、そのまま砦と共に放棄されたということである。最後の甲渠候の司令官は、彼が必要とする文書は持って撤退したはずで、時期に遅速はあっても、所詮すべての木簡は捨てられたものである。

**肩水金関砦**

次に肩水金関という関所の砦について述べよう。この関所は行政上は肩水都尉府に属するが、肩水都尉府と居延都尉府とを結ぶ南北交通の要地に当たる。関所の門には方六・五メートルの楼のあとがあって、その間を五メートル幅の道が通っている。関門には土壁がつづいている。門の内、西南側は固めた土塁──塢牆(うしょう)──が、北に長さ三六・五メートル、南に長さ三五・五メートル、東に二四メートル残っていて、東南の隅に門があり、土塁の高さは現在七〇センチ、厚さ七〇〜八〇センチで、五〜八センチ単位でつき固めてある。この土塁の中にのろし台、壁に囲まれた居住区、馬小屋などがある。土塁の南西の角に残っている方形の保塁は、一三×一二・五メートルの大きさで、厚さ一・二〜一・三メートルの壁に囲まれ、門は狭く小さく、中は小さい道がまがりくねっており、西側に住居やかまど部屋、倉庫などがある。その西北の角に出っ張るようにのろし台があり、この保塁の中からは印章・硯・木製の人形・木簡・麻紙などが発見されている。ここが砦の中心でもっとも堅固に作られた部分である。遺跡全体で三七ヵ所から、一一五七七枚の木簡が発見されたので、一九三〇年の五ヵ所八五〇枚の出土簡にあわせて、金関出土の漢簡は一二四〇〇枚になる。ちなみに、ここの釈文、報告書は未だに出ない。中国木簡研究上の最悪の現場である。

甲渠候官城砦、肩水金関砦に共通している防御施設として、まずⅡ型の木組がある。これはもともと土塁の壁や建物にはめこまれていた矢狭間で、中央に回転する丸い木があり、開閉できるようになっている。漢簡の中に「転射」とか「深目」とかいう名称で記されているものである。また、城壁の外側三メートル以内の地面に、七〇センチほどの間隔で先端を尖らせた三三センチばかりの木の杭が三角形に打ち込んである。これは史書や漢簡の中に「虎落」とか「彊落」とかいう名称で記されている防御施設で、日本でいう逆茂木(さかもぎ)である。

## 甲渠第四隧見張り台

三番目の甲渠第四隧の遺跡は小さい。隧というのが見張り台、ウォッチタワー、ここは西の部分がのろし台で現在三・四メートルの高さが残っており、その基礎部分は七・七×八メートルの方形で土を叩き固めて作ってある。その西南の角にかまどがあり、煙が上に抜けるようになっている。こののろし台の南側に東西二一メートル、南北一五・二メートルの壁をめぐらし、西側に二つの建物、東側に三つの建物がある。のろし台の見張り兵、隧卒が居住していた。出土した簡の記事から第四候長という、いくつかの見張り台を監督する上級官がいたことがわかり、通常の見張り台より大きい。ここの西側の建物が古く東側を建て増しているので、候長が駐屯するようになって増築したのであろう。

こういう見張り台が点々と続いているので、スタインなどの調査も行き届いていて、実測図も沢山ある。甲渠候官城砦や肩水金関砦レベルの大型遺跡が調査されたところが、「探検」から「発掘」へ、世紀前半と後半の違いである。なお、「発掘」はみな中国人の手で行なわれているから、出土木簡はすべて中国内にある。「探検」時代の簡は大陸外にあるというのも特色になろう。Ｐ１地点の出土簡は、旧簡一簡に対して一九五枚あった。

第四隧は甲渠候官城砦から南へ三キロ隔たっていてその間に三つの隧がある。甘粛省博物館の岳邦湖さんに、遺跡が大きいから選んで掘ったのかと尋ねたら、ベースキャンプを置くのに丁度良い場所だったからと答えた。

敦煌馬圏湾の発掘も「エクスカーベーション」時代らしいことは先に述べた通りである。

**敦煌懸泉置本陣遺跡**

敦煌では、一九八七年に発見された東は安西県城を去る六〇キロ、西は敦煌市にいたる三四キロ、東経九五度二一分、北緯四〇度二〇分の位置にある漢代の懸泉置の遺跡の発掘が行なわれ、一九九〇年から九二年の三年間で終了した。

懸泉置の遺跡は、従来に較べて保存状態が極めて完全な漢魏時代の駅置の遺構であって、漢代の簡牘三五〇〇〇枚、その内文字のある簡牘二三〇〇〇枚、遺物は三〇〇〇件にのぼる。

懸泉置は、敦煌郡效穀県懸泉置というのがフルネームで、敦煌郡にはここのほかに、魚離置、遮要置、龍勒置、廣至置、效穀置、冥安置、渕泉置など九ヵ所の置があり、そのほかに一二の駅、六〇の亭があった。郵の数は僅かに二つで後漢の簡にあり、制度が変わったもようである。こうしてみると置は江戸時代の日本の本陣にあたると見るのがよいのではないか。

懸泉置にいた官卒は三七人、伝馬は四〇匹ばかり、伝車は少ない時で六乗、多い時で一五乗あった。なお出土簡の記年は武帝の元鼎六年（前一一一）から後漢安帝の永初元年（一〇七）までであるというが、元鼎六年は詔書を下した年で、現実に置が動いていたかどうかは不明である。なおここの報告書も学術的な問題以外のことが原因で遅れているので残念である。

居延すなわち額済納川流域、敦煌すなわち疏勒河流域に広がる漢代の対匈奴防御線の遺跡は、まだまだ埋もれた遺跡も多く、候官の上級組織である都尉府が発掘されていない。期待される将来の問題である。

**スウェン・ヘディンから百年**

スウェン・ヘディンは一九世紀末の第一回探検の時、ひとりでタクラマカン砂漠を横断していて、上から下まで駱駝を着ている人物に出会ったと書いている。駱駝に乗るか、川を船でゆくか、歩くかの方法しかなかった中国西方の砂漠を、今は優秀な車が走り、居延へ行ったという若い人が増えてきた。中国側も改革開放路線にのった観光ルートの一環と考えているのだろう。

敦煌・居延などの遺跡群は広いオープンスペースに展開している。従来私はフィールドの木簡とよんで一括して考えてきたが、先にも書いたようにそれらの遺跡は木簡を含めて廃棄されたものであった。そして甘粛省を中心とする乾燥地帯から出土した。ところが最近になって、新しい現象が見えはじめている。その問題を含めて先へ進んでみよう。

**河西四郡から木簡が出る**

一九六三年の十二月、日本を訪れた中国学術代表団の内、侯外廬副団長をはじめとする数名が関西大学を訪問した。考古学の夏鼐氏は単独で平城京の発掘現場へ行っていた。関大中国文学科の芝田稔教授の努力で、われわれは個人で近づけない代表団の大先生に、短時間でも会えるのは大変な幸運、もとより中国へ出かけることなど夢想だにできない日中関係不正常の時代のことである。若い者も遠慮なく質問をせよという話なので、私も一言立って話した。

漢簡を研究しているものですが、敦煌漢簡は漢代の敦煌郡・居延漢簡は張掖郡の出土です。私は河西四郡全部から木簡が出土するに違いないと思っていますが、如何でしょうか。

芝田先生の巧みな通訳のせいで中国人学者は一斉にオオッと言い、侯外廬さんが笑いながら、

国に帰ったなら貴方の説を我が国の考古学者に伝えましょう。

と答えて、座談会の雰囲気は一層リラックスしたのであったが、これは全く冗談ではなくなった。もともとスタイン第三次探検の地域は漢の酒泉郡の地域に当たるから、あれは酒泉漢簡だという論者もいたのだが、武威郡からも出土し、本当に四郡から出るようになったのである。

## 武威の木簡

武威というと、「古為今用」以来中国の出土品の象徴のようになっている燕を踏む銅の奔馬が出土した雷台のあるところで、街の中心には大きな奔馬の像がある。だが、ここの木簡はフィールドではなくて、墓から出たのである。

墓葬されていた木簡が出土したことは、歴史上も記録があるし、長沙の楚墓でも現実に一九五三年にもあった。では今世紀後半に始まったのかと問えば、戦前、朝鮮平壌の楽浪王光墓で一枚出土している例もある。これらは「三、残された木簡」で詳しくふれることとし、もっともエポックメーキングな発掘を言わなければなるまい。

## 漢代の書籍の出土

それは一九五九年、甘粛省武威県磨咀子第六号墓から、『儀礼』を書いた竹簡、木簡合計四六九簡が出土したことである。中国人が好む表現を使えば、文字の合計は二万七千三百三十二字である。

墓は全長一三メートル、幅は墓道で一・三メートル、墓室で一・七五メートル、墓室の長さが四・三五メートルという小型の単室土洞墓で、夫婦合葬墓、時代は王莽時代、墓主は郡文学掾などの郡学に関係がある人ではないかと考えられた。

出土した『儀礼』は、まさしく漢代の書物の実物が出現したわけであるから、非常に早く『武威漢簡』という大型の報告書が出ると共に、簡書のレプリカが作られ、中国各地の博物館に展示された。

墓に木簡が埋納され、出土することはこののち多くの例があり、簡文の内容も書籍以外に「遣策（けんさく）」と呼ぶようになった副葬品のリストや墓主の身分に関係のある文書など種類が増えてきた。これも章を改めての後述にまかすとし、ここでは少し本質論をしておきたい。

墓に埋納される木簡——従来私の使っていた表現では墓葬の木簡は、死者をとむらうため、墓主に関係のあるものを納めている。従って、後に発掘を含む何かの理由で墓室が破壊された時には必然的に出土するはずのものである。もちろん長年月の墓葬の中で、朽ちて失われることがあっても、それは偶然なくなったのであって、本質的には必然的に存在するものである。だから残るべくして残ったもので、フィールドの木簡が廃棄されたがなお塵溜めに偶然残ったのとは違うと考えている。後章では、墓から出土するものを「三、残された木簡」として扱い、フィールドの木簡を「四、捨てられた木簡」としているのである。なお墓から木簡が出土するのは、世紀後半の大きな特色である。

# 二、竹冠の字と木偏の字

## 木簡は挿し込み式の箸箱の蓋

私が生まれて初めて漢簡というものを見たのは、多分一九五四年頃だったと思う。京都大学人文科学研究所の地理の研究室へ入ると、「これが漢簡です」と森鹿三先生は多少興奮気味で、われわれにも改まった口調になった。濃紺のコハゼのついた帙のような箱を開くと、漢簡が四本納まっていた。漢簡の実物を初めて見て、「なんだ、挿し込み式の箸箱の蓋みたいだな」と思った。香港の骨董商が持ち込んで来て四本で二十万円という話であった。この漢簡にはその後なお話がついてくる。

講義や講演で木簡を説明するのに、どのような話し方をすると解りやすいか少し工夫をしてみた。その結果、縦、あるいは横にスペースを拡げてそれでどう変わるかという説明がわかってもらいやすいと知った。何かの席で話を聞いた藪内清先生が、そういう風に言うとよくわかるなとお墨付をくれたので、木簡の形や機能の説明には定式ができてしまった。ここでもその方法で進めよう。

## 『説文解字』の「簡」の説明

一世紀末、後漢の人許慎(きょしん)が『説文解字(せつもんかいじ)』という字書を作った。順序を変えると、文字解説となり、字書であることは疑いない。この書の解説によると、「簡」という文字は、「竹に従う間の声、簡は牒なり」とある。竹に従う、竹に関連がある、間(かん)という発音である。簡とは牒のことだと言っている。竹に関係のあるものは竹冠、木に関係のあるものは木偏というように、漢字は関連のある部首を持っていることは周知のことである。それは竹と木と材質の違いを示しているのだから、木簡という表現は変だという理窟もあり得るのだけれども、長年の使用から慣習的に派生した意味である。「文字を書くためのふだ」というのが簡だと考えれば、木簡も許容範囲の用法といえるだろう。

### 旁にも意味

文字のなりたちの六書(りくしょ)の中で、形声文字では、部首のほかに発音をしめす部分が加わっているが、それにも意味があることが少なくない。偏に対して旁(つくり)にも意味を見ることがある。

さてそこで間という発音部分であるが、この字は「刊」とひとしく、削るという意味があり、刊の利刀(りっとう)を取り去った干には、平(たいら)に揃えるという意味も出てくる。竹を削ったものである。そして簡は牒なりと意味を述べているわけだが、それでは「牒」とは何かということになって、『説文解字』で牒を調べてみる。

### 片部の字

この字の部首は片部である。そこでは「牒」の字義は「札」であるという。ついでに木部で「札」を調べると、札とは牒のことであるとでてくる。『説文解字』などでは、しばしばこういう堂々めぐりになることがあるが、少なくとも簡と牒と札とは同じものだといえる。「札」の旁、乙はけずる、删の意味というから木を删(けず)ったものを指す。それでは残る「牒」に戻ってくるわけだが、「片」という部首は、本来、木（朩）を二つに割った右半分の形の象形指事体で、『説文解字』では判木、判は分けることで、一つの木を二つに分けた木片、「半木」だという。牒の旁、枼は葉にもついて、薄く小さいの意味があるが、簡、札、牒がほぼ同じものを指す文字であることは確定しただろう。

片部の文字は少なく、版、牌、牓、牘など、みな文字を書く札に関連あるものがほとんどである。竹と木という素材にこだわって言えば、簡札、簡牘などの方が従来から使われている包括的な用法で、牘というのは『説文解字』の意味は書版であると言っている。なお慣習的に派生した意味では、牘はやや幅の広いものを指すことがあり、非常に特殊な用例であるが、竹牘と表現した論文があった。

**漢簡の標準**

さて、現実に発掘された漢代の木簡、漢簡と総称するが、漢簡のもっとも標準的なものは、長さ約二三センチ、幅約一センチ、厚さ〇・二～〇・三センチの木または竹のふだである。これに普通に字を書くと三〇字ほど入るが、それは書く字の大小で変わるのは当然である。

この約二三センチという長さには意味があって漢尺の一尺の長さに当たる。従って、簡は長さ一尺、幅五分、厚さ一分くらいのふだであるといってよい。長さ一尺の牘、すなわち尺牘（せきとく）が、後に手紙を意味するようになったのも興味あることである。

ところで、一枚の「簡」に書くことができる字数が一定であるとすれば、文章がその字数を上まわったときに、どうすればいいだろうか。

**簡の幅を拡げれば**

まず長さはそのままで幅を拡げればよい。漢簡のなかには長さ約二三センチで幅が一・八センチないし二・八センチあり、文字が二行入っているものがままあり、そして文章がそれだけで完結している場合がある。幅が一寸前後のものである。この形のものを当時「両行（りょうこう）」とよんだ。文献資料には出てこないが、簡文の中に、札二百、両行

五十、縄十丈を保存しているような例がある。

幅を拡げてゆけば四角に近くなるが、四角い板を「方(ほう)」とよぶ。

### 檄は二尺の書

つぎに、「簡」の幅を変えないで長さを伸ばしても書くためのスペースは拡がる。かりに長さを倍の二尺にしてみると、『説文解字』には、「檄」は二尺の書であると説明している。この字は「檄を飛ばす」などと現在でも使われるときがあり、「軍書」や「召し文」などの意味の方が一般に定着しているが、スタンダードの倍の長さの簡を意味する原義があった。軍の命令は一本の「檄」に書き込んだ方が便利だったからそうなったのかと想像して実状を調べてみたが、檄書は独自の文体を持ち、長い簡に書かれている時も、違う時もあるようである。

### 三尺は槧

さらにもう一尺伸ばして三尺のものがあるだろうか。後漢の劉熙(りゅうき)の書いた『釈名(しゃくめい)』、名を解釈するという字書には、「槧(ざん)」という文字に、「版の長さ三尺のもの」という説明がある。三尺というと約七〇センチの長さになるが、居延旧簡の中に、

(2)—1 懸置三老二　行水兼興船十二　置孝弟力田廿二　徴吏二千石以符卅二　郡興調(国調)列侯兵卌二　年八十及孕朱需頌撃五十二

A33、五・三+一〇・一+一三・八+一二六・一二、甲二五五一

と、詔の内容を簡単に述べて番号をつけた目録が全長六七・八センチあり、同質の筋目の通った簡に謹厳な隷書で書かれた詔文の断簡もあるところから、現実に使用されていた証拠がある。このように上から二、十二、……五十二の番号がついている簡が一本あると、当然一、十一、……五十一を書いた簡が右に一簡あり、以下左に三、十三、……五十三の一簡から以下、十、二十、……六十にいたる八簡が左側にあって少なくとも十簡がセットになって並

んでいたことが想像できる。このセットは内容を考えても、漢初以来の重要な詔令であることがわかるから、令甲という重要法令集の目録であろうと考えているが、内容の令は置くことにし、三尺の簡つまり「槧」の実用例があることだけを指摘しておく。一方、文献の中にも『史記』酷吏伝には「三尺の法」、『漢書』朱博伝には「三尺の律令」という語があり、法律を長い槧に書くことがあるのは間違いない。

**牘の樸**

ところが『説文解字』では、「槧」というのは「牘の樸なるもの」であると説明する。牘は書版、字を書くためのふだ、樸というのは素の意味だという。素は色あげしていないもとの糸が本義である。音をしめす菐は、剥ぐの意味で、木の皮をはいだまま、まだ加工していない木、きじのままの木、だから素に通じるわけだが、そういう牘の樸なるものという説明である。ところが、「璞」という同じ旁を持つ玉篇の字があって、これは未だ磨きをかけていない素材の玉のことを意味し、樸の理解をたすける。

**王充の『論衡』の説**

許慎と同じく後漢の人で王充という人物が『論衡』という本を書いている。その「量知篇」というところで、彼は人が学問をせねば役に立たぬことをたとえて次のように言う。

> 人いまだ学問せざるを矇という。牒（原文は「矇」）は竹木の類なり。それ竹は山に生じ、木は林に長ずるも、未だ入るところを知らず。竹を截りて筒と為し、破りてもって牒を為る。筆墨の跡を加えてすなわち文字を成す。大なるは経と為し、小なるは伝記と為す。木を断ちて槧を為り、木（原文「之」）を析きて板を為る。刀（原文「力」）もて刮削を加えてすなわち奏牘を成す。

竹→筒→牒、木→槧→板と木簡を作るプロセスの例えに槧がでている。二つの字書の説明は槧の両面を説いていて、三尺のままで使うか、それからさらに析って使うかとの違いである。

### 尺一詔

木簡の長さに意味がある場合について書いておこう。漢に「尺一詔」という言葉があって、普通の文書が一尺の簡であるのに対して、皇帝の詔は一尺一寸の木簡を使ったことからできた言葉である。『史記』の匈奴伝によると、漢帝が匈奴単于に与える書が一尺一寸のものであったので、当時軍事的外交的優位にあった匈奴単于は一尺二寸の簡を使って返書を送り、ここでも優位を示そうとしたという。木簡の長さが優劣を象徴する場合のあることがわかる。

### 経書の長さ

木簡の長さが書物の格づけになっている例もある。「鄭玄注論語序」、後漢の大儒鄭玄が『論語』に注を加えたその序文の中に、『孝経鉤命決』という漢代の緯書の記載を引いて、「春秋は二尺四寸、孝経は一尺二寸、論語は八寸」の簡に書くということを記している。先の王充の『論衡』で、「大なるは経と為し、小なるは伝記（注釈）と為す」とあったのはこのことである。『春秋』は儒教の基本的経典、いわゆる六経の一つで、六経は二尺四寸の簡に書いた。文献では、後漢の人周磐が死ぬときに遺言して、二尺四寸の簡に『書経』の堯典を書いて棺の前におかせたというのもその傍証になる。

「三、残された木簡」（未完）に述べるが、一九五九年に武威で出土した『儀礼』のうち、甲本の木簡は五五・五〜五六センチ、幅〇・七五センチ、丙本は長さ五六・五センチ、幅〇・九センチあり、漢尺二尺四寸は五五・九二センチとすれば、ほぼ制度の通りといえるのである。

## 冊　書

ここまでは、一本の簡の文字を書くスペースを、幅を拡げたり、長さを伸ばしたりして拡大することを考えてきたが、つぎは、そういう方法ではなくて、文章が一本目に余れば二本目に書くということで、二簡以上にわたって書き継ぐ方法（実はそれが普通の方法）について考えよう。

内容が二簡以上にわたった場合は、それを紐で縛って一まとめにした。その形を象形した文字が「冊（さく）」である。「策」は音が同じなので、後に用いるようになったが、本来は「冊」である。一九三〇・三一年に出土した居延旧簡では、紐がついたままの「冊」書は二例出たが、居延新簡をはじめ、世紀後半の発掘では多数の実例がある。

## その次は一長一短

「冊」の字は甲骨文や金文のなかにすでにあるし、『書経』の中にもでてくるから、極めて古くから用いられており、簡をつづった形をしめしているから、逆に木簡の使用は殷代にさかのぼると言ってよい。『説文解字』の説明の中に、「其の札の一長一短を象どる」という句があり、後漢の人蔡邕の書いた制度の解説書『独断』にも、策書は「その制、長さ二尺、短き者は之に半ばし、其の次は一長一短、両編」と書いている。若い頃、この文意がわからず、和刻本の『独断』を手に入れて問題の所を見ても何の説明もなく、困ったことがあったが、其の次（つぎ）はと読んだのが間違いのもとで、其の次（じ）、順序は一本長いものがあれば短いものが並ぶということが、やがて理解できた。金文にはそういう形に書いたものがある。また、両編、二ヵ所で紐をかけるのが正式で、長くなれば紐をかける場所が増える。簡文に、紐のかかる場所をあらかじめ空けたものもあり、先にかけるか書いてからかけるかなどと議論したこともあるが、どちらもある。冊書に編むことを考えると、一簡の表と裏に字を書くこと、特に文章が一番目の表から裏につづき、二枚目の表に続くというような書き方をすると読みづらいから、中国木簡は裏に書くことは少なく、何か見出しか、一番多いのは関係する下級官の副署かなどに限られ、日本の平城京木簡が裏に文が続くのとは異なる。日本の場合の文書木簡では、一簡で完結することが多く、冊書にはしないのが普通である。
両編の意味で、冊と書く字体もあり、秦、始皇帝の文字の統一で廃止された東方諸国の文字、「古文」では箣という、竹を加えた両編の字もあったという。

**典**

「册」を台の上に載せた形を象った文字が「典」である。「典」は冊の大きなものという解釈もあるが、『書経』周書多士篇に「惟れ殷の先人、冊有り、典有り」という冊、典は書いたものを指す。

**扁**

両編の「編」は冊をつづる紐、糸と「扁」という音符よりなり、竹冠をつけて「篇」という文字もある。「扁」には竹簡とか平らな板とかいう二次的な意味があるが、本来は「戸」と「册」が合した会意文字で、門戸に掲げる冊をいう。現在でも「扁額」という語は書道関係などで普通に用いられ、鴨居などに掲げる書を指している。『説文解字』では「門戸に署する文」という。署はこの場合、書くという意味である。「五、どうすれば皇帝になれるか」（未完）に文例を示すように、「亭隧の顕処に扁書し」とか、「明白に高顕の処に扁書し」など、里の門の高い場所に掲示することを命ずる例があり、「扁書」はキーワードの一つである。
「編」はふつう麻糸を用いるが、上等の本には「素糸綸」とか「青糸の綸」とかを用い、孔子の愛読した『易』は韋編、なめし皮でとじてあった。

**觚**

ここまで述べてくるまでは、木簡を表裏二面の板状のものを想定していた。ところが発想を変えて、木を三角柱に削って書く面を三つ備えたり、四角い棒状にして四面に書くようにすると、文字の数は増える。こういう多面体のものを「觚（こ）」とよび、竹冠をつけた字もあった。軍命令としての檄を觚に書いた実例があるが、一本で長文の命令が伝達できる便を考えたのであろう。

ここから先は、特別な目的、用途のために作られたものについて、その名称とともに説明することとしよう。

## 楬

まず「楬」、「けつ」とよぶべきであろうと思われる一群の木簡がある。図3（A33、四六・一七、図三四五）にしめしたような形のもので、多くの場合頭部にまるみをつけ、その部分に網目をつけたり、黒く塗りつぶしたりし、穴があいている。簡文は、物の名前が書いてあり、品物にとりつけて標識に使っていたことは明らかで、図4にしめしたのは一九七二年に馬王堆一号墓で出た竹笥（ちくし）——竹製のかごであるが、左側に内容物を表示する楬がついている。一般には役所名や人名など、品物の帰属する名前を書いたものもあり、少し古い表現をすれば「会符（えふ）」であるが、今一番解りやすいのは旅行鞄やゴルフバッグにつける「タッグ」である。

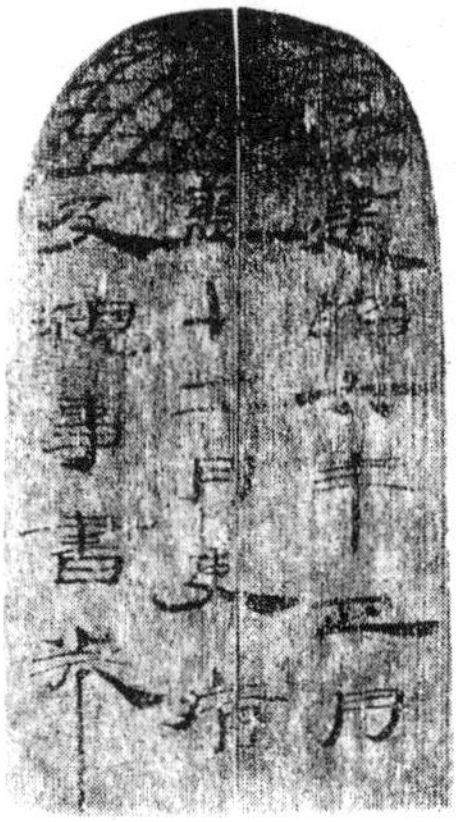
図3●楬（けつ）

楬という名称は、王国維の「簡牘検署考」という論文の中に指摘されていて、木簡研究の最初からあったのに、その後の研究者はあまり使わず、木牌とか、籤（せん）とか木契（けい）とかバラバラであるのは不思議な感じがする。

図4●竹笥（ちくし）につけられた楬

「楬」という名は、『周礼』の秋官、職金のところに、

楬而璽之（楬してこれに璽す。楬をつけて之に印をおす）

という句があり、鄭玄が「楬とはその数量を書き、もってその物に著くるなり」と注をしているのだから、後漢の人の常識なのだろう。また、「今時の書して表識するところあり。これを楬櫫という」とも書いているので櫫の字にひかれて立札の意にとる人がいるのかも知れない。

**符**

「符」というものがある。『説文解字』によれば、符というのは「信」の意味であるという。そして「漢の制度では、竹の長さ六寸のものを以てし、分かちて相合す」と書いている。分かちて相合す、分而相合という意味は、「一たん分かって、再び相合したならば信とする、信用する」ということである。もともと一つのものを二つに分けて別々に持っており、相手を確認する必要がおこると、各々別に持っていたものを互につき合わせてみて、それがぴったり合えば——まさしく符合すれば、相手を信用するという、割符のことである。

**銅虎符**

漢代の割符で有名なものに銅虎符・竹使符とよぶものがある。『史記』・『漢書』の文献に出ているもので、漢の文帝の二年（前一七九）九月にその制度が始まったという。『漢書』につけた後漢の応劭の注によれば、

銅虎符は第一から第五まであり、国家が兵を発しようとすると、使者を遣わし、郡に至って符を合し、符が合えば命を聴いて兵を発する。竹使符は皆竹箭五枚で作り、長さは五寸、篆書を鐫刻（ほり）つけ、第一から第五までである。

と書いている。唐の顔師古の注では、

郡守と符を為すとは、各々がその半分を分かち、右は京師に留め、左は之を（郡守）に与えたことをいう。

とし、『史記索隠』に引用してある『漢旧儀』には、

　銅虎符は発兵、長さ六寸。竹使符は出入徴発（に用いる）。

と書いている。銅虎符が発兵の符で、これがなければ郡兵を発することができなかったという理解が一般に行なわれていた。しかし、史料の読解には多少問題がある。

『説文解字』の「琥」の字の解によると、古くに琥とよばれる発兵の瑞玉があり、材が銅であろうと玉であろうと、虎が関係するのは威武をあらわす意味であるという。

戦国時代に虎符があったことは『史記』の信陵君列伝に、魏の信陵君が趙の平原君を救援しようとした物語でよく知られている。その大筋は、国境にいる十万の魏軍を奪って邯鄲で囲まれている平原君を助けようとし、魏王の幸姫に請うて王の臥内にある虎符を竊（ぬす）ませ、魏軍の司令官晋鄙（しんぴ）に軍を譲るように説いたが、晋鄙は疑って兵を譲らなかったので、殺して軍を掌握したという筋書きである。これで軍を動かすのに虎符が要ったという話の例にしようというのはどうだろうか。信陵君が持って行ったのは、臥内にあった真の虎符で、晋鄙に将を交代せよというにせの命を伝えたが兵権を奪えなかった。ということは、虎符があっても兵を発することができなかったという例になるではないか。

虎符がなぜ必要なのかということは『後漢書』の杜詩の伝に出てくる。後漢の光武帝の初め頃は、兵を発するのに皇帝の璽書で行なっていたが、悪い者が詐って偽の発兵の詔書を出してもわからぬ状態であった。だから前漢の制度にもどって、発兵には虎符を、その他の徴調（皇帝からの召し出し）には竹使符を使い、符と策（詔書）とが合って、初めて信用するように、旧制を復活いたしましょうというのである。つまり虎符は、発兵の命令が本物の

命令だということを保証するためのものなのであって、虎符だけ持って来たのでは何処へ何故兵を出すのかわからないし、地方で現実に反乱や侵略がおこっているのに、地方の太守が、虎符が来ないから兵を出せないと手を束ねて成り行きを見ているわけでもあるまい。中央の使者が本物だと保証するために符があるのである。

**竹使符**

居延旧簡の中に竹使符に関連しているのでないかと思われる詔書の断片がある。それには、

（2）―2　従第一始大守従五始使者符合乃□　　A33、三三二・一二、図二五

（皇帝）は第一から始め、大守は五から始め、使者の符が合えば（信頼する）

という文である。これを見て私は大いに納得した。皇帝の使が一番札を持って郡へ向かっているのに、郡の使が一番札の半分を持って郡に向かっていたら、目的地についても合わせる符がないことになる。五枚作ってあることもその使用順位も決めておかねば現実的でない。こんな所に木簡の出土によって文献史料では気がつかない日常的なことがわかるのである。

**鄂君啓節**

漢の銅虎符も、秦や六朝の銅虎符も出土品の実例があって、その姿を見ることができるが、竹使符の実例はない。竹使符の姿を想像できるものとして、私は、一九五九年に安徽省の寿県から出土した鄂君啓節（がくくんけいのせつ）を参考にする。これは輪切りにした竹の筒を五分割した形を模した銅製で、鄂君啓が舟で荷物を運ぶ時に免税処置をするための節、符節、割符である。一つは、竹筒を五分割している点から、竹使符は「竹箭五枚で作る」という理由がわかるように思うこと。二つは、本来竹の節は一つの節でも微妙に違うから、二つに分けて合わせると同異がよくわかったのでないかと思うことである。

### 前線の符

しかし、現実に出土している木簡には竹製のものはなく、みな木製で、何種類か別のものがある。まず第一は、

(2)—3　東望隧第卅三　　A33、五・五、図二八

という文字が中央に書かれ、長さ一四・六センチ、約六寸、左上部に切込みがある。また、

(2)—4　望泉隧第卅一　　A33、一一八・三〇、図九四

という簡も、長さ一四・三センチ、左上に切込みがあって(2)—3簡と類似し、共にA33地点、肩水候官址から出土している。さらに、写真がなくて確認できないが、労榦氏の矖藍本釈文の中に、

(2)—5　執胡隧第卅二　　A33、三〇六・五

という簡文の同種のものがある。いずれも肩水候官東望隧などに備えつけられた符で、この符を持って隧卒や隧長が前線の砦の間を移動したのではないかと考えられる。敦煌漢簡の中に、

(2)—6　八(九)月庚申候史持第卅(卌)符東迹　　敦一六〇二、TⅥbi・四三

(2)—7　正月乙卯候長持第十五符東迹　　敦一七六三、TⅥbi・二六五

(2)—8　九月辛亥歩昌候長持第十(七)符過田　　敦一五七九、TⅥbi・一八

などの記録により、迹というのはパトロールをすること、「田を過ぐ」とは天田という、砂を均（なら）した防衛設備を通ることである。

つぎに、スタイン第三次探検で発見した敦煌漢簡、M六二に、

(2)—9　四月威胡隧卒旦迹西与玄武隧迹卒会界上刻券　　敦二二九六、TXXIII・一・一八

四月に威胡隧の卒が、あけがたにパトロールに出て、西の方へゆき、玄武隧から東へパトロールしてくる卒と

　担当区域の境界上で会う時の刻券

という文で、長さ一四・五センチ、幅一センチ、したがって長さ六寸、左上部に刻みがある。ただ形状からいえば、先の三本の符と同じである。また、敦煌の酥油土（そゆと）で出土したものに、

（2）―10　■平望青堆隧警（驚）候符左券歯百　　敦一三九三、八一D三八・三九

という文で、長さ一四・五センチ、上端を墨で塗沫し、上方右側に切込みがあり、下端に穴があって黄絹の縄を通して結んである。平望候官の青堆隧にある警戒候望のための符で左の券、歯が百と書いている。

## 金関の符

　これらに対して旧居延漢簡の中に、

（2）―11　始元七年閏月甲辰居延與金関為出入六寸符券歯百従第一至千左居
　官右移金関符合以従事　●第八　　A33、六五・七、図一

　始元七年（前八〇）閏月甲辰（二日）、居延、金関と出入の六寸の符券を為す、歯百、第一より千に至る。左は官に居り、右は金関に移し、符合して以て事に従う。　●第八

という文を書いた、長さがほぼ一四・六センチ、約六寸のものがあり、文字面に向かって左側に切込みがあり、下部に穴があって（2）―10のように紐を通したものと思われる。文面から、居延県と肩水金関との間で用いられた金関出入の符であることは疑いなく、番号を異にするもの、不完全なもの、年号を異にするものをあわせて九簡が現在確認できる。「一、木簡発見と研究の百年」（二六頁）に述べたように肩水金関の遺跡の発掘で一一五七七枚の簡が出土しているが、まだ報告書の公表はない。おそらくこの中には、出入符が相当含まれていることは疑いない。「居延與金関為出入符券」という表現は、訓読が難しい。「居延金関と出入の符券を為す」と読んでいるが、「與」

をあたえると見るか、「為」をつくると見るかでニュアンスは変わる。いずれにしても、『史記』『漢書』の文帝紀に、「與郡守為銅虎符・竹使符」と表現しており、この表現は銅虎符の実物に、「○與南郡守為虎符　半文　南郡左二」（十六長樂堂古器款識）、「○與張掖太守為虎符　半文　張掖左二」（両罍軒彝器図釈）と刻するのと同じ表現で、符をつくる場合の漢代独自の言い方、いわば漢代語であると思う。また、「左は官に居り、右は金関に移す」とするのは、顔師古の注に「右は京師に留め、左は以て（郡守に）与う」というのと逆である。

**吏家属出入符**

木簡の中にはもう一つ異種の符が出土している。吏家属出入符というべきものが二枚ある。

（2）—12　永光四年正月己酉　　　　妻大女昭武万歳里孫第卿年廿一
　　　　橐佗延寿隧長孫時符　　　　子小女王女年三歳
　　　　　　　　　　　　　　　　　弟小女耳年九歳　皆黒色
　　　　　　　　　　　　　　　　　　　　　　　　　　　　A32、二九・一、図六〇

というもので、もう一枚張彭祖のものがある。二枚共にA32、肩水金関より出土、長さ一四・六センチ、漢尺六寸、右側家属名の上に切込みがある。

以上、出土資料で、明らかに符と書いているものを見ると、すべて漢尺六寸であることは共通で、その上必ず切込みがある。金関出入の符を見ると、右側にあったり左側にあったりするから、文字面に対して切込みの所在でその符の左右が決まるのであろう。（2）—10の警候符では、文面に明らかに左券といい、簡文に向かって右に切込みがあるからこれで左右が確定するのではあるまいか。そしてパトロールの隧卒も、界上で相手に会うと、結局切込みの部分を合わす以外に符合させる方法はない。

ところがこの切込みについて、籾山明氏が重要な研究成果をあげた。切込みを「刻歯」とよぶが、前線で勤務する官吏や兵卒に食料や、物品を支給したことを記した簡には符と同じように刻歯があり、かつ複数であることに注目し、詳細に調べた結果、刻する位置や形に共通の意味があり、簡文中にある数量と合うよう、基本数が組み合わされていることを発見した(「刻歯簡牘初探——漢簡形態論のために——」『木簡研究』一七、一九九五)。つまり支給された数量が改竄され、不正が行なわれることを防ぐために刻歯をほどこしているのである。そして、(2)—10・11には明らかに簡文中に「歯百」とあるが、それぞれの切込みは百の数をあらわしているのである。面白いものでこういう知恵は世界共通というのか、関西大学史学科で木簡の話をした時、資料を見たイギリス中世史の富沢霊岸教授が、何も私が言わない先に、「タリー(tally)がある」と指摘された。西洋中世にヨーロッパでも行なわれていたのである。

**券**

刻歯の存在が明らかになると、金関の符に「六寸の符券」と書き、平望青堆隧の警候符に「左券」と書く「券」のことにも言及する必要がおこる。『説文解字』によると、券は、

契のことで、券別の書、刀を以て判(わか)ち、そのかたわらに契す。故に書契という。

としており、清の段玉裁の注では、「判とは分の意味、契は刻の意味、両家が各々一つの書牘を持ち、分かってその旁に刻し、両つが合すれば信用するようにしたもの」という。契約文書である。

それではこの金関の符はどう使うのかというとよくわからない。居延から来た人が左符を持って金関に来て、右符と合せ、よしとなって、左符を持ったままその先へ行くのか、左符は関へ置いて行くのか。隧長の孫時の符は、金関へ持参したものなのか、あらかじめ来ていたのか。

**繻**

符の作用について参考になるのは『漢書』終軍伝にある「繻（じゅ）」のことである。

終軍は済南から博士官で学ぶため関にさしかかったところ、関吏が軍に繻を与えた。軍が何をするものか尋ねると、吏は「復伝」である、還る時に符を合せるのだと答えた。軍は、大丈夫が西へ学びに行く。志を得なければ帰るはずはないと、繻を棄てて立ち去った。後に謁者の官につき、節を建てて東に向かって関を出ていったが、関の吏は、此の使者は前に繻を棄てて行ったやつだと話しあったという。

ここにいう繻は、注釈によると符で、符が面倒なので繻を割いて使ったという。だから関から長安へ行き、また関に帰るときに繻が要るのであって、帰りを考えない片道旅行には符は要らないことになる。

では、常に旅行者に必要な身分証明は何かというならば、それは「棨（けい）」というもので、棨は「伝信」といわれ、公用と私用と形式は違うが旅行者が持っている必要のある証明書である。「六、木簡学のテクニック」（一二〇頁）に述べる。

なお『後漢書』郭丹伝では、長安へ学問をしに行く時、符を買って函谷関に入ったが、そのことを恥じて、公用の使者として身を立てない限り関を出ないと思ったという。当然考えられる不正行為の符の売買はあったことであろう。

最後に、『六韜（りくとう）』の陰符篇では、国王と将との間に秘密の符があり、大勝克敵を報らせるのには長さ一尺、破軍擒（殺）将を報らせるには長さ九寸、以下、利を失い士を亡った敗戦を報らせるには長さ三寸と、八種類の符があがっている。

## 検

「検」というものがある。『説文解字』によると、「検は書署なり」という。署を書くとは役所名を書く、宛先の役所名を書くものという意味である。『釈名』でも、「検は署をいう。署は予(あた)えることで、予える所の官号を題す。つまり宛先の役所名を書く」という解釈をしている。ところが『釈名』にはもう一つの解釈が書いてある。「検とは禁である。諸物を禁じ閉じ、開き露(あら)わすことができないようにする」ものだと、全く違う解釈が示されている。

検について詳細な研究をしたのは、王国維が初めてといえるだろう。『簡牘検署考』という著は、いわば木簡学概論で、一九一二年に鈴木虎雄氏訳の日本語のものが『芸文』誌三号に連載され、一九一四年に中国語のものが出た。その半分は検のことが書いてある。王氏の論の大綱はつぎのようなものである。

『古今注』下に、

凡そ伝は皆木を以てこれを為(つく)り、長さ五寸、符信を上に書き、又、一板を以て之れを封じ、皆封ずるに御史の印章を以てす。

というように、書函でも板で封をする。その板が検で、『説文』に「検は書署なり」というのが検の文字の本義であるが、書署するものもまた検である。徐鍇(じょかい)の『説文繫伝(けいでん)』に、

検は書函の蓋で三本の刻みを入れ、縄で封じ、金泥で填めて題書し印を捺す。大唐開元封禅礼では、石函を作って玉牒を容れ、石検をする。

とある。王氏はその封禅の礼の方法を漢から宋にいたって調べた上、書函の検を類推し、検を施し、縄で約し、泥で填めて印で按(おさ)え、その後予える人を書いて終わる。許慎はこの最後のところだけ言っているのである。『釈名』に検を禁と釈し、また署、すなわち予と釈していることからみて、検（禁）と署とは二つのことなのである。

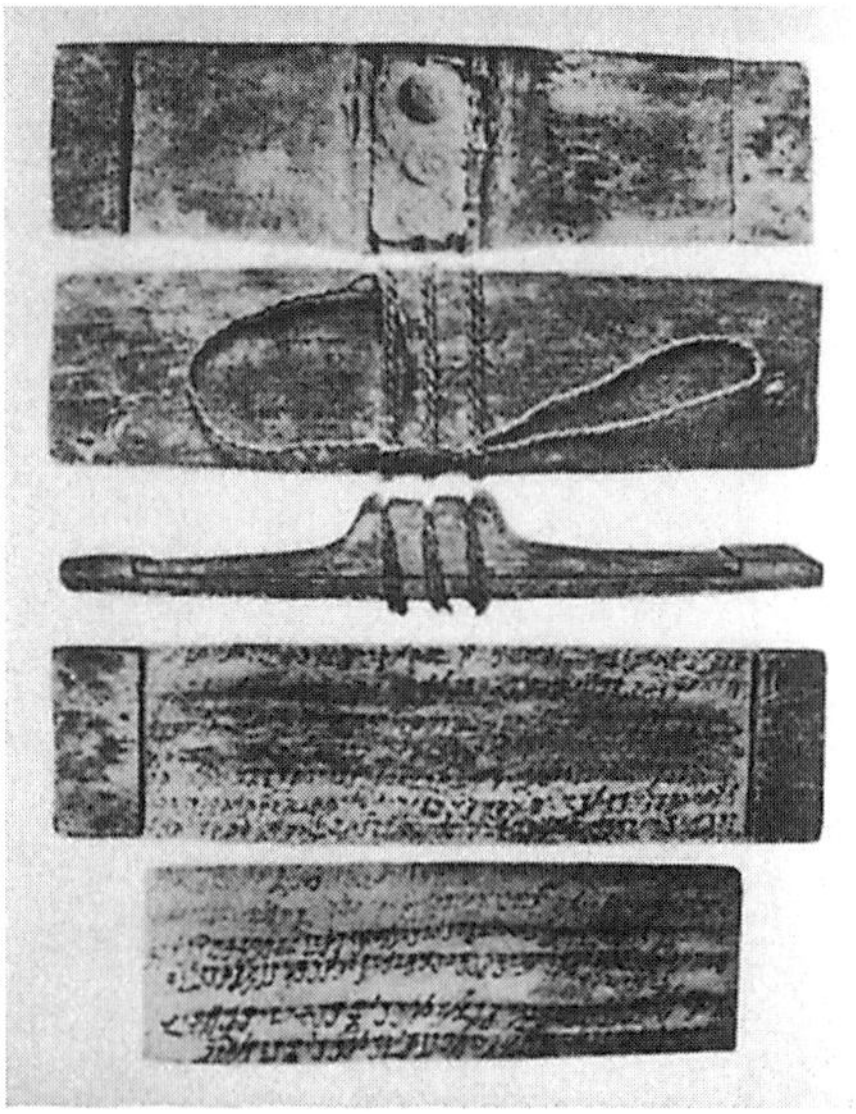

図5●カロスティー木簡

## カロスティー木簡と中国簡

王国維がこの時「検」の実例として参考にしたのは、スタインがニヤで発掘したカロスティー木簡二点であった。また、一九三六年に、原田淑人氏が「支那古代簡札の編綴法に就いて」という論文で検について見解をのべたが、大要は王国維と同じで、またカロスティー木簡を参考にしている（図5）。

その後、中国木簡の出土例が増えるのに伴って、検と考えられる例が当然増加し、検の分類に何種類かを数える説もあらわれた。

しかしここではそういう研究の経過は追わず、簡単な叙述を採りたいと思う。

まず図6は、居延旧簡の発掘者であるスウェーデンのフォルケ・ベリイマンがスケッチした検の絵である。正面と側面を描くが複雑な形をしている。ただ、このスケッチされた検には文字がない。それは、居延旧簡は文字のあるものは北京へ、ないものはストックホルムへ運んだので、ベリイマンは漢字を書き入れることはない。これは少なくとも出土品の全貌を見ていないわけで研究上問題がある。

このスケッチの検はみな物品につけた、「禁」の意味の検で、文字の書いてある例をあげる。

（2）—13

●第十六隧驚

弩青縄卅二完　回

A6、一六六・一A、図四七九

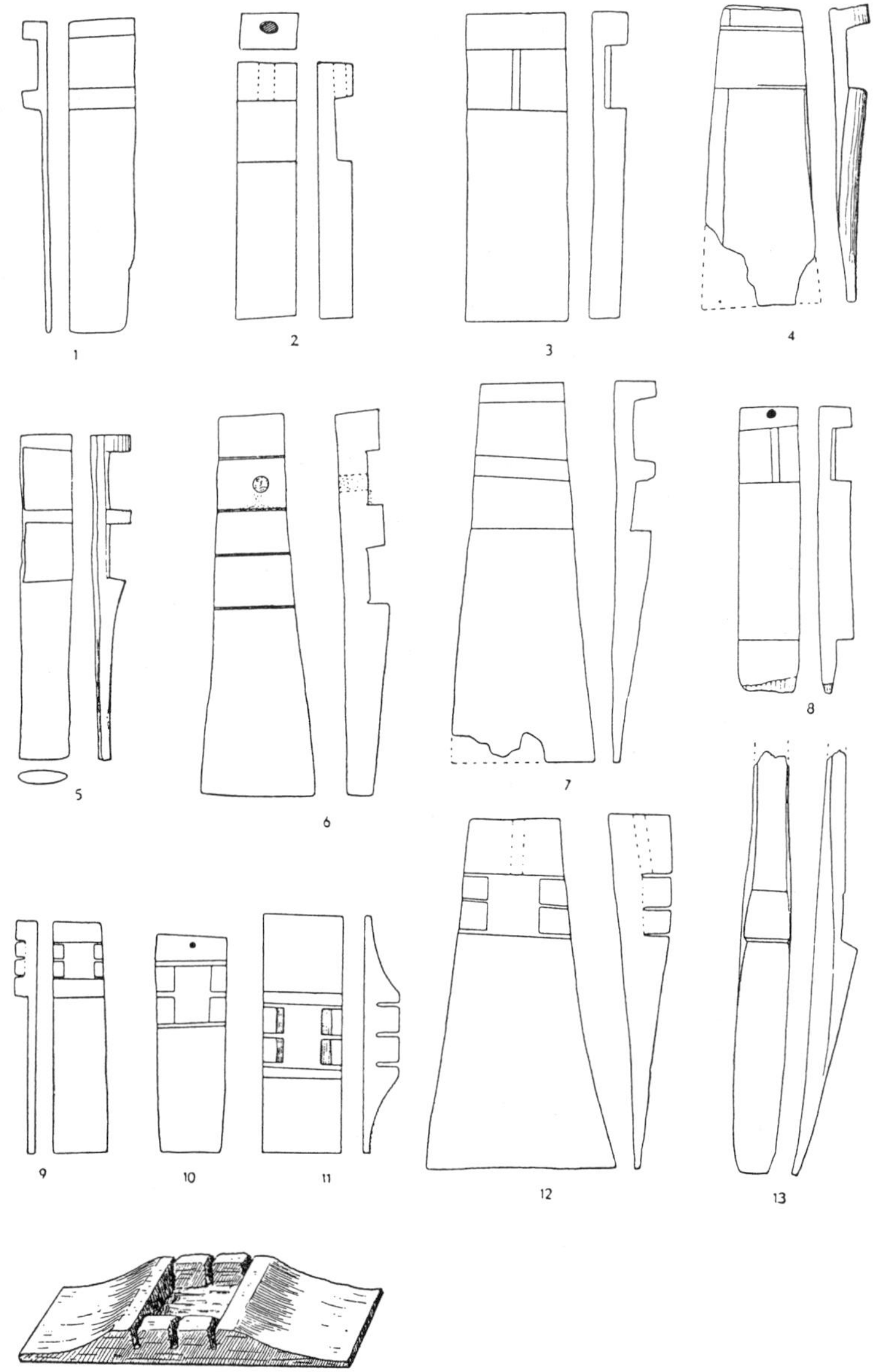


図6●ベリイマンのスケッチによる検の絵と
コニーデ型の図

（2）—14　榮陽　回秋賦銭五千　東利里父老夏聖等教数
西郷守有秩志臣佐順臨
□□□□
A8、四五・一A、図四七〇

13は一一・二×三・八センチ、第十六隧に備えつけの弩の縄三十二が完全にそろった状態で保管してある。その物につけて標識とし下部に封泥孔をつけて紐をかけて封印してあった。他用に使うことを「禁」じた検である。

**榮陽の秋賦銭**

14は、榮陽県で集めた秋賦銭五千銭の入った、多分袋についていたもので、その五千銭を収納する時に、東利里の父老夏聖らが数をとり、西郷の郷有秩心得の志臣と、郷佐の順が立ち合ったことを記してある。従って榮陽県西郷東利里の賦銭ということになろう。

13は居延の地を動いていない。14は、早くから話題になった検で、榮陽の賦銭がはるばる居延へ送られてくるのかという驚きをもたれた。

14は、縦十七・六、横三・八センチ、上端より二・一センチのところから上下二・八センチの切込みがあって封泥孔になっている。背面は平面で、正面は封泥孔の下から斜めに切る。最上端の厚さ三・七センチに対し、下端の厚さは〇・四センチ、頭部を上から見ると、前から約一・二センチのあたりの中央部に直径〇・九センチの穴があいていて、封泥孔に抜けている。

14の場合誤解のないようにしたいのは、榮陽から運ばれてきた賦銭だが、甲渠候官遺址で発掘されたから張掖まで運ばれたことがわかるのであって、検の表面に甲渠の宛名が書いてあるわけではない。従って14には書署はない。これは銭嚢を開かぬための禁の意味の検であるということである。

### 書署の検

これに対して、書署に当たる検と考えられるものはつぎのようなものである。

(2)—15　張掖甲渠塞尉
甲渠官　九月癸亥卒同以来　回　縦一六・〇×横三・五センチ　A8、一三三・一、図二二〇

(2)—16　回甲渠発候尉前回　縦一四・二×横二・五センチ　A8、五五・一A、図四七一

(2)—17　劉　宣書奏
武　大伯　回　縦一四・二×横二・五センチ　A33、二八四・二五、図三八

(2)—18　莫府吏馬馳行以急為故　回　縦三二・〇×横三・〇センチ　A8、二五九・五A、図四八四

などは、封泥孔がついているもので、15は大きく甲渠官と宛名を書き、右には封泥に捺された印文、つまり発信名を、左に到着時と持参者名を記録している。封泥孔のないこの形式のものは多く例がある。16は、「甲渠、候尉の前で発(ひら)け」と指定し、封泥孔が上下にあるから、内容は重要なものであったのだろう。17は私信の可能性もある私的な書き方である。18は、莫府宛、運送の吏は馬を馳せて行け、緊急だからである、と至急便の指定がある。運送の方法を指定した例は、

(2)—19　肩水候官吏馬馳行　甲戌（印破）
十二月丙寅盡□外人以来　回　A33、二〇・一、図七三

も緊急便で、封泥孔があるが、封泥孔のないものの中に、

(2)—20　甲渠官行者走　東門輔
十月辛□卒□以来　E.P.T五二・一五四

（2）―21　甲渠官以亭行　　楊放印
七月丁卯卒同以来●二事　A8、一三三・三、図二一四

（2）―22　肩水候以郵行　　張掖都尉章
九月庚午府卒孫意以来　A33、七四・四、図二六

など、いろいろな例がある。文書の輸送については、定まったルートがあり、その間に費やす定まった時間、定行何時何分という規定があり、厳重に守られ、監視されていた。漢代の日常をしめす重要な事例の一つに郵書逓送のことがあり、研究論文も少なくない。

漢文木簡の出土が増え、書署と考えられる検が多数見つかると、王国維以来の検の考え方に問題が出てきた。それは一般に検が一五センチ前後で短いことである。カロスティー木簡を参考にしていた時は、検は文面を完全に覆って内容を見せていないのに、六寸程度の長さでは、一尺の簡一本を覆うことすらできないし、況んや冊書を運ぶとなるとどうするのかという問題になり、文書を輸送するのも書嚢に納め、その嚢に検をつけたと考えるのがよいということになった。

**書　嚢**

書嚢（しょのう）の使用を明確に指摘したのは永田英正氏で、書嚢は方底、四角い底を持ち、天子の書は青色または緑色の布嚢、布地はきぬ、臣下が密事を奏するには黒ぎぬの袋、辺疆の異変を報せるのは赤と白の嚢を持つことなどを明らかにした（永田英正　書契『漢代の文物』林巳奈夫編　一九八七）。なお、一九九一年に出土した敦煌懸泉置漢簡の中に、

（2）―23　出緑緯書一封西域都護上請

行在所公車司馬以羅（間）緑緯孤與緼検皆完　緯長丈一尺　元始五年三月丁卯日入時遮要馬醫王竟奴鐵柱付懸泉佐馬賞　Ⅱ〇一一四．二・二〇六

（2）―24　入東緑緯書一封敦煌長上詣公車　元始五年二月甲子旦平旦受遮要奴鐵柱即時使御羌行　Ⅱ〇一一四．二・一六五

という文書逓送の記録がある。

23　緑緯の書一封、西域都護より行在所の公車司馬に上請する。羅の緑緯で作り、孤與緼検は皆完全、緯の長さは一丈一尺。元始五年（紀元五年）三月丁卯の日入時（一六：三〇）に遮要隧の馬醫王竟の奴鐵柱が持参して懸泉置の佐の馬賞にわたした。

24　東行きの緑緯の書一封、敦煌県長から上まつり公車に詣る。元始五年二月甲子の平旦時（六：〇〇）遮要隧の奴鐵柱より受け取り、すぐに御の羌に命じて（次のステーションへ）行かせた。

公車は公車司馬のことで、皇帝宛の文書はすべてまずここに到着する。さすがに懸泉置は幹線ルートだけあって、往来する文書のレベルが違う。

**封　泥**

ふたたび検にもどって、嚢につけるとすれば、封泥が必要なので、封泥孔がないのはどうするかという疑問があり、李均明氏は不要になってから切り落したのではないかと考えている。

そこで封泥孔について説明が必要である。封泥とは、泥を用いたシールのことである。泥といっても、いまの粘土と思ってもらいたい。原則は木簡を紐でしばり、その上に一ヵ所泥を押しつけ、印を押す。泥が固まると紐の上に固定されて、これをはずさないと紐が解けない。したがって封泥の裏側は紐のあとがくぼんでいるのがふつうで

ある。もっとも封泥の反対側で紐を切って、封泥のついたままはずすのでないかと思うが。
封泥の孔、これを「璽室」というが、璽室のない、たんに板をあわせた検の場合、漢でいう検柙、あるいは検に（きょう）あたり、璽室のある検を用いた場合が斗検封（とけんふう）といったのではないかと考えられる。
封泥の色はいろいろあって、通常は赭黄色だが、『漢旧儀』によると、皇帝は紫泥を用いたというし、『東観漢記』によると、鄧訓という人は「好んで青泥をもって書を封じた」そうである。事実、山東省臨淄出土の封泥には、深赭、浅赭、赭黄、赭紅、灰紫などの色があるという。

**『封泥考略』**

封泥が歴史遺物として注目されるようになったのは清末のことで、呉式芬・陳介祺が実物を集めて『封泥考略（こうりゃく）』という本を著したのが専門書の最初であった。当初はなおその真実性を疑う人もあり、印の鋳型でないかという説もあったが、臨淄の古城址から多くの出土があって、羅振玉がそれを集めて『斉魯封泥集存』を出版したあたりから世の認識も改まった。また、楽浪郡遺跡の調査でも多数出土し、藤田亮策氏が「樂浪封泥考」を書いた。陳介祺のコレクションは現在は東京国立博物館にあり、再調査されて図録が出ている（東京国立博物館編『中国の封泥』、一九九八、二玄社）。
また、西安で多数の秦の封泥が出土し、この方が封泥について新しい話題となり、『秦封泥集』（周暁陸・路東之編著、二〇〇〇、三秦出版社）という大部の報告書がある。封泥には発信者の印が押されているのだから、印の主は絶対その着信地である出土地にはいないと考えるのが原則で、検の宛名者とは逆になる。

**漢の印綬**

ついで漢印について述べよう。封泥を見るとほとんどのものは文字が盛り上がっている。ということは、もとの

図7● 検と封泥

印は文字が凹んでいる、いわゆる陰刻になっているわけで、もし漢印に印肉をつけて押せば、文字は白く出る。封泥に押すためにこうしている。図7は馬王堆一号墓の副葬の竹笥についていた検と封泥で、「軑侯家丞」の印で封じている。

つぎに漢印の印文は「張掖大守章」というように官職の印で、太守府という役所の印ではない。官吏はそれぞれの職として印を授けられ、印の大きさは一人前の官ならば方寸印、一寸四方、二・三センチ大の鋳造印である。そして官のランクに応じて素材は金・銀・銅に分かれ、金印紫綬、銀印青綬、銅印黒綬という具合に、定まった色の長い綬がついている。印は佩びると言って身につけるが、そのつけ方は、肩からかけるのか腰にまくのか未だ私には明らかでない。

この印綬を与えられることがその官に任命された証拠となり、印綬を奪うのは免官の意味、戦で敵方の印綬を取ることは手柄に数えられる。後世になると、告身や誥命という文書を与えられるのが任命の証拠となるのとは大変違っている。それは文書に対する信頼性が違っているところからくることで、木簡は削れば書き変えが容易であるが、紙の文書は変改すればそのあとが残る。木から紙へ書写材料が変化するのに伴う現象の一つで、木簡の文書による任命でなくて、物による証拠が必要であった。紙の時代になると印文は官庁名になり、印面の文字は陽刻に変わってくるのである。

そういう意味を持った印でシールをするのであるから封泥の意味も重いものである。

要するに検には、検は禁なりとする物につける検と、検は書署なりとする宛名を書く検と、『釈名』にいう両方のものがあったということである。

**杮──削り屑**

つぎに「杮」というものがある。これは「柿」という字体も用いる。木篇に市場の市と書くと「柿」であるが、「杮」は上から貫いている。『説文解字』では、「木札を削った朴である」という。朴は木の皮のことだから、木簡の削り屑のことで、何万点と数える木簡の内、相当な数の杮がある。日本では「こけら」という。削り屑の中にも大切なことが書いてあることは少なくないが、多分それを証明するに一番好い例だろうと思うのは、岸俊男氏が九州大宰府第二六次調査で、政庁正殿後方の土壙から出土した削り屑数片を接合の上、

特進鄭国公魏徴時務策壹巻（下欠）

と読まれたものであろう。唐の太宗李世民の臣として有名な魏徴に『時務策』の書のあることは、『令集解』の中に引用されている『古記』によって知り得るが、その書が大宰府にあったことが実証された。断簡零墨も捨ててはならぬのである。

**笏**

つぎに特異なものは「笏」である。『釈名』によると、笏──ゆるがせにして失忘する──という意味で、君が教命することがあったり、言上することがあるときは、その上に書いて忽忘せぬようにするものという。漢の壁画や画像石に、官吏が手にしている短い木がそれである（図8）。

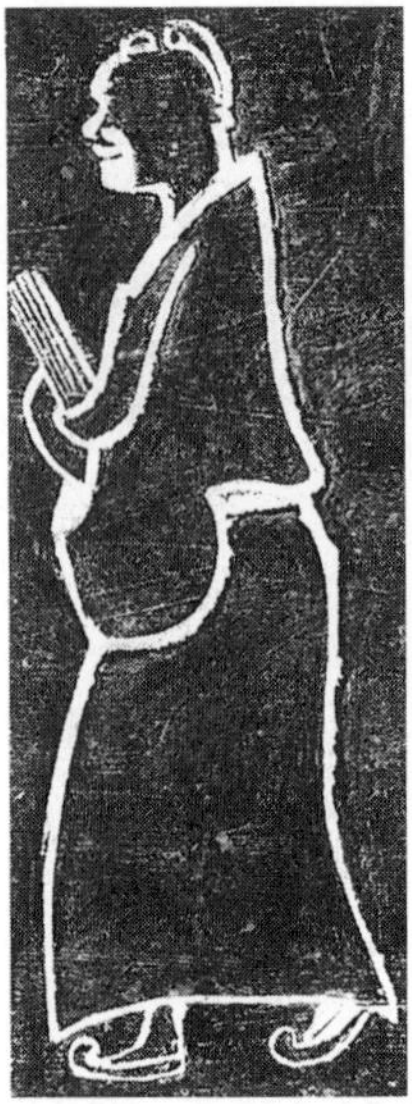
図8●忽を手にする官吏像

笏を手に持つ服装はやがて日本にも伝わるが、一般に言われているところでは、笏の音は骨に通ずると公卿に嫌われ、笏

図9●木簡を持つ闇黒童子像

（しゃく）と言うようになった。現在の束帯姿でも笏を持つが、神職が祝詞を奏上する時を注意していると、祝詞を書いた紙を笏の幅に折って笏の後側に持ち進退をする。なお、忽忘せぬようにという漢の趣意が残っているのかと興味深く見る。ついでに、大山崎の宝積寺の閻魔像の眷属の闇黒童子像は、大きな木簡を構えて筆で書きつけようとしている姿をしているが（図9）、鎌倉時代になっても木簡に字を書く意識が残っていたものかと、これまた興味深い。

**籍と簿**

つぎに「籍」、「簿」にうつろう。

籍は、『釈名』に「籍なり、書きこむことである。人名戸口を籍疏、個条書きにするものである」と説明している。音符の耤は重ねあわせるの意味である。

簿の音符溥はしばる、縛ることから木簡をしばってあるもの、帳簿の意味に使われる。

漢の簿籍については、永田英正氏が旧居延簡を一簡ずつ徹底的に分析整理して完全に作りあげた研究があり、『居延漢簡の研究』（一九八九、同朋舎出版）の大著として刊行されている。簿籍の名称、その内容など、この書に依存するのがもっとも良い。永田氏の結論は明解で、「籍」は人名が中心になった名簿である。人を対象にして作ったもの。それに対して「簿」は物を対象にして作った帳簿である。極めて多方面にわたる簿籍が作られ、それによって行政が管理されている。居延旧簡の出土地の大きな一つは甲渠候官址であるが、候官は軍の組織で、行政の県レベルに相当し、ここで兵卒をはじめあらゆる関連事項を集積管理すると共に、上級機関へ報告査察をうける。

簿籍はその基本になる帳簿なのである。興味のある向きは永田氏の著を参照してもらいたい。

ほかに、札の順序を意味する「第」、札が揃った「等」、数取りの竹をそろえてかぞえる「算」などの文字がある。木部、片部、竹部にかくも数多くの概念規定の細かく違った文字があることは、竹や木を素材とする書写材料の多様性と発達を示すものと考える次第である。

# 三、残された木簡

## (一) 木簡発掘の記録

**三世紀の竹簡発掘記録**

晋の武帝司馬炎の太康二年(二八一)、汲郡(河南省汲県)の人の不準が、戦国時代の魏の襄王の墓とも安釐王の墓ともいわれた冢(ちょう)を盗掘したところ、車数十台分の竹書、すなわち竹簡に書いた書物が見つかった。官はこれを接収し、皇帝の命によって秘書局に下して研究が行なわれ、竹簡の順序を正したうえで当時の字体に書き改めた。この時の話は、『晋書』巻五一の束皙(そくせき)伝に出ているのだが、皙はその時著作佐郎という官についていたので竹書を見る機会を得、論議を行なった上でそれぞれの書について義証を著したのであった。

この時に出土した竹書はすべてで七五篇あった。夏王朝から魏の安釐王二〇年までの歴史を書いた『紀年』一二篇、楚晋のことを書いた『国語』三篇、魏の世数を書いた『梁丘蔵』一篇、帝王の封ずる所を書いた『生封』一篇、周の穆王が国内を游歴したことを書いた『穆天子伝』五篇などの歴史書、『易経』二篇、別本『易経』一篇、『易繇陰陽卦』二編、易を論じた『公孫段』二篇、左伝の卜筮のことを書いた『師春』一篇、諸国の夢卜い、妖怪などのことを書いた『瑣語』一一篇、鄒氏の天文書である『大厤』二篇、内容が『礼記』『爾雅』『論語』に似た『事名』

三篇、画賛の類である『西王母図詩』一篇、弋射の法を書いた『繳書』二篇、『雑書』一九篇、それに簡が折れていたため題名のわからぬもの七篇がその内訳であった。

### 汲冢書、穆天子伝

盗掘者は、はじめ木簡を焼いて照明に使ったため破損した簡が多く、文章の復原は完全にはゆかなかった。それを束晳や荀勗、和嶠、傅瓚などの学者が集まって、今と変わらぬ研究作業が行なわれ、秘書丞の衛恒や東莱太守王庭堅なども論議に加わった。これらの書籍類は、汲の冢墓から出た書物という意味の「汲冢書」という名で呼ばれ、その内いくつかの内容は、隋唐の頃までは伝わっていたが、まただんだんに失われてしまい、今は『穆天子伝』のみが伝わっている。先にも言ったように周の穆王が国内を旅行して西王母を訪問するという紀行文で、現代の地理学者が地名を考証している。

だがそれよりも、当時の『穆天子伝』の研究を担当した一人の荀勗が書いた、皇帝に献上するときの序文が残っている。それによると竹簡は素糸で編まれ、勗の計算によると古尺で二尺四寸の長さの簡に一簡当たり四十字が墨書されていたという。素糸とは色染めをしていない絹糸、古尺二尺四寸はほぼ五五センチである。荀勗らは簡の本文を二尺の黄紙に写しとって、簡書とともに皇帝に上ったというが、「木から紙へ」の変化を象徴するような話で面白い。このことは別にふれる（「五、どうすれば皇帝になれるか」未完）。当時の高級官僚で、かつ『春秋左氏伝』の注釈で有名な杜預も、この書七五篇を見たことを彼の左伝後序に書いている。一世の話題をさらった様子が伝わってくる。

荀勗は序文で、この簡が書かれた時代を推定して魏の襄王の二一年（前二九八）とし、それから八六年たって秦の始皇帝の焚書令にあって書物は地上より姿を消したのだろうが、今、五七九年ぶりにこの世に再びあらわれたと記している。

**『竹書紀年』**

この墓の年代推定の手がかりは『紀年』という魏国の年代記で、竹簡に書かれていたから『竹書紀年』とよばれて、『史記』の六国年表を補う資料として珍重されたが、唐代以後に散佚し、元〜明時代には偽本が出現、清では王国維らの研究で、もとの『竹書紀年』のごく一部だけが推定できるようになっているという複雑な経過を経ている。

現在、いくつかの墓から年表が出土している例があり、それは後述するような特色があるが、その例から考えると、『紀年』が魏の安釐王二〇年までの歴史が書いてあったということは、この墓がその時につくられたと考えるべきではないか。

束皙伝には、同じ頃河南北部の嵩高山で竹簡一枚を見つけた者がいて、誰もわからなかったのを、司空の張華が皙に尋ねた所、「漢の明帝の顕節陵の策文である」と答え、調べてみるとその通りであったので、皆その博識に舌を巻いたという話も出ている。

束皙は「木簡学」の元祖の一人であると言えるであろう。

**襄陽楚墓の竹簡**

『南斉書』文恵太子伝、すなわち蕭長懋（しょうちょうぼう）の伝の中にも竹簡発見の話がある。長懋は南斉王朝を始めた高帝蕭道生の長孫で、南都王・征虜将軍・雍州刺史として襄陽、現在の湖北省襄樊（じょうはん）市を守っていた。それは建元元年（四七九〜八〇）の時期であるが、襄陽で戦国の楚王の墓だと噂された古墓が盗掘され、玉製の屏風や屣（し）（はきもの）などの宝物が見つかった。

そこに竹簡の書があり、青糸で編まれていて、長さ二尺（約五〇センチ）、幅は数分あり、竹皮や節は真新しく見えた。盗掘者はここでも竹簡に火をつけて照明につかった。後で行った人が十余簡を見つけ、侍中・丹陽尹の王僧虔のもとで鑑定された。王僧虔は王羲之の同族、山東瑯琊の王氏で、隷書が巧みであったが、「これは科斗の書で、『周礼』に欠けている考工記の部分だ」と答えたという話である。

襄陽は戦国の楚の領域だったから、この話は今世紀後半によく発掘される楚簡出土のはしりだと言える。

王僧虔の話にもう少し現代的な解釈を加えてみよう。竹皮や節がなお青かったという話は見逃せない。これは、竹皮や節が残っていたのだから、文字は竹の内側に書いてあったということになる。笨という、竹の幹の内側の白く薄い皮を指す言葉があるが、そこに書くということである。そうすると、古くから知られている殺青という言葉の解釈に影響がでてくる。

## 殺青

明の姚福という人の『青渓暇筆』という随筆には、むかし書を著すのには竹に書いた。その時、最初は原稿を「汗青」に書いた。汗青というのは竹の皮がつるつるしていて汗のようで、改めやすいからである。そして文章がきまると「殺青」して竹の素に書く、殺とは削る意味で、青皮をとって白いところに書く。書き改められないからである、と説明している。出土する竹簡に皮がついているのを知れば姚氏はさぞ驚くことであろう。

もともとこれは殺青という言葉の意味が問題になった。たとえば『後漢書』の呉祐の伝に、

　父の恢が殺青して経書を写そうとした。

という文があり、これに対して唐の章懐太子李賢は、

　殺青とは、火をもって簡を炙り、汗せしめ、その青を取る。書き易く、また蠹わず、これを殺青といい、また

汗簡という。

という注釈をつけている。簡を火に炙ってあぶら気を抜くことが殺青であると考えているのである。これに対し、前漢末の劉向の別録の文として残っているものに、

殺青とは、直ちに青竹を治し、簡を作り、これに書するのみ。

と言って、青竹の枯れるのを待たずに、すぐ簡を作って書くことだと述べている。竹簡を実際に使っている劉向の時代から、もはや唐は紙の時代、明の姚福になると文字面からのみの解釈、いわゆる望文生義、古典を解釈するときに、考証をしないで自分の推定で判断するというもっとも戒めなければならないことである。

**木簡は出土品**

平城京から木簡が出るようになり、岸俊男氏や坪井清足氏など、日本古代史の人と考古学の人が集まり、中国木簡の私とが参加して一九七六年に木簡学会が設立された時、繰り返し強調されたことは、木簡は出土品なのだから考古学的にも十分検討し、いたずらに文字のみを追ってはならぬという心得ごとであり、その伝統は活きている。

中国木簡研究でもこのことは反省せねばならぬことがある。一九三〇・三一年出土の居延旧簡を整理するとき、北京へ持って来たのは文字のあるもの、文字のないものはストックホルムへ持って行った。これは、私にとって「検」を調べる時に重要な問題になった。

大英図書館の敦煌漢簡も、削り屑は別に置いてあり、一九七二年に私が見に行った時は非公開であった。今、若い人が行って整理を加えようとしているが、今世紀の前半の学問と後半の学問の違いにも、望文生義の危険が介在したことがわかる。

王僧虔が言った科斗書は、束皙伝の嵩高山の竹簡でも科斗の書が二行書いてあったという。科斗はおたまじゃく

しのことで、古代の文字が科斗の形に似ているところから言う。現に特定の字体を科斗書としてあげている人もいるけれど、わからなければ科斗の書と片付けたようである。ただ王僧虔が『周礼』に欠けている考工記の部分だと判断したことを強いて考えると、現在楚墓から出土する簡の中に「遣策（けんさく）」（次頁）とよぶ副葬品のリストがある。これは物の名前と数量が書いてあるので、襄陽では楚の遣策が出たのかなと考えられもする。要するに楚簡発掘のはしりであった。

**居延、陝西の木簡発掘記録**

そういえば居延漢簡のはしりもある。唐の牛僧孺の『玄怪録』という本の中に、北周の静帝宇文衍（うぶんえん）（在位五七九～八〇）の時に、居延部落主の勃都骨低（ぼっとこってい）という人物が、一つの古い家屋址で木檻――木のはこを掘り当てたが、その中に竹簡が入っていた。ただ、文字が磨滅してわからなかったという。

北宋の政和年間（一一一一～一一一七）かあるいは宣和年間（一一一九～一一二五）に陝西で木簡が発掘された話が黄伯思の『東観余論』や趙彦衛の『雲麓漫鈔』に出ている。古い甕を掘り出したが、中に章草の字体で書いた竹木簡があり、ただ一つ、永初二年（一〇八）の羌を討つことを書いた檄書だけが文章の体をなしていたといい、内侍の梁師威がこの簡を手に入れ、石に鐫って人々はその拓によって見たという。黄伯思は「漢簡弁」の中でしっかりした考証をしているが、木簡の石刻を作ったという話はいかにも面白い。

王僧虔も黄伯思も、木簡学の祖の中に加えてよいだろう。

## (二)墓から出土する木簡

さて、墓の中から木簡が出土する例は、第二次大戦後の現象で、今世紀後半の大きな特色である。出土する木簡の内容は、まず「遣策(けんさく)」という副葬品のリスト、つぎは書籍、そして墓主に何か関連のある文書、記録の類である。

それから、漢・晋時代の木簡は従来から出土していたし、世紀後半も漢墓から木簡が出て、その点は変化はないのだが、戦国時代の墓から木簡が出土する、正確にいえば竹簡が出土するようになったことは特筆に値し、楚簡と秦簡がそれである。本章のはじめに述べた戦国簡の発掘談が、全く夢物語ではないところが、奇異というか奇趣というか、めずらしい話である。

そこで出土する内容別に順次その例を述べ、時代、出土地域は内容に合わせて説明することにしようと思う。

**遣策——副葬品の目録**　まず「遣策(けんさく)」である。意味するところは、墳墓に埋葬される副葬品の目録、副葬品のリストである。ただそのリストを遣策という名称でよぶようになったのは最近のことである。『儀礼』の既夕礼に、

書賵於方、若九、若七、若五、書遣於策。

賵(ぼう)は方に書く、もしくは九、もしくは七、もしくは五、遣は策に書く。

という文、死者への贈り物、賵は方に書く。その時によって九行、七行、五行のように書く。また送るという意味の遣、贈り物は策書に書くという。『儀礼』の賓礼には、

百名以上は策に書き、百名に及ばざれば方に書く。

とあるが、百名の名は字の意味で、百字を超えれば策に書き、百字に満たなければ方に書くというのである。さらに『三礼図』では、

一行にして尽すべきものは簡に書き、数行にしてすなわち尽すものは之を方に書き、方の数容れざれば、すなわち策に書く。

と説明している。

このような礼の古典から、遣策という言葉が作られ、使われるようになった。一九七二年の雲夢（うんぼう）漢簡の報告書あたりからであろう。それまでは、一九六二・六三年頃、江蘇省内の海州や塩城で出土した木方に衣服名を列記したものは、「衣物券」という名で報告していた。『三礼図』の記事が一番はっきりしているが、副葬品の数量で簡か、方か、策かを決めるというわけだから、策書になっていれば「遣策」、方板に書いてあれば「賵方（ぼうほう）」とよんだ方が実状を説明していると思うのだが、すべてを「遣策」で包括しているようである。

戦国の楚墓から遣策が出る話は、『南斉書』文恵太子伝の襄陽の話でふれたが、現在発掘報告が見られる楚墓は一九九四年までで一二三基ある。その中で六基から遣策が出土している。

**楚墓の竹簡**

一九五三年に、湖南省長沙仰天湖の楚墓で四二本の竹簡が見つかり、これが「遣策」で、五五年には史樹青氏の『長沙仰天湖楚簡研究』という専著の報告書が出た。これからはこういう物も出るのかなと印象深く憶えている。一九五六年には、河南省信陽長台関楚墓が農民によって発掘され、竹簡は出土する時に踏み潰されたが、整理のすえ一四八枚を確認、その中に遣策がある。この墓は立派な墓で、北京の歴史博物館で遺物を見ることができるが、

雑誌『文物』の前身『文物参考資料』の五九年九期にみすぼらしい発掘報告があり、一九八六年になって中国社会科学院考古研究所がようやく『信陽楚墓』という報告書を出した。「一、木簡発見と研究の百年」（二〇頁）に述べた中国の文物に対する「薄古厚今」のスローガンで冷たかった時代の犠牲になった典型のような墓である。

**望山楚簡**

一九六六年の春に掘られた湖北省江陵望山二号墓は、銅器・陶器・漆器をはじめ副葬品が六百余点というリッチな墓で、辺箱（竪穴墓の副室）の上部から竹簡一組が出てきた。総数六六枚、一番長いものは六四・一センチ、短いものは一センチにも足りなかったが、記されている器物の名称は三二〇種類もあり、多くの器物の名称は文献には出ていないものであったが、「遣策」に記す順序が副葬品の配列に合うので、記録と実物をあわせて確認することができた。

墓葬の木簡は残すべくして残ったという意味は、この例で理解してもらえると思うが、遣策の出土する意義は、不明の器名、不明の器形がそれぞれ明らかになり、考古学、文字学の研究に貢献するところにもある。この墓も整理を始める時期が文化大革命の運動の始まりに当たったため、中断する最後の『文物』六六—五に発掘簡報が出て、あとは一九九五年に『望山楚簡』が刊行されるまで三十年のブランクがあった。

同じ湖北江陵の天星観一号墓は、一九七八年に発掘された過去最大の竪穴土坑木槨墓で、もとの墓坑は長さ四一・二メートル、寛さ三七・二メートル、一槨三棺、槨室は五つの大室と七つの小室に分かれ、槨室の横の境の板には十一幅の彩絵の壁画がある。墓主は邸旙君番（潘）剰という人物、出土文物は竹簡を含めて二四四〇件余、竹簡の内容は「卜筮の記録」と遣策である。

**馬山一号墓**

望山二号墓の対称になるのは、これも湖北江陵の馬山一号墓で、一九八二年に出土した小規模の墓であったが、墓坑の中に天然の白膏泥層があったため保存がよく、四十～四十五歳くらいの女性が墓主で、皮膚も黒髪も残っていた。副葬品に、繡・錦・羅・紗・絹・絛などの極めて精良な質で、色彩も豊かで麗しい織物が大量に出てきて、馬王堆一号漢墓以来の「糸綢宝庫」であるとされるが、竹簡がただ一枚だけ竹笥の上にあって、

(3)─1　□以一緘衣見於君

と書いてある。これも「遣策」であると言うが、遣簡・賵簡と言いたいところである。

**包山二号楚墓**

一九八七年暮れに発掘された湖北省荊門包山二号楚墓からは四四八枚の竹簡が出たが、文字のあるものは二七八枚で、卜筮の記録、司法文書と「遣策」があり、遣策は二七枚だが、簡の仕上りが司法文書などより少し粗いという。文字が多く、一九九一年に竹簡全部の写真をのせた『包山楚簡』が刊行されている。

**馬王堆漢墓**

「遣策」について画期的な資料を提供したのは、一九七二年の長沙馬王堆一号と三号の漢墓であろう。

漢墓出土の遣策でもっとも簡数が多かったのは、馬王堆三号墓の四一〇簡で、その内七片が木牘、ほかは竹簡で、竹簡全部と木牘六片が西の辺箱から、木牘一片は東の辺箱から出土した。竹簡の長さは二七・四～二七・九センチ、浅黄色をしており、皮は灰緑色であった。木牘は長さ二八センチ前後、幅二・五～二・六センチである。

この遣策にほぼ匹敵するのは馬王堆一号墓のそれで、三一二簡が発見されたが、完全ではないからもっと多かったはずである。簡長二七・六センチ、幅七ミリ、簡をとじた紐は上下二ヵ所、ただし紐は腐って切れていたので、

出土したときは散らばって五つの小さな山になっていた。

遣策の話が先行してしまったが、湖南省長沙の馬王堆には大きな漢墓が三つあり、一号墓からは湿屍といわれるほぼ完全な状態の女性の屍体が出土し、一千点に達する糸織品、漆器、竹木器などが出土、屍体はなお皮膚などに生活反応があって、世界の話題をさらったが、それが時あたかも中国の文物政策が「古為今用」になった一九七二年のこと（二一頁）で、普通以上に注目を集めた。この女性は前漢のはじめに長沙国の丞相であった軑侯利蒼、軑に封建されている列侯、王が大名とすると侯は小名にあたるが、その利蒼の妻で辛□という名前の人である。

二号墓は盗掘に会って物は出なかったが、「長沙丞相」「利蒼」の印があったので軑侯本人の墓であることが確認され、三号墓は二人の間の次子の墓と考えられた。

**遣策の内容**

竹簡の内容は、一つは器物の名称、大きさ、数量などを書いたもの、もう一つは簡の上端に一本線を引き、その下にはみな「右方」の二字があって、その後に品物の名称や数量を書くもので、リストの中で同類の品物の小計を書いたのである。たとえば、

（3）―2　右方　羹九鼎

などというものがあって、この前には［酉夸］羹（こよう）という、調味料や野菜を加えないスープ九鼎が配列されていたというような復原には大変役立つ簡である。［酉夸］羹というのは礼の記載にある祭祀や賓客のもてなしに供する大羹のことで、だから鼎が副葬品にあることは、お供えの御馳走が入っていたわけである。一号墓には四八個の竹笥があり、二四個は保存がほぼ完全で、なつめや梨の実が入っていた。ここの「遣策」は、副食物、調味料、酒類、穀物類、漆器、土器、化粧道具と衣類、最後に楽器、竹製品、木製や土製の副葬専用の器物という順序に並んでいただろうと考え

られる。

軑侯夫人は解剖の結果、夏に瓜を食べすぎて死んだのではないかと言われているが、食物のお供えの多いのは面白い。

**従者を記録**

馬王堆三号墓の「遣策」の内容はこのような詳しい発表がないけれども、車騎、楽舞、僮僕などの従者、兵器、儀仗、楽器などのものは一号墓にはないもので、墓主が男性か女性かの違いからくるものであろう。

三号墓の一本の木牘は、

(3)―3　右方男子明童、凡六百七十六人。其十五人吏、九人賓者、二人偶人、四人撃鼓、鐃、鐸、百九十六人従、
　　三百人卒、百五十人婢

と三行に書き、また別の木牘に、

(3)―4　右方女子明童、凡百八十人、其八十人美人、廿人才人、八十人婢

さらにもう一本の木牘に、

(3)―5　右方車十乗、馬三十四匹、付馬二匹、騎九十八匹、輜車一両、牛車十両、牛十一、豎十一人

と記してある。墓主に従う侍従や車騎の数であるが、次の江陵鳳凰山漢墓のように、具体的に俑や明器(めいき)を作ったのではなくて、棺室の東西の壁にかけた帛画の中に描いてある。多分正確に数をあわせて描いているだろう。画像石、画像磚で壁を飾ったり、壁画を描いたりする後代の風習の淵源を考えるのに、大切な素材を提供している。

**江陵鳳凰山**

湖北省江陵鳳凰山の地域で一七〇基ばかりの漢墓が発掘された中で、木簡が出た墓は、八・九・一〇号と一六

七・一六八号墓で、この内一六八号墓は男子の湿屍が出土した。一〇号墓からは文書類の木簡が出、後にその個所で改めてふれる。このうち八号墓から出た竹簡一七五点、九号墓から出た竹簡八〇点、一六七号墓から出た木簡七四点、一六八号墓から出た竹簡六六点はいずれも「遣策」であった。喪失した分もあるが、これでみるとどの墓が副葬品が多いかわかるであろう。

この内、一六七号墓の遣策は保存状態がもっともすぐれていて、文字ははっきりしていたし、破損した文字は数字にすぎず、出土時の状態は策を巻いた姿で、簡を綴った麻の編も残っていて、簡の順序も原初の形を保っていた。一六七号墓が何故このような良好な状態を保ち得たのかという理由は、遣策が槨の外に置かれていて、青泥中に埋まっていたこと、他の墓と違って墓槨の中に水がたまっていなかったので、副葬品がもとの位置からほとんど動いていないことによる。

遣策の記載の順序は、軺車（小型の乗用車）、婢、奴、漆器（料理した食品を盛ったものがある）、陶器（かまど、囷、釜などの陶製の明器類）、財物（囊に入った穀物、香料、金、繒など）、果物や卵を盛った篭となっている。財物の中に薄土と書いたものがあり、土くれを絹で包んだものがそれに相当するが、これは土地を占有していることをあらわしたと考えられ、八号墓の中にも「溥土」と書いたものがある。

鳳凰山一六八号墓から発掘された男屍は、身長一六五・七センチ、体重五二・五キロ、全身に一毛もないが皮膚は基本的に完全、前顔正面と両足の膝の部分に多少の欠損がある。三二本の歯は完全、両耳の中には耳垢があり、左の鼓膜はなお存し、肌肉には弾力があり、脳も脳神経も存した。胆嚢には二〇余の胆石を持ち、直腸内には糞便が残り、解剖所見では、肋膜炎・心外膜炎・胆嚢炎の病変が認められた。推定死亡年齢は五十五歳前後である。

そして六七点の竹簡が出土したが、ここの遣策は六六点、長さ二四・二〜二四・七センチ、幅〇・七〜〇・九センチ、細い麻縄で上下各一すじ編まれて冊書になっていた。

五百点以上の副葬品と共にこの墓は何故保存が良かったのかというと、槨室の周囲や槨の蓋板の上〇・一四メートルは密度の大きな青膏泥が覆い、その上五・二六メートルは質が粗くて硬い青灰泥、さらにその上面は五表土で覆われ、版築で叩きしめられていたためであった。

ところで、一枚残ったのは、中国の学者が竹牘とよんでいる大変珍しいもので、長さ二三・二センチ、幅四・一～四・四センチ、幅の広い竹の札という意味で竹牘と名づけたのである。竹を輪切りにした上に、縦に割いて作っているから少し丸みがついている。報告は篾青の上に墨書しているというから、竹の皮の上に書いていることになるが、写真で見ると竹の表側を五面に面取りし、下の方に節のあとが見えるので、青皮を削って書いたという意味である。その文章は、

(3)―6　十三年五月庚辰江陵丞敢告地下丞市陽五
　　夫〻隧自言與大奴良等廿八人大婢益等十八人軺車
　　二乘牛車一両騶馬四匹駠馬二匹騎馬四匹
　　　可令吏以従事敢告主　　　　　　　　　　　散見九二七

(文帝の) 十三年 (前一六七)、五月庚辰 (十三日)、江陵の丞が敢えて地下の丞に告ぐ。市陽 (里) の五大夫隧が自ら言うに、大奴良等二十八人・大婢益等十八人・軺車二乗・牛車一両・騶馬四匹・駠馬二匹・騎馬四匹と令 (行の字、または類似の字の誤りか脱字か) しむべし。吏以て事に従え。敢えて主に告ぐ。

漢の武帝が年号を創める前で、十三年を経験したのは文帝のみ、「五夫〻」は五大夫のこと、爵である。隧は遂のことで、墓主は嬰遂という人物、この人は口中に「遂」一字を刻した玉印を含んでいた。大奴・大婢合計四十六

人の供をつれてゆくとなっているが、確かに四十六個の木製の俑が埋葬されている。軺車は小型の乗用車、騶馬は足の速い馬、騂馬は栗毛の馬である。文の大意は江陵市陽里の五大夫嬰遂が死んだので埋葬すると言っているのだが、この文章の形式が、漢代の国内旅行者に発給される身分証明書（棨とも伝ともいう、「六、木簡学のテクニック」一二〇頁参照）の文体であることが、大変興味があり、私が「冥途へのパスポート」とよぶ所以である。

発信者は江陵丞、江陵県の次官で、受信者は地下の丞、すなわち冥土を管理する役所の次官あてである。漢代で一般庶民が旅行する時は本人が申請し、「自言」の語を使い、所属の郷嗇夫を通じて県へ申請するが、嬰遂は五大夫の爵を持ち、この爵は県令と対等の身分とされるから、県丞が直接扱った形をとったのか、喪葬のために作った擬制文書であるが、冥土へ旅をして移るという点は、漢人の心理を物語っている。

鳳凰山一〇号墓からも擬制文書が出土している。この墓から出た木簡は後で文書類（未完）の中でふれるが、擬制文書そのものは文字がはっきりせず、中国人の研究者の間で釈文が分かれている。試みの釈文は次のとおりである。

（3）—7　四年後九月辛亥平里五夫＝張偃敢告
　地下主偃衣器物所祭具器物□令
　　以律令従事　　散見八〇三

四年は景帝四年（前一五三）後九月七日と考えられている。墓主張偃が自ら地下の主に伝え、律令によって規定の通り事を処理せよと公文書の形式をとっている。

馬王堆三号墓にも同種の文章があった。

（3）—8　十二年二月乙巳朔戊辰家丞奮移主贓郎
　中移贓物一編書到先選具奏主贓君

文帝の十二年（前一六八）二月二十四日、（軑侯家の）家丞奮が、主贓郎中に贓物を記載した目録一編を移牒する。この書が到着したならば、まず点検して主贓君に奏上されよ。

後にもふれるように（未完）、軑侯家の財産管理は家丞の責任である。贓物は墓中に収めた品と、その一覧表を送るから、主贓郎中は財物を担当する人に報告してくれという、これも公文書のかたちである。

また一九八〇年四月に発掘された江蘇省邗江県の胡場五号墓からも同類の木牘二枚が出土した。長さ二三センチ、幅三・五センチ、一枚めは四二字、二枚目に一九字あって文章は続き二枚で完成する。

（3）―9　卌七年十二月丙子朔辛卯、廣陵宮司空長前丞□敢告
土主廣陵石里男子王奉世有獄事、〃已復故郡郷　（第一牘）　散見一〇六〇
里　遣自致移指穴四□年獄計承書従事如律令　（第二牘）　散見一〇六一

文中に敢告土主といって、地下の土主に公文書を送る形式をとり、広陵宮司空長の前と丞□の連名は実名であるが、文の内容は異常で、今までの例のような仮空性はない。広陵石里の男子王奉世がこの墓の主であることは、「臣奉世」「王奉世印」「王少孫印」などの印の出土にあわせても疑いのないところで、四十七年という年は、広陵宮司空の名より、元狩六年（前一一七）に置かれた広陵王劉胥の年代を示し、宣帝の本始三年（前七一）に当たる。発掘簡報によると、墓主の頭骨は異常で、受刑または長期の重圧が原因で、年齢は三十歳手前、男子とあるが爵はなかった。

文書の発信人が司空の官にあるが、この官は水土のことを掌るといい、水土の事とは、営城・起邑・浚溝洫・修墳防の事だというから要は土木建設の事業で、別の注釈では罪人、囚徒を主る（つかさど）という。土木事業の作業員に囚人を使うから、自然獄の管理もしているというわけである。

それで王奉世は広陵県のしかるべき地位、又は資財があって、この墓の作れる程度の家の人であったが、何かの罪で広陵宮司空のもとで労役に服していて死去し、故郷に帰されたという事情が想像できる。

いまのところこの四例だけであるが、死後の世界の管理者に対し、地方官の名義で公文書、擬制文書を発給するという形で葬送儀礼に加える風があったことが理解でき、従来よりわかっていた買地券と並んで、死後の世界でも現世と同様の生活をすると考えていた漢代人の死生観の一端が見えて興味深い。

### 鳳凰山一〇号墓の文書簡（仮題）

湖北省江陵鳳凰山一〇号漢墓は、一九七三年九月～十一月の間に他の両漢墓と共に発掘されたが、一七〇枚の竹簡と六枚の木牘が発見され、内容が賦税や徭役などに関係があるというので、一時注目された。ただ簡文の文字がはっきりしないこともあって解釈が分かれ、その後は論議が行なわれてはいない（七五頁参照）。

墓主は張偃、五大夫の爵を持ち、景帝四年（前一五三）後九月七日に死んだ。

中国でも日本でも研究した人は少なくないが、基本的にこれらの文書が公文書なのか私文書なのかで理解が全く異なる。たとえば、

戸人不章能田四人口七人　田卅畝　十　卩　貸三石七斗　散見八二〇

の書式の竹簡を、墓主が佃戸に対して田畝や糧種を租貸した簿冊ととるか、鄭里という張偃が里正をしていたと考えられる里での廩簿とみるか、あるいは、

九（七）月四日付五翁伯枲一□（唐）卅●笥三合＝五十四　直百六十四　散見九一七

という書式の簡を、笥や枲（し）などを交付した支給簿と見るか、商業経営の記録で、売り出した貨物の帳簿とみるか、全く違う解釈が可能で、決め手がない。ただ、五号牘とよぶ木牘は表裏に記載があり、

市陽二月百一十二算＝卅五銭三千九百廿正偃付西郷偃佐纏吏奉卩　受正忠（□）二百卌八（以下略）

散見八〇六A

以下表七行、裏九行に記載する。算銭の合計額を書いたあとに正偃、佐の纏に付したというのは、西郷嗇夫、佐に里正の偃が集めた算銭を渡したという意味で、算銭徴収簿と考えるのがよさそうである。それでもこの木牘は地主の収入・支出の帳簿という私文書説が成り立つ余地は残っている。

私は若年の頃は、公文書を私的な墓に持ち込むというのはどういう国家体制かと疑っていたが、その頃文書簡が出土したのは鳳凰山一〇号墓のみで、今日、他に文書類が副葬されている例が増え、ことに尹湾漢墓（本章、未完部分）のような例が出てみると、公職について活動していた生前を物語るような公文書の写しを埋葬することは十分理に合うように考える。したがって鳳凰山一〇号墓は、墓主の里正としての働きを賛える意味で埋納したものと考えてよい。

## （三）　王杖十簡

一九五九年、先の武威磨咀子六号墓から『儀礼』の書物が出た時、近くの磨咀子一八号墓から十本の木簡が出土した。出土した時、何簡かは鳩杖の上に繋がっており、残っている様子からみれば、もとは十簡がみな杖の一端に繋がっていたと思われる。杖の長さはほぼ二メートル、簡の長さは二三〜二四センチ、幅一センチ、文字ははっきりしていて、出土した時、簡は三つの縄で編まれていた。

この簡は王杖十簡と呼びならわされ、一九六〇年九期の『考古』に発掘簡報が発表され、一九六四年には『儀礼』と共に、甘粛省博物館と中国科学院考古研究所共編による『武威漢簡』にも公刊されたが、そのほかに十簡の配列について様々な意見が発表された。この議論は不毛の議論となったが、最初に簡が鳩杖にどうついていたかを正確に報道されていたならば、ある程度避け得たものと考えられ、六〇年前後の文献学と考古学がうまくマッチしていなかった時代の悪例であろう。

鳩杖とは、『後漢書』礼儀志に、

仲秋之月、縣道皆案戸比民。年始七十者、授之以王杖、……端以鳩鳥為飾。

とあるものに当たる。

もし一般的な木簡出土の例からいえば、一度出土例があったら、同じものが再び出土することは極めて稀で、王杖十簡の順序も混乱したままで終わったかも知れない。ところが、甘粛省から鳩杖に関する木簡が、二度ならず三度までも出土することになった。もちろん、同一の十簡でなく、一九八九年には二十六簡、同年には別に十七簡出土し、当然内容は基本的なものの重複を除けば異なった材料が提供され、その理解は拡大した。こういう例は木簡研究上他に例を見ない。

旱灘坡六号墓では鳩杖も出土しており、木簡はなくとも鳩杖のみが出土する墓もあり、要するに墓主が与えられた栄誉を示すために入れられた木簡である。

王杖十簡の文章は次のとおりである。

制詔丞相、御史……高皇帝以來至本（始）二年、勝（朕）甚哀老小、高年受王杖、上有鳩、使百姓望見之　3

●比於節。有敢妄罵詈、毆之者、比逆不道。得出入官府郎第、行馳道旁道。市賣復毋所與　4

●如山東復。有旁人養謹者、常養扶持、復除之。明在蘭臺石室之中。王杖不鮮明、 5
●得更繕治之。河平元年、汝南西陵縣昌里先、年七十、受王杖、頪部游徼呉賞、使従者 6
●毆撃先。用訴、地大守讞（けん）廷尉、報、罪名 7
●明白、賞當棄市。 8
制詔御史曰……年七十受王杖者、比六百石、入官廷不趨、犯（非）罪耐以上、毋二尺告劾、有敢徴召、侵辱 1
●者比大逆不道。建始二年九月甲辰下。 2
●蘭臺令第卅三、御史令第卌三、尚書令滅受在金 10
●孝平皇帝元始五年幼伯生、永平十五年受王杖。 9

丞相、御史に命令する。高皇帝（高祖）以来本始二年（宣帝、前七二）に至るまで、朕ははなはだ老小の者を哀んできた。高年者には王杖を授け、上に鳩がついていて、百姓が之を望み見ることは節に比する。あえて妄りにののしったり、之を殴る者は、逆不道に比する。官府郎第に出入でき、馳道の旁道を通行することができ、市で商売する時は市税を免除すること、山東の免税の例のようにする。何人か老人を養護し、常に養生扶持する者があれば、この者をもまた免税の扱いにする。これらのきまりは明らかに蘭台石室の中に保存している。王杖が鮮明でなくなれば、更めて修繕することができる。河平元年（成帝、前二八）、汝南郡西陵県昌里の先は、年七十で王杖を受けた。頪部の游徼（下級の治安担当の吏）の呉賞が従者に命じて先を殴り撃たせた。そこで訴え出、土地の太守から廷尉に判決の意見を求めてきた。その答えに、罪名は明白で、賞は棄市に当たると。

御史に命令する。年七十で王杖を受けた者は、六百石の吏と同様の扱いとし、官廷に入っても遠慮して小走りに行動するに及ばない。耐罪の罪以下を犯しても、二尺の板で告発劾奏するに及ばぬ。敢えて強制的に呼び出し、侵害し辱かしめるような者は大逆不道に比せよ。建始二年（成帝、前三一）九月甲辰下す。
蘭台令第卅三（先の制詔が当たるか）。御史令第卌三（後の制詔がそれか）。尚書令滅、受在金（この三字は不明）。

平帝の元始五年に墓主幼伯は生まれ、永平十五年七十歳で王杖を受けた。

以上の解釈でほぼ問題はないと思うが、一点不明なことは、次の王杖二十六簡では御史令がなく、二詔共に蘭台令四十二になっていることで、これは更に調べないと何とも言えない難問である。

## （四）王杖二十六簡

一九八一年、甘粛省武威県の文物管理委員会が県の重要な文物の保護、調査を行なった時、新華公社纏山大隊に属する袁徳礼という人物が、近年磨咀子の漢墓で出土したという「王杖詔書令」簡二十六枚を提出した。一九八四年九月に出版された『漢簡研究文集』に、武威県博物館による「武威新出土王杖詔令冊」という文章によって発表され、後、甘粛人民出版社刊の『漢簡書法選』に写真が公表された。人によっては、民間人が保存していた資料が文物管理局に保管されたという経過から、この資料の真実性に疑いを持つ者もいる。一般に、文書が偽文書であることを証明するのは、それが真文書であることを証明するより難しい。特に、偽文書と判定する者が知り得ないその時代（ここでは漢代）の事実が含まれている時は、偽文書作成者が何故それを知り得たかまでを追求せねばならぬ。容易ならぬ事態が待っていることを知るべきである。私はまずこの冊書の研究を採用公表した甘粛省博物館、同文物工作隊の学識を信用しているし、同文物考古研究所の何双全氏から、同氏はこの簡の出土した時、近くの他の墓を発掘中で、簡の出土を知っているゆえ、疑問の余地はないと聞いている。

さて、この簡は、背面に「第一」「第二」と番号をつけてあるので、その順序についてとかくの議論はない。また、鮮明な隷書で書いてあるので写真を掲示すれば、釈文を出す必要はないと思うので、写真の次の訳文を掲げることとする。なお、第十五簡ははじめから欠けていたので、本来は二十七簡である。

御史に制詔（命令）する。年七十以上は人の尊敬するところである。殺人または傷害の首犯でなければ、罪を告発弾劾するな。罪を科するな。年八十以上は生れてより久しい者で言うまでもない〔簡一〕。年六十以上で子男のない者を鯤（鰥）といい、女子で年六十以上で子男のないものを寡というが、これらの鯤寡の者は商売をしても租を課さないこと、山東の復（税金免除）と同様とし〔簡二〕、このような老人に養い仕えて扶けている人間にも税金免除の特典を与えよ。これらのことを明らかに令に著せ。蘭台令第四十二号〔簡三〕。

孤・独・盲・侏儒などの頼りどころのない者は、吏はみだりに召し出すことはできないし、獄訟にかかわった時でも手枷、足枷などに繋いではならぬ。この旨を天下に布告して朕が意志を人民に知らしめよ〔簡四〕。夫妻が倶に存命でしかも子男がない者を独寡という。このような者には、田租や市賦を免除すること、帰義（周辺民族の中国へ帰順してきた者）の民に与えてある優遇と同様にし、酒や濁酒を列肆で売らせてやるようにせよ。尚書令〔簡五〕の臣咸が再拝して詔を受け、建始元年（前三二）九月甲辰の日に下した〔簡六〕。

汝南郡の太守が廷尉に対して判決を尋ねた。吏が王杖を受けた本人を殴辱することがあったと。罪名は明白である〔簡七〕。

制して曰く、判決の質問に答える。棄市を以て論決すべきである、と。雲陽県白水亭長の張熬が、王杖を受けている本人を殴り曳きずって道普請をさせたことを、男子（爵位のない）王湯〔簡八〕が告発した。その罪によってただちに棄市された。高皇帝（高祖劉邦）以来、本始二年にいたるまで、朕は甚だ高年齢の老人たちをあわれみ、高年齢者に王杖の上に鳩のついた杖を賜わり〔簡九〕一般人民が遠くから見てわかるようにし、その扱いは節に準ずることとした。吏や民であえて受杖者をののしり、殴り辱かしめるような行為のあるものは「逆不道」罪とする〔簡一〇〕。官府節弟に出入し、馳道の旁道を車で馳せることができるようにし、市に店をかまえて商売をする時、租を徴収しないことを山東の復と同様とする〔簡一一〕。

長安敬上里の公乗爵の臣広が皇帝陛下に書面を差し上げ申し上げます〔簡一二〕。私、臣広は陛下が不思議なすぐれた御知恵を持たれ、万民の上に覆いいつくしまれ、老人や小人にあわれみを垂れたまうていることをよく存じております。その陛下の御あわれみにより、王杖を賜り、優渥な詔をいただいています臣広は〔簡一三〕未だ嘗って耐罪や司寇など二歳以上の刑を受けたことがない身であります。広は郷の役人に対して役人から何度も催促をされるようなことはありませず、吏の質問に答えるのに吏の面前で強く〔簡一四〕……〔一簡分欠く、第一五簡なし〕……下。父母を敬い重んずるという心がないためにおこる結果であります。郷里のみならず郡国のレベルでもそうであります。こういう風潮ならば臣広は、なにとぞ賜った王杖をお返し申し上げ、身を没入されて官の奴隷にしていただきたいと存じます〔簡一六〕。臣広万死にあたいする者、再拝して皇帝陛下の御耳に達する次第であります〔簡一七・一八〕。

制して曰く、問何、郷吏は棄市に論決し、刑は時をおかずに執行せよ。広は王杖を受くることもとの通りにせよ〔簡一九〕。元延三年（前一〇）正月壬申に下す〔簡二〇〕。

御史に制詔する。年七十以上で王杖を杖いている者は、六百石の官吏と同様の扱いとし、官府に入っても身をかがめて小走りをする必要はなく、吏民の殴辱する者があれば、その者は逆不道罪で〔簡二一〕棄市の刑とすると。この令は蘭台の第四十三号にある〔簡二二〕。汝南郡の男子王安世、凶悪で悪賢く、鳩杖を賜っている老人を撃ち、其の杖を折った罪で棄市とした。南郡の亭長〔簡二三〕司馬護、ほしいままに鳩杖を賜っている老人を召し出し、撃ったり留置した罪によって棄市とした。長安、東郷嗇夫の田宣、鳩杖を賜っている老人を撃ったことを〔簡二四〕男子の金里に告発され、その罪によって棄市された。隴西郡の男子張湯、凶悪で悪賢く、王杖を賜った老人を殴撃し、その杖を折った罪で〔簡二五〕棄市された。亭長二人、郷嗇夫二人、普通の民間人三人、いずれも王杖を賜った老人を直接殴撃した罪で棄市された〔簡二六〕。

■右は王杖詔書令で、蘭台の第四十三号にある〔簡二七〕。

【未　完】

# 四、捨てられた木簡

ここにいう捨てられた木簡とは、古代に、いまある遺跡が現実に活躍していた時に、すでに不要なものとして廃棄された木簡か、その遺跡が現実に不要となって、その中に置いたまま、まるごと捨てられた木簡を意味する。発掘されたのは、中国の西方、甘粛省の砂漠とオアシスに点在した漢代の遺跡から出た、敦煌漢簡、居延漢簡で、いまの出土数五万点、敦煌漢簡の中には懸泉置漢簡を含む。

そのほかに、一九九六年後半、湖南省長沙市の中心地区にあった古い井戸の中の一つから、三国時代の呉の木簡が発掘され、現在整理が進行しているが、数量の推定九万点ともいう。また二〇〇二年、湖南省の西部龍山県里耶鎮で、やはり古井の中から秦代の竹簡が発見されたが、数量は三万六千点といい、釈文ができ研究が進むのは十年単位の先のことになろう。

いま、長沙の呉簡、「走馬楼呉簡」に例をとってみると、その内容は（一）券書類、（二）官府文書と司法文書類、（三）戸籍類、（四）名刺類、（五）帳簿類に大別されている。

こういう木簡の内容による分類は、羅振玉・王国維の『流沙墜簡』（「一、木簡発見と研究の百年」一五頁）に、全体を小学術数方技書、屯戍叢残（とんじゅうそうざん）、簡牘遺文の三つに大きく分け、屯戍叢残はさらに簿書、烽隧、戍役、稟給（りんきゅう）、器物、雑事の六項目に小分けした。居延漢簡を取り扱った労榦は、この分類を基本的に継承し、『居延漢簡考釈』釈文之部（一九四九年版、「むすびに」一三〇頁）では、文書、簿録、信札、経籍、雑類に大分類し、文書類はさらに四、簿録類は十二項目に小分類をたてた。しかし、一九四三年版と四九年版にとった内容別の分類法は、一九七〇年版『居延漢簡』では簡番号順に配列して姿を消す。それ以後、木簡の釈文を発表するときは、簡番号順に配列し、分類をしないのが普通になった。理由は、分類をするには内容について私的判断が加わり、主観的になるので、発掘の状況を反映した番号順に配列することがより科学的であると考えられるようになったからで、今世紀後半の研究の発展の現れともいえる。

要するに、捨てられた木簡とか、フィールドの木簡とか呼んでいるものは、廃棄された、私信を含む行政関係資料で、その中を分類するならば、文書と記録に分かれる。文書は日本古文書でいう、発信者と受信者のあるものである。

二千年前に捨てられたが、偶然残った「木片（きぎれ）」の文字から、われわれは何がわかるだろうか。漢代の西方戦線の様子は、籾山明氏の『漢帝国と辺境社会——長城の風景』（中公新書一四七三、一九九九）をはじめ、いくつかの書によって、漢簡研究の成果として見ることができる。そしてそこに描かれた風景は、新しい木簡が出土してこない限り、大きく変わることはないだろう。

中国に限らず、日本を含めて、時に尋ねられる質問に、「木簡が出たことによって歴史は変わりましたか」というものがある。歴史が変わると言っても、まさか聖徳太子の存在が否定されるなど、奇妙な想像の小説は別として、歴史学上の論争点が決着をみたという例はある。もっとも良い例は、日本古代史で、郡評論争といって、大化のはじめに、国—郡—里という行政機構ができたと伝える『日本書紀』などの史料のほかに、系図史料や金石文に、郡にあたるところを評とする例があり、郡と評とは時間的に異なる制度で、評から郡へ移行したという理解、評と郡とは性格が異なり、同時に行なわれたが施行地域が違うという理解とに分かれて様々な説が立てられていた。しかし藤原宮跡出土の木簡により、評制より郡制への転換は、大宝律令の制定によることが明らかになり、論争は終結した。木簡が歴史事実の確定に役立った例である。

私がふつうに答えるのは、つぎのようなものである。

従来からの文献によって構想されてきた歴史像が大きく変わることはまずありません。しかし、木簡が出てきたことによって、文献によって張られていた網の目が、さらに細かくなることはあります。

中国史研究の史料で、今世紀に入って使えるようになったものの内、漢代の木簡に並んで、清朝の档案がある（一一一頁）。これは紫禁城に保管されていた清朝の行政文書である。清朝の皇帝の歴史を書く場合『清史』、『清史稿』のような紀伝体の正史にまとめることが最終目標になるが、そのもとになるのは、歴代皇帝ごとの「実録（じつろく）」であり、「実録」を作るための材料は、毎日作られる「起居注（ききょちゅう）」という公式記録である。今日新聞紙上に出る「首相動静」「首相日々」などと性質は同じである。そしてこの間、直接皇帝のところまで来たかどうかは別として、決済、判断を仰ぐべく提案されているものが档案である。木簡はこの档案レベルの日常の資料なのであるから、正史の記載を改めるようなことが見つかるとは思えない。

ただそこに、大変重要な歴史学的な問題がある。それは、歴史に残るような事とは何かということである。それは普段には起こらないような事件であるはずであり、非日常的な事である。だから珍らしく、記憶され、記録される。卑近な例で恐縮だが、解りやすいので使ってみよう。

たとえば小学生に、学校生活で何が楽しかったかと尋ねてみれば、遠足とか運動会とか答えるのが普通であろう。ではその子供たちは年中遠足や運動会をしていたのかと言えば普段は学校で勉強をしていたわけで、適々あった遠足、運動会だから印象に残っているのである。

歴史においては非日常的なことが記録され、そのことが後世にどういう流れの変化を齎(もたら)したかが注目される。日常的なことは記録されず、記憶から消え失せる。そこで歴史は事件簿かという疑問も提起される。だが、木簡を含む多くの歴史史料は、特に注目されることなく消えてしまうのである。否、消えてしまっていたのである。歴史に残るのは珍らしいことで、当たり前のことは残らない。

もとより歴史研究の分野、目標は単一ではない。日常的なもの、普通のことはどうあったかを研究するには、かつて見なかった新出史料によって、有効に新分野が開けてくることは申すまでもない。例えば、「五、どうすれば皇帝になれるか」（未完）にのべる日常的な皇帝の詔書が明らかになったことで、連鎖的に研究が拡大してゆくのである。一般的にいって捨てられた木簡の中には、文献に記された非日常的な歴史事件に関連した、文献の記載を実証し、あるいは文献の記載を補強して、事件のディテイルを明らかにするものがある。一方で、その時代の文字通り日常茶飯事が記載され、文献によって構成されていた歴史からは脱落していた日常の補給をするものがあり、これが大半である。

そこで、本章では、非日常的な、歴史文献と関連ある木簡をいくつか紹介したい。また日常的なものについては、既に出版されている啓蒙書の記載とはなるべく重複を避け、少し別の角度から実例をあげてみようと考えている。

捨てられた漢簡が拾われた最初は、オーレル・スタイン第二次探検の敦煌漢簡であるが、その中につぎのものがある。

（4）―1　制詔酒泉大守、敦煌郡到戍卒二千人、発酒泉郡、其假候如品、司馬以下与将卒、長史将屯田守処、属大守、察地形、依阻険、堅壁壘、遠候望、毋……

……（上欠）□□破陳却適者、賜黄金十斤、□□元年五月辛未下。

Ch.60敦一七八〇A、TⅥbi・二八九

Ch.151敦一六六五A、TⅥbi・一二五・一二七A

酒泉太守に命令する。敦煌郡より到着した戍卒二千人は酒泉郡を発せよ、其の隊伍の組み方は定めのようにし、軍司馬以下の官はともに卒を将い、郡の長史は屯田の守備の地域を将い、太守の指揮下でよく地形を観察し、けわしい地理を利用し、防壁を強化し、遠くの方まで見張りをし、……することなかれ。（上欠）□□破陳、却敵の功をたてた者には、黄金十斤を賜うであろう。神爵元年（前六一）五月二十一日下す。

敦煌漢簡に注釈研究を加えた王国維は、『流沙墜簡』（八五頁）の中の彼が担当した屯戍叢残の一番最初に、この簡の説明を置き、その後著作をまとめる度にこの簡をまず叙述する。いかにも彼は得意であったのだろう。

宣帝の神爵元年年三月にチベット系の先零羌が漢に反乱し、その背後には匈奴のかげがあった。誰を派遣しようかという皇帝の問に、金城郡（現、蘭州）出身で、長年武功をたててこの時七十六歳、後将軍・水衡都尉の位にあった趙充国が、「私が最適」と自薦して出動する。充国の作戦は、羌族の中でまだ叛意を明らかにしないまま、先零の後楯になっている罕（かん）・开（けん）などの部族をおびやかして招き降し、時間をかけて分断しようというものであった。これに対し、酒泉郡の太守辛武賢をはじめ現地軍の太守は、冬期にならぬ内に罕・开を撃つべきであるという即戦論で、充国との間に作戦の齟齬があった。

宣帝は、三月に都周辺の刑徒の中の志願者、三河・穎川・沛郡・淮陽・汝南各軍の材官部隊、金城郡以下北方の騎士部隊を動員し、武威・張掖・酒泉の在地軍と合計して六万人を集めていた。そこで、趙充国と辛武賢の両者の

意見を群臣に問い、両者の間で反論、論争が行なわれたが、その上書反論の詳しい状況が『漢書』趙充国伝に記載されており、この伝は『漢書』の中でも特異な雰囲気を持っている。班固はこの事件に特に関心を持ったのか、当時の資料が特に良く残っていたのか、叙述の意図が察し兼ねる不思議な部分であるが、それはともかく、在地軍の詳細な数字まであげた論争は、その意味では珍らしい。

宣帝は最初は辛武賢の意見に傾き、六月に武賢を破羌将軍に任命し、後将軍趙充国と並進させることにする。充国に対して詰問の勅書を与えるが、その中に、「いま詔を下し、破羌将軍武賢に兵六千一百人を率いさせ、敦煌太守快に二千人を率いさせ、長水校尉富昌、酒泉郡の候奉世に婼《じ》、月氏の兵四千人を率いさせ、亡慮一万二千人、三十日分の食糧を携行し、七月二十二日をもって罕羌を撃ち」という文があり、（4）—1の敦煌郡戍卒二千人とぴったり合う。文献と木簡が合う稀有の例で、王国維の得意の程も思いやられる。

ところが、居延漢簡・懸泉置漢簡が見つかると、関連する木簡がまだ見つかる。

（4）—2　御史中丞臣強、守侍御史臣忠、昧死言、尚書奉御史大夫吉奉丞相相上、酒泉大守武賢、敦煌大守
快書言二事、其一事、武賢前書、穬麥皮芒厚、以稟當食者、小石三石少不足、丞相請部、當食稟穬麥者
石加　　　ＩＤＸＴ〇三〇九・三・二二一、釈粋52

御史中丞の強、侍御史心得の忠が申し上げます。尚書が奉った、御史大夫吉が奉った丞相魏相より上げてきた酒泉太守武賢、敦煌太守快の書に二事を申していますが、其の一事は、武賢が前の書で、穬麦は皮芒が厚く、食糧の受給者は脱穀すると三石よりも不足すると言ってきたので、丞相は当該部隊で、穬麦を受給した者に加配（させるよう）お願いして

皇帝に対する上奏文の最初のところ（「六、木簡学のテクニック」参照）、酒泉太守武賢と敦煌太守快が連名で二

件申し入れてきて、丞相を経由して御史大夫から尚書へ奉上したものを、御史中丞、侍御史が被露し、最後に皇帝が判断を示す。

内容は辛武賢が前の上奏で、穬麦（大麦の一種）は皮や芒が厚いので脱穀すると損耗が大きく、普通の支給の基準は小石で三石三斗三升少あるところが三石しかないと言って来たので、丞相が穬麦を支給している部隊では増配を考えるように……ということである。

趙充国伝に出てくる上奏、答詔のやりとりは本当に細かい。「今張掖以東では穀価は一石につき百余銭、芻稾は一束につき数十銭の高値」とか、「臣（趙充国）が率いる吏士・馬牛の食は、月に糧穀十九万九千六百三十斛、塩千六百九十三斛、茭藁二十五万二百八十六石を要」するとか、「願わくは騎兵をやめて弛刑応募の士、淮陽国・汝南の材官、私従の士を留めると、合計一万二百八十一人で、これに要する穀物が月に二万七千三百六十三斛、塩が三百八斛」というように数値が出てくる。しかし（4）—2をみると、辛武賢も趙充国にまけないで細かい議論をやっていたことがわかり、文献・木簡の雰囲気は完全に一致している。

敦煌太守快の姓は遂にわからない。懸泉置漢簡の中に、

（4）—3　十月己卯、敦煌大守快、丞漢徳、敢告部都尉卒人、謂縣督盜賊史　光利世、寫移今□□□□□
　　郡督趣書到、各益部吏、匿泄來捕部界中、明白大扁（編）書郷亭市里□□□□、令吏民盡知□□
　　　　　　　　　　　　　　　　　　　　　　　　Ｉ〇三〇九・三・二二二、釈粋21

十月己卯、敦煌太守快、丞漢徳、敢えて部都尉の卒人に告げ、縣の督盜賊史光利世に謂う。写移今……郡督趣、書到らば、各々部吏を益し、監督領域内にかくれている者を捕え、郷・亭・市・里の目につく所にはっきりと掲示し……吏民をして知らしめ

この前には盗賊取締についての命令文がついていた。敦煌郡内への布告文である。

(4)―4　十一月丁巳、中郎安意、使領護敦煌、酒泉、張掖、武威、金城郡農田官、常平羅調均銭穀、以大司農丞印封、下敦煌、酒泉、張掖、武威、金城郡大守、承書従事下當用者、破羌将軍〻吏士畢已過、具移所給吏士賜諸装實……

Ⅱ〇一一四二・二九三、釈21

十一月丁巳、中郎の安意が、特命をもって敦煌、酒泉、張掖、武威、金城郡の農官・田官、常平倉、銭穀の調整平均をつかさどり監督する職務につき、大司農の丞の印で封じ、敦煌、酒泉、張掖、武威、金城郡の太守に下し、関係官に下す。破羌将軍の軍吏や士がすでに通過し終わったところで、具体的に吏士に支給し、あるいは衣料品を賜った実情……

使領護、使が臨時に行なう場合、領が支配、護が監督の任務を意味する。中央、光禄勲に属する中郎が特命を受けて派遣された。破羌将軍の名があるから辛武賢に関係あり、従って神爵元年十一月、破羌将軍の部隊が徴発支給を受けながら通過したあとに必要であった支出の清算に当たった時の文書であろう。

(4)―5　(上欠)□武賢、司馬如昌行長史事、千人武彊行丞事、敢告部都尉卒人謂県、写重如

(上欠)卒人／守卒史稗、守属奉世

E．P．T五一・二〇二

【未　完】

# 五、どうすれば皇帝になれるか

――**編者前文**

本章は、故大庭脩先生の病床において執筆半ばで絶筆となった部分です。遺稿集の編集にあたり、平成十三年六月二日の研究会での口頭発表時のメモが、国際日本文化研究センター報告書『武家と公家Ⅲ』に掲載されたとのご連絡をいただきましたので、大庭先生の執筆趣旨を些かなりとも辿ることができると編集者が判断し、残されました本文に続いて転載させていただきました。このメモは、国際日本文化研究センターの共同研究会「公家と武家――王権と儀礼の比較文明史的研究――」における口頭発表に基づき、出席者のノートを参考としてまとめられたものです。なお当日配布資料として漢文史料のプリントも残っておりましたが、編集者の判断で割愛いたしました。

ここに国際日本文化研究センターの共同研究会「公家と武家――王権と儀礼の比較文明史的研究――」を主宰されておられます笠谷和比古先生をはじめ、研究会の皆様に御礼申し上げます。

**［本文……絶筆部分］**

一九八七年、交換教授で遼寧大学へ出張中の一夜、関西大学へ来たことのある先生たちが宴会によんで下さったが、何かのはずみに皇帝の話になり、「俺は朱だから明だ」、「俺は劉だから漢だ」、「いや、お前の劉は劉少奇の劉だ」と一騒動の大笑いになった。だがこの話は日本ではないな、源平藤橘でもぴんと来ないし、松平では多すぎるし、いかにも中国的話題だと面白かった。中学校一年生の漢文で『十八史略』を習った時に、皇帝になるには禅譲と放伐があると聞いているから、自分にとっては随分古い知識であるが、どうすれば皇帝になれるかという多少奇抜な設問は、彼は何故皇帝になれたかという問いであり、焦点の彼は、漢の高祖劉邦である。

【未　完】

**［口頭発表時のメモ］**

**禅譲と放伐**

一、中国において皇帝になる方法としては、禅譲と放伐の二つが基本である。
　このうち「放伐」はいくさに勝って帝位を獲得する方式で、臣下が乗っ取る形の「簒奪」とは別物と考えられている。

**秦の始皇帝**

二、始皇帝は武力統一によって「天下大定」を実現した。

三、中国で皇帝を始めた人間は始皇帝である。彼はみずから「皇帝」と称した（『史記』「始皇本紀」）。「皇帝」とは王の中の王の意である。

四、始皇帝は、皇帝の死後に贈られる「諡」を廃止した。子が父の、臣下が君主の生前の行状を議するのは謂われのないこととして、諡の法を除いた。

それに代わって、始皇帝以下、二世、三世という代数をもって皇帝の号とした。

五、始皇帝は「制」と「詔」の制度を整えた。

王から皇帝となったことによって今まで「命」と称していたのを「制」、「令」と呼んでいたのを「詔」とそれぞれ改めた。

六、六国の復興、反乱。

秦代末期、項羽と諸勢力が盟約を結び、封建諸王が復活し、彼らが秦朝に反旗を翻していった。

**漢王朝の成立**

七、秦が乱れて戦乱状態となり、項羽は咸陽を攻めて秦の宮室を焼き滅ぼした。

項羽は楚の懐王を盟主とした。しかし懐王はみずから征伐の功があったわけではなく、項羽が擁立したのみであった。故に、そののち項羽は懐王を帝位につけて「義帝」と称したが、実際には義帝の命に従うことはなかった。

八、秦末の戦乱の中で、十九の王が建ったが、最終的には九王が残った。

漢王劉邦が皇帝に就くには、同格の王たちの中から推戴される形をとった。しかし高祖劉邦は、生前に八王を改易し、劉氏一族を新たに建てて王となし、劉氏の王によって固めた。漢代は漢という国のほかに九国九王があった。

長沙王は王位を返上した。

九、秦の郡県制に対して、漢は郡国制をとった。すなわち国王（皇帝）――複数の国王――各郡県という体制である。

十、君臣は白馬を殺して誓約をなし、劉氏以外は王とせず、功績ある臣下でないものは列侯としないことを約した。

十一、新の王莽は、皇帝の外戚として威をふるい、「摂皇帝」の地位に就く。帝位の簒奪。後漢の光武帝は放伐の手段をもって、王莽による帝位簒奪を武力討伐で回復した。

**魏王から魏帝へ**

十二、そののち劉氏でない国王が誕生する。すなわち曹氏が魏王となる。そして西暦二二〇年、曹丕が漢皇帝の献帝から皇帝位を譲られ、こうして魏帝が成立した。

十三、魏王が魏帝となったように、宋代までは、封建された各国王のうち、有力な一人が皇帝となった。

**皇帝の形容辞・王朝名の付け方**

十四、異民族であるモンゴルの征服支配によって元朝が成立する。元朝の国号は『易経』の「大哉乾元」に由来する。それに続く明の国号は、その五行説で南方を意味する朱明の名に由来する。

十五、元以後は皇帝の名前に形容辞をつけることが慣例となる。これは遊牧民の風である。

元は「上天眷命　皇帝制曰」のごとき表現。

明は「奉天承運　皇帝制曰」のごとき表現。

皇帝の名付け方は宋と元とが境目となっている。

**女帝と太后聴政**

十六、太后垂簾聴政のような、皇帝の母が帝位を代理する政治形態もある。「女帝」はその変型的な政治形態である。

**血統と擁立**

十七、「血統」と「擁立」という要素もまた、中国において皇帝になる重要な方法の一つである。

前漢において武帝の子昭帝の死後、昌邑王が霍光によって擁立されたが、廃されたことによって、男系が途絶した。そのため庶民となって長安城内に居住していた遠縁の族人を探し出し、これを招いて列侯にすえ、ついで皇帝として擁立した。宣帝がこれである。

**天子と皇帝**

十八、「天子」と「皇帝」は同じではない。「天子」は天命を受けて国と民を治めるべき存在であり、他方、「皇帝」は百官を従えて国家行政を統括すべき存在である。

日本の「天皇」という称号は、このような「天子」と「皇帝」の二つの属性を兼ね備える尊称として観念されていたか。

**結　び**

中国において皇帝になる方法としては、禅譲と放伐の二つが基本である。これを更に詳しく分類すると、「禅譲」「放伐」「擁立」「血統」の四種を見いだすことができる。

No. 5-1

第五章　どうすれば皇帝になれるか

一九　　年、交換教授で遼寧大学へ出張中の一夜、関西大学へ来たことのある先生たちが宴会によんで下さったが、何かのはずみに皇帝の話になり、「俺は朱だから明（みん）だ」、「俺は劉だから漢だ」、「いや、お前の劉は劉少奇の劉だ」と一騒動の大笑いになったが、この話は日本ではないな。源平藤橘ともぴんと来ないし、松平では多すぎるし、いかにも

関西大学東西学術研究所

10×20

No. 5-2

中国的話題だと面白かった。中学校一年生の漢文で「十八史略」を習った時に、皇帝になるには禅譲（せんじょう）と放伐（ほうばつ）があると聞いているから、自分にとっては随分古い知識であるが、どうすれば皇帝になれるかという多少奇抜な設問は、彼は何故皇帝になれたかという問いであり、焦点の彼は、漢の高祖劉邦である。

関西大学東西学術研究所

10×20

# 六、木簡学のテクニック

### 木簡学の分野

木簡学という言葉が公式に使われたのは、一九七四（昭和四十九）年十一月九日の史学会第七十二回大会講演で、当時の奈良国立文化財研究所・埋蔵文化財センター長であった坪井清足氏が、「木簡学の提唱」と題して話されたのがはじめである。

「二、竹冠の字と木偏の字」で述べたように、簡は竹製をあらわすから、木簡は木に竹をついだ表現で、竹簡の出ない日本でできた日本語表現であり、中国の表現では簡牘学となる所であるが、一九二二（大正十一）年に初版が出た浜田耕作氏の『通論考古学』には既に木簡の語が出ており、日本語として相当こなれているから、あえて異を唱えるには及ぶまい。

また、木簡学という分野が成立するのかという点については、敦煌研究の大先達藤枝晃氏はよく反対され、それは所詮古文書学の中の一つにすぎないと繰返された。広義に解すればそうであろうが、簡牘という竹や木、それに帛書が加わって簡帛学という分野が中国では成立してきているし、殷代の甲骨学、古くから中国で発達した金石学というような、資料の素材の特殊性を加味した、ということは、素材の取り扱いの違いを考えて処理しなければならない今日ともなれば、木簡学という特異な分野を考えてよいように思われる。

## 釈文のあり方

さて、亀の甲や獣の骨に刻された殷の甲骨文、金属器に鋳込まれた殷・周・秦・漢の金文、簡牘や帛に書かれた簡帛の資料などは、狭義の古文書学で取り扱う日本の中・近世の文書類も全く同様に、それぞれの特異な字体で書かれている本文を、現在通用する文字に直さなければならない。その直した文を釈文と呼ぶ。正しい釈文を得るという最終目標が共通するという点で、藤枝晃氏のいう、いずれも所詮は古文書学という考えは正しい。ただ釈文一般論として言っておきたいことは、他人の釈文に対して許容性を持つこと、それはしばしば厳しい評価をする人がいて、労榦の釈文は間違いだらけだとか、シャバンヌの釈文はあてにならないとか高言して憚らないことを見る。しかし、一簡の釈文を全文行なう時に、シャバンヌの釈文を見てそれに従い、自分の釈を引っ込めたことが少なからずあったはずだ。釈読の結果に対して厳しくありたいと同時に謙虚でありたい。

厳しくありたいと言いながら、逆のことを言うと思われるかも知れないが、釈読には限界があることを認識する必要がある。学問のことであるから、妥協を許さず徹底的に追及され、満足のゆく釈文を作らねばならない。しかし、「むすびに」（一三四頁）の『居延漢簡補編』の例で述べるように、どんなに優秀な赤外線カメラを準備して、ある文字を解明できても、カメラを使った結果、肉眼では見えなかった別の不明字が見つかるという現象がおこる。だからどこかで鉾を収めることを知っている必要がある。

何故このことを言うかといえば、個人が論文で釈文を苦労している話ではなくて、オリジナル資料の釈読を担当している場合のことであるが、能力もあり、担当でもあって真先に新資料にさわる特権を持っているのだから、なるべく早く結論を出して、一般の研究者に解放しろと言っているのである。資料を独占する期間を短くせよと言うのである。日本木簡の研究の場合はこのことに十分配慮があるように思うが、中国木簡の場合は誰の名義で出版するかという功名争いがからんだりして、なお出ない報告書がある。資料は公器と心得て社会的責任を果して欲しい。極論すれば、釈文よりもより明瞭な写真を出してくれる方がどれだけ役に立つことか。「一、木簡発見と研究の百年」（一四頁）でスタインの報告書作成の早さを褒めたのはこのことである。

**文字の知識**

甲骨文でも金文でも、木簡でも、釈読をするためには文字の知識が必須である。今世紀のはじめ、漢晋の木簡が発掘紹介されたとき、まずこの木簡に関心をもって研究論文を書いたのは書道関係の人たちであった。

漢晋の木簡が出土した意義の第一番は、漢晋時代人の肉筆が出てきたことである。それまでは漢代の書は碑によって学ばれ、鑑賞されていたが、石に刻されているから肉筆の活き活きしたところがない。木簡の肉筆は大きな意義があった。

そして隷書の発展について、それまでの理解を正すことになった。従来、前漢の隷書の刻石として魯孝王刻石と莱子侯刻石の二つがとりあげられていたため、両者には波磔がなかったことから、前漢の隷書には波磔がなく、後漢になると波磔が生じたと理解されていた。波磔というのは、図10にあるように、波のうねりのような筆勢の用筆の右ばらいのことである。それで前漢の隷書を古隷、後漢のものを八分と呼び、八分になると波磔が生じたというわけである。しかし出土簡の中には前漢の年紀があるのに波磔を持っている字があるから、従来の区分は間違いで、古隷と八分とを時代の差でとらえていた考えでなく、同時に存在した書法の違いということになった。

図10●漢代隷書の波磔

もう一つは、漢にはないと考えられていた草書体の字が書かれていた。漢簡の書体は確かに隷書を中心とするが、篆体の残っている

図11●楷・行・草の字体

字もあれば、楷・行・草の現在の字体の文字も出てくる（図11）。草書体の中でも、従来から章草とよばれていたものは、八分から直ちに草書になったもので、隷書の筆意が残っているが、この実例も存在した。

字体についてみても、従来知られていなかった多くの略字体や異体の文字が表れた。日本でも、中国でも編纂されている『木簡字典』や『漢簡文字類編』などの字体の類例を集めた書物を見れば、異体・略体が何かの法則・約束のもとに書かれたのかどうかを疑いたくなる。

結局、同時代資料が多数出現したので、類例が多様化した。その類例を整理して、逆に何かの法則性が見出されるかというと、今はその努力過程というところであろう。

**文字資料の増加**

今は仮に敦煌漢簡が出土した当時のインパクトということで話を進めたけれど、以来八十年間の出土資料の量は昔日の比ではない。当時は一応前漢末から東晋という時代の幅があったが、さらに、春秋末の侯馬盟書、戦国時代前期・楚の恵王の五六年（前四三三）ごろと見られる曽侯乙の墓の竹簡、湖北省随県擂鼓墩一号墓の竹簡、戦国時代の中期から末期にかけての楚墓出土の竹簡、墓名を拾えば、河南省信陽長台関、湖北省江陵望山、滕店、湖南省長沙仰天湖などの楚簡、それから湖北省雲夢睡虎地の竹簡秦律や、四川省青川、甘粛省天水放馬灘、湖北省雲夢龍崗などの秦簡、そして湖南省長沙馬王堆三号漢墓出土の帛書と簡牘など、先秦時代の資料も増えてきた。

正直な所、私は楚簡は苦手である。先秦時代の文字資料を見ていると、秦簡以後の文字がいかに現在の文字に近いかを痛感する。

その理由は簡単で、われわれは秦始皇帝により統一された文字を使っているからである。江村治樹氏が研究の結果出された結論によると、秦代の文字は楚の領域の文字とは明確な断絶をしめし、むしろ侯馬盟書との親近性をもっているという。

始皇帝の文字の統一によって、秦での通行字体が全国の通行文字となり、その文字の発展変化によって現代の字体が形成されてきている。楚簡など先秦の文字は、後漢にできた字書『説文解字』の文字の分類概念からいうと「古文」に入る。用筆からいうと、無造作に、特に打ち込みも作らず、さっと引き抜いていて、棒を並べたような字が多い。画数がべらぼうに多い字もある。そして文字を読んでゆく上で、そういう画数の多い文字の場合など、その画の中から字書を推定し、意味を探る。古代中国語の音韻ができなければ手に負えない。現代中国語もできない私にとっては、とても手の及ぶ範囲ではないという思いである。

## 字体の変化

このように、地域差、時代差というものがあるが、さらには個人差も出てくる。図12は習書の断簡、つまり手習いの残りであるが、図13は候長という字を練習したものである。同一人が同時に書いて長という字がこれだけ違えて書けるという例である。それから図14は、觻得騎士（ろくとくきし）の名籍、張掖郡觻得県出身の騎士という騎馬専門の兵の名簿を復原したときに、一簡ずつに觻得の騎士誰それと書いてあり、ある部隊の名簿になるのであろうが、同じ「觻得

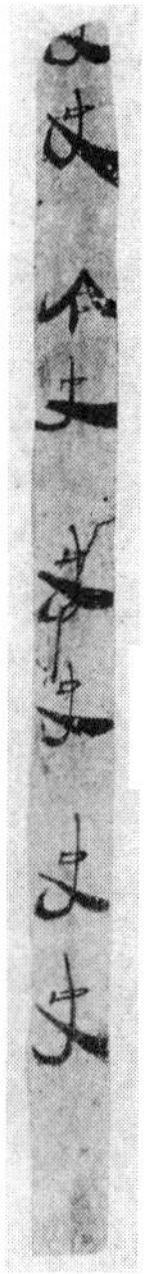

図12●「令史」の習書簡

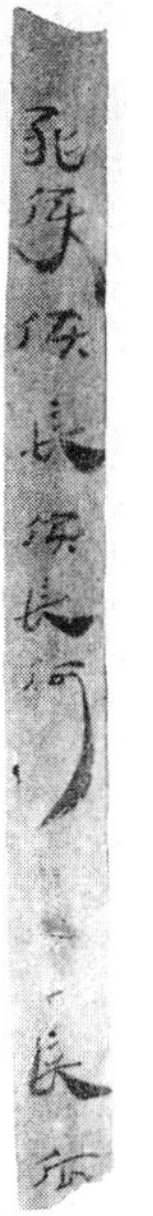

図13●「侯長」の習書簡

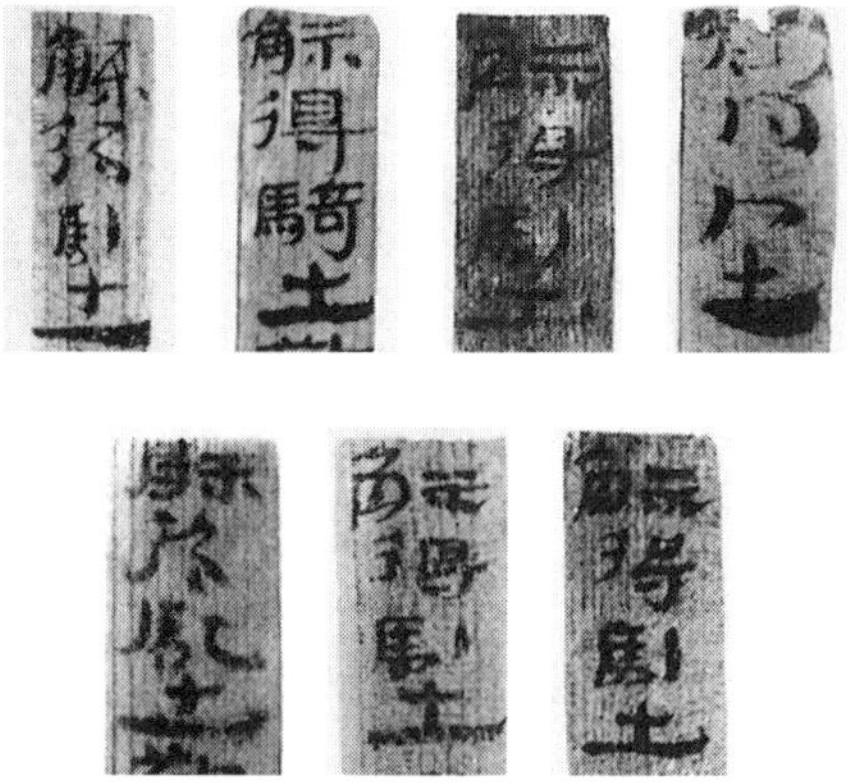

図14●觻得騎士の名籍

騎士」がこれだけ違うという実例である。士のような簡単な文字は変わらぬが、觻の字の旁の樂や、騎の馬偏は案外略さず旁の奇で略す筆法など、よく見れば一種の統一もあるけれども、併存の範囲のルールなどはしばらく実例で地味に調べる必要がある。

『木簡字典』の類も、ほぼ文字を読み、さらには書家の創作のための手だすけの目的があるので、時としては不十分の思いがある。コンピューターが出はじめた時、簡の文字の姿をスキャナーで取り入れ、不明字の検索が可能かということを専門家に実験してもらったことがあるが、これも困難であった。その意味するところは、『木簡字典』などは、一応「觻」なら「觻」と読める文字をその場所に集めて配列しているわけで、配列していることは読めていることになる。ところが、何という読みかわからぬが、いつも文中のその場所にあるという文字があるものだ。その不明字をスキャナーで集めてみて、読みを探ろうという企てをした。そうでなければ、読めない字が読めるようにはならぬということであったが、なおうまくはゆかない。

## 漢簡の書体

藤枝晃氏は、『文字の文化史』（一九七一、岩波書店）という、実例と研究体験に創作の経験を加えたユニークな名著があるが、「漢簡の字すがた」（『墨美』九二、一九五九）という論文で、居延旧簡の書体を分類されたことがある。それによると、①隷書の典型というべき目立っててていねいで謹厳な書体、②Aクラスの字として一般事務書類の中でもとくにていねいに書かれたもの、③日常に用いられたくずした書体で、それほどひどくない隷の行書といったところのもの、④草体というべきもので③よりくずしかたのはげしいもの、の四つに分類し、③が居延簡の標準書体であるといっている。藤枝氏は①の書体の文字は、字書、典籍、詔書、法律などを書いており、②は上級官庁に対する上申文書、③は下級官庁の文書類、④は書類の草稿・急ぎの書類、重要でない書類、私信などに用いられたと考えている。

こういう、木簡の内容からその書体を理解することは、木簡を文書・記録として扱う、いわば古文書学からアプローチするわれわれからは当然のことなのだが、いきなり字体、書体から入って書の作品を製作しようという書家の議論には欠けている場合がある。文字は何らかの内容を伝えるためのものであり、その伝達の手段として文字にたよるのであるから、単なる造形のみを見て、内容を考えずに書道史を論ずるわけにはゆかない。その一方では、藤枝氏が、四分類の③、それほどひどくない隷の行書といったものが居延簡の標準書体で、これは下級官庁の文書類に用いられているという分類の結論は、居延旧簡の性格上、当然そうなる結論といえる。

馬圏湾の敦煌漢簡を取り扱った呉礽驤氏が一九九二年の国際シンポジウムの時に、「馬圏湾の出土簡に草書の隷書が多いのは、上奏文の下書きが出ているからかも知れんな」と言ったのは、内容と書体にわたる考察として強く印象に残っている。

ここまで述べてきたのは、木簡学のテクノロジーとして、まずなるべく速やかに出土簡の釈文を一般の研究者に提供すること、そしてそのために必要な知識は、簡の文字の書法・筆法に関する知識であること、漢簡でいわばそれは隷書に関する知識である。

**文書の定式**

敦煌・居延などのフィールドから、ランダムに出土する木簡の大半は公文書、または行政関係の記録類であって、しかも大半は完全な形でなく、折れたり削られたりして、残っている文章は完全ではない。

日本の律令制時代は、公文書の形式、用途などは公式令(くしきりょう)に定められていて、古代の古文書学はこの知識から始まるが、申すまでもなく隋唐の公式令の影響の下にあり、遡ってゆけば秦漢時代の規定に直結する。ただの規定は存在しないから、具体的な例を見ながら考証し、決めてゆかねばならぬ。木簡の文書、記録の定式を見定めてゆくことは重要な木簡学のテクニックである。文書・記録の文章の定型と、特定用語の両面から少し例示してみよう。まず藤枝晃氏が、一般事務書類の中でもとくにていねいに書かれた上級官庁に対する上申文書について取り扱う。

**送り状**

(6)—1　五鳳三年四月丁未朔辛未、候長賢敢言之謹移省卒
　名籍一編敢言之　　　　　　A8、一五九・一一、図二五八

五鳳三年(前五五)四月丁未朔、辛未、候長賢、敢えて之を言う。謹しんで省卒名籍一編を移す。敢えて之を言う。

五鳳三年四月丁未朔辛未、四月の朔日が丁未である月の辛未の日、すなわち三十日。発信日を必ず書き、発信日の表現はこのように干支を用いる。後漢になると、丁未朔辛未三十日と日数を書くように変わる。

敢言之、あえて之を言う、という定型句は上申文書が必ず用いる。
謹移、謹んで移す。謹の文字も上申文書に使われる。
候長はこの場合甲渠候長。賢は候長の人名。省卒名籍を上級の甲渠候官へ送る送り状である。
木簡は「両行」を用い、一簡で完結している。類例は他にもあるが、完全なものは少ない。

**勤務日数の増加申請**

（6）―2　五鳳三年十月甲辰朔甲辰居延都尉徳丞延寿敢言之甲渠候漢彊書言候長賢日迹積
三百廿一日以令賜賢労百六十日半日謹移賜労名籍一編敢言之　　A8、一五九・一四、図二五九

五鳳三年十月甲辰朔の甲辰、居延都尉徳、丞の延寿、敢えて之を言う。甲渠候漢彊よりの書によるに、候長賢の日迹、積むこと三百廿一日になり、令を以て賢に労百六十日半日を賜え。謹しんで賜労名籍一編を移す。敢えて之を言う。

朔日が甲辰の日の甲辰の日は当然一日。居延都尉の徳と丞延寿の連名で申上げる。甲渠候官長の漢彊よりの上申書によれば、（甲渠）候長賢の勤務実績は合計で三百二十一日になるので、法令の定めにより、賢に勤務日数の割増、百六十日半日を賜えと。謹しんで賜労名籍一編を送る。敢えて之を言う。

漢の年度は十月一日から九月晦日まで、それで十月一日の発信になっている。甲渠候長賢の勤務成績が良いので、法の規定通り勤務日数の割増をして欲しいという、賢の上官甲渠候官長漢彊の上申書にもとづき、都尉が太守府へ上申した文書である。

一般に丞がいる官職の長官が文書を発信する時は、必ず丞と連名で行なう。もし長官が不在の時は、丞が長官の代行をすることはなく、別の官が代行する。何故そうするのかは明らかでないが、漢簡の研究結果確認された法則

である。

官吏が勤務日数を満たして勤めることは最低の功であり、漢代では表彰制度も、辺疆地帯での勤務に対する割増制度もあった（大庭脩「漢代における功次による昇進」『秦漢法制史の研究』一九八二、創文社）。

**下達文書**

つぎに下達文書の例をあげる。

（6）—3　建武五年八月甲辰朔丙午居延令　丞審告尉謂郷移甲渠候官聴書従事如律令　E．P．F二二・五六A

建武五年（二九）八月甲辰が朔日の月の丙午（三日）の日、居延県令（は不在）・県丞の審より、居延県尉に告げ、郷に謂い、甲渠候官に移す。書の内容を聴き、そのようにせよ。律令のきまりのようにせよ。

この文書は、E．P．F二二・五六の表にもう一行、裏に一行と、居延県の掾、令史の副署があり、さらに四簡が連続し、「建武五年に居延令が甲渠候官に移送してきた吏の遷補（転任）に関する牒」と名をつけた、冊書の中の、下達文書の部分である。

下達文書の単純な、完形のものがないので、他の部分は省略して引用する。発信年月日、発信者は上申文書と同じ。文末を「如律令」で結ぶのが普通である。「告尉、謂郷、移甲渠候官」と、告、謂、移と文字を使い分けているのは、発信人居延県令との身分差によって分けるのであって、「告」は比較的近く、「謂」は差が開いており、「移」は同等官に使う。文書の書き止めが「如律令」のほか、「如詔書」、「如御史書律令」、「如治所書律令」、「如大守府書律令」、「如守府治所書律令」、「如大将軍莫府律令」などのように変化するが、これは事実上のその命令の発信者と受領者との間柄を、つまり誰の命令かを具体的に示している。郡太守級の高級官より発信される下達書は、多くの場合長文で、そのため簡が欠損して途中がわからないことが多いから、「如大守府檄書律令」と結んであれば、本文は太守府の檄書であると理解するのがよい。なお、「如法律令、敢告卒人」、「如御史書律令、敢告卒人」というように結んでいる場合、特に全軍の兵士にまで内容を徹底してしらしめる必要のある時で、発信者は将軍・檄書と理解するのがよい。太守であっても全軍を率いる将軍として命令している。

「敢告之」という用語は「敢言之」という上申文書の用語に匹敵する丁寧語で、『漢書』王嘉伝の中に宣帝劉詢の故事として、尚書が人民に苦難を強いるような内容の命令をせざるを得ぬ時には、章文の中に必ず「敢告之」の文字があったことを述べている。

つぎに上申文書が冊書の形を残して出土している例をあげる。

**忌引きの届け**

（6）—4　永光二年三月壬戌朔己卯甲渠士吏彊以私印
行候事敢言之候長鄭赦父望之不幸死癸巳
予赦寧敢言之
A8、五七・一A、甲二五五三

令史充
A8、五七・一B、図三八二

永光二年（前四二）、三月の朔日が壬戌の日である己卯の日（十八日）、甲渠候官の士吏である彊が私印を使って甲渠候の事務を代行し、申し上げます。甲渠候長の鄭赦の父、望之が不幸にも死にましたので、癸巳の日（四月二日）に、赦に寧を予（あた）えて下さい。申し上げます。
令史充

寧というのは官吏の休暇のこと。家に帰って親を「寧（やす）」んずる意味から出た言葉。甲渠候長の赦が父の死にあい、忌引きを申請した文書である。

(6)—5　移觻得万歳里鄭貞自言夫望之病不幸死子男赦（下欠）　A8、一六〇・一四、図五一二

……へ移す。觻得万歳里の鄭貞が申し出によると、夫の望之が不幸にも死んだので、男子の赦……

人が死んだことを書くときは必ず「不幸」の文字を入れる。張掖郡觻得県万歳里に住む鄭貞から、夫の望之が死んだので、男子の赦に（忌引きを与えて……）、鄭貞は觻得県に自己申請をし、県は同格の甲渠候へ通知してきた文書、だから「移」という。

(6)—6　□甲渠候長赦以令取寧即日遣書到日尽遣如律令　A8、一六〇・一六、図五一二

甲渠候長赦、法の定めによって寧を取り、即日派遣せよ。この命令が到着した日にすぐに遣わせ。

「如律令」だから下達文書、居延都尉府から甲渠候に対する命令、従って、(6)—4の申請に対する返答か。

(6)—7　□渠候長觻得万歳里公乗鄭赦年卌七　A8、一四五・三〇、図二九五

最初の欠字は当然甲の字、鄭赦の名簿、漢では名籍という。出身の県、里、公乗は爵、姓名、年令。四十は卌を二つ並べる。忌引きとは関係なく出土したのだろう。何のための名簿かはわからぬ。

(6)—4の文書で、甲渠士吏漢彊が甲渠候不在のために事務を代行し、信頼を保証するために私印で封印をしたことを記す。甲渠士吏には官印がない。身分が低いからである。

(6)—4の冊書は紐のついたままで出土した。旧居延漢簡では、永元器物簿という七五簡を編んだ冊書と二つだけ紐のままで見つかった。勞榦の『居延漢簡』図版之部では裏側の写真のみで、表の写真は『居延漢簡甲編』で初めて出、『居延漢簡補編』は当然補った。三簡を綴じた紐のほかに紐が通っているから、忌引き関係の文書などを一まとめにしていたかも知れない。

## 病気の届け

（6）―8　建武三年三月丁亥朔己丑城北隧長黨敢言之　E．P．F二二・八〇
　　　　　迺二月壬午病加両脾癰種匈脅丈満不耐食　E．P．F二二・八一
　　　　　飲未能視事敢言之
　　　　　三月丁亥朔辛卯城北守候長匡敢言之謹写移隧長黨
　　　　　病書如牒敢言之　「今言府請令就医」　E．P．F二二・八二

建武三年（二七）、三月の朔日が丁亥の月の己丑の日（三日）、城北隧長の黨が申し上げます。去る二月壬午（二十五日）〔病加両脾癰種匈脅丈満〕飲食に耐えず任務につくことができません。申し上げます。

三月丁亥の日が朔日の辛卯の日（五日）城北候長心得の匡が申し上げます。謹しんで隧長黨の病気の報告を写して届けること通達の通りです。申し上げます。

「今、都尉府に申請して、医者にみせよ」（別筆）

（6）―8は甲渠候官の文書室（F22）に残っていた冊書の一つ、病気の報告に対し、候の判辞が残っているのは稀で、貴重である。城北守候長の守は、他に本官を持ちながらその職も兼任している場合で、本官の方が低いのが普通なので「心得」の訳をつける。もう一つ、本官を持ちながら、臨時に別の官につく「行……事」と書く兼任があり、こちらは「事務取扱」の訳にしている（大庭脩『秦漢法制史の研究』第五章「漢の官吏の兼任」、一九八二、創文社）。

官吏や兵卒が病気にかかった記事があり、「病卒名籍」や「署所病兪（不兪）報名籍」などが候官へ報告され、病状や怪我の状況を報せる文書、つまり病書がある。（6）―4も（6）―8も日常生活の記録である。

このような一件の関係簡が、仮に紐でまとめられていなくとも、一括発見されれば、事件の概要が理解できて便利がよい。木簡が出た場合、折損していて文章がわからないものが少なくないし、仮に一本完全な形をしていても、文章が一簡で完結していなければ、事の始末は定かでない。いわゆる断簡零墨である。だからなるべく関係のある簡は集めて理解せねばならず、そこで冊書の復原が、木簡学の中の重要なテクノロジーとなる。それについて実例を述べる前に、冊書復原の作業から意外なことが明らかになる例を紹介しておきたい。

**変事の報告義務**

（6）—9　輒以聞治所謂留難変事当以留奉□□□□◪□律令吏用□疑或不以聞為留変事満半月
敦一七〇〇、TⅥbi・一七二＋一七五

（6）—10　棄市楽見決事」「興覇徳安漢不所坐不同即上書対具（下欠）
敦一七五一、TⅥbi・二四六＋二四一

これはスタイン第二次探検で発掘された敦煌漢簡七〇二点の内、TⅥ地点で出土したものが二六〇簡、そのうちbi出土簡が二四四簡あり、およそ三分の一はTⅥbi地点で出土しており、この場所は漢代では凌胡隧という名の見張り台があった場所である。敦煌漢簡の写真が全部発表されず、約一〇〇簡余りは未公表であることから、大英図書館からとりよせて整理をしていた（大庭脩『大英図書館蔵　敦煌漢簡』、一九九〇、同朋舎出版）ときに、約五簡が冊書に復原できると考え、その作業をした。しかし、欠損がはげしく、復原しても何かの事件の判決に関する詔書冊である以上には、内容も詳しくは明らかにならないので、全部の紹介をやめ、その内冊書復原のテクノロジーの上で効果のある部分のみを書く。

まず（6）—9は一七二、一七五の、（6）—10は二四一、二四六の断簡がそれぞれ上下に折れていて、折れた間の部分が欠損していないかどうかはなお疑わしいが、要するに一簡の上下関係にあることは間違いないので、上下をつないでみる。

そうすると（6）―9の一七二の文字から、「謂わゆる留難変事」ということが話題になっているらしいとわかるが、一七五の文章は読みがよく下る。もし「用」と「疑」の間の欠字に「狐」の字でも補ってみると、「吏用って狐疑し或いは以て聞せざるを留難変事と為す」となり、変事に関する報告を、ぐずぐずしていて皇帝に報告しないという事態が想定される。ところで一七二簡の下端は完全で、これより下に文字はない。二四六簡も上端は完全で上に文字はない。それで一七二と二四六が冊書の中で並んでいると考えると、文章は「吏用って狐疑し或いは以て聞せざるを留難変事と為し、半月に満つれば棄市す」となり、何か律令の断片が復原された可能性がある。ここで大切な思考法は、「簡末の完全な簡の簡文と、簡頭の完全な簡の簡文は続く」ということである。

**親晋王**

次の例は、スタインが第一次探検の時にニヤで発掘した晋簡五〇簡の内から、歴史解釈上重要なヒントが与えられるという話である。とは言っても、五〇簡がズラズラつながるわけではない。必要なものだけを抜萃してみよう。

（6）―11　泰始五年十月戊午朔廿日敦煌大守／　三二六
12　晋守侍中大都尉奉晋大侯親晋鄯善焉嘗亀茲疏勒　九三ａｂ
13　西域長史営写鴻臚書到如書羅捕言会十一月廿日如詔書律令　三二八＋七五
14　写下、詔書到羅捕言会三月卅日如詔書　三四八
15　于竇王写下詔書到奉／　七三

（6）―11から年代が泰始五年のころと定まる。年月日の書き方が変わっていることに注意してほしい。

(6)—13、14に会某日という会合の約束——期という——があり、十一月二十日と三月三十日とに離れているほか、13の書き止めは「如詔書律令」、14は「如詔書」であることから少なくとも二文書が含まれていると考えられる。12と15は続くのではないか。その結果、文書の受信人は、晋守侍中大都尉奉晋大侯親晋鄯善王、同親晋焉耆王、同親晋亀茲王、同親晋疏勒王、同親晋于窴王という西域諸国の王たちということになる。

そしてこれらの諸王の称号は、『魏略』西戎伝に「北新道西行、至東且彌國・西且彌國・單桓國・畢陸國・蒲陸國・烏貪國、皆并屬車師後部王。王治于賴城、魏賜其王壹多雜守魏侍中、號大都尉、受魏王印」とあるものと同じであるから、親魏某王は、親魏倭王、親魏大月氏王以外にもあり、かつ西域の諸王は、守侍中という内官、大都尉、奉晋大侯の官爵をも兼ねているから、親魏倭王の称号しかない卑弥呼よりは、魏晋王朝内での地位は高かっただろう。『魏略』西戎伝の記事の理解に役立つ。

**冊書の復原**

つぎに詔書を伝達する冊書の実例をあげて説明する。

(6)—16 御史大夫吉昧死言、丞相相上大常昌書言、大史丞定言、元康五年五月二日壬子日夏至、宜寝兵、大官抒
井、更水火、進鳴鶏、謁以聞、布当用者。●臣謹案、比原泉御者、水衡抒大官御井、中二＝千＝石＝令官
各抒　別火　A33、一〇・二七、図二九

(6)—17 官先夏至一日、以除隧取火、授中二＝千＝石＝官在長安雲陽者、其民皆受、以日至易故火。庚戌寝兵、不
聴事尽
甲寅五日、臣請布、臣昧死以聞。　A33、五・一〇、図二一

(6)—18 制曰可　A33、三三二・二六、図四二

(6)—19　元康五年二月癸丑朔癸亥、御史大夫吉下丞相、承書従事下当
用者如詔書　A33、一〇・三三、図七〇

(6)—20　二月丁卯、丞相相下車騎将〻軍〻中二〻千〻石〻郡大守、諸侯相、承書従事下当用者如詔書
少史慶、令史宜王・始長　A33、一〇・三〇、図二九

(6)—21　三月丙午、張掖長史延行大守事、肩水倉長湯兼行丞事、下属国、農、部都尉、小府、県官、承書従事
下当用者、如詔書／守属宗助、府佐定　A33、一〇・三二、図二八

(6)—22　閏月丁巳、張掖肩水城尉誼以近次兼行都尉事、下候、城尉、承書従事下当
用者、如詔書／守卒史義　A33、一〇・二九、図二八

(6)—23　閏月庚申、肩水士吏横以私印行候事、下尉、候長、承書従事下
当用者、如詔書／令史得　A33、一〇・三一、図二八

16　御史大夫吉が申し上げます。丞相の魏相がたてまつった大常蘇昌の書に申すに、「大史丞定が申すには、元康五年（前六一）五月二日は夏至でありますので、兵事を寝め、大官は井を抒み、水火を更め、鳴鶏時に進める行事を行なうよう、取次ぎをもって奏聞いたします。関係者に布告いたしたく存じます」と。●私（御史大夫丙吉）が謹しんで考えますに、比原泉御者（意味不明）、水衡都尉は大官の御井を抒み、中二千石、二千石の官庁では官をして、おのおの抒ましめ、

17　別火官は夏至に先立つ一日目に火きりぎねで火種をとり、中二千石、二千石の官の長安・雲陽にあるものに授け、その民も皆受け、夏至の日にふるい火種を取り換えるようにし、庚戌の日より兵事を寝め、政務を休むことを甲寅の日にいたるまで五日間といたしたいと考えます。右申し上げます。

18　制に曰く可。
19　元康五年（前六一）の二月、朔日が癸丑の月の癸亥の日（十一日）、御史大夫丙吉・丞相に下す。書を承け、事に従い、本件に関連ある官吏に下命して詔書の如くせしめよ。
20　二月丁卯（十五日）、丞相相、車騎将軍、将軍、中二千石、二千石、郡太守、諸侯相に下す。書を承け、事に従い、本件に関連ある官吏に下命して、詔書の如くせしめよ。少史慶、令史宜王・始長。
21　三月丙午（二十四日）、張掖郡長史の延が太守の事務を代行し、肩水倉長の湯が兼ねて丞の事務を代行し、属国都尉、農都尉、郡都尉、太守府、県官に下す。書を承け、事に従い、本件に関連ある官吏に下命して詔書の如くせしめよ。／守属宗助、府佐定
22　閏月丁巳（六日）、張掖肩水城尉誼が、秩次が近いので兼ねて都尉のことを代行し、候、城尉に下す。書を承け、事に従い、本件に関連ある官吏に下命して、詔書の如くせしめよ。／守卒史義
23　閏月庚申（九日）、肩水候官士吏の横が私印を用いて候のことを行ない、尉、候長に下す。書を承け、事に従い、本件に関連ある官吏に下命して、詔書の如くせしめよ。／令史得

## 執行命令のキーワード

元康五年の夏至の行事を行なうように命ずる詔書を肩水候官という軍隊まで伝達する冊書である。一簡ずつあったものを、考証によって冊書に復原できることを明らかにした（大庭脩『秦漢法制史の研究』第三篇第二章「居延出土の詔書冊」）。この冊書の復原は、私自身の研究生活上、一つの大きな結節点となり、多方面に影響する効果を持った。どのような発想推理を行なったか、その考え方から説明をする。

動機になった疑問は（6）—20の簡が、文章は簡のはじめから「二月丁卯」と書き出しているが何年のことだろ

う。年号は何処へ書くかということであった。そして、冊書であれば、この前の簡に年号が書いてあれば問題はないではないかと思い、類例を求めた結果、比較的近い図版から（6）—19・21・22・23の簡を見つけた。『居延漢簡甲編』を使っていたが、図版の掲載が近いことは出土地が近いことを意味し、簡番号でそれは確認できた。また、筆蹟が極めて類似し、同筆であろうということが、同じ句を記載していることから推定できた。

その句は「承書従事下当用者如詔書」で、王国維が『流沙墜簡』の中で「詔降下之辞」と指摘した、詔を伝達する時の定型語、『史記』三王世家などにもある「執行命令」であり、この前に詔書があることは、書き止め「如詔書」より明らかである。

**詔書のかたち**

そこでその詔書の本文があるかを探した所、（6）—16・17の二簡が視野に入った。この二簡は、文章は欠字がなく、意味もほぼ理解できるもので、北京大学で整理中、すでに余遜氏によって接続が指摘され、勞榦が『居延漢簡考証之部の「別火官」で、かねてより『管子』の記事によって春に行なうことが知られていた水火を改める行事が、漢では夏至に行なわれていたことがわかると、民俗学的意義を指摘していた御史大夫丙吉の上奏文である。文字も類似し、ことに17の「間」の収筆と23の「得」の収筆は独得の化粧貫きで、同一人の筆跡といえた。しかし、16・17が19～23に直接続くかといえばそれは疑問で、上奏文と詔降下之辞が続くはずはない。

そこで考えたのが、「漢代詔書の形態」（大庭脩、前掲書、第三編第一章）で、後漢の蔡邕の『独断』の中に、皇帝の命令には、策書、制書、詔書、戒書の四種あり、詔書の形態について三種類をあげた中に、

群臣奏請する所有り、尚書令之を奏し、有司に下すに制と曰い、天子之に答えて可という。若しくは某官に下して云々せよというも亦詔書という。

とあることであった。御史大夫丙吉の上奏（群臣の上奏）が詔となるためには、皇帝の制可があればよい。それで写真を探して（6）―18を見出した。可の書き止めに令史得の筆癖があることが決め手となり、八本の冊書が復原された。

そこで19～23に関して、19は元康五年二月十一日付で御史大夫が発信、20は十五日付で丞相が発信、四日目、21は三月二十四日付で張掖太守が発信、三十九日目、22は閏月六日で21から十一日目、23は九日で22から三日目である。二月十一日に御史大夫が下令してから五十七日目である。このうち20～21の間がもっとも注目される距離で、長安から張掖郡治のあった觻得県まで中国の里数で二五〇〇里、一日七〇里行程として三五、六日を要するのでこの日数は妥当なものであろう。夏至の行事などは典型的な年中行事だから、この詔書の伝達は全く通常便で伝達されたと考えられ、その意味で貴重な実例である。

## 漢の立法行為

皇帝の命令が、制書・詔書とあるうち、この夏至の詔書などはこの時限りのものであるが、出た命令がそのまま長く後世を規制する場合は、新たに法を公布したことになり、すなわち立法行為となる。そこで、制書・詔書の研究は、漢の立法手続を調査することになる。その結果、三種類に分かれ、皇帝が一方的に自分の意志を表明して法を作る「制書による立法」、官僚が委任されている権限内で立案（上奏）し、皇帝が可しとする「詔書による」立法、皇帝が立法の趣旨を制書で示し、官僚がその趣旨により立案して制可を得る「制書と詔書による」立法の三種類があり、法条文を見ればどの方法によったかを見分けることができること、特に史書には、第三の場合、制書と詔書を別の場所に分載していることがあるので、注意を要することを明らかにした。これは張家山二四七号墓出土の津関令においても明白にわかり、漢初より存在したことを証明できる（大庭脩「張家山二四七号漢墓出土の津関令について」『大阪府立近つ飛鳥博物館報』七号、二〇〇二／「張家山二年律令中の津関令について」『史料』一七九号、二〇〇二、皇学館大学史料編纂所）。

御史大夫丙吉の上奏文が出現したことによって、従来明らかでなかった御史大夫の職務が明らかになった。この上奏文で、丙吉は丞相府から上請してきた夏至の行事の大綱を報告すると共に、（6）―16の●印以後、その実行の詳細を立案し、制可を得て丞相に伝達公布させている。これはまさしく皇帝の秘書官――御史――の長としての職責で、『漢書』百官公卿表などから言われてきた監察の長としての権限以外に、むしろ本来的に持っていた職責で、この権限が前漢後半から尚書官に交替していったのであろう。

これらの結論はそれぞれの面において漢代史、あるいは中国史全体の理解に対し、重要な波及効果を持つが、木簡学のテクニックとしては、冊書の復原はもっとも大切な観点であることを強調したい。

最後に、この冊書を復原してみて気のつくことを記す。それは、冊書に並べて初めて丙吉の上奏文の二簡が上部に空白の部分を作り、その部分が（6）―18の制の字の高さに当たっていることである。後世、公文書の書き方、特に皇帝に対する文書の抬頭の問題が思い出されるが、この二簡の空白が、『独断』に上奏文は需頭すると書いていることでないか。需は須、まつの意味であろう。

## 棨――旅行者の身分証明

「棨（けい）」と総称される文書がある。『説文解字』では、「棨は傳信なり」と説明している。『釈名』では、「啓（棨）は詣、詣（いた）るなり。啓（棨）を以て官司に至り詣る所を語るなり。棨というもので役所に来て何処へ行くかを説明するのだ」という説明である。

『説文解字』でいう傳信――伝信は、『漢書』の文帝紀に魏の張晏が注をつけて、「伝信は今の過所の如きなり」という。過所はその後唐にかけても使われた言葉で、中国で国内を旅行する時に必要な身分証明書であり、三井寺に智証大師円珍が入唐した時の過所が残っていて、内藤湖南が復製を作って有名な研究を書いている。

伝信の意味については、『釈名』に「伝は転である。所在を転移するのに、執って以て信と為す」という説明で十分であろう。旅行は所在を転々とするからで、伝信のほかに、伝馬、伝車、伝舎など旅行関係の施設、設備もみな伝の字をつけて表した。

旅行者の身分証明については、「二、竹冠の字と木偏の字」(四一頁)の「符」のところでも述べたが、伝がどういう書式であったかは、従来の文献ではわからず、木簡の出土で初めて明らかになった(大庭脩『秦漢法制史の研究』第五篇第一章「漢代の関所とパスポート」)。私は居延旧簡を用いて調べたが、敦煌懸泉置という旅行のステーションが掘られたので、さらに資料が増えた。肩水金関出土の居延新簡が発表されると、さらに類例は増えると期待される。

伝信は、当然私用旅行者と公用旅行者で手続が違い書式が違う。懸泉置漢簡では公用旅行者の例が増えたのは当然であろう。新旧居延漢簡では、私用旅行の方が多く、公用旅行者の伝信は少数にとどまった。しかし、私用旅行者の場合も完全な文章は一件のみで、あとは断簡が多かった。

**私用旅行者の証明**

(6)—24 永始五年閏月己巳朔丙子、北郷嗇夫忠敢言之、義成里崔自当、自言為家私市居延、謹案自当毋官
　獄徵事、当得取伝、謁移肩水金関・居延県索関、敢言之、
　閏月丙子、觻得丞彭、移肩水金関・居延県索関、書到如律令　／掾晏・令史建
A32、一五・一九、図一〇一

永始五年（前一二）閏月八日、北郷の嗇夫忠が申し上げます、義成里の崔自当の申し出によれば、家のために居延に商売に行きたいといいます、調査してみると自当は過去に官獄に呼び出されるような前歴はありませんので、当然伝を取ることができます。謹しんで肩水金関・居延県索関にとりつぎます。以上申し上げます。

閏月八日、觻得県の丞彭より、肩水金関・居延県索関へ移牒する。本書が到着したならば規定通り取り扱え。

漢の地方行政機構は、全国を郡と国とに分け、その下に県、県は郷に分かれ、郷の下は里で、里をつかさどるのは土地の有力者から選ばれた里正である。国が任命する地方行政官の末端は郷官までで、司法と行政の末端を担当するのが嗇夫、郷の人口が大きいと有秩と略する有秩嗇夫がいた。

この文書の前二行は、張掖郡觻得県北郷の嗇夫忠が発信したもので、北郷義成里の崔自当の居延に商売に行きたいとの申請にもとづき、自当が今までに前科がないことを確認し、伝を取る資格のあることを、觻得県から居延県へ行く時に通らねばならぬ肩水金関と居延県索関の関吏に謁移する。謁はとりつぎをもっての意味で、間接に申し上げるという。第三行は觻得県の丞から両関あてに出した文書で、関の通過を命じていて、県の下吏が副書している。

このほか断簡を綜合すると、帰結する私用旅行の棨の書式は、①日時、②請求者（旅行者）の所在の郷嗇夫名、③旅行の目的、④旅行者に前科がない、従って伝を得る資格のあること、⑤目的地までの途中通過するはずの津関名が書かれ、郷嗇夫が津関の吏に対して書いた上申文書の形式をとる。それに県丞が津関の吏に対する下達文書を附し、公印で封して有効になる。

なお、これらの棨の出土した場所は肩水金関遺址で、関吏が写し取ったものと考えられる。中には雒陽や匽師などの内郡の人のものもある。そういうものには通過する関津名が書き切れないから、

　　過所県邑侯国勿苛留

　　過所県邑侯国河津関勿苛留

というように「過ぎる所の県・邑・侯国・河津・関」と一括して書く。ここに「過所」という言葉が出てきて、恐らく後世、棨・伝を過所と呼ぶようになるのであろう。

**公用旅行者の場合**

　ところが、逆に一関のみに通用し、あるいはその関を常に出入する者に対して与える証明書に「致(ち)」と称するものがあったのではないかと思う。一九七九年に出土した敦煌馬圏湾漢簡の中に、

(6)—25　居摂三年吏私牛出入関致籍　敦五三四、79DMT六・五四

26　(上欠)転穀輸塞外輸食者出関致藉　敦六八二、79DMT八・二七

27　●元始三年七月玉門大煎都萬世候長馬陽所齎操妻子従者奴婢出関致籍(下欠)　敦七九五、79DMT九・二七

というような出入関致籍、出関致籍と名づける帳簿があり、25・26は常時関を出入する者、27は内郡の者が出関した場合に致が使われるのではないかと想像される。そうすると、次の簡が注目される。

(6)—28　元康元年十月壬寅朔甲辰、関嗇夫広徳佐熹敢言之、敦煌寿陵里趙負

　趣自言、夫訢為千秋隧長、往遺衣用、以令出関、敢言之　敦七九六、79DMT九・二八

元康元年(前六五)十月三日、関嗇夫広徳、佐熹が申し上げます。敦煌寿陵里の趙負趣が申すのに、夫の訢が千秋隧長で勤務しているので衣料を届けたく、令によって関を出ます。

という内容で、玉門関の嗇夫が発給し、千秋隧長の妻という内郡の人物であることから、多分これが「致」ではな

いかと想像する。

これに対して公用旅行者の棨は、新旧居延漢簡の中にはつぎのようなものがある。

（6）―29　元延二年七月乙酉、居延令尚・丞忠、移過所県道河津関、遣亭長王豊、以詔書買騎馬酒泉・
　　敦煌・張掖郡中、当舎伝舎従者、如律令　／守令史詡、佐褒、七月丁亥出　（面）
　　　　　　　　　　　　　　　　　　　　　　　　　　　　　　　A21、一七〇・三A、図一〇九
　　居延令印
　七月丁亥出（裏）　　　　　　　　　　　　　　　　　　　　　　A21、一七〇・三B、図一一〇

元延二年（前一一）七月二十六日、居延令尚・丞忠が、通過する県・道・河津・関に移牒する。亭長の王豊を遣わして、詔書による命を受け、騎馬を酒泉・敦煌・張掖郡中で買わせる、伝舎に宿泊し、従者をつけることきまり通りせよ。　守令史詡、佐褒、七月二十八日に出関した。

（6）―30　元始元年九月丙辰朔乙丑、甲渠守候政、移過
　　所、遣万歳隧長王遷、為隧載壥、門亭
　　塢辟市里、毋苛留止、如律令　／掾（下欠）
　　　　　　　　　　　　　　　　　　　　　　　　　　E．P．T五〇・一七一

元始元年（1）九月十日、甲渠候心得の政が、通過する機関へ通達する、万歳隧長王遷を派遣して、隧の為に壥を載せて運ばせる、県郷の門亭や塢辟、市里などで通行を妨げてはならない。

29も30も県レベルの要件で下級の吏を派遣している例であるが、29は「当舎伝舎従者如律令」という定式の語を書き、伝舎に宿泊し、従者をも準備するように命じている。『漢書』の龔勝の伝に、昭帝が徳行の高い涿郡の韓福を召し出した詔の中に、「道を行くに、伝舎に舎し、県は順次、酒・肉・食を具え、従者及馬」を準備せよという

が、身分によって待遇が異なり、それは規定にもとづくものであったことは疑いない。

『晋書』刑法志の中に魏新律序略という法律の変遷を述べている文中に、「秦の世では旧と厩置、乗伝、副車、食廚があったが、漢の初は秦制を承けて改めなかった。後漢では費用が要るので騎置を設けるだけで、法文は空文になり、厩律を除いて郵駅令を作った」と書いている。漢簡の官職から見ると伝舎嗇夫、廏嗇夫、廚嗇夫が置いてあるから、酒、肉食を準備するのは食廚の任務であったろう。

新旧居延漢簡や敦煌漢簡は、もともと対匈奴戦線の防衛拠点であるから、そこを往還する官吏も必ずしも高官は多くない。それに対して懸泉置漢簡は西域と長安を結ぶメインルート上にあるから、宿泊し、通過する官吏も高級官がいて、公用旅行者の棨の例は増加した。

(6)—31　建平四年五月壬子、御史中丞臣憲、承

制詔侍御史曰……敦煌玉門都尉忠之官。爲駕一乘傳載從者、御史大夫延下長安、承書以次爲駕、當舍傳

舍如律令、六月丙戌、西。

ⅠDXT〇一一二・二・〇一八、釈粋33

建平四年（前三）五月八日、御史中丞の憲と、制詔を伝達する係の侍御史が言う……敦煌玉門都尉の忠が官に赴任する。一乘傳に駕し、從者を載せさせる。御史大夫の賈延が長安の（置）に下し、その書を承けついで順次駕を準備し、傳舍に宿泊すべきこと、法の規定通りにせよ。六月十三日、西へ行った。

(6)—32　甘露二年十一月丙戌、富平侯臣延壽、光祿勳臣顯、承

制詔侍御史□、聞治渠軍猥侯丞承萬年漢光王充詣校屬作所、爲駕二封軺傳、載從者各一人、軺傳二乘。

傳八百卌四、

御史大夫定國下扶風廄、承書

以次爲駕、當舍傳舍如律令　　ⅡDXT〇二一四・三・〇七三A、釈粋35

□□□尉史□□書一封、十一月壬子人定時受遮要……　　ⅡDXT〇二一四・三・〇七三B、釈粋35

甘露二年（前五二）、十一月一日、富平侯臣延壽、光禄勲顯、制詔を伝達する侍御史□が、治渠軍猥侯の丞承萬年、漢光、王充が校の屬する作所へ詣るというので、二封の軺傳に駕し、從者各一人を載せ、軺傳は二乘。傳の番号は八四四号、

御史大夫（于）定國が扶風の廐に下し、書を承けて順次駕を準備し、傳舎に宿泊すべきこと法の規定通りせよ（面）

□□□尉史□□書一封、十一月二十七日、人定時（二二：三〇〜二四：〇〇）に遮要より受け取った（裏）

31は内容は明快で敦煌玉門都尉が赴任する場合、32は旅行者の関係は明らかでない。背面の書一封は関係がない。ただこの両簡では今までわからなかったことがはっきりした。それは31では御史大夫の延が長安に下すといい、32では御史大夫定国が扶風の厩に下すとあることである。それは『漢書』平帝紀の注に引かれている如淳の注に律文があり、

諸当乗伝及発駕置伝者、皆持尺五寸木伝信、封以御史大夫印章。其乗伝参封之。（参、三也。）有期会累封両端、端各両封、凡四封也。乗置馳伝五封也、両端各二、中央一也。軺伝両馬再封之、一馬一封也。

という文章である。およそ乗伝すべきもの及び置伝を発する者は、皆一尺五寸の木の伝信に、御史大夫の印章でもって封じ、乗伝する場合は三封する。期会、定められた時期に会合が決定されている時は、両端に封を累ね、端をそれぞれ両つ封ずるから四封である。乗置、馳伝は五封である。両端それぞれ二つと中央に一つである。軺車は二馬に二つ封じ、一馬は一封である、という。目的によって封印を捺し分けた御史大夫の印章をつけた伝信を長安の

置や、扶風の厩など目的地に向かう最初のステーションまで進め、以後はそれにもとづいて次々と送ってゆくわけである。

ここに言う置伝などは、『漢書』高帝紀注に如淳が引く律に、

四馬高足為置傳、四馬中足為馳傳、四馬下足為乘傳、一馬二馬為軺傳。急者乘一乘傳。

とあるように、伝車を牽く馬の早さをしめす言葉である。

# むすびに　本と人と木簡と

二〇〇二年十月にあった東京大学名誉教授の小柴昌俊氏に対するノーベル物理学賞と、島津製作所研究員の田中耕一氏に対する化学賞の、日本人にダブル受賞は、学問の世界を理解するのに恰好のサンプルを見せてくれた。

実験物理学の分野でも日本人の業績が認められたという小柴氏のカミオカンデという実験装置をテレビで見た途端に、あっこれは東大だと思った。一つの研究テーマに対する膨大な研究費の投下を可能にする、今年から始まった二一世紀COEプログラムの先行的現象は、すでに前からあったのであり、トップ三〇の中に旧帝大系の大学が高い割合を占めることは、従来の日本の国立大学の科学研究費などの配分から言って別に不思議ではない。記者会見で新聞記者が、「京大の方が自由で柔軟な学風に対し、東大出身者が受賞したのをどう思うか」と東大の学部長に尋ね、「東大だって柔軟ですよ」と答えられていた問答の中にある、抜き難い固定観念に縛られた馬鹿さ加減は、翌日、生体高分子解析の新手法を開発した民間企業に勤める若い化学賞受賞者田中耕一氏、不幸にして東大卒でも京大卒でもなかった受賞者が出現してしまうと、コメントのしようもなくなってしまった。

だが私は、総工費五億円のカミオカンデを完成させ観測に使用ができ、しかも定年直前一ヵ月に一六万光年離れた大マゼラン星雲で超新星爆発がおこり、ニュートリノ天文学が始まったという小柴氏の強運に感嘆した。小柴氏自身は予感や見通しをお持ちであったかも知らぬが、研究生活の中で、そういうテーマに出会うこと自体が幸運なのだという点は、どの分野でも、誰でもが体験できる。そういうテーマに淡々と対し、何気なく問題を終えて次へ進む田中サラリーマン受賞者と、十月になれば今年か今年かと記者たちに囲まれて発表を待っている、いわゆる研究機関の研究者と較べてみると、アカデミズムの傲慢さが露呈し、田中氏が清々しい。

それはともかく、小柴氏ほど顕著でなくても、研究者が研究テーマに出会った時、それはほとんど本人が意識していなくとも、後になって振返れば幸運であったと思うことは少なくない。私が漢簡研究に出会ったのも、やはり幸運であったといえる。何がそういえるか。それは正直に言うと、一九三〇年・三一年に発掘された居延漢簡が、第二次大戦のために約一〇年研究が止まり、勞榦氏の研究成果が日本に入って来たのが、ちょうど大学院に入ったばかりの私の研究生活のスタートと合致したということである。そして、初めて入ってきた新資料の研究会に早々に加えてもらい、研究会では大先生も駆け出しも同一ラインで研究を始めたことであろう。

居延漢簡の発掘と研究は、すでに「一、木簡発見と研究の百年」に述べた通りであるが、その研究成果を最初に日本に紹介したのは、一九四七年十一月刊行の『東光』第二号誌上にのった、森鹿三先生の「最近における中国学界の動向」という文章で、私はまさに学部一年生であった。

敗戦後二年を経過して、中国からもたらされた大戦中に刊行された雑誌の記事により、「長い間とざされていた窓が少しずつ開かれて、陽光がさし込み清新な朝風がはいって来た感じ」と森先生は、大戦中における中央研究院歴史語言研究所の研究活動の状況を伝えられた。その中で何よりもまず居延漢簡の研究が話題にあがっている。その大要は、この木簡は、最初北京大学で保管され、日華事変以前に、馬衡・向達・賀昌羣・余遜・勞榦の諸氏によって整理研究されて釈文の校本ができたのだが、事変のため散佚してしまったこと、簡そのものは徐鴻宝氏等が持ち出し、商務印書館に渡して香港で印刷する予定であったが、太平洋戦争で香港が陥落したため、計画はだめになり、それ以前、民国二十六年（一九三七）に上海で影印していたのに、戦火が上海に波及して写真図版がすっかり焼け、二度の災厄に会っていることである。

この事業に熱意を持っていた勞幹氏は、わずかに得られた写真原稿をもとにして、奥地では写真印刷も意にまかせぬため、影印を断念して、釈文と考証の二部を出版することにした。『居延漢簡考釈』は、かくして民国三十二年（一九四三）六月に「釈文之部」が、翌年九月には「考証之部」が出版されている。

この釈文と考証とに加えて、更に原簡の影印ができれば完全になるが、この原簡の印刷は、二度までも焼棄し妨害したものの手で何とか償いができないものであろうか。

森先生の紹介は、その他の分野も含めて、当時東方文化研究所に寄贈された『図書季刊』八冊によって行なわれた。日本の漢簡研究は、実にこの文章から始まったといえる。

ここで紹介された勞幹氏自らが版下を書いた『居延漢簡考釈』釈文之部と『同』考証之部油印本（ガリ版刷り）合計六冊は、やがて北京にいた今西春秋氏の手によって京都大学人文科学研究所に送られてきて、それによって共同研究が始まる。一九五二年のことである。

『居延漢簡考釈』と題する書物は、書誌的にいうと大別して三種ある。第一は、ここに述べた油印本。第二は、一九四九年に上海商務印書館から出版された鉛印本。活字印刷の上下二冊。但し、考証之部だけである。第三は、一九六〇年に台湾で出版された大型活字本である。もっともこの大型本は、正確にいえば、一九五七年に出版された『居延漢簡』「図版之部」に対して、「考釈之部」と「考証之部」があるのであって、これが勞幹氏の正式の報告書になるのである。

森先生のもとに送られてきた油印本は、唯一のものであったし、常に研究会のテキスト作成に動員されていたから、詳しく見ることはなかった。私が油印本を再びゆっくりと見たのは、一九八七年の秋に、アメリカのイリノイ大学、シャンペイン校の図書館で、講演をするため、何か漢簡の写真でもないかとカードを引いたらこの本が出てきた。今中国の学者に油印本のことを話しても、「すでに文物である」──骨董的価値がある──という程実物を見た人は少ない。ちょっと書誌的なポイントを記すと、縦二五・九センチ、横一六・〇センチ、題簽（だいせん）は油印印刷で、「国立中央研究院歴／史語言研究所専刊」を二行書きに冠せて、「居延漢簡考釋釋文一」、または「居延漢簡考釋考證一」とし、釈文四冊、考証二冊である。内扉には、

漢簡の現物は、先の西北科学考察団の所有であったが、今は北京大学に存する。中華民国三十二年六月初版。

と記し、勞榦氏らは原簡はなお北大にあると考えていたらしい。また内扉の背面には、

本書共印三百部此部為第〇〇〇號
本書定價　　圓郵寄包紮費　　圓

として、限定版の番号や、定価は西洋数字でスタンプを印し、定価は二五〇円とする。その重慶で購入する場合、院の総弁事処で購入する場合などのきまりも書いている。勞榦氏は釈文の作業を四川省南溪で行なったと言われているが、国民党政府が重慶へ移るのと共に、歴史語言研究所は南溪へ移ったということである。

イリノイ大学の蔵本は限定二〇九号であったが、"Rec'd thru Dr.Fairbank"・"No Longer Property of Harverd Yenching Library, Sep. 25 1946" という印があった。東京方面の様子は知らないが、京都では今西さんから森先生に送られた一部があれだけ話題になっているのに、ハーバードでは二部だぶっていて一部を払い出したというのだから、燕京研究所の実力を思い知らされたのである。

なお、イリノイから帰って一、二年後、たまたま東京の書店でこの文物がカタログにあるのを見つけ、入手した

が、番号は二八九号である。私の経験からいえば、書物は五十年の間に一度は目の前を通るもので、その時決断しないともう永遠に関係がなくなるもののように思う。

第二の活字本『居延漢簡考釈』考証之部については、私にはもっと思い出の深いものであった。一九五一年の秋、当時大学院に在籍しながら兵庫県の三田学園で高校の教員をしていた私は、その後程なく姿を消してしまう東京の文求堂の目録を手にして、この活字本が売られていることを知り、どうしても欲しいと思って学校の事務室へ出かけ、東京へ長距離電話をかけて注文し、文求堂の老主人の「確かに承りました」という江戸弁の答えを貰った。たしか冊子目録の中にはさまれた赤色の紙に印刷した新着図書案内にのっていたように思う。当時の電話事情は、携帯電話の普及した現在からは想像できない。三田(さんだ)電話局を呼んで市外通話を申し込み、東京が出るまで三〇分待った。書価は二〇円であったか、当時の月給の四分の一、学校で借りた代金は、翌年二月に結婚する祝に、同僚諸君が醵金してくれた。諸君のサインは第二冊の裏表紙にあるが、先程も妻と第一冊は私、第二冊は妻の棺に入れようかと話したところである。ただ、一生使う書物を早い時期に自分の物として持てたという幸運は、文系の研究者にとっては大変価値のあることである。

第三の『居延漢簡』は一九六〇年の刊行であるから、入手は容易であった。だが、われわれは一万点の簡はほぼ記憶するほどまでに慣れていたから、六〇年版の大型本を使用することはほとんどなく、むしろ一九五七年にでた待望の『居延漢簡』図版之部を直接使用した。一方、北京の中国社会科学院考古研究所は、同研究所に残っていた写真、二五五五簡を、その釈文と共に『居延漢簡甲編』として一九五七年に出版し、その中には台湾版にはない写真もあり、写真による研究の時代になっていた。

森先生のもとで人文科学研究所で行なわれた漢簡の研究は、研究所の正式の研究班としては一九五二・五三年の二年で終わり、研究所の規定もあってテーマは別のものになって、漢簡を読みつづけるのは少数の私的集まりに変わった。学部から大学院へ進んだ永田英正氏が、漢簡をやりたいと意志を述べた所、もう漢簡研究は終わったとか、何もすることは残っていないという先輩が多かったそうである。確かに勞榦氏の『居延漢簡考釈』によっている限りは、勞榦氏自身が容易にわかる問題については研究を済ませており、新しい課題を見つけるのは困難と思われただろう。

ところが写真を使って労氏の釈文を検討してみると、随分釈読の違いが見つかったのである。釈文が違えば簡文の内容も変わるし、意味するところも変わる。二簡が同筆か異筆かという問題も出てくる。その上五〇年代末の写真整版・印刷技術は十分発達していなかったため、『居延漢簡』図版之部も、『居延漢簡甲編』も一冊ずつ出来上がりが違い、この簡はA氏の所有のテキストが鮮明だが、こちらはB氏のテキストの方がディテールまで見えるなど、研究会は奇妙な比較検討が必要であった。

一九三〇・三一年出土の居延漢簡（居延旧簡）は各箇固有の番号があり（二五）三三二・一二というように三つの番号で、最初の（二五）は、写真の番号、二番目の三三二は出土地点の番号、最後の一二は、三三二地点における第一二番目の簡の意味であった。写真の番号は当然「図版之部」の葉数と一致するはずであったのにそうはならず、人文研の助手になった永田英正氏を長く悩ました。また、勞榦氏の著書の中では、出土地についての記載が全くなく、これは『居延漢簡甲編』が一部の出土地を示したので大きな話題となった。結局全簡の出土地が明らかになるのは、一九八〇年に中国社会科学院考古研究所が『居延漢簡甲乙編』を出版した時、研究所内で発見された西北科学考査団の発掘メモにもとづいて注記した時であり、木簡の釈文を原簡番号順に配列した上、写真番号も正確に注記したのは、馬先醒氏らによる『居延漢簡新編』が一九八一年に出版された時である。居延漢簡研究に与えた戦禍は、五〇年の歳月を要して払拭されるのである。

台北の中央研究院歴史語言研究所では、一九六五年十一月二十三日に、居延旧簡の現物をアメリカ国会図書館から返還を受け、一九八七年、研究所新館完成後、八八年一月から管東貴所長のもと、邢義田氏を中心に徹底的な調査を行ない、(一) 勞榦の書に未発表のもの、(二) 勞榦の書に釈文はあるが図版が漏れているもの、合計一一五三点、その他黄文弼が発見した羅布淖爾 (ロプノール) 漢簡五八枚、一九四四年に夏鼐氏らが敦煌小方盤城北部で発掘したもの七六枚等を集めて『居延漢簡補編』を刊行した。

この再調査に関しては、私も管・邢両氏よりの照介に応じ、国立奈良文化財研究所で使用している赤外線カメラの導入の手伝をし、出版に当たって簡の通常の写真のほかに赤外線撮影の写真を並べて掲載しているところがある。

今後の木簡研究には赤外線カメラによる観察は必須の作業で、木簡学のテクニックの一つである。邢氏の作業中、永田英正氏と一緒に現場に立合った私達はひたすら日本のカメラ技術が優れていることに感心したのであるが、肉眼で見えない文字が明らかになる一方で、あるとも思えぬ所に不明の字が発見されて、結局その字は釈読不能ということになる、いわば鼬(いたち)ごっこになる可能性を秘めていることも知っている必要があろう。

### 敦煌漢簡の早期処理

居延漢簡がこれだけの時間を費やしているのに対し、敦煌漢簡はいかにも処理が早かった。居延漢簡が、第二次大戦の被害を受けたことが最大の理由であるが、ほかに居延漢簡が約一万点あったのに対し、敦煌漢簡は約七百点であったことも大きな理由である。しかし、それだけでは説明し切れない部分が残るのである。

すでに「一、木簡発見と研究の百年」で述べたように、オーレル・スタインは一九〇六・〇七年の彼の第二次探検で敦煌漢簡を得てロンドンに帰り、その研究をコレジ・ド・フランスのエドワルド・シャバンヌ教授に依頼した。

シャバンヌがスタインから漢文木簡の研究を依頼されたのは、一九〇一年、ニヤ遺跡で発掘した晋簡五〇簡の研究を受けて以来二度目であるが、この晋簡研究の結果を、シャバンヌは一九〇五年の"Journal Asiatique"に発表している。そしてこの度の敦煌漢簡の結果は、一九一三年にオックスフォード大学出版部から"Les Documents chionois découverts par Aurel Stein dans les sables du Turkestan oriental"として題して出版されたことは述べた。出版完成までほぼ五年である。

ところが一方、清朝の滅亡するのを避けて京都に亡命していた羅振玉は、敦煌文書や敦煌漢簡が西欧に運び去られるのを惜しみ、シャバンヌ氏に頼んでこの本の写真を送られ、王国維も共に研究し、その成果を京都で刊行したのが『流沙墜簡』である。縦三七センチ、横二五センチ、三冊よりなる線装本である。京都で出版されたせいもあって、日本国内ではよく見かける本ではあったが、古書店に出ることはなかった。ところがたまたま北京の流璃廠で一部を見つけて購入したのに、ついで一、二年後上海へ行って古籍書店に入ってみるとまた一部を目にした。それで誰か欲しい人もあるだろうと購得して北京の本と比較してみると、本が違うではないか。一般に、一九三四年に再版が出たと解説されているがそれも証拠がなかった。

版本の違いを詳しく調べた門田明氏によると、初版の分担は羅振玉氏三十葉に対し、王国維氏八十三葉であるという。王国維が相当な部分を書き、羅振玉の名で出版されたのである。ところで、羅氏がシャバンヌ氏から手校本を送られたのは一九一三年の暮れで、王氏と共に考釈を終えたのは一九一四年の二月、王国維はただちに清書にかかった。ところが同じく二月、スタインの旅行記"Ruins of Desert Cathay"を読んで、シャバンヌの書についたローマ数字が木簡の出土地を示すことを知ったが、清書が半分以上終わっていたので、出土地を図と表に記すのみで四月七日に清書を完成し、それをそのまま付印したのが『流沙墜簡』の初版本である。

王国維はその後一九二七年の死の直前まで『流沙墜簡』の自説を修正し続けるが、再版を出すことがなかった。それはあくまで羅振玉の著だからである。一方羅振玉は、一九一四年に『永慕園叢書』を出し、その中に『流沙墜簡』も収めているが、この本は出土地を明記した再版本であり、叢書の出版は同年九月以降である。

そこで、敦煌漢簡の場合は、シャバンヌは七〇二簡を五年で出版にまで漕ぎつけ、羅振玉・王国維はシャバンヌの手校本を受け取って約二ヵ月で考証を終え（簡の写真は五八八簡）、二ヵ月で出版し、かつ直ちに再版を出したということになる。『流沙墜簡』は、清朝考証学が木簡研究に開いた華とたたえることができるが、シャバンヌという人の学力もまたすばらしいものであった。一般にオーレル・スタインの報告書の出版は極めて早く、もって範とすべきもので、釈読に必要以上に時間をかけ、あるいは功名争いから出版担当者が決まらないなどという現状は反省の要があろう。

シャバンヌの"Documents Chinois"は、今日見つけることはまずない本であるが、一九七二年に敦煌漢簡を見るために渡英した時、ケンブリッジのヘファー書店の中国関係の棚で見つけ、売るのかと尋ねて売りますよと答えられ、かえってドギマギした。当時一五〇ポンド、一ポンド千円の固定相場が八百円に変わった時であった。

一九七二年三月三十日、日本国中は高松塚壁画古墳で湧きかえっている時、初めてカラー写真がのった朝刊を持って、私はヨーロッパへ出発した。香港・カイロ・アテネ・リスボン・マドリッド・アンダルシア・ライデンを経由して、マイクル・ローウェー氏の待つケンブリッジについたのは四月十二日、彼はクレア・ホールという彼の属する新しいカレッジのビジティング・フェローと、東洋学部の訪問教授にしてくれ、大英博物館の敦煌漢簡を見るにしても、何もロンドンみたいな所に住まなくてもいいじゃないかと言って、ケンブリッジ滞在をすすめ、私はそのおすすめに従って、この古い大学町に住み、大英博物館へは通勤定期を買って通った。

一九七二年という年は、結果的にみると、大学に入学して中国史を始めてから、関西大学を定年退職する九七年までの丁度真ん中に当たる。関西大学在外研究調査員に任命され、半年間の研究期間を与えられたが、今と違って当時は学部で一年一名とかで、帰朝報告会までくっついた大事業であったが、私にとってはその前後ではっきりと研究・教育上変化した、生涯にとっての重大事件であった。「一、木簡発見と研究の百年」（二九頁）にふれたように、中国は文化大革命のまっ最中であり、自分の研究対象の国へは何時行けるか全く見込はない。マカオの国境まで行って中国側を見やりながら、あそこはどうなっているのだろうと思って佇んでいたことを思い出す。

ケンブリッジに滞在中、ある朝カレッジのインド人留学生が二人来て、「お前の国では小学校を出ただけの男が首相になったが、どう思うか」と尋ねた。私は外国へ出ると、なるべくテレビも新聞も見ず、日本と縁を切るようにしているが、聞いて即座に「世界中でもっともそれを喜ぶのは周恩来であろう」と答え、彼等は目を白黒させた。そして、九月一日に日本へ帰った時には、日中国交正常化がなっていた。

研究対象であり、東アジアの国である中国と、言わば全く異文化である欧米とを調査の対象として選ぶ時、止むを得ぬ国際関係があったとはいえ、欧米へ先ず行ったことは、極めて有効なカルチャー・ショックを与えられ、この折返し点で世界が拡がり、視点が広角になった。

くだらない例をあげるが、ケンジントン公園のベンチに座っている、余り豊かそうには見えない男性が、実にうまくくたびれたツィードのブレザーを着ているのを見ると、明治の借物文化がいやでも目につく。

カレッジの食堂へ朝食にゆくと、年老いたウェイターが来て、「我われは貴方をプロフェッサーと呼ぶか、ドクターと呼ぶか」と聞かれた時には、そうか学位は取らなきゃ一人前じゃないのだと思ったし、大きな学会でも参加者が同じ宿舎に泊り、あらかじめペーパーを受取って会合に出てゆくことなど、文系の日本の学会では経験したことはなかった。

また、しかるべき規模の学会をとりしきるプロフェッサーは、会期中に主な発表者を自宅に招いてパーティーをするのが常識であり、奥さんがパーティー嫌いであったりすると教授の評判が悪いなどと言う事も、その頃には夢にも知らぬ知識であった。

そういう生活習慣、日常茶飯も面白かったが、学問的には一六世紀以降に中国や日本からヨーロッパへ運ばれた輸出磁器の存在が、新しい知識として加わり、ヨーロッパ向けにデザインされた景徳鎮の磁器や伊万里焼が、大量に海をわたっていたこと、いわゆる Export Porcelain の存在が、江戸時代の日中関係、東西関係の事実として加わったことである。今までこんな事を誰も教えてくれなかったではないかと腹を立てながら、大英博物館やビクトリア・アルバート博物館を見たり、関連の研究書を集めたりすることは、学問的な拡がりが加わった意味がある。九州の窯元が伊万里の里帰りと言って、古い作品を買い戻すようになるのは、それから五・六年も後のことである。

知識は広く、世界は広く、表があれば裏があると意識するようになったのは、七二年の研究の効果であり、人生の転機となった。

◇簡牘の引用については、次の例による。

居延旧簡　「A33、三三二・一二、図二五」と表記する。「A33」は出土地点、「三三二・一二」は原簡単番号、「図二五」は勞榦『居延漢簡・図版之部』のページ数を付した。

居延新簡　「E．P．T五二・一五四」と表記する。甘粛省文物考古研究所他編『居延新簡』による原簡番号を付した。

敦煌漢簡　「Ch.60敦一七八〇八A、TⅥbi・二八九」と表記する。「Ch.60」はシャバンヌの番号、「敦一七八〇八A」は甘粛省文物考古研究所編『敦煌新簡』（上下、一九九一、中華書局）の番号、「TⅥbi・二八九」原簡番号。

懸泉置漢簡　「I〇三〇九・三・二三二、釈粋52」と表記する。「I〇三〇九・三・二三二」は原簡番号、「釈粋52」は胡平生・張徳芳『敦煌懸泉漢簡釈粋』（二〇〇一、上海古籍出版社）による。

その他、「三、残された木簡」での引用簡について「散見〇〇〇」としたものは、李均明・何双全編『散見簡牘合輯』（一九九〇、文物出版社）の通番である。

# II 中国編

# 一、中国古代の武士の「家」

## （一）　武士の用例

「武」という文字は、古来「戈を止める」意といい、干戈の力によって兵乱を未然に防ぎ止める意味と言われてきたが、その解は、『説文解字』に、

楚の荘王曰く、夫れ武は、功を定め、兵を戢む。と。故に止戈を武と為す。

と注しており、その楚の荘王の言は、本来、『春秋左氏伝』宣公の十二年の条に、

楚子曰く、……夫れ文に戈を止むるを武と為す。……夫れ、武は暴を禁じ、兵を戢め、大を保ち、功を定め、民を安んじ、衆を和らげ、財を豊かにする者なり

という文によっていることは明らかであろう。しかし、最近の文字学ではこのような意を汲んだ、一種の望文生義の解釈には従わず、止は「あし」で、人間の足跡を意味し、人が戈をもって行進することをあらわすとし(1)、歩武という言葉があるように歩むの意味であると考える方が多いようである。

「士」という文字は、牡の字が牛のおすを表現することが示すように、おすの性器を象るところから、単におと

こ、引いては立派なおとこを意味し、仕の文字と同じくつかえる、仕は事なりというように仕と事は同系で、公事に従うことを指す(2)。

その点、「卒」は『説文解字』に、「隷人の給事する者を卒と為す」といって、什伍をつくる雑兵の着物を暗示した会意文字とされ、「率」の引きしめるという原義とも通じ、一隊をなして率いられる者を卒ということに通じる(3)。

ここに卒の字義を述べたのは、普通士卒と熟して戦士の総称として使用されているが、士卒は本来連文で、士と卒は身分的には異なるものと考えているので、後の行文の為、ここでその字義にも及んだのである。

武士という言葉は、先秦の古典などに二、三の用例がある。

『荘子』人間世篇に、支離疏という人物が、身体に欠陥があるため、かえって危険な仕事を免れて生き伸びる例えの中に、

支離疏……上徴武士、則支離攘臂而遊於其間、

という文がある。また、『史記』蘇秦列伝には、蘇秦が魏の襄王を説く場面で、

臣聞、越王句踐戦敝卒三千人、禽夫差於干遂、武王卒三千人、革車三百乗、制紂於牧野、豈其士卒衆哉。誠能奮其威也、今窃聞大王之卒、武士二十万、蒼頭二十万、奮撃二十万、廝徒十万、車六百乗、騎五千匹。比其過越王句踐、武王遠矣。

という例があって、軍団の構成を考えるのに参考になる。

ここにいう武士は、『史記集解』の引くところによると、『漢書』刑法志に「魏氏、武卒、衣三属之甲、操十二石之弩、負矢五十、置戈其上、冠冑帯剣、贏三日之糧、日中而趨百里、中試則復其戸、利其田宅」とあるものに当る。『史記索隠』は集解の注について、「按ずるに三属は甲衣をいう。覆髆がその一、甲裳がその二、脛衣がその三であ

る」と説明している。蒼頭は同じく『史記索隠』に、「青巾を以て頭をつつみ、衆と異なることを示したもの」というが、『漢書』鮑宣伝の孟康の注に、黎民黔首という言葉の黎と黔とかいうのはみな黒で、一般の民は黒でその号としたのに対し、漢では奴に名づけて蒼頭といい、純黒でないので、それによって良人と区別したと解している。(4)

また、『新書』巻四、匈奴の条には、

功士武士近侍を固め、傍ら胡の嬰児側に近侍するを得

という文があり、功士・武士と併列して書かれている。功士という表現は余り見ないが、文字通り手柄のあった士の意味で、その者が近侍して王の側近を護衛していると考えてよいのではないか。

『六韜』の虎韜篇、軍用に、

大扶胥、衝車二十六乗、螳螂武士共載、可以縦撃横可以敗敵。

という文がある。螳螂はかまきりで、螳蜋之条、螳蜋之力、螳蜋当車轍など、弱少の者が力を考えず強い者に立向かう意味に使われ、良い意味には使用されないことが多いが、『六韜』の場合はそういう意味ではなく、単に斧を備えた、斧を持った武士の意味であろう。

以上の用例から見れば、いずれも武士はもののふ、戦士の意味に用いられていると思われるが、中で『史記』蘇秦列伝にある武士は、蒼頭と区別された存在である。また、奮撃というのは、『戦国策』秦策に「戦車百乗、奮撃百万」などとあるように、勇猛の士を指すが、武士とはどう区別して用いているのかは、わからない。廝徒は『史記索隠』の注には断養の卒、『史記正義』では炊烹供養雑役と訳し、奮撃之士、廝養の卒が対置概念として記されている。

## （二）漢初の功臣の場合

中国古代、特に漢代を中心に武士の家について考えてみようと思うが、戦国時代から秦を経て漢初にいたる期間は、全国的に戦乱の時代であった。そこで仮に武士の家を想定しようとすると、それはまず武臣の家、武功のある家を想定することになるであろう。例えば秦の将軍白起などはその一例のように思われるが、長平の戦で前後斬首虜四五万人という大功をたてた白起でも、後、王と合わず自殺せしめられている。

漢王朝の成立に功のあった漢初の功臣たちも、異姓諸侯王たちは勿論のこと、『史記』高祖功臣侯者年表に名を連ねる列侯たちも、一四三人の内で、司馬遷が『史記』を記した時まで続いた家は、曹参の平陽侯家一家で、国除の時期が不明の馮谿の穀陵侯家を除くほかは、すべて、おそくとも元鼎五年（前一一二）の酎金律による奪爵により侯位を失っている。酎金律は、毎年八月に天子が酎をささげて宗廟を祭るが、諸侯に祭に参加させる意味で黄金を献上させることになっていて、それを怠った者や、黄金の質が悪いなど違反した者を処罰する法で、元鼎五年にこれにことよせて一〇六列侯が罷免、とりつぶしに遭うのである。これは意図的な諸侯弾圧策で、それ以前よりあった直系男子でなければ相続を認めないという相続法の規定[5]によって、「無後国除」と共に多くの列侯が爵を失ったのである。これは明らかに専制君主側が功臣の子孫を弾圧しようとする法で、長くとも一一〇年で滅びたことになり、ほぼ孫の代には滅びている。また功によって諸侯の位を得たとしても、その後本人も子孫も武官に就いているわけではないから、武士の家として継続しているとは申し難いことになろう。

そのような中で、親子とも武官として史上に名を留めているのは、漢初の周勃・周亜夫父子であるといえる。また、武官として典型的な人物として思い出す人物といえば、武帝時代を中心にして李広とその孫李陵、宣帝時代の趙充国が思い浮かぶ。そこで、これらの人物を一応武門の人として考察してみよう。

## (三)　武門の人として

### 周勃・周亜夫

漢の高祖劉邦を援けて漢王朝の成立に力のあった者として、蕭何、曹参、張良、陳平についで周勃があげられ、この五人は特に『史記』では世家を立てて叙述し、常の人びとは列伝として扱うのと異なり、王としての取り扱いをしている。

周勃の閲歴は、沛の人で葬式の楽人をしながら生長したが、材官引彊となった。材官は弩を射る兵士で腕力が強いので手で弩を引いた。申屠嘉のように材官蹶張といって、足でふんばって引く兵士もある。沛公劉邦が兵を挙げると中涓として従軍し、郤適（却敵）、先登など各地の戦闘で功をたて、(6)劉邦が漢王となるや将軍となり、しばしば最の評価を受ける手柄を立て、燕王臧荼の反乱を平定した後、絳県八千一百八十戸に封建されて絳侯となった。ついで韓王信・韓信の反乱を平定し、太尉になる。また、陳豨の乱を平げ、燕王盧綰の乱に向かった時には相国となったようであるが、高祖の死後は列侯の身分で恵帝に仕え、また太尉となり、陳平と協力して呂氏の乱を平げ、文帝を立てた。その功により右丞相となり、食邑万戸となった。その後一年余で陳平が死んだので丞相となったが、列侯就国の命を遂行するため、みずから国に帰った。ところが謀反の疑いをかけられ収監されたが、免されて命を終えた。子の勝之は皇女をめとったが和せず、殺人の罪を受けて国を除かれ絳侯家は滅びた。ただ文帝は子の賢なる評判のある亜夫を択んで條侯に封じ、勃のあとを立てさせた。

周亜夫は文帝即位後河内郡の郡守であったが、文帝後六年（前一五八）、匈奴が辺を侵したので、宗正劉礼、祝茲侯徐厲と共に軍を駐屯し、亜夫は細柳に屯した。文帝は親しく軍を労し、劉礼の覇上軍、徐厲の棘門軍をめぐり、共に軍門に馳せ入り、将軍以下は騎して帝を送迎したが、細柳軍へ来ると、天子の先駆は軍門で止められて入り得ず、天子が至ることを伝えても、軍門都尉は軍中は将軍の令を聞き天子の詔は聞かないのが将軍の令であるとして門を閉じ、持節使が亜夫に詔を伝え、その命が門に至って初めて門が開かれ、しかも壁門の吏は、「将軍の約では、軍中は駆馳してはならない」と告げ、天子も轡を按じて徐行しなければならなかった。軍営では亜夫は武器を持ったまま揖し、「介冑の士は拝することはない。軍礼でもってお目にかかる」と言い、天子も形を改めて車の横木に身を附してあいさつをした。礼が終って軍門を出ると群臣は皆驚き、文帝も「これこそ真の将軍である」と感を久しくしたという。これが亜夫を代表する有名な話で、また将軍の営を「柳営」というようになった原因である。その後亜夫は中尉に遷った。

文帝が死ぬ時、太子であった景帝に、一たん緩急あれば兵権を委ねるのは周亜夫であると言い置いたので、景帝は亜夫を車騎将軍としたが、果して景帝の三年（前一五四）、呉楚七国の乱がおこり、亜夫は太尉となって全軍を指揮し、世論は呉楚を優勢、漢を不利と見ていたのに、三ヶ月で勝利をおさめた。それから、丞相となったが、正論を守る性格は景帝との間に感情の齟齬をきたし、免官された。その後、亜夫の子が父のために尚方工官の天子用の甲楯五百具を買ったのを咎められ、反乱の疑をかけられて投獄され、獄中で自ら食を絶って死し、国は除かれたという。

一九六三年、咸陽市楊家湾において発掘された漢墓から約二〇〇〇体の陶製彩色兵馬俑が出土したが、その位置が『水経注』に記されている周勃、周亜夫の墓に当るというので、この兵馬俑は彼等の墓の副葬品ではないかと言われている。(7) もとよりその大きさは始皇帝陵の近くの兵馬俑とは異なり、最高約六八センチの高さ（馬共）であるが、その集団として見ると軍に関わった上級の人の副葬品と考え得るから、周勃、周亜夫の墓に比定するのは蓋然性の高い推測である。

**李広・李陵**

李広は隴西郡成紀県（甘粛省秦安県）の出身であるが、祖先の李信という人は秦の時将となり、燕の太子丹を捕えた人である。家は始めは槐里（陝西省興平県）に居たが、後に成紀へうつった。広の家では代々射法を受けついでいた。文帝十四年（前一六六）、匈奴が蕭関に侵攻してきたので、広は良家子として軍に従い、騎射をよくして多くの敵を射殺して功をあげ、中郎に任じられた。中郎とは、皇帝の側近を護衛する郎官の一つで、郎中令（武帝の時光禄勲と改名）の支配に属するが、この中郎を将いるのが中郎将である。広の従弟李蔡も郎となり、共に進んで武騎常侍となった。文帝に随従してしばしば武勲をたてたという。景帝が即位すると隴西都尉となり、隴西郡の軍司令官を務めたあと、騎郎将、すなわち郎官の中の騎郎の指揮官として皇帝の側近に帰任、呉楚七国の乱には驍騎都尉として周亜夫に従って武功をたて、その後上谷、上郡、隴西、北地、鴈門、代郡、雲中など辺郡の太守を歴任して常に匈奴に対して防衛の任についた。匈奴は広の勇名を聞き、その郡には近づかなかったという。武帝時代には驍騎将軍、右北平太守等で匈奴と戦ったが、廉潔の人で賞賜は部下の士に分け、共に飲食し家には余財なしという典型的な武将で、訥口少言、寡黙沈着、他人より臂が長く、天性の弓の名人であった。衛尉・郎中令などの皇帝守護の長官にもなった。しかし、勇戦を繰り返しながら運が悪く、爵邑を与えられる機会がなかった。一方、従弟の李蔡は人柄が悪いにもかかわらず――『史記』では人物は下の中であるという――、楽安侯に封ぜられ、丞相になった。

大将軍衛青が元狩四年（前一一九）匈奴を討伐に出た時、李広は従軍を願ったが、武帝は年が老いているので始めは許さず、後、前将軍として出動、衛青はひそかに帝意を受けて李広を危険な場所から遠ざけようとしたのに、広は自ら命に従わずに行動をおこし、道を誤まり会戦の時期に遅れ、責を問われる前に自殺した。

子供の当戸・椒・敢の三人は郎となったが、当戸・椒は広より先に死し、敢は衛青を父の仇とつけ狙ったので霍去病に射殺された。椒は代郡太守となり、敢は郎中令となって、射殺されるにいたった。

当戸の子が李陵である。始めは建章監となり騎士を率いて建章宮を守り、武帝は李氏が世々将の家であるというので、八百騎を将いしめて匈奴攻撃に参加させたが特に虜に遇わずして還り、騎都尉となり五千人の特殊部隊を将いて酒泉郡・張掖郡の前線で駐屯しながら射の訓練をしていた。天漢二年（前九九）の秋、貳師将軍李広利が匈奴右賢王を祁連天山に攻めた時、李陵の五千人も居延から出撃したが、帰途単于の兵八万に包囲され、遂に陵は匈奴に降り、兵は僅か四百人が逃げ帰った。単于は李陵が名家の出身で勇壮であったので、その女を妻わせて優遇したが、漢ではそれを聞いて陵の母・妻・子を族殺した。以後李氏の名はすたれたという。

**趙充国**

趙充国は隴西郡上邽の人で、後に金城郡令居に徙ったという。上邽は甘粛省天水市、令居は甘粛省平番県である。始めは騎士となったが、六郡良家子で騎射をよくするというので羽林郎に補せられた。羽林郎も、光禄勲（もとは郎中令）に属する郎官の一つで、武帝太初元年（前一〇四）に初めて置かれ、その時は建章営騎といった。武帝が建章宮を造ったので、それを守るために置いたもので、李陵が最初建章監になったときは、この騎を率いたのである。皇帝の送従に当ったが、後に名を羽林騎と変え、匈奴戦などに従軍して戦死した者の子孫をひきとり、羽林官で養育し、弓矢・殳・矛・戈・戟の五兵の使い方を教え、これを羽林孤児とよんだ。始めは羽林令が統轄したが、宣帝の時から羽林中郎将が率いることになった。仮司馬となって貳師将軍に従って匈奴を討ち、苦戦して生還、中郎に召され、車騎将軍の長史に遷り、大将軍護軍都尉、中郎将、水衡都尉とすすみ、後将軍となって水衡都尉を兼ねた。宣帝の即位に際し、営平侯に封建され、また蒲類将軍として匈奴を伐ち、帰って、後将軍・少府となった。

神爵元年（前六一）、羌族の叛乱がおこったので、七十余歳で後将軍として金城へ赴き、持久戦をもってこれを破り、功をたて、甘露二年（前五二）死んだ。子趙卬は中郎将まで進んだが、父と破羌将軍辛武賢の対立に巻き込まれて自殺、営平侯位は孫の欽まで伝わり、その子岑が欽の死後実子でないことが露見して侯位を失った。

趙充国伝は『漢書』巻六十九にあるが、そのほとんどは、征羌時に作戦をめぐって宣帝とやり取りがあったのを丁寧に集めたもので、その意味では軍隊の編成や食糧等に関して貴重な資料を残しているが、本稿には直接関係はない。なお、趙充国の閲歴で、車騎将軍長史、大将軍護軍都尉を経て、水衡都尉・少府のような帝室財政関係の官を経ているところを見ると、宣帝との論議中にしばしば数量に言及していることと考えあわせ、勇武に勝れているほかに計数の才にもめぐまれていたと思われる。

以上のように、一応常識的に前漢の武将と思われる人物を選んでみたところ、周勃・周亜夫は漢初の建国の時の人であるから別とすると、たまたま選んだ李広と趙充国が、その閲歴の最初に、「良家子として軍に従った」とか、「六郡良家子から羽林郎に補せられた」という記事に遇う。それはいかなるものであろうか。

## (四) 良家子の類例について

『漢書』地理志下に、

天水・隴西は山に材木多く、民は板を以て家屋を為る。及び安定・北地・上郡・西河は、皆戎狄に迫近し、戦備を修習し、気力を高上し、射猟を以て先を為す。漢興り、六郡の良家子、選ばれて羽林、期門に給す。材力を以て官と為り、名将多く出ず。

と記している。六郡とは、天水、隴西、安定、北地、上郡、西河の六郡で、天水郡が甘粛省通渭、隴西郡が今の甘粛省臨洮、安定郡が甘粛省固原、北地郡が甘粛省寧、上郡が陝西省綏徳、西河郡が内蒙古自治区の准格尓旗附近である。

李広、趙充国のほかに、六郡の良家子で官に就いた例がある。

まず、甘延壽である。彼は、北地郡郁郅の人で、少くして良家子の騎射を善くするというので羽林となったが、投石・抜距が等倫を超え、仲間の中で抜群で、かつて羽林の亭楼を超踰した、飛び越えたので郎となり、試みられて期門となったという。抜距というのは跳躍のことである。

『漢書』外戚伝の昭帝の上官皇后の伝に、皇后の祖父の上官桀の事が出ているが、隴西上邽の人で、少時に羽林・期門郎となったとあるが、この表現では必ずや良家子として羽林や期門の郎になったことに疑いはない。

このように前漢時代の例が多く見られるが、それでは後漢にはなくなったのかというと、『三国志』の魏書の董卓の伝では、彼が、漢の桓帝の末に、六郡良家子をもって羽林郎となったと著しているから、後漢一代にもその制があったことは間違いない。

羽林騎・羽林郎は先に述べたように天子の親衛隊であるが、羽林の語は、『漢書』百官公卿表の顔師古の注には、

羽林は亦護衛の官である。言うこころは、其の羽の疾きが如く、林の多きが如し。一説に、羽とは王者の羽翼と為る所以なり。

と言い、いずれの解も望文生義の感がある。

唐においては諸衛府の中に左右羽林軍衛があり、大将軍が各一人、正三品の官としてあった。『大唐六典』では漢の羽林の伝統を受けつぐものとしているが、その説明の中に、

天に羽林星あるを象る

としており、そのもとづくところは『史記』天官書、『漢書』天文志の北宮玄武のところである。文字はほとんど同じである。

北宮玄武、虚、危、危は蓋屋たり、虚は哭泣の事を為す、その南に衆星有り、羽林天軍という。軍の西を壘と為す。或いは鉞（『漢書』は戊）という。旁に一大星有り、北落と為す。北落若し微亡なれば……及び五星北落を犯し軍に入らば軍起こる。

という文で、『漢書』の注に、

宋均曰く、虚、危、営室は陰陽終始の処、際会の間、恒に姦邪多し、故に羽林を設けて軍衛となす、

との説明があり、『史記正義』にも、

北落師門一星、羽林の西南に在り、天軍の門なり。長安城北落門は以て此を象る。非常を主どり、以て兵を候す。

というように、現実の城門にあてる解釈もある。

羽林が皇帝の親衛軍という広い意味では漢と唐とは変わらぬが、『大唐六典』の左右羽林軍衛大将軍の注には、

漢南北軍を置き、京師を衛るを掌る。南軍は今の諸衛のごときなり。北軍は今の左右羽林なり。

と、羽林を北軍に比している解釈からいうと、唐の羽林は漢の羽林郎とは同じではない。南軍は衛尉によって率いられ、主として未央宮の城門及び宮城内の警備に当り、地方から上番する衛士より成る部隊である。それに対して北軍は中尉（後に執金吾と改名）によって率いられる内史地域より番上する兵士たちで構成され、宮城の門外から長安城内の警備部隊であった。(8) 唐の羽林軍にもっとも近いのは、漢では南軍ということになる。漢の羽林郎は先にも述べた通り、郎中令（後に光禄勲と改称）に率いられ、未央宮内の宮殿の門戸と宮殿内の警備に当り、郎官はすなわち官秩を持つ官吏である。(9)

また、『漢書』地理志で、六郡良家子が選ばれて羽林・期門に給すとし、甘延壽も羽林郎から試みられて期門になったという。また、上官桀も羽林・期門郎となったとする期門は、武帝の建元三年（前一三八）に初めて置かれ、兵器を持って皇帝の送従に身辺を守る、郎に比された職で、定員はなく、多い時には千人にも及んだ。王先謙は諸殿門に期したので、期門の号があると言う。皇帝が殿門から出御する時、殿門で待って随従するというのであろう。始めは期門僕射という比千石の秩の官に率いられたが、平帝の元始元年（紀元一年）から虎賁郎と改名し、虎賁中郎将（秩比二千石）が率いることになった。羽林は身分は期門に次ぐとされる。

また周勃が最初材官引彊となったといい、申屠嘉が材官蹶張となったとし、趙充国が始め騎士となったという材官・騎士であるが、私はかつて考証したように、特殊訓練を受けた専門兵と考えている。

以上、六郡良家子から羽林・期門郎へと選任されるという事から、羽林・期門郎の職務について多少の詮索を行

なったが、『続漢書』百官志の羽林郎の本注では、

無員。宿衛侍従を掌る。常に漢陽、隴西、安定、北地、上郡、西河、凡そ六郡の良家より補う。

とあって、天水郡が漢陽郡に変わっているほか、六郡良家より補うと言い、良家子とは言っていない。

それでは、良家子は六郡に限るのかと言うと、『漢旧儀』上には、

中郎将一人、旄頭を施す。羽林従官七百人属す。三輔の良家子を取り、自ら鞍馬を給せしむ。

という記載があり、当然羽林中郎将のことと思えるが、衛宏がいた後漢末では、羽林郎は三輔、すなわち長安の周辺から選任したと述べ、良家子は六郡に限らぬことがわかる。

また、『漢旧儀』には、

太子舎人は良家の子孫より選ぶ。秩二百石。

とあって、武官に限らぬことがわかるし、『後漢書』皇后紀によると、

漢法、常に八月に因りて人を算するに、中大夫と掖庭丞、及び相工（人の相を観る者）を遣わし、洛陽郷中に於いて良家の童女を閲視し、年十三以上二十以下、姿色端麗にして法相に合う者を載せて後宮に還り、可否を択視し、すなわち登御に用う。

と記しており、男子のみでなく女子にも広く良家の語を使うことがわかる。これだけでは単純に良い家の子を指すことになるが、何か具体的な要件があったのであろうか。

## (五) 良家子の意味

良家子とはどのような者であるかということは、中国古代の身分制の研究上重要な論点の一つになっていて、従来多くの議論が行なわれ、必ずしも解釈が帰結を見たわけではない。その中で、多くの論点を整理して議論を展開したのは堀敏一氏の「漢代の良家について」の論である。[10] 今その論の展開をフォローしながら良家子について説明をしてみよう。特に私に堀氏の議論以上の見解はない。

まず前節にあげた李広の『史記』列伝の索隠には、魏の如淳の説として、

非医、巫、商賈、百工也

としており、良家から除外されるものとして、医・巫・商賈・百工、をあげている。『漢書』李広伝の補注では、王先謙は周壽昌の説として、

漢制、凡従軍不在七科讁内者、謂之良家子。

といい、良家から除外されるものとして七科讁という概念を提示している。そこで七科讁とは何かという点に議論がうつり、同じく堀敏一氏は「漢代の七科讁身分とその起源――商人身分その他」という専論を書いている。

七科讁は『史記』大宛列伝中に、

発七科讁、及載糒給貳師、転車人徒相連属至敦煌。

と出てくる。同じことを『漢書』武帝紀、天漢四年(前九七)正月のところに、

発天下七科讁及勇敢士、遣貳師将軍李広利、将六万騎、歩兵七万人、出朔方。

と書いている。『史記』も『漢書』も注には共に魏の張晏の説を引いている。張晏は、

吏有罪一、亡命二、贅壻三、賈人四、故有市籍五、父母有市籍六、大父母有市籍七、凡七科。

という。このうち四の賈人以下は商人に関する者で、賈人は現在商業に従事している者、五は本人が以前商業に従事したことのある者、六は父母が商業に従事した者、七は大父母が商業に従事した者で、本人から始まって三代以前迄、商業に従事したことのある者というわけである。

一の吏有罪は、武帝元狩三年（前一二〇）に「謫吏を徴発して昆明池を掘らせた」とある謫吏と同じようなもので、吏の罪ある者を罰して使役する場合に相当する。

二の亡命とは、許可なくして本籍地を離れた者である。

三は贅壻（ぜいせい）で、聘財（へいざい）の出せない貧乏人が、女の家で労働して聘財分を消却することで、贅は質を意味する語で、聘財のかわりに身を質に入れるところから出た名だといい、債務奴隷である。

堀敏一氏は、漢代では後世でいうような良人・賤人の身分の別はまだ成立していなかったと考え、下層庶人は賤と考えられていたとされる。(11) 賈人、以前に市籍を有した者はこれに当る。また魏の如淳のいう医・巫・百工は、『漢書』食貨志の王莽の詔の中に、

工匠、医、巫、卜、祝、及它方技、商販賈人、巫肆列、里匠、謁舎、皆各自占所為於其在所之県官、

とあるように、工匠・医者・みこ・うらないなどの技術者が、商賈と同様に取り扱われており、七科謫と同様、良家に入らぬ者である。

そして『漢書』高帝紀、高帝八年（前一九九）三月の条に、

賈人毋得衣錦繡、綺穀、絺、紵、罽、操兵、乗騎馬、

とあるように、商人は衣服、車馬に関する制限があり、武器を持つことも禁止されていたから、工匠・医・巫・卜祝・方技者なども商賈と同様の制限下にあったに違いない。それは必然的に武士ではあり得ないことになるだろう。

## (六) 漢簡に見える良家子

漢簡の中に良家子がある。敦煌漢簡に二簡と、居延旧簡に一簡である。

まず敦煌簡の内、シャバンヌ番号三九一号の簡に、

出粟一斗二升以食使莎車続相如上書良家子二人癸卯十月□(以下欠)

とある。まず続相如という人名があるが、この人は『漢書』武帝功臣侯表の中にみえる承父侯続相如で、彼は「西域に使し、外王の子弟を発して扶楽王の首を誅斬し、二千五百人を虜にした」という功をたて、太始三年(前九四)五月に千百五十戸の承父侯に封じられた人である。使莎車は莎車に派遣されたという意味で、続相如にかかる。莎車というのは東トルキスタンのオアシス国家、タームリ盆地の南西隅を占め、西域南道の一国であるヤールカンドである。従ってこの時は、続相如はヤールカンドへ派遣されていたわけであるが、その続相如が上書するために派遣した良家子二人がいた。そういう人物を考えて、そこでこの簡の内容は、

粟一斗二升を出して、以て使莎車続相如の上書の良家子二人に食ましむ、十月癸卯(以下欠)

というもので、この形式は、公用旅行者に食糧を供給する場合である。粟一斗二升を二人へ、一人分六升であるが、これは一日の支給量だから、翌日には長安に向かって出発したと考えてよい。そうすると、二人の良家子は、良家

子という肩書で続相如に従ってゆき、公用旅行をしていることになる。なおこの簡の前の三九〇という番号の簡は、

出粟五石二斗二升以食使車師成君卒八十七人食丙申一日積八十七人＝六升

という文章で、三九一と同じく食糧の支給の記録。粟五石二斗二升を出して、使車師成君、車師国（今のトルファンにあった）へ派遣される成君の従卒八七人に丙申の一日分の食糧、一人当り六升の八七人分、五石二斗二升を出して支給したという記録である。出土場所がT・XIV・iiiの26と27と連続しているから、文字も簡の材質も違うが同一場所であるから、交通路線上の拠点、少なくとも厨が存在した場所であろう。

敦煌簡のもう一本は、シャバンヌ三九八号簡で、

良家子卅二人出其四人物故　自出一　賢□□□□四人

という簡文である。良家子の集団の人員に関する簡であるが、意味は把握し難い。

居延旧簡中には、四〇・六簡に、

坐従良家子自給車馬為私事論疑也□□書到相二千石以下従吏毋過品刺史禁督且察毋状者如律令

という文がある。文字は釈文者によって異同がある。特に察毋状者の者は、謝桂華・李均明・朱國炤共著『居延漢簡釈文合校』によっていて、他は各の字と読んでいる。

文意の概略は、

良家子に従い自ら車馬を給し私事を為すに坐するも論は疑わしきなり。□□書到らば、相・二千石以下の従吏、品を過ぐることなかれ。刺史は禁督し、且つ毋状を察すること律令の如くせよ。

と読める。「坐」の字があれば罪に坐したものと考えるのが筋で、「坐」のあとに続く文章が罪の内容である。「論」

は判決であるから、「坐」から「論」までの間の文章が、「坐」の目的語と考えるのが普通である。その結果、右のように読め、良家子に従っている従者が犯罪の主体となる。その理解は、書到らばのあと、相・二千石以下の従吏に対して、品、決まりの範囲を越えないよう、刺史は督察せよというのと合致し、この文全部は従者のことを述べているように理解される。

こうしてみると、漢簡の中に見える良家子に関する記事から、次のようなことが読みとれると言えるだろう。

一、まず良家子が資格を意味していることが、二本の敦煌漢簡から理解される。そして三九一簡にあるように、西域諸国へ行く使者、それは武力行使も十分あり得る使者に従ってゆくのであるから、武力に自信のある者であろう。その点で、六郡良家子と共通の性格、いわば「もののふ」としての性格を持っているといえよう。

二、良家子が従者をつれていることが、四〇・六の居延旧簡から想像できる。これは、私従者という表現で、史書にも簡牘にもしばしば見られるものである。四〇・六簡は、「良家子に従い、自ら車馬を給する」ものとも、「良家子の自ら車馬を給するものに従い」とも読める。これは良家子の私従者が自ら車馬を用意したのか、良家子が車馬を給している、車馬を用意しているのかという違いがあって、私従者が自ら車馬を給するや否やの議論の余地はあるが、良家子が自ら車馬を準備することは前提として当然と考えられる。その点で先に引いた『漢旧儀』に、羽林の従官七百人を、三輔の良家子を取り、自ら鞍馬を給せしむという文があるのと同様で、少なくとも鞍馬を、時としては車馬を自分で準備せねばならぬ、若しくは準備することができる富家であるということが、良家子の良家の基礎条件であると考えられる。

それは一定の資産がある必要があろうという意味であるが、良家子から選ばれて郎官になるとすれば、官につくわけであるが、『漢書』景帝紀の後元二年（前一四二）五月の詔に、

今訾算十以上乃得宦。廉士算不必衆。有市籍不得宦、無訾又不得宦。朕甚愍之。訾算四得宦。亡令廉士久失職。貧夫長利。

というように、それまでは訾算十、つまり十金の産がなければ官につけず、それは所謂、十金の産は中家の産といわれた。それを景帝のこの詔で訾産四算に切り下げたというわけである。いま、ちなみに漢簡の中から官吏の訾産をしめすものを一例あげてみよう。これは従来、漢の賦税制度、特に財産税・人頭税などの面からよく使われた礼忠簡とよばれる居延旧簡三七・三五である。簡文は、

　　　　　　　小奴二人直三萬　用馬五匹直二萬　宅一区萬
候長觻得廣昌里公乘禮忠年卅　大牌一人二萬　牛車二両直四千　田五頃五萬
　　　　　　　軺車二乘直萬　　服牛二六千　　●凡訾直十五萬

とある。候長は辺境における監視哨をいくつかまとめて指揮する長で、百石の吏である。礼忠は、肩水候官所属の何処かの候長であったが、その本籍地は張掖郡治のあった觻得県の人で、いわゆる六郡よりも西寄りの新開領の県の出身者である。奴婢、田宅を持つほか、馬五匹、牛二匹、乗用の軺車二乘、運搬用の牛車二両を所有している。まさしく自ら車馬を給し、あるいは私従者にも供給する余裕は十分あるといえるだろう。礼忠も六郡の人であれば、十分良家子たり得る資産を備えている。問題はその弓術を始め、武芸の能力であろう。下級の吏の資産の一端を見た。

要するに漢代の武士は、一定の資産と勝れた武術を身につけた「良家子」から生まれるということである。

註

（1）藤堂明保『漢字語源辞典』（学燈社、一九六五年）四五二頁。白川静『字統』（平凡社、一九八二年）七四五頁。
（2）藤堂同右、一〇六頁。白川同右は、鉞の刃部を下におく形とする、三五八頁。
（3）藤堂同右、六九四頁。白川同右、三五八頁。
（4）宇都宮清吉「漢代蒼頭考」（『東洋史研究』一―二、一九三五年）。
（5）牧野巽「西漢の封建相続法」（『牧野巽著作集』第一巻、御茶の水書房、一九七九年）。
（6）郤適＝却敵、先登などは、漢律令の中にあった功を示す言葉であろうと思う、先登は一番乗りである。その手柄の随一の者は冠軍であるが、今日の中国語でスポーツに残っている言葉である。
（7）陝西省文物管理委員会・咸陽博物館「陝西省咸陽市楊家湾出土大批西漢彩絵陶俑」（『文物』、一九六六年）。
（8）浜口重國「前漢の南北軍に就いて」（『秦漢隋唐史の研究』上、東京大学出版会、一九六六年）。
（9）大庭脩「地湾出土の騎士簡冊」（『漢簡研究』、同朋舎出版、一九九二年）。
（10）堀敏一「漢代の七科讁身分とその起源――商人身分その他」「漢代の良家について」（『中国古代の身分制――良と賤』、汲古書院、一九八七年）。
（11）堀敏一同右書。

# 二、講義ノート　中国法制史概説

## 法制史の概念

法学といえば、そのなかにすべて法を対象とする学問がふくまれるのであるが、大別すれば、法哲学、法史学、法解釈学の三つになる。一般にいう法学は、主として、この法解釈学を指す。それは、わが国において、現に効力を持っている法規を手がかりとし、その法規の意味を追求することによって、現実に適用せらるべき法を、その具体的内容において明らかにすることを目ざしている。従って、法解釈学は現に効力をもっている法規の体系によって制約されることになり、そのなかに憲法学、行政法学、民法学、商法学、労働法学、民事訴訟法学、刑法学、刑事訴訟法学、国際法学、国際私法学等の諸分野に分かれるのである。

これに対して法史学は、諸々の史料を手がかりとして過去の法を明らかにするを目的とするものである。法史学においても、法解釈学においても、一応法学の分野に含まれているから、その限りにおいては、それらのすべてに共通の基礎的な概念がなければならない。そのような共通の基礎的な概念として最も重要なものは「法」の概念である。おそらく法学にとって、法の概念の問題、従って法とは何であるかの問題は、最初にして最後の問題でもあるだろう。そして、これが法哲学の最も重要な課題である。

法史学の場合、「法とは何ぞや」という問題を前提にするが、その前提の仕方に従って、換言すれば、法に対するいかなる考え方に立脚しているかに従って、研究の態度におのずから相違が生じてくる。それは研究の対象が、すなわち、目標が異なってくるからである。例えば、十九世紀に支配したいわゆる概念法学の人びとは、法規がすなわち法であるという考え方に立脚していた。だから過去の法典を文言通りに解説することを以て、法史学の任務が果たされることになるし、法解釈学にしても、法規をその文言通りに解説することがその目標となるのである。これに反して、法を社会生活を正しく秩序づけるために、権威的に行わるべき規範であると見る考え方に立脚すれば、法史学は過去の法典を解説するのみでは不十分であって、法規とは別に、権威的に行わるべき規範を見いだす。法社会学的な考察が要求されてくるのである。

即ち、法学の一部を形成する法史学においては、他の法解釈学と同様、法とは何かという根本的な、法哲学の問題を除外しては成り立ち得ないわけである。法史学の前提に法哲学があるということ、これは法史学が近代科学の一つである以上、敢えて異とするに足りぬ。法学自体が、近代科学の一つである点、日本の近代科学のすべてと同じ運命を、即ち、明治以後、西洋の方法論をうけいれて体系化され、また、西洋の変化にともなって変化してゆくという運命をまぬかれることはできなかった。その点は以下に述べることとして、今暫く、法とは何かという問題を追及してみよう。

法とは、社会生活を正しく秩序づけるために、権威的に行われる規範であると規定しよう。そうすると、社会生活の秩序のために役立っているのは、単に法だけではない。社会の秩序を保つためには人びとが、勝手気ままに行動することを抑制しなければならない。人びとの勝手気ままに行動することを抑制することに作用している規範を社会規範と呼べば、法は、道徳や慣習などと共に社会規範のなかに属しているわけである。それでは、法は、道徳や慣習とどの様に異なるか。それは、法を犯した場合には、国家権力の発動による制裁が課せられる。これが法の特色である。そうすれば、国家権力は何か、そもそも、国家とは何であるか、という問題が喚起されるであろう。また、その国家において、政治が行われるが、為政者は、一定の政策を立て、それを実現するために、国民に対して多かれ少なかれ、強制を課するが、その強制が為政者の恣意的な強制でない為には、法的な強制でなければならない。そうすれば、法は政治の為の手段であるか、それとも政治が法によって制約されるのかという、法と政治の関係も出てくるであろう。

また、社会秩序の為というが、社会秩序とは、社会生活の秩序であって、その最も基本的なものは経済的秩序である。この経済と法との関係は問題になるだろう。これらは要するに、法の本質は何かという事に帰着するのである。

法は、一方、道徳とは異なって、各人の良心に委せてすむものではなく、場合によっては、服従者の意志のみならず、その良心に反してすらも強要されなければならない。従って法は力と無関係に法としての機能を働き得ない。そこで法の本質とは、結局力ではないか、または強者の意志が法として強要されるのであるから、法の本質とは、結局、強者の意志ではないかという考え方が生ずる。しかし、これに対して他方において、法は力を欠くことができないとしても、力が力であるゆえに、法であるのではなく、力をして法の力たらしめるのは、力以外の他のものでなければならない。強者の意志も同様で、強者の意志であるがゆえに法となるのではない。力や強者の意志を法たらしむるのは、むしろ正当性、または正義の理念でなければならない。従って、法の本質は正当性の理念ではないかという考え方が生ずる。

この問題は、決してこれで終わったのではないが、かくして、法の本質を追求することが、法哲学の中心課題なのである。

ともあれ、この様な法哲学は、法とは何か、法の強制力は何処から生ずるかという様な問題に関して、各時代において考えられてきたのであるから、法哲学の歴史というものがあとづけられるわけである。これを普通、法思想史という名で呼んでいる。

かつて、人びとは、法は神の意志、または神の命令であると考えた。人びとにとって、神は絶対の権威であったが、法は現実の地上的生活を権威的に規律する規範であり、法の権威も結局は神の権威にもとづくとされたのである。権威は単純な力ではなく、単純な強制力でもない。正当として信頼される力にして、はじめて権威であり得る。そして、法は法である限り、そのような権威を必要とするが、その法の権威が何にもとづくかが問題であって、法を神の命令であると考えた人びとは、この問題に対して一つの解答を与えていた。しかし、この解答は、宗教的信仰にもとづくもので、従って、一般的信仰がゆるぎはじめると、法に対するこのような考え方にも疑いと批判の眼がむけられる。古代ギリシャにおけるソフィストの時代、及び、中世から近世へ変わる時期はそれである。ソフィスト達は、法を自然にもとづけようとした、法を自然法則と同一視しようとする考え方である。普遍的自然において、自然法則が必然的に支配しているように、法が人間を必然的に支配する。そして、人間が自然のなかに属するものであるから、それを支配する法は、結局自然法則と別のものでないと考えたのである。これがいわゆる「自然法」と呼ばれるものの最初の姿であって、「自然法」は自然法則と同様に、人びとによって知られると否とに関わりなく永久不変的に、従って絶対的に支配しているものとされ、人間の作った制定法、人間の経験的な慣習より成立した慣習法等の実定法の相対的なものと相対比される。

自然法思想は、以来今日まで、素朴な最初の姿からは脱皮、変転してはいるものの、継いでいるのである。自然法思想に一貫する根本的な考え方は、人為の法と区別し、ときとしては、これと対立して、人為以前の、または人為を越えた不変的な法をみとめることであり、同時に、人為以前の自然法を人為による相対的な法の限界たらしめ、また、それに対する批判の原理的基礎たらしめることである。つまり、自然法を、人為的実定法に優越するものとし、これの限界制約たらしめることである。この根本的な考え方は、自然法と自然法則とを同一視する素朴な考え方が去った後も、例えば、ストアの哲学者達の様に、「自然法則」ではなく、「自然理性」を自然法の本質となすと考える人びとにおいても存在し、この「自然理性」が、「宇宙理性」といい、或いは、「普遍的理性」といい、「世界理性」といっても大同小異である。

十七・八世紀の自然法学者においても、法の根柢を自然に求めたのであるが、法が特に人間に妥当し、人間によって行われるものであることにもとづいて、普遍的自然でなく、人間的自然を法の根柢としたのであり、しかも人間における動物的自然ではなく、「人間理性」に着眼したのである。法を自然的理性にもとづくものとする限り、法に対する人間の主体性を認めることはできない。法を「人間理性」にもとづけた所に、この時代の個人、人格の自覚の時代という時代性があらわれており、同時に自然法上の権利としての自然権、即ち、基本的人権が思想的に自覚されたのである。しかし、この考えでは、人間理性の命ずる所を具体的に認識して、立法するならば、その法は人間理性の成文化されたものであるから、自然法と同様に永久不変の効力があるとされる。これは自然法の越権である。人間理性は不変であっても、その命ずるところの正・不正の判断、具体的な判断認識は、必ずしも同一でなく、相対的であり、歴史的である。ここに十八・九世紀の歴史法学派が生まれる。法は言語と同様に、各民族の歴史的現実生活のなかにおいて、おのずから生成、変化してゆくものであると考えたのである。歴史法学派は、主にドイツで盛んになった。そして、ドイツ法学の影響を受けた日本でも盛んである。日本において、西洋の法制史を研究するとき、多くはこの歴史法学派の業績によるのである。法は古くよりあるが、法学が日本に行われる様になったのは、近代、明治以後であるだけに、西欧の影響は避けがたい。西洋の法学を、日本に移した場合、法哲学や、法解釈学においては、現行の法自体が西洋の近代法に倣っているのだから、問題は少ないが、法制史の場合には、多くの問題を含んでいる。

歴史法学派の第一の特色は、漸進の原則を重んじたことである。彼らは、その結果、法が一挙に変わるとか、革命が全過去を清算するとかいう思想より、法の発展には連続性がなければならないという立場をとっている。第二の特色、これが極めて重要であるが、歴史法学派は過去において「あった法」を探し出すことにより、これを「あるべき法」であるといい、従ってまた、「ある法」であると主張した点である。彼らが、「ある法」を探すため、ローマ法やゲルマン法の史料を探し、それを典拠として現在の法にひきなおすという考え方をとっているのである。だから、歴史法学の結論は、初めから社会の歴史的発展を説くよりも、むしろ社会に対して論理的体系的な法規を与え、歴史――というよりも彼らが歴史だと考えたもの――を現在に移す試みの一つに過ぎないのである。

これは即ち、ドイツであるから可能なのであって、我々が感じとるローマ法や古ゲルマン法は、ドイツにおいて生きているものと全く異なるわけなのである。

そこで、法史学、法制史の課題が問題となるわけである。如何に日本において、或いは東洋において、歴史法学を主張しても、これはドイツにおける歴史法学とは異なった意味を持たねばならない。一つは、近代法であり、西洋の法典をうけついだ日本の法を考察する上においても有意義であろう。しかし、他の一つは、東洋法史学、日本法史学には、別個の何物かがなければならないということになるのである。そして、その研究課題は、東洋の法が、何故近代法に転換し得なかったかという点に集中されるのである。

法史学という呼称は新しい。法制史という呼称が古いものである。法制史は、法史と制度史とにわかれると思う。法史は法典史ということに結局はなるのである。慣習法も、成文法も含めて、やはり成文法典というものが、研究対象になるためである。

法制史の展開を、日本の学界の上において、学説的にあとづけてみるに、江戸時代にいたる迄は、有職故実の研究がその中心であったといえる。

明治時代に入っても、最初は、その伝統をついでいた。有職故実のもとづくところは、古代法であり、日本の古代法は、律令であるから、その中でも、官職制度と刑法とが特に重んぜられた。小中村清矩、黒川真頼、栗田寛、横井時冬、荻野由之等はこの時代の有名な学者である。しかるに、明治の二十年代より、西洋における近代的な法制史の研究法が適用され、宮崎道三郎博士が比較言語学を用いて、上代法を闡明しようとした。明治四十年代より大正にかけて、期せずして中世法に対する研究が、中田薫、三浦周行の両博士の手によってなされ始め、ここに新しい機運が醸成された。特に中田薫博士は、長命の関係もあって莫大な研究論文を発表し、洋の古今・東西にわたって、様々の新しい研究を積まれたので、同博士の法制史学界における存在は、実に偉大なものである。その学問をついだ人びとに、日本法制史に石井良助、東洋法制史に仁井田陞、西洋法制史に原田慶吉の三博士がある。

原田博士は、ローマ法を専攻し、所謂西洋法制史のオーソドックスの道を歩んだから、問題は自ずから別であるが、東洋の法制史をとりあげた仁井田、石井両博士には、やはり学説史的にみて、注目すべき特色を持っている。その特色を一言でいえば、東洋の法史料を、現行法の概念で整理したということである。研究の進展途上として、特に学問の若い東洋の法制史にあっては、この方法論は、確かに重要な意義を持っているといわなければならない。

これは、昭和二十年代までの、否、或いは、現代においても、猶、盛行している方法であるといえよう。そのほか、猪熊兼繁氏の家学にもとづく特別な方法による法制史も注目すべきものである。しかしながら、法制史が果たしてこのままでよいかということは、当然おこってくる疑問であろう。

元来法制史が、法学の領域か史学の領域かということによって、相当な変化があるのであって、明治の中葉以後、歴史学が、人間生活の法律、経済、芸術、思想などの諸側面を統一して、文化史というカテゴリーを打ち出すようになると、文化史的な法制史学というものが成立してきた。先述の三浦周行博士等は、このグループに属する人であろう。これに対して、先に述べた近代法の法概念と範疇でもって法の歴史を再編成しようとする人たちが存在したから、前者を文科派、後者を法科派と呼び、更に、両者をあわせた法律生活史を考える折衷派も出たわけである。

我々の立場からするならば、近代法の概念を以て東洋の法史料を整理することは、歴史の方法としては正しくないとせざるを得ぬ。やはり東洋には東洋の法概念があり、東洋の法意識があるのであって、西洋の法との比較を行うこと、所謂比較法的研究は勿論必要なことではあるが、各々の主体性を確認した上で比較せねば目的を失うわけである。

法制史は法学にのみ属するものではないし、又、先に述べた様に、歴史に名を借りて現代のある法、あるべき法を説くのが目的であれば、これは、史学の領域に存在を許されない方法である。歴史学には、評価、即ち史的意義を明らかにするという目的があるのであるが、こういう綜合的評価が為される為には、当然考証が必要であって、一の綜合の為には十の考証を前提とする。従って、歴史学としては、先ず、ありし事実の考証を第一歩とするのであるが、この考証を行う為の心構えとして欠くことの出来ないのは、事実を虚心に受けとめることにある。だから、過去の法史料をその時代の姿で、ないしはなるべくその時代の姿に近い形で把握することが必要なのであって、現行法の、近代法的な概念が、史実の認定の際に入ることは決して好ましいことではないのである。続いて、こういうことも考えねばならない。所謂法科派の人びとの方法論が生まれた所以の一つに、法典編纂の史的羅列を嫌ったということが考えられる。

何年に大宝律令ができ、何年に養老律令に改正されたというようなことが、法制史ではないという主張なのである。それはその通りなのだが、法制史の課題には、ある時代にこういう法が行われていたということ、こういう法典があったということの他に、その法が、如何様に生きていたか、時の民衆に、どの様に働きかけ、どの様に束縛を与えていたかという事がある筈である。

これは、法典の表面を究明しても明らかにはならぬのであって、むしろ法典以外の史料に求められねばならぬ。具体的な法も、立法されて、法典にのった時に、既に抽象化されて生命を失うのであって、法生活は法典以外にあり、法意識は法典のうけとり方にあるといえるだろう。だから、問題は法現象と社会の相関関係に焦点が求められるべきであり、ここに所謂法社会学が要求されるのである。法典史の研究は、そういう意味で、法制史の前提となるものであろうと思われる。

東洋法制史は、こういう立場で書かれなければならぬ。特に、産業革命を境にして、それ以後は西洋近代法が東洋を風靡するのであるから、そういう意味では、東洋の法は、一応完結の姿を見出さなければならぬ。そしてその姿の中に、やはり東洋の法原理があるのであるし、それは西洋のそれと比較して特色づけられるべきものである。以上のような要求を満たす書物は今の所ない。学問が未だそこまで進んでいないからである。

《用語解説》

**概念法学**：法律の解釈や適用に関して、制定法に欠陥がなく、それを形式的論理を用いれば、万能であると信じ、法律学の任務とは、法律の条文を忠実に周到に検討することにより、精緻にして整頓せる法律概念の体系を構成する論理的作業につきるとなす思想、学派。

法律の本来の目的および現実の社会の事情に関する考察を等閑に附する、制定法の限界から一歩も踏み出さぬ様に心がける。

**自然法学**：十七・八世紀の頃にさかえた自然法思想。人間の本性に基づく永久不変の自然法の理論を展開した自然権の主体たる諸個人が自然法以外のいかなる権威にも服せずして生存する自然状態を想定し、こういう状態から彼らが国家権力および実定法の支配のもとに生存する状態に転移するにいたる過程をなす社会契約について説くのを常とした。

**法社会学**：法現象を社会現象の一領域として認め、広汎な社会的現実、社会存在、社会的基礎との関連において考察しようとする。法を孤立的存在としてでなく社会との関連において問う点で法解釈学と異なり、法則定立的科学たる点で個性記述的科学たる法史学と区別される。

**歴史法学**：法の歴史的存在性格を深く洞察することによって、一方自然法学説の抽象性を批判、克服し、他方実証法学派の主張を基礎づけた法哲学の一つ。法は民族精神の発現（言語、習俗、政治組織）で、民族生活の歴史的所産であるから、法は立法をまって存立するものでなく、民族の発展にともなって生成変化する。

## 《附篇》法制史における手の働き

一、「他より認識された人としての生存」の意の人格

手は人間の活動を代表するから、口と手と足。「一挙手一投足」「手足を労することなく」「敏腕」「辣腕」「手

腕」　「お手並」「お手柄」　「手が出ない」「手持ち無沙汰」　「手を懐にす、袖にす」

handelu、行為する　Handlung、行為　Rachtstandlung、射手、旗手、運転手、熟練者、old hand　ドイツ中世、

保証の人　Bürgeuhand

人格の代表である例　アングロサクソン　他人の奴隷になること、主人の手に手と頭とにおく、　人を質入

れすること、手に迄ゆく、降伏すること、手にゆく

従者になること、従者・（ドイツ中世）手にゆく人、　ガリア地方、托身の行為 commendation　主人又は

首長の手中に自己の両手を組み合わせておく…手により身を托す。組み合わせたる手にて身を引きわたす。

二、手が支配、支配権を意味する　君　尹と口に従う。尹治也。

掌中に握る。手下

手が支配権を示す例：ローマの法律家「すべての事物は王にあり、manus により支配されたり」　仏、王権力、

王手という。独仏の古法、手袋は王権の記号。フランク王、国内の派遣使、槍と手袋を授かる。

手が王権の一部たる司法権を代表する：仏、司法手（main de justice）　独、中世裁判所、手袋又は鉄の手をか

けた。フランクでは、不動産の差押えに手袋を置いた。仏中世では差押えを（王）司法の手をおくという。

三、私法上において、人若しくは物に対する支配権

manus　後代ローマ、夫権。古法では家長権。奴隷解放 manumissio

フランクの婚姻儀式　嫁の後見者（父又は後見人）は、求婚男子に嫁女を嫁する意思表示をした後、武器、棍

棒、外套及び手袋をわたす。外套は保護、他は支配権。結婚式、右手でわたす。支配権の移動。

ゲルマン古法、所有権譲渡、当事者が代価の授受を終えた後、譲渡人はその土地から土塊若しくは線草をとり、

これに手袋をそえて受付、譲渡人はそれをうけとり、両人土地を一周（権利の行使範囲）、次に占有及び所有権の放棄として、譲渡人は一定の文言で放棄を宣言し、草茎を放擲して、大地の外に退去する。

sala investiture 着用（手袋の）

発見盗品に手をおいて、所有物たるを主張する（フランク法）

四、信を代表　口頭契約 promissio　前に出す、伸ばす　右手による握手　右手を右手に結び信を締約す。

信の神が右手にやどる。ふれる　あいうつ　独、大学令、宣誓式、入学生が総長と手打。

契　チギリ、手握　ユビキリ。　独中世、証文拇技。

若不解書、画指為記（『唐令拾遺』唐律14・刑統14・戸令七出條集解）

手と感情　感情の極致は誠也。誠は信の母なり。

（編注）この部分は、ノートの左頁に記されたもので、体系的に思考されて書かれたのではなく、学習ノートとして記憶にとどめるためのものかと思われる。よって《附篇》とした。

# 中国における法典の編纂

十九世紀後半、Rudoff von Jhering はローマ法の精神 "Geist des Römisahen Rechts" の中で、有名な次のことばを述べている。「ローマは三たび世界に掟を命じ、三たび諸民族を統一態に結合した。一度目は、ローマ民族がなおその活力の充実した状態にあったとき、国家の統一に結合し、二度目はローマ民族がすでに没落してしまったのちに、教会の統一に結合し、三度目には、ローマ法の継受の結果として、中世において法の統一に結合した。第一回は、武器の力による外面的な強制をもって、他の二回は精神の力をもって。」

東洋においてローマにあたるものは、まさしく中国である。そして中国の諸王朝の中でも唐であろう。わが大宝・養老律令が、唐の律令格式の影響下に成ったことはいうまでもないが、高麗においても、また、黎氏安南の刑律（洪徳律）も、唐律のおもかげを残している。唐律のあとをうけた、明・清律も、日本・朝鮮・安南等に影響を及ぼしている。

こういう東亜における典型となった唐律令は、やはり、中国歴代の王朝の律令の累積のうえにできあがってきたもので、中国の伝統的な法の系列に組み入れられるべき存在である。中田薫博士は、国家統治の根本法を、律と令との二法典に分集する中国独特の法体系を律令法系と呼んだ。そこで先ず、東洋の法制史においては、この律令法系が、どういう風に発達するかを見なければならない。

中国において、成文法が何時できたか。『春秋左伝』昭公六年（前五三六）に、鄭の国で、宰相子産が刑書を鋳たという記事があって、そこに、隣国の晋の大夫叔向が之に対して批難する手紙を送ったとかかれている。刑書を鋳るとは、鼎に鋳こんで、それを民衆に公示することと解され、世の法制史家は、これを以て、ハムラビ法典が石刻されてシヤマス神殿の前にたてられ、また、ローマにおいて、十二銅板法が制定せられたのに比するのである。

続いて『左伝』昭公二十九年には、晋においても刑鼎を鋳たということがでている。また、定公九年（前五〇二）には、鄭の大夫鄧析が、子産鋳る所の刑書に不備の点があるとして、ひそかに改正案をつくり、竹筒に著しておいて、執政子然に罪せられたという話もある。こういう風に、紀元前六世紀には、成文法があらわれはじめたと見る法経については否定論もある。

のが、先ず穏当であろう。時恰も春秋末期であったから、続く戦国の初期にかけて、各国ではそれぞれ成文法を用意したことであろう。後世、南北朝の頃になっての文献には、魏の文侯が臣の李悝に命じて、『法経』六篇を作らしめたとでていて、本文は早く佚したが、盗法・賊法・囚法・捕法・雑法・具法の篇名が伝えられている。李悝の法経については否定論もある。

なお、刑鼎の如きものは残存しないけれども、法律文書として考えてよい様な文言を鋳た銅器には、散氏盤がある。

李悝の『法経』六篇は、後、秦の商鞅が律に改めたという。秦は法家理論にもとづいて法をたてているから、律のあったことは勿論で、咸陽宮をおとしいれた漢の蕭何は、秦の律令図書を収めたというに徴しても明らかである。

漢の高祖劉邦は、咸陽において、父老と法三章を約した。これはしかし成文法ではない。漢の成文法典は、蕭何によって作られた。『漢書』刑法志によれば、三章の法は姦を禦ぐに足りぬので、相国の蕭何は、秦の法を攈摭（捃摭）し、其の時によろしきを取って律九章を作ったという。『大唐六典』や『唐律疏議』によれば、この蕭何の九章の律は、李悝の法経に加えて、戸・興・廐の三律を増したものとされている。

この後、高祖は更に張蒼に命じて、章程を定めしめ、また、叔孫通に礼儀を制せしめた。『晋書』刑法志には、傍章十八篇と称する。

更に文帝時には、晁錯が令三十章を更め、武帝の時には、張湯が越宮律二十七篇を、趙禹が朝律六篇を編輯した。この様に法典の編纂が盛んになった上、当時の書類の材料が竹や木であった為、吏は、律令三百五十九章以下を尽く見ることができなくなり、逆に、法典の整理が必要となるにいたったのである。そこで一方においては、法律をあつかう専門家が必要になり、それが家学としてうけつがれるという様なことも盛んに行われるにいたった。

法典の整理の事業は、後漢に入って、陳寵・鮑昱・応劭等の手によって行われた。

漢の律令は、亡佚したものが殆どで、法典そのものが残っているものはなく、佚文がいろいろの書物に引用されているから、これを集めて研究をするより方法がない。

漢律の佚文を集めたものには、中国人では、沈家本の『漢律摭遺』、程樹徳の『漢律考』。我が国人では、浅井虎夫「支那に於ける法典編纂の沿革」がある。

漢の律令の形式、及び性格を考えるに、律が刑法典であることは疑いない。これに反して、令の形式、及び性格については、疑問点が多い。本来令と呼ばれるものは、皇帝の詔であって、この詔文が皇帝の死後、事の軽重に従い、甲乙丙等の諸篇に分類され、効力を引きつづき持ったと考えられるものである。

中田博士は、今は律の規定を律外において補修した詔令集であると考えている。しかし乍ら、漢においては、猶律と令との区別は判然としていたかどうか、疑わしいと思う。漢が亡んで、その禅を受けた魏の二代明帝は、即位の年（二二六）に新たに律令を編纂した。魏の新律十八篇と呼ばれるものである。続いて建国した晋においても、武帝が新律令を編纂した（二六七）。これは泰始三年になり、翌年公布されたので、泰始律令と呼ばれ、律二十篇、六百二十條、令四十篇、二千三百余條という。この泰始律令も佚亡して、佚文によって僅かに内容を知るにとどまるのであるが、この晋令にいたって、殆んどすべて刑罰的色彩を払拭した単なる行為・不行為の準則に変ったらしい。即ち、形式的にも亦内容的にも刑典と分離して、律典に対する独立の教令法となったのである。晋律令の編纂者の一人杜預の言葉に、凡そ令は教喩を以て宗となし、律は懲正を以て本となすといっているが、この区別は、北魏律令編纂者の一人孫紹が、令典は内容は極めて抽象的であるが、国家機構とその運営に関する根本法であるということを強調しているのと相応じ、唐令の性格と符合するわけで、晋以後、律と令との区別がはっきりしてきたのである。

晋律令が、後世、殊に南朝諸国に及ぼした影響は実に大きく、東晋の後をうけた宋では別に律令をつくらず、宋の後をうけた南斉も同様で、共に晋律令の成ったとき、張斐の作った律註、及び杜預の作った律令註解を取捨行用したにとどまる。梁陳においても、多少の潤色を行った程度にすぎない。なお、この梁の武帝の天監二年（五〇三）に律令が編纂されたが、その年代が、ユスチニアヌス法典の中枢たる学説彙纂（Digesta）の成立に先だつこと三十年、ゲルマンの最古の法典（部族法）の成ったのもこの頃にあたる。

北朝においては鮮卑族の拓跋氏が北魏をたてたが、太和律令の名が残っており、しばしば律令の改定を行ったが、大体漢晋の旧にもとづき、漢律令の影響が多いとされる。東魏に続く北斉では、魏晋の故事を参酌し、簡にして要を得ていた。

後周は西魏に変ったが、この国の大周律令は、注目すべき特色をもっている。即ち、周の太祖（鮮卑族の宇文氏）は周の文物に心酔し、律令も出来るだけ『周礼』の制度を採用したし、字句文体もこれに模擬するように命じたので、とんでもない時代錯誤の立法となり、編纂者首席の趙粛は為に中途で死んだという。

この南北朝を統一した隋においては、文帝の開皇元年（五八一）より三年までの間に律令を制定し、開皇律令と呼ばれるが、漢以来歴朝の立法を参酌した完備した優れたものであったらしく、後に煬帝が大業年中に改悪したけれども、唐の高祖は、武徳七年（六二四）に、大略開皇律令を準正して所謂武徳律令をつくった。これが唐の律令編纂の第一次のものである。

それ以後、唐においては、明白な記録のあるもののみでも、律は七回ほど、令は十余回刪定頒行せられた。そのうち著名なものに、貞観十一年（六三七）の貞観律令格式、永徽二年（六五一）公布の永徽律令格式、垂拱元年（六八五）の同律令格式、神龍元年（七〇五）、開元七年（七一九）、開元二五年（七三七）等の律令格式がある。このうち永徽律令が、わが国大宝律令の基になったものである。

隋唐においては、律は刑罰法典、令は非刑罰法典であった。即ち、律は禁止法、犯人懲戒法であり、令は命令法、行政法的規定である。この律令には、家族や財産に関する法規が幾分含まれていた。そして、令に違えば違令の罪に問われた。

律令は唐代の二大根本法であったが、必ずしも永久不動の法ではなく、その原文が修定されることもあり、しかも随時、勅により、又、格によってその内容が改められた。格は随時の命令を集成した法典であった。格と同時に、式も重要で、律令を施行するについての細則規定であった。唐の律令格式は、最初に述べた様に、東洋の法制史上に、類例をみない重要な、そして影響の大きな法典なのであるが、それではそれが完全に残存しているかといえば、決してそうではない。

この点、ローマ法と著しく違うのである。普通、唐律は『唐律疏議』、唐令は『大唐六典』によるのであるが、『唐律疏議』は、開元二五年の律に関する官撰の註釈書であって、律令と共に制定公布され、元来は律疏といわれたものである（なお、永徽律疏ともいわれている）。また、『大唐六典』は、開元二六年に成った、官司、官吏別にその職掌や、それに関する法規を類聚した書物で、開元七年の律令格式を基準としたものと考えられる。これによって、或る程度唐令が窺えるのである。

唐律は十二篇五百條からなり、その篇名は、(1)名例、(2)衛禁、(3)職制、(4)戸婚、(5)廐庫、(6)擅興、(7)賊盗、(8)闘訟、(9)詐偽、(10)雑、(11)捕亡、(12)断獄である。

開元七年令は、官品令にはじまり、戸令、軍防令、儀制令、公式令、田令、賦役令、関市令、医疾令、獄官令、営繕令などを含み、雑令に終わる二十七篇三十巻千五百四十七條であったといわれる。唐令の佚文は、仁井田陞博士によって、『唐令拾遺』に輯められているほかに、前世紀末から今世紀初頭に、甘粛省敦煌、新疆省吐魯番、和闐等の所謂西域探検の結果、多く発見された古文書の中に、永徽二年の職員令を始め、公式令、仮寧令の断片があり、また則天武后時代の職制律、戸婚律、廐庫律、神龍年間の散頒刑部格、開元年間の名例及雑律疏、水部式などの断簡が含まれていたので、貴重な史料が提供されたのである。

五代及び宋初の法典は、基本法典として、格・編勅に特色を出したが、律令は唐代と余り変化がない。今日残っている、建隆四年（九六三）の『宋刑統』も、開元二五年の律、律疏の組織内容と殆ど変らない。また、宋初の淳化令、天聖令等も、開元令を基本としている。しかし宋代に、国家経済が膨張を来したことは、唐風の法規では律し得ない面があらわれて来るので、勅令、格式によって別個の法体系がつくられていった。

宋の時代、北方に国をたてた遼には、重煕新定條例、咸雍重修條例、金には皇統新制、大定制條等があり、また金は、泰和元年（一二〇一）に唐律令の影響の下に律令勅條格式を編纂したが、いずれも亡びた。元においては、唐律令の様な組織的法典の編纂が企てられ乍ら、実現しなかった。ただ格例の類聚ないし処分断例集というべき『元典章』や通制條格、至元新格、至正新格のような法典の編纂があったに止まった。『元典章』と通制條格中の戸令、学令、田令等十數篇のみが残っている。

明は、元に達成出来なかった律令の編纂を行った。明の太祖は唐律令を理想とし、洪武三十年（一三九七）に編纂された明律が、今日一般に流布されている。内容は、名例、吏、戸、礼、兵、刑、工の七律、三十巻四百六十條から成る。また、太祖の明令は、中国最後の令で、六篇百四十五條から成っている。そして、その他の行政的規定は、明会典、即ち正徳会典（正徳四年、一五〇九）、万暦会典（万暦十五年、一五八七）等の綜合法典の中に規定されている。明律は一部改められただけで、清律に残った。清では行政関係の法典や事例を、皆、会典として編纂した。その量は厖大である。

以上の様な律令体系は、王朝の変革に拘らず、法律的定型を維持していたのであるが、欧米近代思想と資本主義の侵入は、中国においても、この律令体系を変革するに至らしめた。所謂、清末の変法自彊運動がそれで、律はやがて大清現行刑律となり、辛亥革命を経て、中華民国民法（一九二九）、同刑法（一九二八）等の新式法典の制定にいたるのである。

以上略説した如く、中国における法典編纂の歴史は古い。しからば、これ等を通ずる法思想とはいかなるものであったか。その面について一瞥を加えよう。

**ハムラビ法典**：メソポタミヤに侵入した、セム人種がたてたバビロニア王朝の第六代の王に Hammurabi 王がいた（前一九四八～一九〇五、または前一九五五～一九一三）。彼は治世の三十八年に、バビロニア語を以て一本の黒曜石に法典を刻させめ、上部には王が太陽神シャマシュより法典を授かる有様をほった。四十四欄、約三千行にわたり、二八二條の法文がある。前十二世紀末、エラム王が奪って、その都スーサへ持ち帰ったのを、一九〇一～〇二年に、フランスのスーサ発掘の際発見された。

**ローマ法**：ローマは紀元前第八世紀の中葉に建国されたと伝えられ、のち数世紀の間に、地中海を内海とする世界国となり、古代の諸民族とその文化とを綜合統一して栄え、紀元後第三世紀の初葉以後は次第に衰え、広大な領土は東西にわかれて相独立し、西帝国は五世紀中葉に消滅したのに対し、東帝国は、バルカン半島を領土とする国家に変遷しつつ、十五世紀中葉まで存続した。その間、第六世紀中葉に出た、東帝国の皇帝ユスティニアヌス（Justinianus）は大立法事業を遂行し、その時迄のローマの法の変遷進化に総決算を施し、これは決定的形態をあたえた。

## 東洋における法思想

法哲学、法理学が全く別個に独立して論じられるようになるのは、勿論西洋の近代におけることに属する。従って、法哲学史を考える場合には、哲学者の法に関する思想を、特にとりあげて、そのあとづけをするのである。東洋の場合、その前近代的性格からいっても、当然この顧慮があって初めて法哲学史が成立つわけである。

中国の哲学は、先秦時代に最も盛んで、所謂諸子百家が、議論の花を咲かせた。しかるに、時恰も戦国時代にあたっていたから、その議論は、結局治国治民に集中された。本来、中国人は現実的傾向が強く、現実的な問題に多くの関心を持つといわれているのであるが、哲学においてもその傾向がみえ、中国の哲学は、要するに政治哲学なのである。従って、如何に国を治め、民を治めるかという問題は、必然的に法についての考え方を示さざるを得ず、先秦諸子百家の間に、中国の法思想が集約されているともいえる。その後は、漢武の儒教一尊策がとられたから、爾来、儒教のみが伝統的な士大夫の哲学として特異な発展と変化をしめしたが、根本においては、先秦の孔孟に帰し得るのである。

諸子百家とは、儒家、道家、法家、墨家を中心に、名家、農家、縦横家、雑家等に分類せられ、儒家には孔子、孟子を始め、子思、荀子等が、道家には老子、荘子が、法家には、慎子（到）、申子（不害）、商子（公孫鞅）、韓非子と管子が、墨家には墨子が、それぞれを代表して著名である。我々は勿論、短時間にこれ等総べてにふれることは不可能であるから、最も法治を主張する法家について重点的に考察を加えよう。

法家の理論を完成した人物は韓非子である。韓非は戦国の極く末に出た人で、法家という学派自体の成立も、諸家に比して比較的晩い。

ところで、法とは、模型とか、規範之標準というような意味をもっており、本来灋と書かれた。廌（ち）は伝説的な一角獣で、正邪善悪を識別する能力をもっており、邪悪なものと判断すれば、角だけもって触れて除去したという。水は物を平準化するというわけである。この様な法の意味よりすれば、これは何等かの人間の行動に対し、規範的意義を持つものと考えなければならぬ。

儒家においては、先王の道を強調し、国の政治も、人間の個人の行動も、先王、聖人の定めた道――礼――に従わねばならぬとするのであるから、法を、自然法的に観じているわけである。しかるに法家においては、同様に自然法則にもとづかねばならぬとはするが、儒家と根本的に違う所は、倫理的色彩を全く欠いた中性的なものとしている点にある。

中国の古代社会には、治者の身分的社会集団を君子（士君子）といい、被治者のそれを小人とか、庶民とかいって、治者と被治者の二つの区分が判然としていた。孟子は百工、つまり職人は職人のことを、君子は君子のこと、つまり天下を治めることに専念すればよく、「心を労するものは人を治め、力を労する者は人に治められる、人に治められるものは人を食い、人を治める者は人に養われる。これは天下の通義である」といった。こういう階級意識は、孟子の属する儒家に限らず、総べての先秦哲学に通ずる傾向である。古い時代から、政治の主体と客体とは分離的であったのである。この点、ギリシャにおいて、市民は、政治の主体であると共に、客体でもあったのと著しく異なる。もっとも、ギリシャにおいて奴隷階級があったが、これは牛馬と同じく市民の所有物であって、政治の客体ですらなかった。中国においても庶民より更に身分の低い奴隷階級があったし、また中華と夷狄の区別も行ったのであるが、至るところで、君子と庶人の区別も行われたのであって、「君子の徳は風、小人の徳は草」といわれ、草は常に風になびくものとされ、民は由らしむべし、知らしむべからずとか、礼は庶人に下さず、刑は大夫に上さずとかいわれ、政治的地位を有する士大夫、君子のみがわずかに人であるとされていた。それでは、その様に政治の主体たる君子階級は如何にして生じたのか。この点に関して、記述された書が殆んどないのは驚くべく、又、興味深いことである。諸家のうちで、最も成立の古い儒家においても、はっきりした理論がうち出されていない。政治主体たる君子の中で、最も中心となるべき君主即ち天子は、儒家理論においては天命をうけ天に代わって、人民を治めるもの——受命の君であり、天命は民の上にあらわれる。即ち、民が自ら帰する有徳の君子であるというのであるが、しかし、堯舜等の聖人があらわれることすら既に儒教が有る程度迄発達した後であって、最も古い儒教のテキストである、『書経』、『詩経』には、周文・周武以前の君主はあらわれない。特に重視される周の武王は、諸侯と民の与望を荷って、暴君殷の紂王を放伐した。つまり武力革命を行った張本人であるから、結局、周武の武力革命が、決して非合理なものでないという理論付けが為されなくてはならず、逆にいえば、周の王室及びそれをめぐる卿大夫達が、既に君子階級として与えられたものとして、その上にたてられる理論なのである。従って、何故一般の庶民と、君子とがわかれたのかという国家発生に関する理論は、当然稀薄であって、政治の主体と客体とは、前提的に、先天的に与えられたものとされているのである。そして、儒教においては、周の国家体制を調えた実在の人物であり乍ら、完全な有徳の君子、聖人に迄理念的に昇華された周公旦の定めた周の礼が守られるべき秩序であるとするのである。その聖人は、更に理念的な存在である先王にまで遡って、先王の定めた道としてうけいれられ、先王の道には、当然従わなければならぬとする伝統主義となって、儒家の大きな特色となる。故に先王の道、即ち礼は、後人のみだりに変ずべからざるものであり、道への順応が何よりも先ず要請される。その順応とは、現世における諸権力の堅固な秩序――君臣、父子、兄弟などの諸関係のわくの内に、敬虔な従順さを以て入り込んでゆくことである。そして、その小宇宙で調和のとれた人格に完成することが、その理想であり、君子の態度は、伝統的な義務の完全遂行ということである。中でも、孝は百行の本といわれ、孝悌は仁の本といわれ、家族道徳が先ず強調せられると共に、修身・斉家・治国・平天下といい、その家父長的な支配構造を以て、国家にまでおしひろげようとするのである。であるから、理想的な国家の安定は、有徳の明君、賢相が出現することにある。だから、法というような、先王の道に非ざるものを後世の人間が定めることは、決して望ましい状態ではないのである。

道家においては、この点が一段と強調されるのであって、老子のいう無為自然は、すべて人民はその人為をすてて自然に復帰し、その主体性を全く放棄して聖人の絶対性の前にひざまずくということを意味し、政治を行うものも、小策を捨て、自ら帰する所に従えということなのである。

老子は、礼を廃し、法を廃して、無為にして自ら化することを主張するけれども、それは厳然たる治者と被治者との関係の存在を、没却してはならないものなのである。

この場合にしても、或いは、儒家の場合にしても、性善説に立脚していることを忘れてはならない。

しかるに、戦国末葉にいたり、儒家の中に、荀子が出るに及んで、儒家の説は変化をみせた。荀子は、「人性悪、其善者偽也」といい、本来の人性が悪であるが故に聖人は礼を定め、人はその礼に従わねばならぬとする。この意味で、礼は客観的な社会規範として観じとられる。聖人と愚人との区別は、礼の原理を知って、之に法るものと、原理を知らずして唯その礼なるの故を以て之に法るものとにある。また、荀子は、先王の礼より、後王の礼をたっとんでいることも注目せねばならぬ。こういう荀子の門から、法家理論の完成者韓非子と、法家政治の実行者李斯とが出たことも重要である。

儒家のいう有徳の君子による政治は、即ち人格主義であるが、これは法家の最も廃する所である。人格主義をとれば、名君賢相の出現が期待されるわけであるが、名君賢相は必ずしも常に出でるものではない。むしろ出現する確率は少ないといわねばならぬ。法家においては、平凡な為政者、裁判官でも、その政治裁判に誤なからしめる基準を法に求めたのである。韓非子は「法をたっとんでも賢をたっとばない」といい、「賞は功なきに加えず、罰は罪なきに加えず」といって、如何なる行為も、法律がそれを犯罪としていない限り、罰せられることはないとする。つまり、法的安定性の維持をねらっている。商子においては「法の前には何人も平等であって、その人の身分、功績、善行も参酌することはなく、たとえ宰相でも孝子でも問題にしない。しかも裁判官が法をまもらず、擅断を行ったときは、これに死刑を科し、三族を誅する」という、信賞必罰主義である。従って、法家のいう法は、明らかに実定法であって、礼や道徳と区別されたものであり、そして法の説明に、彼等が屡々引用するように、度量権衡に比すべき平準の法なのである。ゆえに法は、そのもの自体客観性を有し、被治者の恣意は勿論、為政者の恣意も否定される筈である。

もとより、法が被治者の恣意に対立するものであることは申す迄もないが、治者の恣意をも許さぬ点に、法家の法治主義の所以が存し、儒家の人格主義と真向から対立するのである。法家が政治を聖王より解放して法の支配に委ねんとする理由は、一言にして尽せば、あらゆる偶然性の排除、即ち社会生活上の法的安定性の維持に存する。それはただに儒家のみならず、所謂「術治主義」「勢治主義」の諸家にも対立する。

法家に属する諸家の中には、商鞅に代表される狭義の法治主義のほかに、申不害に代表される術治主義と、慎子に代表される勢治主義とが含まれていて、総べて法術の徒といわれるが、術治主義者の術、法術の術は、君主が臨機応変に用いる政治的技術であり、その適用は、公知の一定の規準に従わず、一つに君主の秘密な手腕と裁量に委ねられている。であるから、その適用が一に君主の一身に備わる個人的要素に繋がる点において、一面徳治主義に通ずるが、徳治主義が君主の徳性による自然の教化を期待するに反し、術治主義は具体的な政治目的実現の為の人為的な技巧に依存するのであって、倫理的に無色である点において、徳治主義と相容れない。そして共に人格主義的である点において法治主義たる法家と相容れない。

次に勢治主義は、政治の基礎を君主の個人的要素に置かず、客観的な存在に求める点において人治主義と反対の立場にあり、法家と共通するが、その客観的存在は、法治主義の場合の如く、社会的実存から一応独立した客観的規準たる規範ではなく、社会的法則自体、即ち存在の法則自体に外ならない。勢治主義は術治主義と異なり、社会的に存在する自然的勢力に依存し、自然惰性の産物である点において作為的な術治主義と異なる。

しかも、術治も勢治も現実の問題としては、相提携すべきものであるから、その差異は、現実政治において、治者の恣意に重点を置くか、社会学的な実力に重点をおくかにあるといえる。

法治主義の立場から、韓非子は、勢を二種に分ち、一つを自然の勢、他を人の設くる勢とし、前者は人の力の如何とも出来ぬものだから論ずるの実益を認めず、人の設くる勢である法治を是として法治主義の結論に達するのである。

そこで、法家においては、法における実定的、歴史的要素を重視し、経験的実在形式を有する法律現象のみを法と認める。従って実定法、即ち制定法及び慣習法以外に法源を認めず、殊に国家的制定法を最重要な法源とするわけで、所謂法実証主義の立場をとっていることになるわけである。十九世紀後半における西欧の法実証主義においても、人間の本性に起因する形而上学的法たる自然法を否定する態度をとるのであるが、法家の儒家に対する立場は、当にこれと軌を同じくするのであって、法は倫理的理念から全然解放され、法が万古不易の道徳律につながっているという観念は全面的に否定され、法の内容が自然法即ち、普遍的な人間性に発する道徳原理に反するや否やは問題でなく、たとえ実定法が、之に反するとしても、法たるに妨げがないものと認められる。

この意味においても、法家の中には、不善な法といえども、法的性質を否定せず、その効能を認めるものすら存する。愼子は、「法雖不善、猶愈於無法」（威徳）といっている。法家においては、法的安定性がその第一義的な唯一の法の目的なのである。この様に、自然法を否定する立場をとれば、法の淵源は、必然的に君主の政治的権力のみにかかることになる。ここにおいては、国家の起源が問題となる。その論は、君の君たる所以は、賞罰の権力を以て民をととのえる——秩序を設けるところにあり、賞罰の権力をもつ実力者であるという。こういう権力的国家観の基礎には、人間の性悪観が伏在している。社会を、利己心、利益心に支配される利益社会とみているのである。これは韓非子に最も明瞭にあらわれているが、学説的には荀子につながり、環境的には戦国社会の影響をうけている。

法は、君主の恣意すらも許さず、君主も自らの立法に従わねばならぬ客観的なものであるから、みだりに変更すべきものではないが、君主が、治政の上に、より一層効率ありと認める場合には、変法を為さなければならぬ。韓非子は、政治は時代の推移に従って変化すべき歴史的なもので、法は不易の固定的なものではないという相対主義にたっている。しかし、その判断は、君主にあり、人民がそれを是非議論することは認めない。また、君主の側においても、法の適用には、恣意が許されないのであるから、当然その適用は厳正を期さなければならず、また、法類の規定も詳細でなければならぬ。そして、信賞必罰が厳格に実行されて、初めて法治がなりたつと考えているのである。信賞必罰主義と重刑主義が、法家の特色というべきであろう。

中国の歴代王朝は、表面において儒教を尊重しながら、実は、法治主義をとっている。漢代における酷吏達は、舞文の徒であり、以後酷吏は中国の政治を支える大切な役割を果したのである。そして、これらに支えられた政治とは、専制的支配なのである。

## 中国における刑法

中国における法律の中で、最も発達しているのは刑法である。儒家理論においては、非法定主義をとっていたが、法家にもとづいた秦以後は勿論、それ以前でも、法定主義が圧倒的で、その点、西洋に比較して特色がある。即ち、その起源の意味は違うが、表面的には少なくとも、紀元前三世紀には、罪刑法定主義がみられたといえる。この法定主義をとる目的は、一面は刑を示すことによって民衆を威嚇し、以て犯罪を予防しようという威嚇主義、予防主義的な目的と、今一つは、官吏の擅断を防止しようという目的とからである。しかし、事実の示す所では、必ずしもこの目的が達せられていたとはいえない。漢における決事比を始め、それ以後も類推の余地が残されていた。

刑の種類は大別して、正刑と閏刑とがあり、正刑は漢以後相当変化を来した。

# 中国古代における売買文書

中国では、紀元前三・四世紀には、貨幣が盛んに流通する状態に迄その経済段階が進んでいて、物品の交易もまた大いに行われていた。その様な社会においては、動産や不動産の売買の際に、何等かの契約がなされ、それが記されることも常識的に考えて、あり得ることである。

こういう文書が存在することを指摘し、またその研究を為されたものは、仁井田陞博士の「漢魏六朝の土地売買文書」及び「中国売買法の沿革」の二論文で、殆んど他に類似の研究を見ない。前者は、昭和十三年一月に、『東方学報・東京』第八冊に発表され、後者は、昭和二十七年七月の『法制史研究』一に公にされている。後者は題名の示す如く、紀元前二世紀頃から近年に至るまでの中国売買法の沿革を概説したもので、その基盤となったものは、前者及び『唐宋法律文書の研究』における文書の考証である。

およそ二千年ないし千年をさかのぼる時代の文書が、現代迄残存していることは奇蹟的なことであって、それらは、偶然の機会に土中より発掘せられ、或いは洞窟中より発見せられて、初めて世に出たのである。

中国において、紙が発明されたのは、後漢の和帝の頃とされるが、それ以前では、勿論、それ以後でも、文書の材料には、普通には木板、竹簡、布帛が、特殊な場合には、玉、鉛、瓴、石等が用いられた。

特に不動産たる土地の売買には、玉鉛等が多く用いられている上、それ等は残り易いものであるから、「漢魏六朝の土地売買文書」の資料は、尽くそれである。また、『唐宋法律文書の研究』におさめられた材料は、今世紀初頭、敦煌で発見された所謂敦煌文書であって、これらは時代が新しいから紙本が主である。

しかるに、出土古資料として見逃すことのできないものは、敦煌附近の漢代の烽隧の故址で、一九〇〇年頃Steinが発見した当時の木簡文書、所謂敦煌漢簡と、一九三〇年に西北科学考察団のベリイマンが、エチナ河流域で発見した一万点にのぼる同時代の木簡文書、所謂居延漢簡とである。仁井田博士も「漢魏六朝の土地売買文書」においては敦煌簡、「中国売買法の沿革」では居延簡をも利用している。

しかし乍ら、未だこれらの木簡については、問題が残っているので、以下、多少の考察を加えてみよう。

先ず具体的に文書を検討する前に、漢代及びその以前の史書に、売買文書に関する記載があるから、それによって、制度、または慣習的なものを見ておく必要がある。

『史記』の孟嘗君列伝には、孟嘗君が馮驩を薛につかわし、貸金の利息をあつめさせたときのことをしるし、「諸の銭を取る者を召す、能く息を与うるもの皆来り、息を与うる能わざるものも亦来る、皆取銭の券書を持して之を合す……牛を殺して置酒し、酒酣なるに乃ち券を持して前の如く之を合し、能く息を与うる者は、与えて期となし、貧にして息を与うる能わざる者は、其の券を取りて之を焼いて曰く、……貧窮者には、券書を燔て以て之を捐てしむ」とあり、借銭文書を取銭の券書といっている。また、『史記』高祖本紀には、

常従王媼・武負貰酒、……歳竟、此両家常折券棄責。

といい、『後漢書』樊宏伝にも、

樊宏……父重……其素所仮貸人間数百万、遺令焚削文契。責家聞者皆慚、争往償之、

といい、木竹を用いた証文があったことがわかる。『戦国策』斉策の註には、「凡そ券とは、取者、与者各々一を収め、責むれば則ち合して之を験す」とあるが、この二券は、左券、右券と呼ばれ、『老子』任契章には、「聖人執左券面不責于人」、又『戦国策』韓策には、「或謂韓公仲曰、『……安成君東重於魏、而西貴於秦、操右契而為公責、

徳於秦・魏之主、裂地而為諸侯。公之事也』」、その註に「左契待合而已、右契可以責取」という。『史記』蘇代列伝にも「公常執左券以責於秦」という。券は『説文』によれば「券契也。従刀尖声、券別之書、以刀判栔其旁、故曰書契」といい、『釈名』では、「綣也、相約束、繾綣以為限也」とする。

## 法という文字

中国古代において、法という文字は如何なる意味を持っていたのであろうか。先ず、此処で法の etymology（語源）を試みよう。

法は古は灋と書いた。灋が古字である。後漢許慎の『説文解字』によれば、

灋刑也。平之如水、従水。廌所以觸不直者去之、従廌去。

といい、法は今文の省けるものという。

廌とは、同じく『説文』によれば、解廌という獣で、牛に似て一角、「古者決訟令触不直者」しめたという神獣である。また、『廣雅』の注には、廌は「似鹿而一角、人君刑罰得中則生於朝廷」という。解廌については暫くおき、氵扁（さんずい）は水を意味し、公平を意味したものであり、去は不正を去るの意である。

また、律という文字は、本来竹で作った楽器であって、黄帝が冷綸に命じて大夏の西昆侖の陰の解谷に生ずる竹を取り、其のあなの厚く均しいものをえらんで節の間を断ち、十二箭をつくり、雌雄の鳳凰の鳴き声に比して、十二律を定めた。その陽六を律といい、陰六を呂というとする。

これより転じて、竹で作った器具は皆律といった。筆を不律、髦を理める篦を律というようなものである。法律の如きも竹簡に著したので、やはり律といったのであろう。

或いは、律のイは、小歩の意味で、聿は書くもの、つまり筆であって、楚では聿、呉では不律、燕では弗といったものであるから、筆の歩む即ち文を書する義であるともいう。

etymology では、絶対に正しい解釈等は出来ないものであるから、比較的妥当であるという以上には望めないわけであるが、律は本来はやはり楽器であったろう。音楽は中国では古来礼と並んで重要視されたものであるが、その楽の音の基礎になった律は、標準であり、則るべき基準であった筈である。それより転じて、行為の基準である法を意味する様になったと考えるのがよいように思はれる。

我々はここでもう一度法の古字たる灋字に含まれた廌について考えてみなければならない。それは、裁判にあたって解廌という獣に、不直者に触れしめたという事に、神判 Ordeal の痕跡を想像できるからである。神判とは、犯罪を犯したか否かの判定を神意によって決定する方法で、古代及び中世には広く各国に存在した。要するに訴訟法上の立証手段である。例えば、フランク時代のゲルマン民族の一つたるサリカ系フランク人の法典 Lex Salica《サリカ法典》の第五十三章に、「釜審より請け出さるべき手について」という章があるが、この釜審 hineum(enium) はその一つで、挙証者をして裸手裸腕以て熱湯沸る釜の中から指輪又は石などを探り出さしめ、一定の期間経過後手腕の治不治を検し、治癒の時は挙証成功としたものである。こういえばただちに連想されるのは我が国の古代における盟神探湯であろう。この方法は、インドにおいても西蔵においても存在した。

このほか更に別の例を挙げると、先ず火神判というものがある。インドにおいて、被判人をして、掌の上に紅烙の鉄丸を捧げて地上に画せられた七個の円圏を進行せしめ、その後掌の負傷の有無をしらべる方法と、犂頭形の鉄挺を極熱し、被判人をして之を舐めしめ、舌の先が負傷するか否かによって罪を判じ（ゲルマンも同じ）、ペルシャにおいては、舌の瘡が白ければ直、黒ければ曲と判じ、また、インドのマヌ法典の記載（八、一一四〜一一六）や、十八世紀のペルシャにおいては、盛んに燃える火の中を通り抜けさせて傷の有無を調べた。

また、一方、水神判というものがあって、インドにおいて、被判人をして水底に没在せしめ、一定時間耐え得るか否かによって判定する方法で、同じインドでも、玄奘の『大唐西域記』に伝える水神判では、人と石とを嚢に入れて水流に投げ込み、石が浮いて人が沈めば無罪の徴とした。同じ水でも、神水神判というものは、悪魔を呪詛した後、その像をひたした冷水を飲ましめ、二〜三週間内に疾病、火災その他親類中に凶事有れば有罪とした。また、秤（はかり）神判といって、人と石とを秤にかけて平衡ならしめ、再び軽重を験して、人低く石挙る時は無罪とした。そのほかインドや扶南で行われた嚼米神判、アラビアの呑火神判なども ある。

以上の様な神判は中国では見当らないが、アラビアにおける毒蛇神判、扶南における鰐魚又は猛獣神判などは、中国に同系のものを想定し得るのである。

中田薫博士は、中国に於いては神判の例なしとされるが、白鳥清教授は、その存在を主張され、白鳥教授の説は左袒すべきものであろう。その第一の根拠としてあげられるものに、『墨子』明鬼篇下にみえる羊神判がある。

昔者、斉荘君之臣、有所謂王里国・中里徼者、此二子者、訟三年而獄不断。斉君由謙殺之恐不辜、猶謙釈之。恐失有罪、乃使之人共一羊、盟斉之神社、二子許諾。於是泏洫、搵羊而漉其血、読王里国之辞既已終矣、読中里徼之辞未半也、羊起而触之、折其脚、祧神之而槁之、殪之盟所。当是時、斉人従者莫不見、達者莫不聞。

とあり、また、『論衡』（後漢の王充）の巻十七是応篇に、

猶今府廷画皋陶、觟䚦。儒者説云……觟䚦者、一角之羊也、〔青色四足、或曰似熊、能知曲直〕、性知有罪。皋

陶治獄、其罪疑者、令羊触之。有罪則触、無罪則不触。

とある。即ち（一角の）羊に罪の有無を判別する能力有りとし、獄訟決し難い時にその羊をひき出して、触れるか否かによって判断しようとした事は、明らかに神判の名残りと考えてよい。なお、白鳥教授は、善という文字の古字が譱であったこと、詳の字が言と羊からなっている事なども、羊神判の習俗を反映したものとし、更に獄の文字は二犬が含まれ、犬が罪人を看視している貌と考えられた従来の説に対し、犬神判が行われ、犬舎に容疑者を入れて噛みつかしめたことがおこなわれ、やがて罪人を犬舎にとめおく風が生じたのではないかと想像される。

その他、告、牢の文字より牛神判の存在をも想像されるが、それ程迄拡大して考える事が正しいかどうかはやや疑問ではあるが、神判の存在したことは否定出来ないであろう。

## 先王の法

近代歴史学の科学的研究を経る以前の中国史は、三皇五帝を以て始となした。三皇五帝の数え方は種々あるが、三皇は伏羲・神農・祝融、或いは伏羲・神農・燧人、或いは伏羲・神農・軒轅、または天皇・地皇・人皇などといい、五帝は、伏羲・神農・軒轅・少皞・顓頊、軒轅・顓頊・帝嚳・唐堯・虞舜、又は少皞・顓頊・帝嚳・堯・舜などと数えている。

これ等はいわば中国の伝説時代にあたり、例えば伏羲は、八卦を画したとか、書契を作ったとか、嫁娶を制したとか、網罟を作って漁業を教え、また牧畜を教えたとか、琴瑟を作り、声楽を始めたとかいう様な、人類の生業の発生を説明づける伝説となっている。

このうち、堯舜は、伝説としての成立は最も古く、かつ、儒教の中で理想的天子としてえがかれている。その他のものは、古い時代に擬せられているもの程、成立が新しく、所謂加上的に増えていったものである。

これら三皇五帝のうちで、法律を制定したという伝説の有るものは舜である。それ以前については、中国でできた最も古い法律の歴史である。『漢書』刑法志にも、当時は兵刑が一致していたと説く以外、何もふれていない。

舜の法とは、『書経』舜典にみえるものである。それは、次の如く述べている。舜は堯をついで位についた後、諸侯に瑞をわかち与え、諸国を巡狩した。そして、

象以典刑。流宥五刑。鞭作官刑。扑作教刑。金作贖刑。眚災肆赦。怙終賊刑。欽哉欽哉。惟刑之恤哉。

法に従って定まった刑を運用させ、それぞれの罪に適当なようにし、刑が法に外れぬようにした。また、流罪の法を用いて五刑を猶予してやった。五刑を犯した場合でも、或は人情によって刑を軽減し、身体に刑罰を受けさせない。

つまり流罪にして猶予したのである。

五刑のほかに、鞭が公務に服するものの刑として、扑が先王の教訓の刑としてあり、善意ながら結果が悪かった場合には、金を出して罪を贖わせる刑があった。過失で害を与えても動機が故意でないものは、寛大にしてゆるしてやり、悪智恵を恃んで、いつ迄も改めないものは、殺しまたは罪する云々。

また、同じく舜典に堯が死んだ後、舜が堯の仕事をひきついでゆくため、堯の時から帝政を輔けていた賢人達を呼んで、その功をほめるとともに、引きつづき仕事をまもる様に戒しめた條があって、その中に、

帝曰、皐陶、蛮夷猾夏、寇賊姦宄、汝作士、五刑有服、五服三就、五流有宅、五宅三居、惟明克允。

皐陶よ、さきに蛮夷戎秋が華夏をみだした。また暴動をしたり殺人をしたりして、外では姦を、内では宄を働くものがあり、大変な害を与えた。汝は士の官となって、それらを始末したが、みなしっかりとその実情をつかんで五刑の罪を加え、罪を受けたものはみな服従する心を抱いた。五刑は服罪するものがあれば三個所に連れていって殺した。刑を身体に加えるに忍びないものがあれば、五刑と判決した上で流罪にした。この五刑の流罪にはそれぞれ居り場所があり三個所に居らせた。かく軽重の罪が当を得て罪を受けても怨むものがなかったのは、全く汝の識見がはっきりしていて、彼等をよく信服させたからで、さればこそ、姦邪な人間も再び犯そうとはしなかったのである。これは汝の功である。励むがよい。

といって、士であった皐陶に言葉をかけている。士とは、注に理官であるといい、法官のことであり、先に、『論衡』の中にみえた皐陶は、堯舜時代の法官であったのである。

儒教が政教の中心となった漢時代の中央政府の法廷の壁に、儒教の理想の天子堯舜に仕えた法官皐陶が神獣廌をひきつれている姿を画いてあったのは、いかにももっともな事である。

さて、ここに五刑とあるのは、何々を指すのであろうか。五刑の数え方に二通りある。その一つは、墨・劓・刖・宮・大辟の五つであり、他の一つは、甲兵・斧鉞・刀鋸・鑽笮・鞭扑の五つである。前者は、『尚書』の呂刑篇に、後者は『国語』の魯語の中に見える。いずれも注意すべき考えであるから、考察を加えなければならないが、時代は周の時代にあたるので、一度伝説的な三皇五帝時代に結末を与えておこう。

舜は有徳の禹に位を譲った。禹は位を子の啓に譲り、以後代々相伝えて夏王朝が成立した。しかし、桀王が暴逆なるに至り、殷の湯王が之を放伐し、代って殷王朝をたて、相伝うること二十五世、紂王暴逆にして、炮烙脯醢の刑を設けて、虐殺を事としたので、周の武王が之を放伐して、周王朝をたてた。

旧来の伝説は、この様に歴史を展開してくる。しかるに、近代歴史学は、科学のメスを加えた結果、殷王朝の存在を明らかに実証した。それは即ち、甲骨文字の発見解読と殷墟の発掘とによる。

殷墟とは、河南省安陽県の小屯、後崗附近を中心とした地域で、『尚書』盤庚篇にみえる殷王盤庚が、ここに都を奠めて以後、殷王朝の滅亡にいたる迄の殷代後半の都のあった地を指す。

この地における十数次にわたる発掘により、殷の王墓を含む墳墓群や、宮殿址が発見され、極度に発達した青銅器文明を持っていた殷代文化が明らかとなり、同時に、亀甲や獣骨に刻せられた卜辞が多数見出され、それが解読された結果、従来は司祭者として、やがては宗教の司祭権から、俗権の長へと発展した殷王を中心とする殷代社会が紹介されるにいたったのである。

殷民族は、農耕を主生業としていたので、卜辞には祖神に祈願する祈年祭を行い、この期日、祭神、犠牲の数などをトったものが多い。それと共に、降雨の有無、その数量の正常であるか否かを始めとして、その年の気候を予測し、穀物の豊凶をトうものも多い。

その初期の卜辞には、「甲辰卜商受年」「戊午卜、官受年」の如き諸邑単位のものであるが、殷末になると、「癸卯貞、東方受禾、北方受禾、西方受禾、(南方受禾)」の如く王国を単位に占う様になって、殷の王権の拡大をしめすようになる。その他、王国の軍事行動の成否をトうものもある。また、卜辞の中に見られる殷王名は、大体、『史記』殷本紀の王名にあうことも、殷王朝の存在を強くうらづけるものであろう。

殷は、その都商邑を中心として、その郊外までが王室の直轄地で、王国を形成する王族、多子族等の部族が居住し、征服民族の或るものを奴隷民として牧畜、農耕に使役していた。その外を包む地域には、被征服民族の、以前から存在していた部族国家が殷王朝の承認した侯、或いは伯の監督下に賦役・兵役の義務を負担しつつ、半独立的な保護国家群を形成し、最も商丘より遠い地方には、方と呼ばれる独立国家群があり、殷王朝の直接の統治は及ばないが、軽い意味で殷王の宗主権を認め、時には入貢し、時には侵略を試みたのである。

殷王は屡々方を征伐したが、卜辞の中には、その外征の可否を卜うものが見られ、「甲午王卜貞……余歩从(イデテ)侯喜征人方……在九月遘(アウ)上甲隹王十祀」の如きものがそれであるが、この卜辞は殷末のもので、人方は山東地方にいたと想像される部族国家で、この反乱に多大の戦力を消耗している間、西方よりその虚をついた周の為に殷王朝が滅亡するにいたるのである。

卜辞にあらわれる帝辛は、伝説にいう紂王にあたるが、決して暴逆な王ではなかった様であるし、また殷周の争いは殷の文化程度もその武力も遙かに周に優越しており、陝西省渭水流域豊鎬のあたりにいた農耕民族、周――周は卜辞には、〓・〓、金文では、〓・〓・〓の如く方形に区分した農地に作物を種植した象形であらわされる――は、さほど易く殷を滅ぼしたのではなかった。

周の武王は殷を滅した後も、殷の地には、紂の遺子武庚、禄父等をたてて統治させ、周の王族である管叔・祭叔等を監督に駐在せしめ、自らは陝西の根拠鎬京に帰ったのであるが、これは殷を統治する能力の欠除に対する自覚と、対殷戦争のいたでを癒すためと思われる。

以上のべた通り、新史料により殷王朝の存在は実証せられ、殷周放伐革命は伝説とは異なった評価をなされねばならないが、この新史料が、法制史的に如何なる材料を提供したかという事になると、実は皆無である。甲骨資料はあく迄卜辞であって、殷王朝のあり方、政策の可否を、その祖先神であって、常に殷王を保護している先代諸王に貞う目的で記され、その甲骨が灼かれて割目によって神意を判断する具に供されたのであるから、一般の殷人は勿論、王室を構成する成員に対してすら公示する目的は全くない。

また、別の方面から見れば、殷代社会は、祭政一致の神政国家であり、多くの奴隷を従えた部族国家なのであるから、その部族内部に存在する部族員や奴隷を拘束する法は、原始段階にある部族国家の形態においては、特に表示する必要もなく、不文慣習的に行われていたことも想像に難くない。むしろ法の公表、記録の必要が生じた時は、本来の部族の成員以外のものが部族内に新たに包含されるとか、従来の部族の結びつきにゆるみが生じた時等、いわば部族の危機であるといえるのであって、甲骨文では、その様な危機の存在を認めることはない。

殷王朝と侯伯、更に方との関係も、法的に如何なる結びつきを持ったかは想像することができない。

今一つ、法制史的に問題となるのは、この様に殷代史が解明されてくると、先に述べた舜典も勿論疑わしいものになってくることである。これを如何にあつかうべきかは後に改めてふれる。

先王の法として、舜典について注目されるのは、同じく『尚書』の中に含まれた呂刑篇である。呂刑とは周の穆王が呂侯に命じて作らしめた刑書の一種である。穆王とは、周の世系のうち、第六代にあたる王である。これより先、殷を滅した周の武王は、後二年で死に、幼い嗣子成王が即位した。そこで彼を輔けて有名な武王の弟周公旦が国政を担当した。周公は、殷の後、武庚と共に反乱をおこした管叔・蔡叔を撃滅した上で、洛水のほとりに洛邑を建設し、これを東都として自らここにいて東方に備える旁ら、内政の整備を心がけた。

旦によってつくり出された諸制度は、これより後、周の礼として重要視された。周公が儒教において極めて重要視されるのもその点にある。周公は国内統治の為、諸地域に姫姓の一族を封じて周王を宗主と仰ぎつつ、その地方を統治せしめ、血統を中心とした、所謂封建制をしいた。その統治策は功をおさめ、成王以後周の国威は拡大し、穆王に先立つ昭王の時には南方を、そして穆王の時には北方を征服したといわれる。

さて、呂刑篇によれば、呂侯は天子の司寇の官となり、穆王の晩年に王にすすめて夏禹の罰金刑の徒を祖述し、王の仰せとして天下に布告したが、それを史官が書きとめて呂刑をつくったという。従って、呂刑はすべて王曰くとなっている。なお、後世、呂刑は甫刑とも呼ばれたが、それは呂侯の子孫が甫侯になったからである。

呂刑の最初は、古い時代に刑罰が重く行われた事を述べ、その弊害を避ける為、軽い刑を用いる事、及び、裁判官に公正な人物を用い、諸侯は慎重に裁判すべき事を述べているのである。この中で、刑罰を軽くした事が注目さるべきであるが、それを知る為には、重刑と称する所以を見なければならぬ。

むかし、炎帝の末、九黎の国の君で蚩尤と呼ぶものがあり、それが最初に乱暴を始め、普通の人民にまで蔓延した。そののち高辛氏の末には、またもや三苗の国の君が出て、蚩尤の悪事を真似て、善道で民を教化せぬのみか、重い掟を作りかえ、五つの残酷な刑罰をつくった。しかもこれこそ掟にかなったものだといい、無罪の人を殺戮する。かくて四種の刑罰をひどく行い始めることとなった。刵は人の耳を切り、劓は人の鼻を切り、劅は人の陰を椓（たた）き、黥は人の顔をさくのである。この様であったので、人民はかえって悪くなった。そこで堯は苗民を平らげ、三人の君に命じて人民に対しなさけ深く仕事をさせた。

といって、殺・刵・劓・劅・黥などの五刑が古くからあったことを述べる。そして、いましむべきは、蚩尤、三苗等の裁判の仕方であり、見習うべきは三人の君、特に伯夷であって、特に礼をととのえ刑をしいた伯夷のやり方であるという。そして、その裁判の方法として、

すべて裁判をするものは、きっと囚人と証人と双方ともに来着させる。囚人と証人とが揃った上で、その言葉をとりあげ、五種の刑罰に落とすべき申し立てを法官たちと共に聞く。五刑についての申し立てが取り調べの上、確かに有罪ならば、五刑を適用する。五刑の罪で、身体を罰するのである。もし、五刑についての申し立てが、みなの取り調べと合致せねば、五刑に落としてはならぬ、それには五罰を適用する罰とは、罰金を取り

立てることである。五罰と判決しても、なおも不服の申し立てがあれば五過と判決する。過去は許すべきものであるから赦免してやる。

そしてその後に、

墨の罪の疑わしいものは赦して、百鍰の罰金。その罪状を取り調べよ。劓罪の疑わしいものは赦す。罰金は倍。その罪状を取り調べよ。剕の罪の疑わしいものは赦す。罰金は倍とすこし。その罪状を取り調べよ。宮の罪は疑わしいものは赦して、六百鍰の罰金。その罪状を取り調べよ。死罪の疑わしいものは赦して、千鍰の罰金。その罪状を取り調べよ。墨の罰金の種類は千。劓の罰金の種類は千。剕の罰金の種類は五百。宮の罰金の種類は三百。死罪の罰金の種類が二百。五刑の種類は三千。

と、罰金の金高と、刑をうくべき種類の数をのべている。

この呂刑に見られる五刑は、三苗の君が持っていたという、刵・劓・劅・黥と死刑たる大辟が数えられるほかに、このとき罰金に代えることを認めた墨・劓・剕・宮・大辟があるようだが、墨と黥は同じく、劅と宮は同じであるから、結局、墨（黥）・劓・剕（又は刖）・宮（劅）・大辟の五つということになる。いずれも身体の部分を損傷する刑罰で、後世、肉刑といわれ、肉刑の是非が大いに問題とされるが、その時は常に呂刑篇が引合に出されるのである。

それは、先王たる穆王、或いは更に夏の時代に、その様な刑が有ったと考えた為である。即ち、『尚書』は、儒教の根本の経典（テキスト）であり、儒家理論は、すべて経典の中に範を求め、経典にえがかれた世界を実現しようと考えるからであって、その意味からこれは注目されねばならぬ。

穆王の時に、呂刑に書かれた通りの数の刑罰やその規程が有ったことなどとは考えない方が正晧に近いのである。

続いて、今一つの五刑の数え方である、『国語』魯語の中にある、甲兵・斧鉞・刀鋸・鑽笮・扑について考えておこう。

『国語』魯語上に、

大刑用甲兵、其次用斧鉞、中刑用刀鋸、其次用鑽笮、薄刑用鞭扑、以威民也。故大者陳之原野、小者致之市朝。

とある。甲兵とは軍隊であって、軍隊を派遣して暴乱を誅することである。斧鉞は韋昭の注に、斬刑であるという。斧はオノ、鉞はマサカリで、マサカリは大きな斧のことである。従って斧鉞といえば、オノと解していい。韋昭が斬刑であると考えたのは、刀鋸以下の刑と連関させての上であると思われる。彼に従えば、刀は割刑、鋸は刖刑とする。割刑は宮刑、刖刑は剕刑と同じで足きりである。

また、鑽は髕刑、笮は『漢書』刑法志では鑿に作り、黥刑である。髕刑とは、髕骨、即ち膝蓋骨をとり去る刑で、鑽は錐で、あなをあける意味のきるという字、鑿はノミで穴をうがつ意味である。鞭も扑もむちでうつ刑、舜典では区別があった。うつむちは杖である。

以上のものを整理すると、斬刑・宮刑・あしきり刑・黥刑・杖刑になるわけで、ほぼ呂刑の五刑と相近いものとなる。すなわち、韋昭は三国呉の人であるから、漢以来の五刑の数え方、特に肉刑論が盛んとなった以後の五刑の数え方を意識して注を加えたものと想われる。

ところが韋昭の考え方によれば、筆頭にある甲兵が五刑に入っていないし、大刑・中刑・薄刑という区分も無視されていることになる。それでその点を考えてみると、大刑は死刑、中刑は身体損傷刑、薄刑は身体を損い不具にすることなく、後の完刑の概念にあたることに気がつくであろう。

次に、魯語の後の文、故云々を見ると、刑を行う場所のことが書いてある。それには、中刑がないが、大は原野、小は市朝において行うという。市は市場、朝は朝廷で、城郭の中にあるのに対し、原野は城郭の外と解すべきであろう。中刑は、恐らく市朝に含まるべきであると思われるから、原野で行うべしという大刑は、中刑以下と区別さるべきものである。

しからば大刑に含む甲兵と斧鉞には、何か共通の性質があると考えねばならぬ。特に斧鉞に何か特別な意味がないか検討する必要がある。

『尚書』牧誓篇に、武王が殷を討伐しようとして軍をととのえ誓の辞を述べた時、王は黄鉞を杖いたとある。

時甲子昧爽。王朝至于商郊牧野乃誓。王左杖黄鉞。右秉白旄以麾。曰。逖矣西土之人。

また、『史記』孫子列傳に、孫子が王の前で宮中の女官を二手にわけて兵法の実演をみせた時のことをしるして、

約束既布、乃設鈇鉞、即三令五申之。

とある。斧鉞は、後世、将軍に任命されるとき、天子より授けられる例となっていて、将軍のシンボルになっていたのである。将軍はこの斧鉞を何に使用したのであろうか。諸々の史料に徴した結果によると、軍隊内部の規律を保つ為、天子の権力と独立に刑罰を専行するに用い、或いはその権限を象徴している。

誓をのべて、約束を布いた時に、斧鉞が設けられる。その間に相関関係があるように思われる。

ここにいう約束は、今日の日本語の約束とは、少し意味の違ったもので、その本来的なものである。

例えば、『説文』には、「誓、約束也」といい、誓うと同じ意味であって、また要束ともいった。約と要とが相通ずることは、『広雅』にも例がある。

日本語のチカウという語にあてられる漢字は、誓と盟とがある。他に『論語』の雍也篇に、矢という字を以てチカウという語に用いている例があるが、特殊例である。

日本語では同じくチカウと読むが、誓と盟は意味が違っている。

『礼記』曲礼に、

諸侯未及期相見、曰遇。相見於郤地、曰会。諸侯使大夫問於諸侯、曰聘。約信、曰誓。涖牲、曰盟。

とある。これは、諸侯が会合して物事を決定する場合のことをのべてあって、盟は後述する如く、犠牲を殺して一定の儀式が伴うが、誓の場合はそれがないのである。ただ、一般に誓の場合は、何物か永遠に変らない物（多くは自然物）にかけて、自らの言語の信実性を保証したことは想像される。『春秋左氏伝』の隠公元年にある鄭の荘公の説話によると、

荘公の母の武姜は、荘公が生まれる時さかごであって、驚かされたので、その後、彼を悪み、弟の共叔段を立てようと企てた。荘公が位について後、段は京にあって、京城の大叔と呼ばれた。武姜は段と通謀し、段は兵をあげて鄭を攻めようと企てたが、之を知った荘公は、伐ちやぶり、一方母の武姜を城潁に監禁した。その時母に誓って「黄泉に及ばずんば、相見ること無けん」といった。しかし、後これを悔いた荘公は、誓をやぶることができないので歎いていた処、臣の潁考叔のすすめに従って、隧道を掘ってその中で母に会い、母子たること初の如くなりぬ。

という。この話は甚だ注目すべきであって、一旦誓うと、そのチカイは容易に破れないというよりは、絶対に破れないという強い拘束性があったことをしめしている良い例である。また、同じく『左伝』襄公十八年にみえる晋の州綽と斉の殖綽との話によると、

晋斉が戦って、斉軍が敗れ、にげている時、殿軍となった殖綽を追いつめた州綽は、射て殖綽の肩にあて、更に両矢を以てえり首を夾んで、「止まらば将に三軍の獲となさんとす、止まらずんば、将にその衷を取らんと

す」と降服の勧告をした所、殖綽は顧みて、「私誓をなせ」といった。そこで州綽は、「日の如きことあらん」といい弓を弛めて之を縛したという。

同じく、襄公二十三年にある、

斐豹という人が奴隷として、丹書に著されていたが、晋の大夫の欒氏の有力な臣に督戎という者がいて、国人に懼れられていたのをみて、宣子（韓宣子、欒氏に対抗する晋の大夫）にむかい、「苟しくも丹書を焚かば、我督戎を殺さん」といった。宣子は喜んで、「なんじ之を殺さば、君に請うて丹書を焚かんこと、日の如きことあらん」といった。

とあるのと同じく、自分の約束の言葉の信頼性を保証するため、日にかけてといったわけである。

これ等の三例は、『左伝』に見える比較的少ない誓の例の中でみられる個人対個人の誓の例なのであるが、その間に共通する特色として、誓った人が、相手に対して甚だしく優越した立場にあることを認めねばならない。即ち、荘公・州綽・宣子の立場を、武姜・殖綽・斐豹の立場に比較すると、監禁者と被監禁者、勝者と敗者、国の為政者と奴隷という隔絶した優越者が劣等者に対して行っていることを指摘することができる。

『左伝』は春秋時代の歴史であるにもかかわらず、『左伝』の中にみえる誓は極めて少なく、特に曲礼にいう諸侯の間の誓は、八例の中に一例もない。それは誓とはいわず、胥命といっている。それはともかく、残る五例のうち二例が、最も重要なものである。

その一つは、哀公二年にある趙簡子の誓である。

范氏中行氏反易天明。斬艾百姓。欲擅晋国而滅其君。寡君恃鄭而保焉。今鄭為不道。棄君助臣。二三子順天明。従君命。経徳義。除詬恥。在此行也。克敵者。上大夫受県。下大夫受郡。士田十万。庶人工商遂。人臣隷圉免。

志父無罪。君実図之。若其有罪。絞縊以戮。桐棺三寸。不設属辟。素車樸馬。無入于兆。下卿之罰也。

この誓言は先後二段にわかれる。前段（在此行也まで）は戦の目的。後段は克敵の功ある者に対しては、上大夫・下大夫・士・庶人（農民）・工・商民、それに人臣隷圉の如き奴隷身分のものにそれぞれ行われる筈の賞をあげ、志父即ち自分に罪がなければ、君が賞を行ってくれるであろう。若し罪があれば、絞縊して戮せられ、上卿である待遇ではなく、下卿の罰を以て、身分をおとした喪礼によってほうむられるであろうと述べている。すなわち、この戦に勝てば、功あるものは君によって賞をうけ、敗れれば身自ら責任を負うて戮せられようというのである。

他の一つは、成公十六年の伝にある。この誓には、誓の文はないけれども、戦のどういう時期に誓が発せられるかがわかるので重要である。

楚と晋との戦の前に、楚子即ち楚の共王が巣車に登って晋車の様子を望見し、その行動を前年晋より楚に奪った伯州犂に問うた。伯州犂はそれに一々解説をするのである。

王曰。騁而左右。何也。曰。召軍吏也。皆聚於中軍矣。曰。合謀也。張幕矣。曰。虔卜於先君也。徹幕矣。曰。将発命也。甚囂且塵上矣。曰。将塞井夷竈而為行也。皆乗矣。左右執兵而下矣。曰。聴誓也。戦乎。曰。未可知也。

つまり、軍吏を中軍に聚め、作戦を立て、幕を張って卜し、井竈を壊って行動を起こさんとし、ここで誓があるわけである。

ここで今一つ約束の場合の例として、先にのべた孫子の話を思いおこしたい。孫子は呉王闔廬の前で宮中の美女百八十人をかり、二隊に分け、王の寵姫二人を各々の隊長とし、皆戟を持たしめ、前後左右の動き方を命じた。その後、「約束既に布かれ、乃ち鉄鉞を設け、即ち之を三令五申す」とある。後動きを命ずるが、婦人達が笑って動きに応じないのを見ると、孫子は約束明らかならず申令熟せざるは将の罪なりといって、隊長を斬ろうとしたのである。この約束も誓が出された時と同じ時期に出されていることは注目される。

さて、『尚書』の中には、誓の題名の冠せられた篇が六篇ある。甘誓・湯誓・泰誓・牧誓・費誓・秦誓の諸篇である。この内、泰誓を除く五篇は、皆、今文尚書に入っていて、信頼し得る古い伝統を持っているとされている。甘誓は、夏の王啓が有扈氏を討とうとして戦に先立って甘において誓ったもの。湯誓は、殷の湯王が夏の桀王を伐たんとした時のもの。牧誓は周の武王が殷の紂王を、費誓は魯公伯禽が徐戎・淮夷を伐たんとして、それぞれ牧・費において誓ったものとされ、泰誓も牧誓と同じく周の武王が殷の紂王を伐った時のものということになっている。ただ秦誓のみは、秦の穆公が晋の軍に敗れて捕れた孟明視・西乞秫・白乙丙の三将が放免されて秦へ帰還した時、穆公自ら過ちを悔い、群臣にむかって誓い戒めたものといい、誓った時期が違う。これを除けば、尽く戦わんとして為した誓を史官が記録したものということになって、『左伝』の趙簡子の誓と同一の範疇に属するわけである。

今、甘誓を例としてその内容をしめすと、全文は、

一、王曰。嗟六事之人。予誓告汝。
二、有扈氏。威侮五行。怠棄三正。天用勦絶其命。今予惟恭行天之罰。
三、左不攻于左。汝不恭命。右不攻于右。汝不恭命。御非其馬之正。汝不恭命。
四、用命賞于祖。弗用命戮于社。予則孥戮汝。

の如く、内容的に四段階にわかれていて、第一段は、誓を聴く者に対する呼びかけの語。第二段は、討つべき敵とその理由。第三段は部隊各員の従うべき義務。第四段は命に従うと否とについての賞罰を明らかにしている。他の誓篇も文辞も差こそあれ、大体右の形式をふんでのべられていて、戦をなす場合、当然必要なことが盛りこまれて

いるわけであるが、最も新しい時期の製作である費誓にいたると、第四段階の部分、就中処罰に関する所が非常に増加している。費誓では、弓矢を整備すべきこと、はぐれた牛馬逃げた奴隷を捕えた時には本の主人にもどすべきこと、持場や列をはなれて牛馬奴隷を追うべからざること、食糧、建築材料、軍茭を貯うべきこと等が具体的に指示されている。

これらの誓は、みな宣言命令の性質を持っている事は疑いないものであって、しかも誓言者は、湯誓にあらわれている様に、天の罰を致すもので、言を食むことはなく、聴誓者は、信ぜざる事なく誓言に従うべきものであって、従わぬ場合には、当然戮殺されるのである。そして、誓者は、王・公等の地位にある絶対的権威者として、極めて優位の立場から地位の低い者共へ、一方的に命を出している点で、先に述べた私誓と揆を一にするものである。

更に、今一つ注意すべきことは、『史記』司馬穰苴列伝にある約束のことである。

〔斉〕景公召穰苴、……以為将軍、……穰苴既辞、与荘賈約曰「旦日日中会於軍門」。穰苴先馳至軍、立表下漏待賈。賈素驕貴、以為将己之軍而已為監、不甚急。親戚左右送之、留飲。日中而賈不至。穰苴則仆表決漏、入、行軍勒兵、申明約束。約束既定、夕時、荘賈乃至。〔穰苴曰「何後期為」。賈謝曰「不佞大夫親戚送之、故留」。〕穰苴曰「将受命之日則忘其家、臨軍約束則忘其親……」。召軍正問曰「軍法期而後至者云何」。対曰「当斬」。……〔於是追撃之、遂取所亡封内故境而〕引兵帰。未至国、釈兵旅、解約束、誓盟而後入邑。

これによると、穰苴は将軍に拝せられて軍に至り、兵士兵器をととのえ点検したのち、約束を明らかにしたのであって、荘賈を責めた言葉によれば、将は軍に臨んで約束すれば、我が親属のことを忘却して、専ら軍事を思うべきものであるという。しかも彼が国邑に凱旋するに先立って、兵旅を釈き約束を解いている。この事は、約束が軍吏兵士を文字通り束縛するものであることを暗示し、約束を定めてより、約束を解く迄の期間は、いわば戦時態勢にあるものとみられ、その間規律に違反し、これを乱すものは、その場において軍法によって処断斬殺されるのである。そこで一歩推論を進めて軍に臨んでの約束は、平時の法よりも峻厳な軍法を適用し、軍規を厳正に保つことを定めるのが本義であったのである。約束が行われる間においては、その地域、或いはその社会は、平時の国内法とは別個の法が行われているのである。それはしかも将軍の個人にまかせられた権限であるから、将軍の任命は慎重でなければならない。

『尚書』に採られている諸誓篇を始め、『左伝』その他にみえる誓は、多くは軍隊の誓であって、戦を始める前に、行われた賞罰に関する宣言であり、命令であった。それは同時に法として作用し、拘束性を待ったのである。この宣言・命令の性質は、秦誓や『国語』越語にある越王句践の誓においては、特に強く、また必ずしも戦陣に臨んだ場合に発せられたのではなくて、むしろ国人（衆）に対する宣言である。ここにおいて我々は、誓に古い法令の形と、発布の形式とをみるのである。誓は誥などと同じく、国の首長によって述べられ、これを聴くものは、恐らく小部族や家族の長たちであったろうと思われる。彼等は言葉のとどく狭い範囲に住む、そして祖先神と土地の神（社）の権威を裏付とした首長の宗主権を認容する人々であったろう。

周の武王は殷を滅した後、鎬京へ帰ったが、二年後には死去した。後に残されたのは、幼王成王で、叔父周公旦は、成王をたすけて周室を保った。彼は西方、陝西省の首都鎬京が、新領土から遠くはなれていて、その統治に不便である点にかんがみ、新に河南省洛陽に洛邑をきずき、政治的首都とし、殷民族の一部の反乱を鎮定したうえで種々の制度をつくったが、彼のつくった制度は長く周の統治の根本となり、周公は事実上周制の創始者としての名が高い。もっともその彼の名に仮託して、後に色々の制度を権威づけようとした儒家のあった事は忘れてはならない。

周公は、殷民を数個の部族別に解体して、主な部族を洛邑に移住させ、また一部を殷の一族に与えて宋国を、他の一部を周の一族に与えて衛国をたてさせたほか、征服地の主要な地方を周の一族（即ち同姓）及び功臣（即ち異姓）に与えて、いわゆる諸侯の国をつくらせ、またそのほか各地の土着民の国を承認し、それぞれその親近関係によって公侯伯子男の五等の爵制によって待遇を定めた。これが周の封建制度といわれるが、血縁的関係によって支配力を確実にしようとする原始的な政治関係で一定の時期に行われる周王の朝会と宗廟の祭に参加することによって周室の支配をうけているほかは、諸侯は自国を独自の立場で統治したが、天子と諸侯との関係は、君臣というよりむしろ本家分家の関係で、原始的な氏族制度にもとづき、その点ヨーロッパ中世社会に行われた純粋な契約によって結ばれた君臣関係を基礎とする封建主義 Feudalism と異なっている。

この統治法は暫く功をおさめたが、やがて周王と諸侯との血縁的結びつきが、ジェネレーションを重ねるに従ってへだたりが大きくなり、一方西方から侵入する異民族統治に失敗して、やがてB.C.七七〇年、周の平王は鎬京を放棄して、洛邑に東遷する頃ともなれば、周王朝が安定勢力としての働きを失い、有力諸侯である覇者によって中国の社会に安定が与えられる、所謂春秋時代へと移行するのである。誥や誓による統治は、これらの時期に盛んに行われていたのであるが、我々はここに今一つのチカイたる盟についても考察を加えて法としての意義を解明しておかねばならない。

盟には儀式が行われた。その儀式とは、四角い穴を掘って、犠牲を殺し、犠牲の左の耳をとって容器にいれ、盟をともにするものはその血をすすり、盟の文をよみあげて、その書を穴に入れ、犠牲を入れ、残った血を灑いで穴をうめて終わる。この時の盟の文を書いた書を載書といい、載書は副本をつくって保存する。犠牲の動物は、盟をともにする人の身分により区別がある。

載書は、「載は盟府に在り」（僖公二十六年）といって盟府と呼ばれる場所に保管されていて、必要に応じてとり出され照合再確認された。例えば『左伝』定公元年の伝によるに、

孟懿子、成周に城くに会す。庚寅、栽す。宋の仲幾功を受けずして曰く、「滕・薛・郳は、吾が役なり」と。薛の宰曰く、「宋無道を為し、我が小国を周に絶ち、我を以て楚に適けり。故に我常に宋に従えり」。晋の文公踐土の盟を為して曰く、「凡そ我が同盟は、各々旧職に復せよ」と。「若しくは踐土に従はんか、若しくは宋に従いても亦唯命のままなり」と。仲幾曰く、「踐土は固より然り」。薛宰曰く、「薛の皇祖奚仲、薛に居し、以て夏の車正と為る。奚仲、邳に遷り、仲虺薛に居て、以て湯の左相と為りき。若し旧職に復せば、将に王官を承けんとす。何の故にか以て諸侯に役せん」。仲幾曰く、「三代各物を異にす。薛、焉ぞ旧あるを得ん。宋の役たるも、亦其の職なり」と。士彌牟曰く、「晋の政に従うものは新なり、子姑く功を受けよ、帰りて吾これを故府に視ん」。仲幾曰く、「縦い子之を忘れたりとも、山川鬼神、其れこれを忘れんや」。

とあり、また同じく、四年、楚を伐つ同盟の盟主を定める時、衛の子魚のいった言葉の中に、

晋の文公の踐土の盟を為しし時、衛の成公は在らざりき。夷叔は、其の母弟なりしかども、猶蔡に先だてり。其の載書に云はく、「王かくの若く曰く、『晋の重、魯の申、衛の武、蔡の甲午、鄭の捷、斉の潘、宋の王臣、莒の期』」と。蔵まりて周府に在り、覆視すべきなり。

とある。いずれも必要な時とり出して見得るものであり、その盟が有効である限り、盟の時の決定事項は、盟者を束縛したのであった。

盟の内容はその時の必要に応じてあらゆる面に及んでいるわけであるが、その盟辞には、一定の文言が付されていたらしい。

『左伝』によるに僖公二十八年（B.C.六三二）晋の文公重耳は、楚の軍を城濮に破った後、踐土において会盟し、初めて覇者となったが、その時の盟辞が、次の如くにみえる。

癸亥、王子虎諸侯に王庭に盟う。要言して曰く、「皆王室を奨けて、相害うこと無かれ。此盟に渝ること有らば、明神之を殛し、其師を墜し《編注、原文「隊」》、克く国に祚すること無く、而《編注、原文「其」》の玄孫に及ぶまで。老幼あること無からしめん」。

また、同じ年、踐土の盟の直後、衛侯を復するにあたり、甯武子が宛濮で盟ったが、その辞には、

天衛国に禍し、君臣協はずして、以て此の憂に及べり。今天其衷を誘きて、皆心を降して以て相従はしむ。居る者あらずんば、誰か社稷を守らん、行く者あらずんば、誰か牧圉を扞がん。不協の故に、用て昭かに盟を爾の大神に乞いて、以て天衷を誘く。今日より以往、既に盟うの後、行く者は其力を保つ無く、居る者は其罪を懼るる無かれ、此の盟に渝るあらば、以て相及ぼし、明神先君、是れ糾し是れ殛せん。

とある。成公十二年（B.C.五七九）晋楚の和平の盟が、宋の西門外で行われたが、その辞には、

凡そ晋・楚戎を相加うること無く。好悪之を同じくし、菑危（災厄）を同じく恤え、凶患に備え救い、若し楚を害するものあらば、則ち晋之を伐ち、晋に在りては、楚も亦之の如くせん。贄を交えて往来し、道路壅ぐこと無く、その不協を謀りて、不庭を討ぜん。此盟を渝うること有らば、明神之を殛し、其師を隊さしめ、克く国に胙すること無からん。

また、襄公十一年、宋を侵した鄭に対し、斉・晋・衛等の諸侯は討伐軍を出し、亳において和平同盟を行ったが、その盟辞には、

載書に曰く、凡そ我が同盟、年を薀むこと毋かれ、利を壅ぐこと毋かれ、姦を保つこと毋かれ、慝を留むるこ

と毋かれ、災患を救い、禍乱を恤え、好悪を同じくし、王室を奨けよ。或は茲命を間（犯）さば、司慎・司盟・名山・名川・群神・群祀・先王・先公・七姓十二国の祖、明神之を殛し、其民を失い、命を隊し、氏を亡ぼし、其国家を踣（斃）さしめん。

とある。以上四つの盟辞には、すべて明神がでてくるが、そのほか宛濮の盟では先君、亳の盟では、天神である司慎司盟、名山名川、群神群祀、先王先公、更に同盟に加った姫・曹・子・姜・巳・姒・任の七姓、魯・衛・鄭・曹・滕、邾・小邾、宋、斉、莒、杞、薛の十二国の祖神が、また定公元年の仲幾の言葉には山川鬼神があって、すべてこれらの諸神、就中明神が、この盟の場に臨んで詳さに盟の内容を関知し、若し盟が破られる様な事があれば、神罰が加えるであろうとの自己呪詛がなされている。盟は犠牲を捧げ、その血を共にする儀式によって、神聖視されている血によってお互いに結ばれたという信仰と共に、明神その他の諸神による盟に反する行為に対する懲罰を恐れる気持ちによって決定事項が守られ、効果を持つことになるのである。この様な原始信仰に裏づけられて、春秋時代の国家相互の間には国際的なとりきめが行われ、現実的には、盟府に保存された載書が、一種の証拠文書として効力を持ち、いわば国際法的な、国家相互を束縛する法的有効性を持ったわけである。そして、同じ原理にもとづく盟が、個人相互間に、或いは諸侯と国人と呼ばれた人々との間にも行われ、個人間の契約として、又国内の法として効力を持ったのである。『左伝』昭公十六年にある鄭における商人と鄭伯との間の盟は、「世々盟誓あり、以て相信す」といい、古くからの盟誓にもとづいて、一定の法的秩序があった事をしめしている好例である。

これらのものが恐らく常法（文公六年）とか、常刑、旧章などと呼ばれたものに違いないと思われるのである。

# Ⅲ 日本編

# 一、ブックロードの検証方法

書籍の移動による文化の伝播、交流という問題を考える時に、通常的に考慮されるのは、書籍の文化的な内容、思想、文芸、芸術等にわたる各種の内容が、いかに異文化に影響を与えたかという点であろう。この点について考えるには、受容した側が源泉側の文化をどのようにして理解し、あるいは模倣し、自己のものとして再生産したかということを証明してゆかねばならぬ。その場合に受け入れ側が源泉の書籍をいかに入手したか、それを読んだか、読んで理解したかという点を追求しなければならず、思想・内容にわたる受け入れ側に関する調査研究を必要とし、すなわち受容者側の広い意味での文化史的研究がなされねばならぬ。ただ、今はしばらく、そのような深層にまで及ぶ研究ではなくて、もう少し表面的な面で調査してみようとすれば、受け入れ側がどのような方法で書籍を読み、あるいはテキストを再生産したかという問題に逢着するであろう。

その時、まず注目されるのは点本類であって、点本とは内外典の漢文に和訓点の施してあるものをいい、日本古代の国語研究の資料として注目されたものである(1)。

そしてその後代へ影響を及ぼし、発展したものが、漢文テキストに句読点、返り点を加えた、いわゆる日本式漢文のテキストであり、和刻本である。日本において中国語のテキストを再刊行することは、五山版を始めとして江戸時代には多数の和刻版があり、訓点を加えたものも、白文のものもあり、室町時代の抄物という漢文テキストの講義録(2)とともに、いかに中国典籍が理解されたかを探る重要な研究資料である。

ただ私はここでは、さらに書籍に関する見方を変えて議論をしてみようと思う。それは、日本へ輸出された書籍は貿易品の一つであるという考えを徹底させることである。それは書籍を内容を考えずに単なる物品として見ようというものである。そうすると、書籍の刊記は、単なるその物品の製造年月を記したものという意味になる。

そこで今、ある時代に輸入された漢籍があるとして、同時に船来した他の品物について考えてみると、生糸、織物、薬種、砂糖等の品々は、すべて消費されて原型を今に留めていないのに、漢籍だけは原型のままで利用され、しかもその製造年月が明記されているということに気づくであろう。そう考えると書籍という商品は非常に特異な性格を持っていることがわかる。

輸入書籍の研究は、まずいかなる種類の書籍が、いつ、どれほどの量船載されたかを明らかにすることから始まる。その時役立つ史料は、中国船側が、どのような書籍を積んできたかを報告する「齎来書目」、次に現実に荷物を陸揚げして一点ずつ点検して記録した「書籍元帳」、それからそれら船載書籍の中にキリスト教関係の記事がないかを調査し、報告する「大意書」、商売の許可が出た書物をいくらの値段で売るかを、書物目利という日本側商人と、荷主の代理人である唐船頭との間で協議し、決定した「直組帳」、品物を入札する前に荷物を点検し、入札商人が品物の特色と見込み価格をメモする「見帳」、入札値を記録した「落札帳」など、長崎貿易の過程で成立する第一次史料がある。次に、われわれと同様、どんな書籍がいつ輸入されたかという関心から江戸時代人が作成した書誌学的な第二次史料がある。「商舶載来書目」や「舶載書目」などがそれである(3)。

その次の段階では、大坂の書籍商が長崎から漢籍を引き取り、入札したうえでそれぞれが必要な品物を引き取る入札記録[4]や、個人が取得した書籍の値段を書いた書目などが残っていて、この段階をへて読書人の手元に到着する。

その読書人のなかで、将軍や大名の中の好学な人物が書籍を購得した場合、当時の書目もあろうし、現在もなおその文庫が保存されていて、現存の書に関する現在の書目がある場合がある。二、三具体的な名称をあげれば、将軍の文庫である紅葉山文庫（もみじやまぶんこ）、幕府の学校である昌平坂学問所の書籍の多くは国立公文書館内閣文庫、および宮内庁書陵部にあり、名古屋の尾張徳川氏の文庫は蓬左文庫（ほうさぶんこ）として名古屋市の所蔵であり、加賀藩主前田家の文庫は尊経閣文庫（そんけいかくぶんこ）として東京に前田育徳会が保有しているなどが大きな例である。そのほか明治維新期の動乱、昭和の敗戦時の混乱で失われた物は少なくないが、残った大名の蔵書や藩校蔵書は、一九五九年以降徐々に整理されて現在県や市の公立図書館に収蔵され、目録も作成されている[5]。

今、それらの書籍を見れば、誰人の蔵品であったか、所蔵者は読んだか否かを窺うことはできるが、県や市の現蔵目録であって、その蔵書がどのように増加したか、または、失われたかという文庫の発展、消長を知ることはできない。また、仮にある文庫に一つの明万暦版の書があるとしても、それが江戸初期に購入されたか、幕末に購入されたかはわからない。

そのときに、江戸時代に何度か書目が編纂されて残っている場合は文庫の発展変化を見ることができるが、そうなると紅葉山文庫、米沢上杉家興譲館文庫などその数は限られたものになる[6]。

なかでも紅葉山文庫は、その管理担当者であった書物奉行が書きついできた管理日記が二百年分程保存されており[7]、一方、長崎の貿易史料のなかに御文庫御用として江戸へ送った記事があって、その書籍を書物奉行が受け入れ、また将軍の命令で届けるなど具体的な書物の動きが年月日単位でわかることもあり、しかもそれは現内閣文庫の何号の書であるという確認までできて、はなはだ興味深い調査をすることができる。そして他の史料と綜合することによって、将軍が何を求めていたかという文化史的な意味を見出すことがあろう。(8)

さてここで私は、最初に言った書籍は物、刊記は書籍という物の製造年月であるという建前に戻って、名古屋市蓬左文庫にある尾張藩初代藩主徳川義直の蔵書を分析してみようと思う。

義直は徳川家康の九男で、慶長十二（一六〇七）年に尾張藩主に封建されたが、謹直な人柄で家康の子弟中最も学問を好み、家康が元和二（一六一六）年に死んだあと、その残した書籍のうち、中国書八四部、朝鮮書一六一部、和書一二四部、合計三六九部を譲られた。家康は駿府で死んだので、世に「駿河御譲本」と称するが、尾張・紀伊・水戸の三家に五・五・三の割合で譲られたうち、尾張には最も質の優れたものが与えられた。(9)

義直はその書籍を基盤に自らの好みの書籍を収集したが、購入書は和書二二六部、一四五四冊に対し、漢籍八七一部、一万一八一一冊と圧倒的に漢籍が多く、しかも彼は「寛永目録不分巻」という収書目録を作っている。この目録では最初に駿河御譲本の目録を書き、次に元和年中（一六一五～二三）の購入、または献上された書籍群のリストを続け、最後に寛永年中（一六二四～四三）の購入分を年次別に記録した。漢籍総数八七一部、一万一八一一冊に達し、和書二二六部、一四五四冊を大きく上まわり、ことに寛永三（一六二六、明・天啓六）年から寛永十三（一六三六、明・崇禎（すうてい）九）年のあいだに多数の漢籍を購入した。

これらの書籍は全部蓬左文庫に現存するから、刊記と購入年とを比較することが可能である。

まず最初に、レファレンス・ブックとしての類書について調べてみた。蓬左文庫の漢籍分類目録の類書類にあがっている書名は全部で七九部あるが、そのうち、清朝の書が五部、和刻本が一三部あるので、それを除いた六一部のうち、三八部、六割二分が「寛永目録」にあり、義直が集めたものである。寛永三年から十三年のあいだに入庫したものが二九部ある。七割六分がこの時期に集めたことになる(10)。

その書名を見ていると、元和中の『太平御覧（たいへいぎょらん）』、寛永四年の『北堂書妙（ほくどうしょしょう）』『唐類函（とうるいかん）』、寛永七年の『玉海（ぎょくかい）』、寛永末年の『冊府元亀（さっぷげんき）』など、唐・宋時代の類書も買っているが、『太平御覧』は万暦元年刊本、『北堂書妙』は万暦二十八年刊本、『唐類函』は万暦三十年刊本、『玉海』は元刊本の正徳元年二年修補本、『冊府元亀』は明妙本というように、ほとんど明末刊、もしくは明写本であって、宋版や、純粋の元版ではない。これはわれわれが、影印とはいえ宋版『太平御覧』を架蔵し得るのとは環境が違うと思われ、特に寛永三年から十三年までの特別な十年間内では、購入された三九部のうち一八点が万暦年中刊本、三点が天啓刊本、一点が崇禎刊本である。いかに万暦版が多く購入されているかということになるわけである。なかでも、万暦四十六（一六一八）年序刊本の『事玄要言集（じげんようげんしゅう）』を寛永五（一六二八）年に購入するのは刊後十年目、崇禎五（一六三二）年刊の『潜確居類書（せんかくきょるいしょ）』を寛永十三（一六三六）年に購入するのは刊後四年目に当たるわけで、明末の出版物が非常に早く渡来して日本の市場に出まわっていることを証明しているといえる。『新編歴代懸鑑古事雋（しんぺんれきだいけんかんこじしゅん）』『新刻天下四民便覧三台万用正宗（しんこくてんかしみんびんらんさんだいばんようせいそう）』『新刻四民使用不求人博覧全書（しんこくしみんしようふきゅうじんはくらんぜんしょ）』というような、長い宣伝文句の入ったタイトルは、いかにも明末の坊刻（ぼうこく）の日用類書らしい名前で、それが蓬左文庫の蔵書中に見られることとともに、この文庫は明版以後の実用書の文庫であることがわかるが、それはすなわち義直の生きていた時代の特色であり、われわれはその裏にある明商人の活躍を意識せざるを得ない。

そこで角度を変えて、蓬左文庫のなかの天啓・崇禎（すうてい）版の書籍を拾って、義直の寛永御書籍目録の購入年月別に配列してみると次表のようなリストができる。

このリストを見ると、最も早いものは出版後二年、遅いものは刊後十年〜十三年で入庫しており、三〜五年のものがいくつも見られる。義直は直接中国船から購入したわけではなく、書籍商人を通じて入手したのであるから、

| 書名 | 刊行年 | 購入年 | 出版後入庫まで |
|---|---|---|---|
| 明職 | 天啓四（一六二四）年刊 | 寛永五（一六二八）年 | 四年 |
| 四書主意宝蔵 | 天啓四（一六二四）年刊 | 寛永六（一六二九）年 | 五年 |
| 四書理印 | 天啓三（一六二三）年序刊 | 寛永六（一六二九）年 | 六年 |
| 科場急出題旨元脉 | 天啓三（一六二三）年序刊 | 寛永六（一六二九）年 | 六年 |
| 完真妙諦捷径 | 天啓五（一六二五）年序刊 | 寛永六（一六二九）年 | 四年 |
| 通鑑総類 | 天啓二（一六二二）年跋刊 | 寛永六（一六二九）年 | 七年 |
| 名公四六争奇 | 天啓三（一六二三）年刊 | 寛永六（一六二九）年 | 六年 |
| 因知記 | 天啓三（一六二三）年刊 | 寛永七（一六三〇）年 | 七年 |
| 整庵先生存稿 | 天啓二（一六二二）年刊 | 寛永七（一六三〇）年 | 八年 |
| 皇明象胥録 | 崇禎二（一六二九）年序刊 | 寛永九（一六三二）年 | 三年 |
| 国史紀聞 | 天啓四（一六二四）年刊 | 寛永九（一六三二）年 | 八年 |
| 古今名将位 | 天啓三（一六二三）年序刊 | 寛永九（一六三二）年 | 九年 |
| 諸氏琅環 | 天啓五（一六二五）年序刊 | 寛永九（一六三二）年 | 七年 |
| 彙編唐詩 | 天啓三（一六二三）年序刊 | 寛永九（一六三二）年 | 九年 |
| 国朝典彙 | 天啓四（一六二四）年刊 | 寛永十（一六三三）年 | 九年 |
| 警世通言 | 天啓四（一六二四）年序刊 | 寛永十（一六三三）年 | 九年 |
| 虞徳園先生集 | 天啓三（一六二三）年刊 | 寛永十（一六三三）年 | 一〇年 |

| | | | |
|---|---|---|---|
| 春秋衡庫 | 天啓五（一六二五）年序刊 | 寛永十一（一六三四）年 | 九年 |
| 尚友録 | 天啓元（一六二一）年序刊 | 寛永十一（一六三四）年 | 一三年 |
| 四書演 | 崇禎五（一六三二）年刊 | 寛永十二（一六三五）年 | 三年 |
| 氏族大全 | 崇禎五（一六三二）年序刊 | 寛永十二（一六三五）年 | 三年 |
| 大明一統名勝志 | 崇禎三（一六三〇）年刊 | 寛永十二（一六三五）年 | 五年 |
| 四書千百年眼 | 崇禎六（一六三三）年序刊 | 寛永十二（一六三五）年 | 二年 |
| 四書経正録 | 崇禎四（一六三一）年序刊 | 寛永十二（一六三五）年 | 四年 |
| 説文長箋 | 崇禎四（一六三一）年序刊 | 寛永十二（一六三五）年 | 四年 |
| 佐玄直指図解 | 天啓七（一六二七）年跋刊 | 寛永十二（一六三五）年 | 八年 |
| 容斎随筆 | 崇禎三（一六三〇）年序刊 | 寛永十二（一六三五）年 | 五年 |
| 文文山先生全集 | 崇禎二（一六二九）年序刊 | 寛永十二（一六三五）年 | 六年 |
| 易経疑聚 | 天啓六（一六二六）年序刊 | 寛永十三（一六三六）年 | 一〇年 |
| 四書問答主意金声 | 崇禎五（一六三二）年序刊 | 寛永十三（一六三六）年 | 四年 |
| 仕途懸鏡 | 天啓六（一六二六）年序刊 | 寛永十三（一六三六）年 | 一〇年 |
| 函　史 | 崇禎七（一六三四）年序刊 | 寛永十三（一六三六）年 | 二年 |
| 石室私抄 | 崇禎四（一六三一）年刊 | 寛永十三（一六三六）年 | 五年 |
| 国朝七子詩集 | 崇禎三（一六三〇）年刊 | 寛永十三（一六三六）年 | 六年 |
| 音韻日月燈 | 崇禎六（一六三三）年序刊 | 寛永十六（一六三九）年 | 六年 |

書籍商が保有する期間を考えれば、漢籍が出版されて後、日本に到達するまでの期間はこれよりも短縮され、その時間差こそ日中文化交流の早さを示すものといって良いであろう。

この義直が多くの図書を購入していた天啓・崇禎期は、中国では明の最末期であり、日本では鎖国直前の時期であり、中国船の入港が長崎一港に限られたあとの方がわかりやすく、この時期の実情については史料も少なくて研究が困難な時代である。その困難な時代に、中国産品が短期間で運ばれたことを証明できるのは、中日貿易史研究上有用な事実である。(11)

この時期に中国産品を運んできた船は漳州船であったらしく、林羅山の書簡のなかにも証拠があり、多くの船は薩摩、長崎に来航し、人間も渡航して来た。のちの唐通事の祖先に当たる人たちであることでわかるのである。

なおまた、書簡と並んで貿易の事情を物語るものに陶磁があるが、この時期に渡来した陶磁には呉須手(ごすで)とよばれる青白磁や色絵磁器があるが、これは漳州窯の焼物であることが最近判明した。また、古染付や祥瑞手(しょんずいで)の焼物は、明末・清初の景徳鎮の民窯のもので、小堀遠州によって茶道具として広められた。(12)

文献によらない貿易品の物語る交流史の語り手は、書籍と陶磁なのである。

註

（1）吉沢義則『點本書目』（岩波書店、一九三一年刊）、遠藤嘉基・広浜文雄編『新版點本書目』（明治書院、一九五七年刊）など。

（2）いわゆる抄物の研究をいう。

（3）これらの輸入時の第一次資料および第二次資料の解題と復刻は、小著『江戸時代における唐船持渡書の研究』（関西大学東西学術研究所、一九六七年刊）を参照されたい。また、「舶載書目」は『宮内庁書陵部蔵舶載書目』と題して一九七二年に関西大学東西学術研究所より翻刻出版した。ほぼ同じ内容の「舶載書目」という書目があることを付記しておく。
（4）弥吉光長『大坂の本屋と唐本の輸入』（「未刊史料による日本出版文化」第二巻、ゆまに書房、一九八八年刊）など。
（5）個々の図書館の蔵書目録はいちいちあげないが、研究上極めて有用であったのは次の目録である。東洋学インフォメーション・センター『日本における漢籍の蒐集――漢籍関係目録集成』（「日本におけるアジア研究の現状調査」東洋文庫内東洋学インフォメーション・センター、一九六一年刊）、東洋学インフォメーション・センター『日本における漢籍の蒐集――漢籍関係目録集成』増訂版（汲古書院、一九八二年刊）
（6）小川武彦・金井康編『徳川幕府蔵書目』（ゆまに書房、一九八五年刊）、名古屋市蓬左文庫『尾張徳川家蔵書目録』（ゆまに書房、一九九九年刊）、森鹿三「米沢藩学とその図書の歴史」（内田智雄編『米沢善本の研究と解題』所収、ハーバード・燕京・同志社東洋文化講座委員会、一九五八年刊）
（7）大日本近世史料『幕府書物方日記』一～一八（東京大学出版会、一九五五年二月～一九八八年三月刊）
（8）国立公文書館蔵『名家叢書』上中下（一九八二年一月）は徳川吉宗の下問にお側儒者たちが答えた報告書集である。
（9）山本祐子「尾張藩『御文庫』について――義直・光友の蔵書を中心に」（『名古屋市博物館研究紀要』第八巻九号）
（10）大庭脩「日本における中国辞書の輸入」（『関西大学東西学術研究所紀要』二七、一九九四年三月）
（11）大庭脩『徳川吉宗と康熙帝』第一章「鎖国直前の日中関係」（大修館書店、一九九九年刊）
（12）西田宏子・出川哲朗『明末清初の民窯』（平凡社、一九九七年刊）

# 二、江戸時代の輸入法帖と「李氏千字文帖」

## 前篇　江戸時代の輸入法帖の概観

江戸時代に中国から輸入された書籍の調査、いわゆる唐船持渡書の研究の中で、書法の書、すなわち法帖に関する研究は一つのジャンルを形成する。

真蹟以外の法帖は、文字が白く、周囲が黒い、いわゆる拓本の形をとっていて、視覚的にいっても普通の書籍とは違っているし、それが人びとに必要とされるニーズのあり方も一般の漢籍とは違う。書の名蹟を鑑賞し、書法を学ぶ芸術的な品物である。

私自身は書法には無知な悪筆で、芸術作品を論ずる資格に欠けるものであるが、法帖に関心を持ったのも芸術的ではなかった。事の始まりは、唐代の告身(こくしん)、告身とは官吏任命の辞令のことで、一般には誥(こう)とよぶべきものであるが、唐では告身とよんだ、その告身を研究するに当たって、吐魯番や敦煌で発掘、発見された資料の次に、古来名蹟として有名な「顔真卿自書告身」や徐浩筆の「朱巨川告身」などを法帖の中から選び、告身研究の資料に利用したのである。法帖の中に古文書があるということの教示を受けたのは、神田喜一郎博士の「支那の古文書」の研究であった。そして、古文書研究、告身研究の過程で法帖の知識をも学んでいたのである。このような関係から多少の関心もあったから、法帖類の渡来についても興味を持っていた。

法帖の中には、単一の作品、書蹟を帖にした単帖と、複数の書蹟を集めた集帖があり、集帖の方が種類が少ないのは当然である。従って整理もしやすいので、最初に「江戸時代に舶載された集帖について」(1)整理を試みた。この研究は従来なされたことがなかったので、宇野雪村氏の『法帖』の中にそのまま取り入れられた。研究を発表したのは一九六五年のことであったが、その当時から単帖についても同じように調査せねばならないとわかっていたが、一つ面倒な問題があったので、なかなか手をつけるに至らなかった。その面倒な問題とは、唐船持渡書の資料の中に、書籍元帳といって、長崎で中国船が運んできた書籍を全部記録し、唐船頭と書物目利という会所役人とが談合して決めた元代という値段を書きつけた、商取引の基本台帳がある。元代はすなわち唐商が持ち帰る銀高、つまり売値である。書籍元帳は、天保十二年（一八四一）から安政二年（一八五五）にいたる最晩年のもの計十三冊が長崎県立長崎図書館に保存され、これによって幕末期の舶載書はほとんどわかる貴重な資料であるが、たとえば、弘化二年（一八四五）入港の巳三・四・五番船書籍元帳によれば、書籍一二四種に対し、法帖一九六種を数え、しかも、四十六番の九十二法帖――清邵英書、間架結構九十二法帖――三千二百五十四部とか、四十七番八十四法帖――明李淳書、明李憩菴先生八十四法帖――六百廿五部とか、五十番董帰去来帖（董其昌書）四百廿部、五十一番趙帰去来帖（趙孟頫書）五百部などと、同じ法帖が大量に運ばれている。廉価な単帖が大量に輸入されたこと自体が幕末の一つの文化現象なのであるが、難しいのは書籍元帳が商業目的の帳簿であるため、品名が簡略化された符牒に近い表記をされていて、その法帖のフルネームは何か、書者は誰かを知るには、書道史の専門的な知識を必要とする。しかも、巳三・四・五番船の例で、九十二法帖、八十四法帖などという簡称は、芸術的観点を中心にした書道史からいうと全くはずれた通俗的な知識に属し、その現物を実見するまでは、フルネームはわからないという甚だ面倒なしろものである。種類と量の多いこと、簡称が何の簡略化されたものかということの難問をかかえ、長く後回しにしてきたのであるが、このままではすまぬと考え、一九九八年に「江戸時代に舶載された法帖の研究」(2)と題して、実は単帖を中心に整理してみた。一つには、単帖のいかなるものが、何時存在したかということを、元禄元年（一六八八）、唐本屋田中清兵衛の唐本目録、松岡玄達の『元禄享保新渡書目』、ほぼ延宝頃の『貝原益軒公私書目』、幕末の貫名海屋の下賀茂神社へ奉納した『蓼倉文庫蔵書目録』、市河米庵の『楷行薈編』末尾の「薈編引證碑本法帖目」によって採集してみた。そして、問題の書籍元帳からは、余りにも厖大な結果が出るため、最も舶来数が多いと思われる趙孟頫（子昂）と董其昌の二人に限定して、各帖ごとに渡来年代別に資料を提示してみた。また、同一のものを別の書家が書いた書蹟、たとえば先に巳三・四・五番船で例示した帰去来帖は、趙孟頫のものと董其昌のものとがあったわけだが、その例として千字文を取り上げ、二十種類を越える異なった書家の千字文があることを証明してみた。

その結果は以下のようないくつかの要点にまとめることができる。

一、まず、舶来したかどうかという点のみに問題を限っていえば、集帖でも単帖でも、江戸時代二百六十年間の間にはほとんどの帖が渡来していたといえるだろう。ただ、どれ程の量輸入されたかということになれば、話は別である。

たとえば、集帖の最も重要なものとしての淳化閣帖についていえば、少なくとも元禄六年の唐本屋田中清兵衛の目録の石摺の項に淳化法帖の名があり、現在の資料でこれが最早のものになる。ただ淳化閣帖には、淳化三年刻本を始めとして、乾隆御刻本、道光十五年重刻本など多数の刻本があり、舶載された閣帖がどの刻本かは不明である。

だが、先に述べた書籍元帳の中には比較的記載を見、天保八年以後嘉永年間にいたるまでの間に何点かを指摘できるのは、道光十五年（一八二五、天保六）重刻本ができたためと判定してよいのではないか。そして、正徳四年（一七一四）の一番南京船齎来目録には、

淳化法帖一部五冊二面字

と記載し、これは他の目録で十帖としているのと照らして不全本であること、および二面字という注記が、唐本屋清兵衛目録には石摺の項に分類している事実ともあわせて、後世法帖として大切に扱うのに較べると、余り重要視されていない雰囲気が見え、宝暦四年（一七五四）戌番外船の舶来書籍大意書に、

淳化法帖　一部五套十帖

右ハ歴代君臣百四人ノ筆蹟真草行ノ石摺ニテ御座候

と、簡単な扱いになっているのも同様の雰囲気を物語る。

これに対して、乾隆十二年（一七四七）に梁詩正などが勅を奉じて内府所蔵の名品から選刻した『三希堂石渠宝笈法帖』は清帖の代表であるが、『商船載来書目』によると寛政九年（一七九七）に一部一套の記録を見るほかは舶載の資料がない。刻後五十年目の新渡であり、また全三十二冊であることからいえば一套は少なく、全本でなかった可能性が強い。『楷行薈編』碑帖目でも六帖としており、全本渡来の例はなかったかも知れぬ。清帖中最も貴重な帖であることが裏付けられる。

二、江戸時代に舶載された法帖、あるいは中国人の書の真蹟に関しての評価は、かつて神田喜一郎博士が書かれた「日本に伝来する中国の書蹟」に大きな展望が述べられている。同氏によれば、

室町時代から江戸時代の末期に至るまで、大体十五世紀から十八世紀の四百年間は、中国の書蹟の伝来史では

空白の時代で、空白という理由は、数量の上ではかなり多くのものは舶来されているが、ほとんど名品らしいものがなかったのである。その一つの原因は、室町時代に入明した禅僧が鎌倉時代の禅僧に比して学問教養もあり、また室町幕府の対明貿易の任務を帯びていたので、鎌倉時代の禅僧のように彼土の名僧高僧の墨蹟をもたらすこともなく、彼らが上陸した鄞、すなわち浙江寧波地方の書家の作品にすぎなかった。そして、江戸時代になると、(もたらされたものは)僅かに長崎を唯一の貿易港として出入りを許された中国船によって……祝枝山・文徴明・唐伯虎・董玄宰などという、明の中葉以後に流行した書家の作品や、それらの人々の書を石摺にした法帖の類であったらしい。今日そうしたものが相当多く遺っているからである。しかし、それらの遺品に碌(ろく)なものはない。偽物といっても、田舎下しのひどいものばかりである。

という。そして神田博士は、その後の傾向として、江戸時代の末期、文化・文政の頃から、我国の知識人の間に文人趣味が流行し、明清の書画を蒐集・鑑賞することが盛んになり、その文人の代表的な人として、頼山陽、田能村竹田、篠崎小竹、市河米庵、椿椿山らの文人墨客や、越前鯖江の城主間部詮勝、越後新発田城主溝口直諒、肥前蓮池城主鍋島直與、幕臣で長崎奉行もつとめた戸川安清、浅野長祚などの上級武士たちの名をあげている。

ところが、書籍元帳を調べてみると、神田博士の考えとはいささか異なった傾向が見られるのである。それは、幕末の資料である書籍元帳に極めて多数の法帖の舶来が見られ、それは廉価で中には帖に仕立てていない拓本のままのものもあり、神田博士のいわゆる「碌なものはない、偽物といっても、田舎下しのひどいものばかり」に当たる。しかも書籍元帳の時期は、神田博士の文人趣味が流行するという文化・文政以後、多く名の上がっている文人の代表たちの活躍する時期に当たる。従って、「田舎下しのひどいものばかり」が入って来て、その後に文人趣味の時代が来るのではなくて、明清の書画を集める高度な文人趣味の底辺に、「田舎下しのひどいもの」をせめてその「ひどいもの」でも持ちたいと思う庶民層の文人趣味があった。「ひどいもの」を、そうとは知らず鑑賞の真似事でもしてみようとする、それも文人趣味の一現象と把えるべきものがあったと考えるべきなのであろう。つぎに、そういう文人趣味が芽生えてくる現象とでもいうべきものが見出せると思うので、その点を少し述べてみよう。

『商舶載来書目』という、長崎の書物改役向井富、元仲が文化元年（一八〇四）に自家に蔵する旧記によって作った書目がある。この書目は、書名をイロハ別に分類し、イロハ各号の中は、その書が初めて渡来した年、新渡の年の年代別に整理したもので、元禄六年（一六九三）から享和三年（一八〇三）の間のものが記録され、甚だ重宝な資料である。ところが、例えば、趙子昂千字文が享保十年新渡で見えるのに、宝暦十年（一七六〇）に趙子昂眞草千字文が新しく渡来すると、再び名前を記録している。これは名目が多少でも違えば新渡扱いにする方針であるためにおきることで、同じものが二度出る結果になる。この原則を踏まえながら『商舶載来書目』を見ると、

　米芾虎丘詩、米南宮天籟閣法帖、王羲之草訣百韻歌、王澎恭公墓誌銘、管世昌孔子廟堂之碑、黄山谷梨花詩

などというように、書家名と法帖をあわせて記載する傾向が安永、天明の頃から目立ってくる。また法帖の新渡が書家名を立てているために新渡扱いになっているものを含めて、安永六年、安永八年、天明八年、寛政十年、寛政十一年の各年に集中してくる。この傾向は、たとえば松岡玄達の『元禄享保新渡書目』の『新渡法帖類』のリストの、聖教序、感応経、道徳経、楽毅論などのように、誰の書なのかを全く無視した名称のあげ方とは異なった傾向であり、明らかに誰の書かという、作品を作った人間を意識するように変わってきたといえるであろう。それは書を芸術作品として見る態度が出はじめたことを意味するのではないか。すなわちやがて来る文人趣味の前駆的な特色だと考えてよいのではないか。

法帖に対する関心は文化時代以降いよいよ強まり、清商の舶載量もそれに応じて増え、またそれが邦人の嗜好を

あおったとみられる。

第三番目に、集帖・単帖を合わせて考えてみると、董其昌のものが最も多く、趙孟頫、米芾がこれにつぐが、清人の書も案外多く、王杰、王文治、王澍、汪由敦、汪士鋐、張照、張祖謙、張元博、梁国治、梁同書、梁詩正、劉光暘などの名前があり、清朝の書家の法帖が渡来している。また『商船載来書目』が享和三年で終るので、自然その後の書家は含まないが、林家訓（朱子家訓）、林感応（太上感応編）、林心経（般若心経）、林赤壁賦、林蘭亭記帖などの名目で、林則徐の書が舶来していることは、幕末の特色として指摘しておく必要がある。

第四に、集帖のすぐれたものは、元代（中国商人に支払う銀高）八十匁以上で、大名が入手している例が多い。今、書籍元帳その他から、幕末期の老中・若年寄級の大名がどのような帖を購入していたかを例示してみよう。

宝暦十一年六月の例

○松平右京大夫輝高　老中

真草千字文（趙子昂書）新渡　千字文行書石摺（董其昌臨米芾書）新渡

○松平右近将監武元　老中

抱経書塾家蔵千字文（沈志祖書）新渡　大元勅蔵御服之碑（趙子昂書）新渡

文化七・八・九年の例

真草千字文　千字文行書　石摺　右に同じ

○松平伊豆守信明　老中

詒晋斎法帖　古香斎宝蔵蔡帖

○土井大炊頭利厚　老中

二王帖選　二王法帖　詒晋斎法帖　詒晋巾箱帖　詒晋斎法帖　御題高義園世宝帖　太虚斎法帖

○牧野備前守忠精　老中

心正筆正　経訓堂法帖

○青山下野守忠裕　老中

文氏停雲館法帖　王羲之草書　王羲之古草訣帖　玉烟堂法帖

詒晋斎法帖、詒晋斎巾箱帖は成親王の帖で、この時期から渡来し始める新渡の帖、御題高義園世宝帖は、范氏世宝帖ともいい、乾隆三十年乾隆帝南巡の際、范仲淹書伯夷頌を御覧あり、「高義園世宝」の御題を賜ったのを記念して御題や伯夷頌などを刻した帖、天明三年（一七八三）の新渡である。

これらの集帖は元代がほぼ八十匁から玉烟堂帖などは二百匁に及び、大名道具であることが想像される。ついで弘化・嘉永期の書籍元帳から人別に列挙してみよう。

○阿部伊勢守正弘　老中

弘化元年分　唐故福林寺碑戒塔銘 一匁五分　李公神道碑 六匁　姚公墓誌銘 二匁五分

弘化二年分　文四山碑帖 八匁　東望山碑帖 十匁

弘化四年分　唐元結碑 十五匁　唐太宗屏風碑 五匁　急就章 十六匁　漢石経残字 四枚

弘化五年分　子昂石摺 十二匁　少林寺戒壇銘 十匁　太湖石碑 十五匁

嘉永二年分　聖跡図墨刻 十二匁　浄慈寺碑 二匁　嵩陽館 十七匁　小蓬莱金石 十五匁　省郎官石記 二匁　咸陽宮 一匁

龍宮寺 七匁五分　清夜詩 五匁五分　文廟堂（改儒学記） 六匁

嘉永三年分　九疑山賦 九匁　嵩岳記 三匁

嘉永四年分　弘教寺 一匁一分
○牧野備前守忠雄　老中
弘化元年分　郭家廟碑 七匁
弘化二年分　文四山碑帖 八匁　梁仰読帖 二匁五分
弘化五年分　蘇重九碑 八匁
嘉永二年分　竜泉碑 八匁　楽府詩 五匁三分　清夜詩 五匁五分
嘉永三年分　九疑山賦 九匁
嘉永四年分　弘教寺 一匁一分
○戸田山城守忠温　老中
弘化元年分　十二筆意 五匁
弘化五年分　子昂石摺 十二匁
弘化元年分　明人尺牘帖 三十匁
○青山下野守忠良　老中
弘化三年分　唐宋八大家法帖 五十匁
○松平和泉守乗全　老中
嘉永二年分　雲門館 十二匁　時晴斎法帖 三十匁　遊江南 一匁六分
嘉永三年分　董鶴壽山堂 二匁九分
嘉水四年分　竹山連記 一匁五分

○松平伊賀守忠優　老中
弘化三年分　漢碑 一分
弘化五年分　子昂石摺 十二匁
嘉永二年分　三松堂墨刻 十三匁　澹遠堂法帖 十六匁　文廟堂 六匁　池上草堂 二匁　百石堂法帖 六十目　荊門行 四匁
嘉永三年分　大通閣記 五匁　仇公墓誌銘 七匁
嘉永四年分　弘教寺 一匁一分
○久世大和守広周　老中
弘化五年分　秋水尺牘 一匁　雪鴻尺牘 一匁
嘉永二年分　楼上詩帖 三匁
嘉永四年分　華岳題名記 一匁
嘉永七年分　三十六峰賦 四匁
○内藤紀伊守信親　老中
嘉永三年分　董鶴壽山堂 二匁九分
嘉永四年分　竹山連記 一匁五分
嘉永五年分　進学解帖 一匁
○大岡主膳正忠固　若年寄
弘化二年分　書筏帖 一匁五糎　沈秋田書法帖 七匁　金仙公主 一分
弘化五年分　観音殿記 十二匁　聞文昌 二匁

嘉永二年分　平江路 十匁　雪浪石記 十匁　上天眷命 十二匁　咸陽宮 一匁　十聖賛 三匁五歩　竜宮寺 七匁五分
嘉永三年分　隆昌県城碑 八分
○松平玄蕃頭忠篤　若年寄
嘉永三年分　九疑山賦 九匁
○本多越中守忠徳　若年寄
弘化五年分　百美新詠 四匁
嘉永三年分　九疑山賦 九匁
○遠藤但馬守胤統　若年寄
弘化元年分　顔黙庵 三匁
○本庄安芸守道貫　若年寄
弘化二年分　文四山碑帖 八匁
弘化三年分　唐宋八大家法帖 五十目
嘉永三年分　忠義経 二匁五分
嘉永四年分　唐宋八大家法帖 八十五匁
○酒井右京亮忠毘　若年寄
弘化二年分　文帝図説 一匁　施勧孝文帖 二匁
嘉永二年分　荊門行 四匁　義田記 十匁　百石堂法帖 六十匁
○鳥居丹波守忠誉　若年寄

嘉永四年分　金碧山館法書 二分

なおこれらの幕閣諸役人はこの時期、同時に聖武記、海国図志、乍浦集詠など、幕末期の重要な時局を示す書物を購入していることをつけ加えておかねばならぬ。

また、天保十年から十三年の間の書籍元帳より、水野越前守忠邦を始め十三名の老中、西丸老中、若年寄の購人書がわかるが、この時は法帖類の購入は一切なく、水野忠邦等が出した質素倹約の方針が、法帖類を贅沢な不急の品と見ていたためではないかと思われる。

それに対して、水野に交代した阿部伊勢守以下の諸役人は、単帖で新渡のものはほとんど手に入れており、やはり文人趣味の流れの中にいたと解することができるであろう。

第五番目は、神田博士が「田舎下しのひどいもの」と言われる批評を裏づけるものがあるという、今までの論調とは少し角度を変えて述べてみたいことがある。

乾隆から道光の頃の書家である銭泳、号梅渓の『履園叢話』の碑帖の項の中に偽法帖の一節があり、つぎのような文がある。

嘉慶初年、旌徳の姚東樵なる者あり。目丁を識らずして、清華斎法帖店を開き、すなわち旧碑帖を摘取して、宋・元・明人の題跋を仮作し、半分は石、半分は木に彙集して成る。その名を因宜堂法帖八巻、唐宋八大家帖八巻、晩香堂（蘇）帖十巻、白雲居米帖十巻とし、皆年月姓名を偽造し、旧法帖に充て、あまねく海内に行なわれ、且つ日本、琉球で行なわれていることは尤も鄙を嗤うべきものである。

この法帖の中で、因宜堂法帖は文化八年の未七番船で新渡、その他渡来の証拠は多く、唐宋八大家法帖は、書籍元帳の弘化三年午壱番船に新渡と注して一部見えるが、実は弘化二年巳三・四・五番船の書籍元帳に既に一部があり、晩香堂蘇帖は『商船載来書目』の寛政八年に新渡としてみえ、白雲居米帖は同じく寛政八年に新渡の記載がある。寛政八年は一七九六年で、嘉慶元年に当たり、まさしく『履園叢話』の記載の通りであるが、同じく『商船載来書目』の安永九年（一七八〇）に「彩霞堂法帖一部一套」があり、『楷行薈編』の帖目には四帖、姚学経と記し、これはすなわち姚東樵ことで、東京国立博物館にある昌平坂学問所旧蔵の同帖には乾隆二十三年の姚学経の跋がある。また同じく安永九年新渡の「清華斎法書一部一帖」は、『楷行薈編』では十二帖、姚学経となっており、姚氏が清華斎法帖店を開いたというのだから、これもまた姚学経の偽帖となる。別に天明二年の『商船載来書目』には「晩香堂法帖一部一套」があり、明の陳継儒に「晩香堂蘇帖二十八帖」があって、姚学経の方は十二帖、同名であるが姚氏の方は失真の悪評がたかく、いずれであるか問題であるが、享和三年亥十番船の積荷の東坡晩香堂蘇帖は十二帖で明らかに姚刻で、天保年間に何点か見える同帖は、帖数はわからぬが多分姚刻であろう。そうすると、「彩霞堂法帖」の跋より、姚学経の作品は『履園叢話』の言うよりももう少し早いことになる。それはいずれでも、偽帖が多く渡来していたことは疑いなく、その意味で神田博士の言は正しいことになる。

いま「彩霞堂法帖」の現物を見た結果、姚学経の活動の年代を上げねばならぬことがわかったが、唐船持渡書の研究は、できれば記録の現物、当該の書籍を確認するところまで追究し、その書籍が読まれたか、理解されたかまで考える必要がある。その点で正徳二年に新渡の記録のある「六朝法帖」のことを見逃すわけにゆかない。

この帖の名は『商船載来書目』正徳二年のところに、

一　六朝法帖　一部十二帖

と出ていて、同年の新渡ということになるが、『舶載書目』の記載をたどってみると、「六朝法帖」は第十冊の四六、にみえ、四十番船の積荷であることがわかる。ただこの名前の法帖は普通の著録には見当たらぬものである。ところが、『幕府書物方日記』の元文二年（一七三六）九月朔日の条に、詰番奈佐又助が側衆小笠原石見守の命によって差し出した法帖二十四点、おそらく当時楓山文庫所蔵の法帖全部かと思われるが、その中に、

六朝法帖　十二帖　紗表紙　白紙書外題

の名があり、その後楓山文庫目録の重訂御書籍目録、元治増補御書籍目録にもみな十二帖として記録され、そして現在内閣文庫に所蔵（六朝法帖、子二七四函二号）されているのである。そこで現品を見ると、天地三二・七センチ、左右一八・三センチ、花紋をすかした白紗の表紙で題簽は「六朝法帖漢魏六十八枚子」のごとく、名の下にその帖に含まれる王朝を書き、十二支で順序をしめし、その間に枚数を朱書する。題簽は今は表紙を開いた内側にうつし帖られている。第二帖〜六帖が晋、第七帖が隋、第八帖〜十帖が唐、第十一〜十二帖が宋であるが、今は第七帖と第十帖とは題簽が入れ替わっている。それで帖名の六朝は、中国史の時代で六朝時代という六朝とは違い、漢、魏、晋、隋、唐、宋を指すようである。

ところがこの帖は、帖の最初の帖名の部分、例えば「・帖第六　王羲之書一」などと書かれている題名の部分は切り取られて別の黒紙が当てられており、偽造の疑いがある。そこで収められた帖目を検討した結果、本帖は陳瓛の玉煙堂帖の不全本であることがわかった。どうやら清商に欺かれたようである。ただ、風説書は残っていないが、『唐蕃貨物帳』には、正徳二年六月二十六日の四十番南京出し唐船貨物改帳があり、船頭は朱子進、人数四十一人で積荷の中に書物八十二箱がある。朱子進が奸商であったのか、単なる代理人であったのかはわからないが、一七一二年以来二八七年ぶりに犯人のかげが見えたといえるかもしれない。

「六朝法帖」の考証でもわかるように、輸入の記録や書目などで明らかにできる範囲が、当該書籍の現物を調査できれば、更に深く追究復原が可能になる。唐船持渡書研究は、どの書籍がその時のその品物なのかを追跡すると

ころまで進めたいのである。

## 後篇　「李氏千字文帖」をめぐって

前篇で述べたように、江戸時代には多くの法帖が中国から輸入され、前半は単に石摺として取り扱われていたのが、後半になると誰の書かを明記するように、書家の作品が意識されるような取り扱いとなり、それが文人趣味の発達と揆を同じくする傾向を看取されたのである。

ただ、従来この問題に関心を抱く人は、書学者か書家であったため、それら輸入法帖の価値を判定する基準が、書芸術としての基準によったので、大量に入荷する粗悪なものに対する評価が低く、現物も軽視され、文化現象としての書の愛好、鑑賞の傾向、時代の風潮、民衆の動向としての法帖の輸入と需要に関する関心と評価に欠くところがあった。現物の例としていえば、東京国立博物館書蹟室に保存される昌平坂学問所所蔵の法帖や、市河米庵所蔵の法帖などが一向に顧みられないのであった。ところが、輸入法帖を研究するに当たっては、名目として唐船持渡資料にある帖が、具体的にどのような帖かを知ることが研究上最も難しいと

図15●『李雲海千字帖』の初

いう困難に逢うことになる。悪い安物は簡単に捨てられ、現在の古書店の商品ともならぬため、実見することが極めて難しいのである。

そこで、管見に入った幕末の法帖の資料を一、二紹介してみようと思う。

李雲海千文と題する二帖よりなる法帖を手に入れた。板装で、縦二七・二センチ、横一八・三センチ、一帖の厚さ板とも二・二センチ程度。行書中字の千字文帖（図15）である。末尾には、

丁未夏日書」　蘇臺李良

とし、「李良」之印」（白文）、「雲海」（朱文）の二印がある。

そしてそのあとの隷書で、

余在崎陽日見舌官某
蔵此帖因購獲之字畫
較大有資益幼學匪淺
乃命良工俾鐫云玄黙
攝提格春蓮庵清　安清（楕円朱文印）

という跋文（図16）と、もう一つ楷書で、

戸川鎮臺還自崎嵜齋李良行書千
文一帖見示余展玩再四遒美妍麗盖
淵源文衡山其字巨細肥瘦不一間用
古字恐非當時注意所書者竊思帯

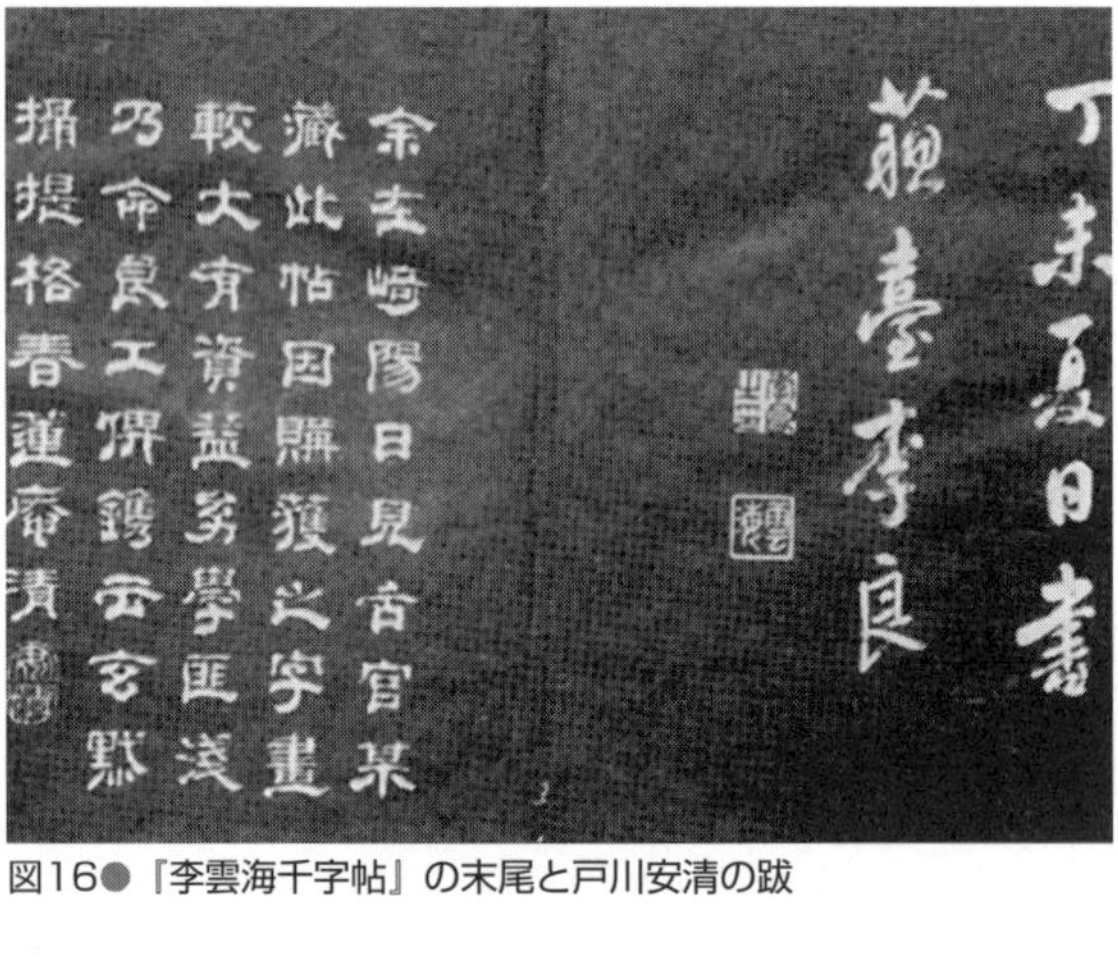

図16●『李雲海千字帖』の末尾と戸川安清の跋

胡兆新筆意鎮臺云聞之譯司兆新
學書於良余家舊蔵雲海草書先人
遊崎日携以示清商江大楣云雲海
李良別號宇曰寧士蘇州人以醫有
名兼善書法後閲清朝畫識亦収其
人但不載雲海之號盖兆新同郷人也
兆新亦醫而善書其醫與書併陶鑄
出兆新来者鎮臺刻以公世良若
有知將道海外得知己矣因書其由
為跋　米莽河三亥□□（角朱文印、二顆）

という跋（図17）があり、この法帖の成立理由がわかる。

前跋は戸川安清（やすずみ）、後跋は市河米庵である。

まず戸川氏の跋から述べるが、戸川氏は後で、詳しく説明するように、長崎奉行を何度も勤めた幕臣である。

自分が崎陽（長崎）にいた時、舌官（唐通事）の某がこの帖を所蔵していたので、購入した。字画が大き目で幼学の者の書を学ぶのに少なからず役立つので、良工に命じて刻させたのである。それ以上は何も言わない。寅歳の春、蓮庵、清。

摂提格は、『爾雅』釈天に、「太歳在寅、摂提格」とあるように寅歳のことで、戸川氏は天保六年（一八三五）七

図17●『李雲海千字帖』の市河米庵の跋

月二十七日より、天保十三年（一八四二）二月十七日まで長崎奉行の位にあったが、その中の寅歳は天保十三年が壬寅であるから、おのずから年代は明らかで、奉行最後の年のことになる。

市河米庵は、江戸時代後期の書家、巻菱湖、貫名海屋と並んで「幕末の三筆」といわれた。名は三亥（みつい）、字は孔陽、または小春、米庵と号し、米𦾔の文字も使う。儒者であり、詩人であった父寛斎、林述斎、柴野栗山に学び、書は父のほかに中国の顔眞卿、米芾の書風を学んだ。寛政十一年（一七九九）から書塾小山林堂を開いて書の教授を始め、文化六年（一八〇九）二十六歳で長崎に遊び、清商胡兆新と交わり、明・清の書画を見て影響を受けた。門人は五千余人といい、中に二百余人の諸侯が数えられる。安政五年（一八五八）七月に、年八十で死んだ。父のあとをついで加賀の前田家に仕えたが、江戸での盛名は巻、貫名などに比して、将軍の御膝元であり、俗的権威は最も高く、そのための批判や非難はあったが、幕末最高の書家であろう。芸術的な評価や好悪は別の問題で、それなりに当時の文化に影響の大きかった人物である。跋にいう。

戸川鎮台が長崎より還り、李良の行書の千文一帖をもたらされてお示しになった。私はそれを展べ、玩ぶこと二度、三度、遒美妍麗な文字で、書風の淵源は文徴明あたりであるが、其の字の巨細、肥痩は一つでなく、時に古字を用い、恐らくその時に注意して書いたのでなく自然に出てきたものであろう。自分は胡兆新の筆意を帯びているように見えたが、鎮台の話では、唐通事の話を聞いてみると、胡兆新は書を李良に学んだという。我が家には以前から李雲海（良）の草書があって、先考が長崎に行かれた時、携えて行って清商江大楣、すなわち江芸閣に見せたところ、雲海は李良の別号で、字は寧士といい、蘇州の人、医を以て有名で、書法も善くしたという。後に清朝人の画の識語をその人が書いていたが、雲海という号は載せていなかった。おそらく胡兆新もまた医家で書を善くした。医と書とあわせて技を磨くことは胡兆新から始まるのであろう。鎮台がこの帖を刻して世に公けにされるが、良がもし知ることがあったなら、まさに海外に知己を得たというべきであろう。それで其の由緒を書いて跋とする。米葊河三亥

要するに、蘇州の人李良、字寧士、号雲海の行書千字文を唐通事が持っていたのを、戸川安清が購得し、市河米庵に見せ、帖に刻したわけであるが、いわば清人の地方で有名な書家の書がこのような形で日本で法帖になって一部で鑑賞された例で、ほとんど実物がなければわからないケースであろう。

ところでこの帖を長崎で入手して江戸へ持ち帰った戸川安清（やすずみ）であるが、一九九八年の『書学書道史研究』八に柴田光彦氏が「忘れられた碑の中から――戸川安清壽蔵碑をめぐって――」[(3)]という論文を書かれたことによって、長く疑問に思っていた戸川氏についての材料が提供され、知見を拡めることができた。研究の主旨は、谷中霊園にある「蓮庵先生戸川安清壽蔵之碑」を紹介することによって戸川安清の生涯を明らかにすることである。碑文の撰名は成島司直（もとなお）で、最初依頼した佐藤一斎、その歿後依頼した安積艮斎もまた果さず死歿し、成島司直が撰することになり、安清が自書したのが文久二年であったが、幕末の争乱・徳川幕府の滅亡などの事件にあい、鐫刻の途中、江戸城明け渡し、彰義隊の戦の時は碑は一度土中に埋めて難を避けたりし、文久二年より十八年を経て明治十二年にようやくできた。その次第は碑文の右側にある袖書、撰文は水本成美、書は市河米庵の子三兼万庵によって明らかとなる。

そして成島司直の碑本文によれば、戸川氏は名は安清、字は與蓮、号は蓮庵、初めは雄三郎と称し、享和二年七月、十六歳で小納戸、翌年小姓となり、文化二年従五位下に叙せられ、大隅守に任ぜられ、五年また小納戸となり、ついで西丸へ転じ、文政八年再び小姓、十二年に小姓頭取、天保三年七月、目付に擢んでられ、播磨守となり、六年長崎を監察し、七年六月から長崎奉行を拝命し、七年間その職にあり、三度長崎在勤を経験した。十三年勘定奉

図18●戸川安清の書（蘭園蔵）

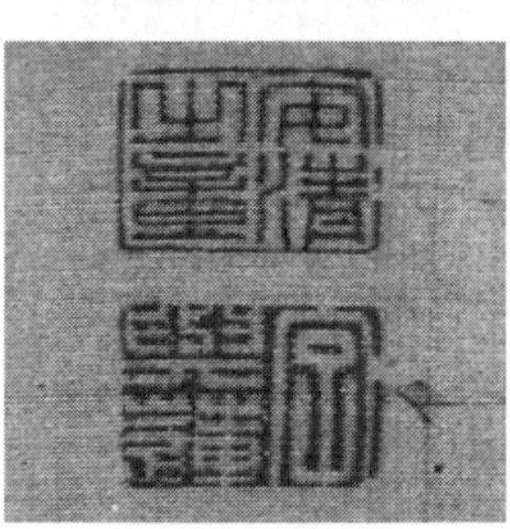

図19●戸川安清の落款
「安清文章」「字與蓮」

行、十五年に西丸留守居、安政五年、紀州の徳川慶福が入って将軍家茂となるや、守役（傅）となり、万延元年江戸城留守居にうつり、文久元年には皇女和宮の降嫁を迎えるため京に趣いた。翌年この壽蔵碑が企てられたことになる。明治元年、八十二歳で没した。

碑文中に、「性文事を好み、最も筆翰に巧みなり。その古隷体の若きは遒勁□□、世の嗟賞する所なり」というように、隷書に巧みであったというから、本帖の彼の書も隷書である。また卑蔵の彼の七十二歳の書も隷書（図18）である。関東には戸川安清の筆になる碑が残っているようで、柴田氏が森銑三氏の著より三例をあげておられるが、別に、房州千倉浦の安永に唐船が漂着した場所に戸川氏の筆になる碑がある由、菊池丕氏より教示を得ている。

戸川安清が長崎奉行であった時に作成させた資料で、今に役立つ重要なものが少なくとも二点、長崎県立長崎図書館にある。その一つは、天保十二年四月に、時の書物改役とその手伝であった向井雅次郎、田辺啓右衛門、村岡東吉郎が連署して奉行に差し出した「御禁書目録、御禁書中御免書目録、御禁制御免書籍訳書」という禁書に関係する説明資料で、禁書に関する資料中最高の重要なものであるが、それは『天方至聖実録年譜』というイスラム教関係の書籍が天保十二年に渡来したについての取調べのために戸川奉行が書物改役に報告を求めたのが作製のきっかけになったものである。

その二は、寧波より長崎までの航路を画いた絵図で、航路図と、寧波の風景図とよりなり、戸川奉行が唐船頭に命じて提出させたものである。共に今となっては他の類を見ない貴重な価値を持っている。

一つの法帖をもとに、幕末で最も活躍した長崎奉行戸川播磨守安清について新しく得た知見を述べた。

註

（1）大庭　脩「江戸時代に舶載された集帖について」『江戸時代における中国文化受容の研究』一九八四年六月　同朋舎出版刊。

（2）同　「江戸時代に舶載された法帖の研究」『書学書道史研究』八　一九九八年九月。

（3）柴田氏は同研究の中で、平凡社『日本人名大辞典』『名家傳記資料集成』に号を蓬庵としていることにふれ、壽蔵碑は蓮庵とすることより蓬庵は誤記でないかと疑い、安清の肉筆を知らないので、そのまま結論を出されていないが、本帖や軸をみれば、蓮庵を是とする柴田説が正しい。

# 三、神宮文庫蔵貝原益軒『公私書目』

**解題**

神宮文庫に貝原益軒の『公私書目』と題する蔵書目録がある。文庫の架蔵分類番号は、十一門三三号である。たて二三・五センチメートル、よこ一六・四センチメートル、紺色の表紙に二重枠に入った書題簽を貼り（図20）、

> 貝原益軒
> 公私書目　知□　不急本
> 全

とするが、「公」の字と、貝原益軒の「原益」の二字は損傷のため見えない。全二六丁。ほぼ全冊一筆と思えるが、実用目録のため墨消や書き加えがあり、速筆のため、別筆かと思わせる時もある。最末、二六丁裏の端に異筆で、

　右本書貝原先生自筆夫人東軒筆跡も交ル凡而之
　筆者森岡甚五郎衛（助カ）と見ゆ

と記す。

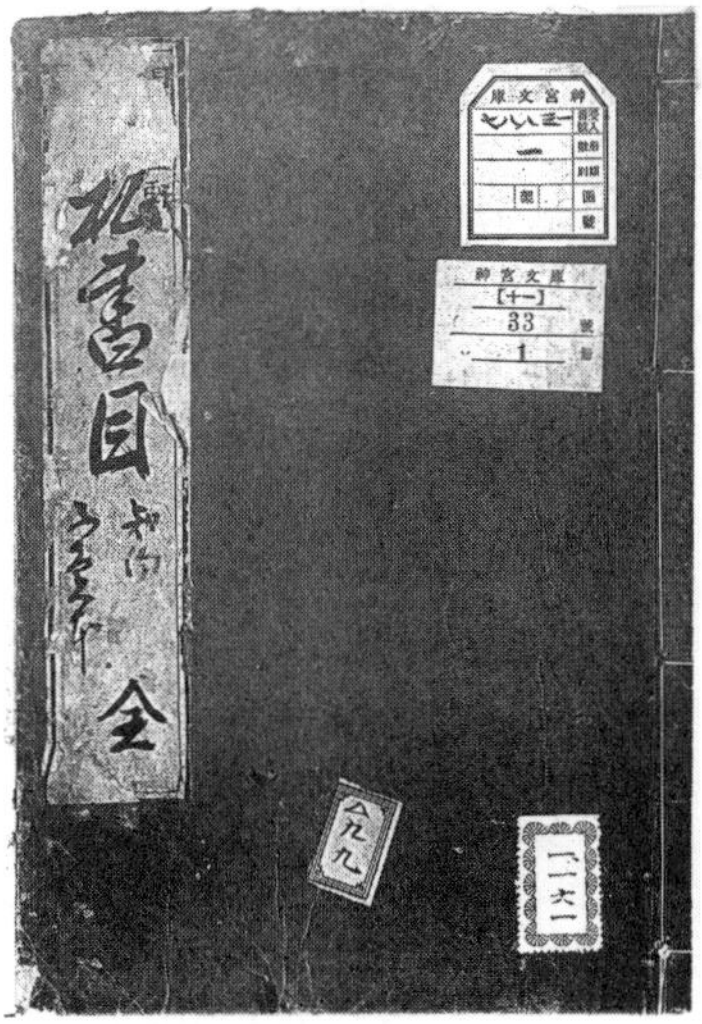


図20●貝原益軒『公私書目』表紙

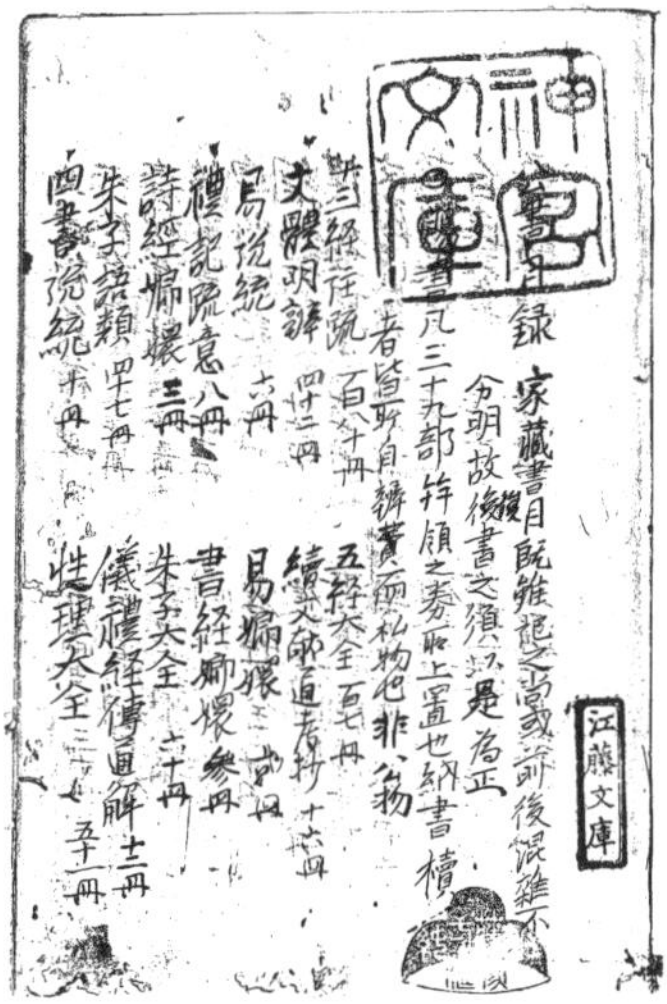


図21●貝原益軒『公私書目』第一丁

蔵書印は第一丁上部に「神宮文庫」朱文印があるほか、右下に「江藤文庫」楷書朱文印、下端に市女笠形の上部に「□藤弐純」、下部に「家蔵」の文字が篆書で右から左に書き、笠の上半は白文、下部は笠の内側で朱文になっている。第一字は印の肉付が無くて読めない（図21）。

全篇を通観すると大きく三部分に分かれているように思う。

最初の部分は第一丁より、

公書目録　家蔵書目既雖記之尚或前後混雑不分明故復書之須以是為正

と記し、賜書凡三十九部云々として十三経註疏以下漢籍名と冊数をあげ、ついで公書、延宝元年所預十三部として書名冊数をあげ、記事を交えながら、書名と冊数のみを記す部分が第八丁ウラまで続く。

ついで第九丁は最初に、

蔵書記價記

公書　此内有拝領之書有預之書別有公書

記宜為正

として、十三経註疏四百三十匁にはじまり、書名と銀高を記し、第一二丁オモテからは、「家蔵私書價録」として第二四丁オモテにいたる。

最後に第二五丁オモテは、

　御本丸御蔵ニ有之御書物
として書名冊数のみ、第二五丁ウラにいたり、第二六丁オモテは、
　宰府天神文庫へ納書
として書名十点のみで終る。この最後の二丁は別の分類に入る。

この書目が持つ意味をいくつか述べ、翻刻提供する理由を明らかにしておきたい。

まず書目の記事の中に出ている年代であるが、以下のようなものが見られる。

| | |
|---|---|
| 延宝元年御預 | 二丁オモテ |
| 延宝四年於長崎所買唐本 | 三丁オモテ |
| 延宝五年所預之公書 | 三丁ウラ |
| 貞享三年五月勧本丸入<br>　　　以後所々書名右肩に注あり | 三丁ウラ注記 |
| 延宝八年六月二十七日自　旭才蔵詰被召<br>延宝八年八月九日御　物奉行ニ渡申御書物之目録 | 第六丁ウラ |
| 右四部貞享元年屋形厚へ差上 | 第七丁オモテ |
| 貞享三年御本丸御蔵へ所納之書目 | 同 |
| 延宝四年於長崎所買之唐本 | 第一〇丁オモテ |
| 延宝八年　延宝九年 | 第二一丁オモテ |

天和二年　天和三年　　　第二一丁ウラ

従って延宝元年（一六七三）に始まり、貞享三年（一六八六）までの年代幅で記事があることになる。この内貞享三年の記事は、預っていた公書を本丸の蔵へ納める時のもので、第八丁オモテ、ウラに集中し、その後第九丁オモテより書価を記した目録になり、その末尾近くに延宝八年から天和三年まで、年代別に書名と価格が記されている。つまり、第七丁に貞享三年の記事がありながら、第二一丁にそれ以前の編年の購入書目があるということは、第七丁以前と第八丁以後が、最初は別の目録であったものを後に一冊にした可能性がある。

公の書を預ったのは、火災から守るためであったらしい。貝原益軒関係の資料は、九州史料刊行会によって昭和三十年代初頭に孔版印刷で刊行され、便宜を得るが、その中の『益軒資料五　書翰集（下）』には書籍関係の書翰九九通が集まっている。年代は定かでないが、㊈四八ノ二一一という書翰（右掲書、二八頁）では、

公書如御記目書籠ニ納入申候　但如御价見申候庫中甚迫狭故家器可納置申物も出置申程之事ニ御座候故、自今朝使を馳候而、甚右ヱ門殿忠大夫殿武庫ニ御入可然由可申進と仕候へとも大工来作事ニ取紛、且又不得巳事ニ付、遠方へ使遣候而、僕之暇無御座不能其儀候　然共やう〳〵弥ク上ニ重子納申候間返進不仕候（後略）

と書き、家の道具類を外へ出して重ねて納めたが、武庫へ入れてはどうかと進言している。書籍が多くなって武庫へ納めるとは、文が武を上まわって平和の象徴のような話であるが、もう一通㋘一七ノ九八四（五四頁）では、

一近来放火頻発候故、御預之公書数部此方之書庫ニ御納置被成之由、得其意申候。鄙生書蔵方ニ歩ニ而無閣架候故、公私之書多入、且衣服器物迫火災を畏、多納申候へハ迫狭ニ御座候、然共公書之事ニ御座候へハ貴宅無餘地所ニ遽ニ災起候事ニ御座候而ハ難奈可被思召候、弥々上ニ成共重置見可申候間六七笥程御持　可被下候

（下略）

と述べ、いろいろ工夫をしているようである。

この書翰の様子から見れば、貞享三年に藩の方で書庫の手当ができたのであろうか。

益軒の蔵書については、井上忠氏の『貝原益軒』（人物叢書）によると、「後年の筆になる『家蔵書目録』があるようである」（同書三〇頁）が、その所在が明らかでないので本書目と比較検討することができず、また彼の読書記録である『玩古目録』は『益軒資料（二）』に翻刻されているが、本目録の年代の記録はむしろ欠けて少ない。益軒蔵書の全貌については、教示を得て時を改めて考察せねばなるまい。

本目録の重要な価値は、むしろ後半部の『蔵書記價記』『家蔵私書價録』の公私書の価格が記録されていることである。これは甚だ珍しい資料で、書価については他の時代でもその記録は乏しく、おそらく弥吉光長氏の『未刊史料による日本出版文化』第二巻所収の「新渡唐本市控帳」（天保二年頃）に匹敵する貴重なものではないだろうか。殊に唐本に関しては、唐船持渡書の資料が、長崎の書物改役が大意書を作り始める元禄六年以降であるため、それを遡る延宝・天和年間の資料は、書名がわかるだけでも興味深いのに、銀高をいちいち記してあるのは甚だ有意義である。

その中でも第三丁オモテに記す「延宝四年於長崎所買唐本」二十一部の書名と、第一〇丁ウラに記すその銀高は特に貴重である。

井上忠氏によれば、彼は延宝四年に「君命で長崎へ行き珍書を求め、江戸参府を免れたので」著述に専念することができたといい、また「彼に新しい刺戟を与えたのは延宝四年初秋の長崎行きであろう。次のような珍書が購入された。

『六書精蘊』『明記編年』『明臣言行録』『史鑑彙箋』『博物典彙』『綱鑑会纂』『迪言錦』『大明文選』『経済文衡』

『庫済譜』『続文献通考』

その代価は帰国後に従来の江戸供奉の労をねぎらって賜った金五十両で支払われたであろう」とされる。ところが本目録によると、全部で二十一部を購入し、合計六百三十二匁七分であるが、三丁オモテでは、「於長崎所買唐本自公被送残書予拝領凡二十一部是公書也」としており、ここにいう残書とは『詩学大成』までの十七部のあとに「以上唐本指上也」とあるから、その残りの『古唐詩帰』、『文字会宝』、『黄氏日抄』、『眞西山集』の四部のことであろう。井上氏は自分のために購入したように言われるが、何か拠る資料があるのだろうか。また拝領であるから支払ってはいまい。

福岡藩は寛永十八年（一六四一）から長崎警備役となり、翌年佐賀藩にも同役が課せられ、両藩が一年交替で勤めることになっているので、長崎とは近い関係にあった。長崎へ書籍を買いにゆくことは他に例がないけれども、博多には長崎から書籍が来ていたようである。益軒の書翰㊈六一ノ二六一（五頁）には、

一博多に自長崎唐本多持来候。目録進候。

という文があり、また㊈五五ノ二三七（七頁）には、

一自長崎商人来候而石摺等持参候、鵞群帖なと当夏之半價ニ販申候。四書集注之小本等、唐詩選等参候。忠大夫殿なと床上之奇玩ニ御求被成候者、久野四兵衛殿長居ニ寓居仕居申候

という話もあり、㊈三八ノ一六五では、

長崎之書価之事十三経代銀三四百匁、朱子文集百四五十匁、遜思斎集四十匁、萬姓統譜百五十匁、大秖右之直位ニ而可有御座候。勿論、時ニ寄、本ニ寄、高下可有御座候

と長崎での一般的価格を報せているものもある。

益軒は著作も多かったから書物屋との関係も少なからずあり、

京都書物屋勘左ヱ門ゟ来書ニ、

大明一統志　集事涵海　遵世以師、韮間四適右之分賣指引相済候由申来候（㋘一三ノ七五八）

讀史管見四冊書肆吉郎兵衛状来只分見申候、其要之処ハ朱文公綱目ニて抄録候にても大略御事足可申候かと存候。然者只令金五両御出候而御求候ハンより倭文賤直之書之内切要なるも多可有御座候

と述べている。また、

此間京都書林勘兵衛家隷下候而開鋪雑書共多渉攙仕候（㋘一七ノ九九二）

のごとく、京都の本居の支店を出してくる例もある。

先便ニ販候書一箱を申候。定而とく届御讀取可被成候。大阪之書肆ゟも両所ゟ和漢写本共ニ上せ候へ、京都ゟ今程彼地ニ而拂よく價も可然など申来候へ共、先其元ニ上せ申候（松田植雄蔵　六四頁）

とあるは、大阪の本屋のことである。江戸は別として、上方、長崎あたりの書物屋と活発な交渉を持っている様子がよくわかる。

益軒は他人のために書物を注文してやったり、あるいは、

通鑑綱目三編　唐本無瑕　中本價銀三百匁右之本と和本と替申度との事に御座候　半右衛門殿御讀習ヒ被成候ニハ唐本ニ而ちと被用御力御覧可然候　よミよき事ハ御稽古被成候、□万申候　半右ヱ門殿御本ハ銀十枚　四百五十匁ニ而も有之候也。勿論唐本代之上之不足分ハ銀を出し可申由ニ御座候（㊈七六―三二）

などと、読書指導と書籍交換の手伝いをしていることもある。

このような益軒の活躍ぶりであるが、この延宝四年の長崎購入の唐本はどのような類の本であったかを、最後に

検討してみよう。

| | | |
|---|---|---|
| 六書精蘊 | 六冊六十匁 | 明魏校撰 書義共七巻 |
| 司馬温公集 | 十六冊六十匁 | 宋司馬光撰　冊数の合う版本は不明 |
| 皇明實記 | 十六冊二十三匁 | 不明 |
| 明記編年 | 六冊九匁 | 明鐘惺撰 |
| 路史 | 十六冊十五匁 | 宋羅泌撰　明呉弘基等校　重訂路史全本カ |
| 東莱博識 | 四冊七匁七分 | 宋呂祖謙撰 |
| 潜確類書 | 六十冊百匁 六帙 | 明陳仁錫編　潜確居　類書一二〇巻 |
| 羅豫章集 | 二冊十匁 | 宋羅従彦撰　十巻 |
| 易孤白解 | 三冊十匁 | 鐫方孟旋先生輯訂義　経狐白解八巻 |
| 圖史合考 | 十四冊十八匁 | 不明 |
| 雪菴清史 | 四冊十匁 | 明樂純撰　余應虬校　明萬暦四二年序刊　四冊 |
| 廸吉録 | 十冊十六匁 | 明顔茂猷撰　明崇禎四年序刊本 |
| 杜林合註 | 十二冊十五匁 | |
| 范文正公集 | 十四冊十五匁 | 宋范仲淹撰　明康丕揚校と明毛一鷺編と二種あり |
| 迺生八牋 | 十六冊十五匁 | 明高廉撰　萬暦一九年序刊本 |
| 詩学大成 | 八冊十五匁 | 元林楨編　明刊あり |
| 文字會寶 | 八冊二十匁 | 明朱文治撰 |

古唐詩帰　十六冊十五匁　　明鐘惺　譚元春撰

古詩帰一五巻　唐詩帰三六巻

黄氏日抄　二十冊百三十九匁　宋黄震撰

真西而山集　十八冊三十匁　宋真徳秀撰

右のように不明の分もあるが、ほぼ推定ができる。宋から明までの著であり、清朝のものはないように思える。それは延宝年間はなお清朝の遷界令施行中で、中国本土より来航する船がほとんどなかったためではないかと考えられるのである。

## 後記

一、本資料の公刊を許可された神宮文庫に対し感謝の意を表したい。

二、この資料の存在を私に教示されたのは、故長沢規矩也氏で、神宮文庫の漢籍調査中に発見され、故中村幸彦氏を通じて御連絡いただいた。その後長く調査の期を得ず過ごしていたが、一九九七年四月、皇學館大學に職を奉ずると、何はさておき文庫において拝見、ようやくここに紹介することができた。時に両先生は既に亡く、御目にかけることができないのを遺憾とする。

# 四、市橋下総守長昭について

## ――関西大学蔵個人文庫調査の一例――

市橋下総守長昭は、近江仁正寺藩の藩主で、安永二年（一七七三）四月七日に市橋長璉の長子として生まれ、天明五年（一七八五）十二月、父の死によって家督を継いだ。寛政二年（一七九〇）十一月二十七日に従五位下、下総守となる。文化十一年（一八一四）九月二十七日に四十二歳で死んだ。

彼は学問好きであり、蔵書家としても当時から有名であった。佐伯侯毛利高標と、鳥取池田藩の支藩の若桜藩主池田定常（松平縫殿頭）――普通号によって池田冠山という――、この三人は好学蔵書家として知られ、共に江戸城本丸殿中の柳の間詰大名であったことから、寛政の頃、「柳班の三賢侯」と称された。

市橋長昭に専伝はなく、彼を正面から取り上げたのは内藤湖南の「寛政時代の蔵書家市橋下総守」という、昭和三年五月二十日に大阪府立図書館で行なわれた講演で、後に『先哲の学問』に収められた。

湖南はその中で「此の人の蔵書に関することが何れの本にも書いてないことが不思議である」といい、市橋の蔵書については次の三点が明らかでないと言う。それは（一）市橋の蔵書については、どれだけの量があったのか、（二）「蟠閲余声」というものを見ると、「世間の人が余り読まない本をどんなによく見ていたかということの一端」

がうかがい知れる、㈢宋元版三十部を聖堂に献上した、という三点を説明したのである。

今、内藤文庫を調べると「緐閲余声」という薄い写本一冊があり、内題に「春痕録」巻之一として、自分の読んだ書物から気に入ったことを書き抜いたものである。この書の書き方は、読んだ書物から書き抜き、その最後に書名を書くというやり方で、甘健斎、夙興語（清、甘京撰）以下二十四冊の書名と文章が集まっている。その書名を集めて見ると、みな『昭代叢書』甲集、乙集、丙集、別集の中に含まれていることが明らかになり、更に、『昭代叢書』の渡来は、初渡は天明四年（一七八四）で比較的遅く、大田南畝『もすの草くき』巻上に記録されている改済書籍目録によれば、享和三年（一八〇三）の亥八番船が四部四套持って来たこともわかる。長昭はその頃に購入したのかも知れない。

ところで市橋長昭の蔵書がいかなるものであったかという問題について考えてみよう。

長昭は雅号を「黄雪園」と言ったが、関西大学図書館長沢文庫には「黄雪園書目　完」とし、表紙右上に「藁本（こうほん）」と認めたもの、「雪堂書目」と書いたものの二冊があり、家蔵に「黄雪園蔵書目録完」とある一冊がある。

この内、家蔵の「黄雪園蔵書目録」は黄色の罫線の入った罫紙を用い、内容別はいろは別にし、収載書籍は和本でごく一部に唐本と注したものを少量含む。

つぎに「雪堂書目」は同じ罫紙を用い、漢籍を記したもので墨付二十二丁、白紙の料紙十五丁、裏表紙中央に「黄雪書屋手輯」とし、経一、易類、第一とし、経史子集の四部分類にしている。同じ料紙を用いているので、両者を一対にして漢籍と和本を並べる意図であったと思う。この目録は全体を経史子集に分け、全部で三三九点である。

最後に、「黄雪園書目」の「藁本」とあるものである。

これは黒い罫の入った普通の罫紙に書かれ、経史子集の四部分類になっていて墨付は四十六丁、白紙一丁、書名の総数は四四四部である。この中で「宋刻巾周易注四冊」には、「此書、本不全、在洛之日、得一本、帰都後、得三本、遂得完」とし、「宋刻巾箱礼記鄭注二十冊」には、「此書亦本不全、得二本於京、得十八本於江都、遂、完璧」としており、在京の事を記し、更に、「近思録集解」には、「明板、石川丈山蔵書、享和壬戌在洛之日贈詩仙堂主東洲」の注記があって、享和壬戌、享和二年（一八〇二）に京都に居たことがわかる。

また、「佩文韻府」以下七点の書には「壬戌十一月十七日購」の注があり、「旧五代史」以下十一点の書には、「亥六月十七日購入」の注があり、この亥は自然、壬戌の翌年、享和三年癸亥の可能性が高い。彼は享和三年の武鑑では、大番頭役であり、多分二条城在勤の為に京都に滞在したと思われる。

市橋程の人物が、蔵書は増えこそすれ、減ることは考えられないから、「雪堂書目」が先にでき、その後「黄雪園書目」「藁本」が出来たと考えられ、しかも聖堂への献上は文化五年で、その宋元本はなお目録中に存するから、藁本の成立は、おそらく、文化元年から二、三年の間と見てよいのではないか。そして享和以後に集中的に蒐書した可能性を考えることができる。

# 五、静岡浅間神社蔵「大象図」考証

（一）

静岡浅間神社に「大象図」と称する縦九六センチ、横一七三・五センチの画面の紙本、着色、掛け軸仕立ての大幅が蔵され、同社の代表的な所蔵品の一つであるが、必ずしも一般に知られていないようである。

私はたまたまその所在を知り、平成十二年十月十五日に特に許されて拝観し、詳しい写真の提供を受けたので、ここにその考証を行ない、同社の社宝の一つを広く紹介したいと思う。

（二）

まず図の大略を説明しよう。中央に頭を左にして象の図を描く（図22）。象の首には一人の黒人が白い帽子と白い衣裳をまとい、赤い帯をし、手に象を引き回す手かぎを持ってまたがって乗っている。象の鼻先にもう一人の黒

図22●静岡浅間神社「大象図」

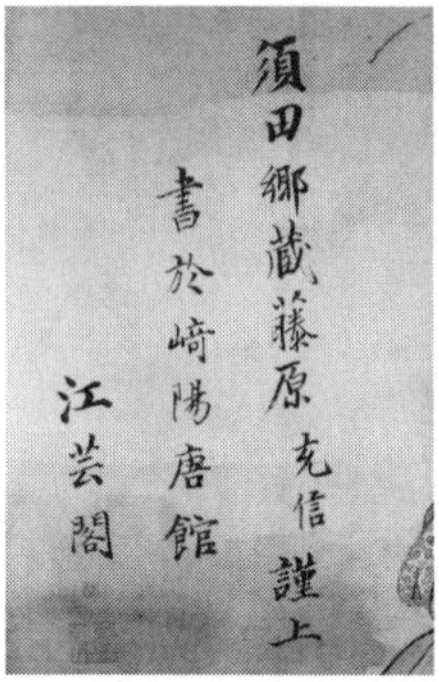


図24●「大象図」落款

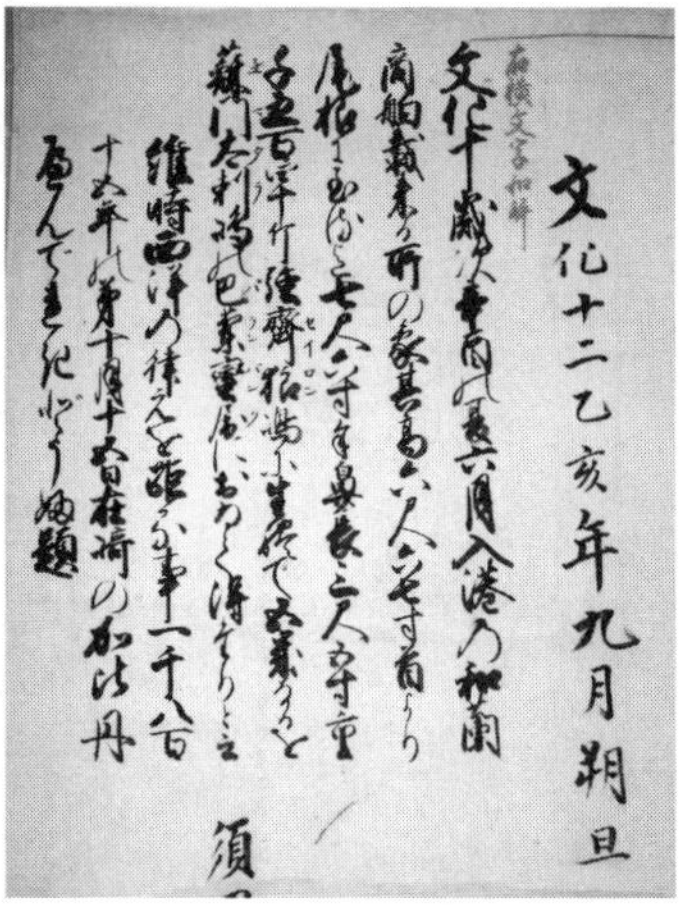


図23●「大象図」墨書

図25●「大象図」蘭文（部分）

人が座し、横に果物や草を盛った籠を置き、象に飼っており、象は鼻先に草をまいて口へ運ぼうとしている。黒人は白帽を着、白い衣裳に緑の帯をしている。籠と盛った果物、草などは美しい色で丁寧に描いている。図の右端、象の尾のところに三人のオランダ人が描かれ、右端の人物は黒い外衣を着て無帽、背が低く、中央の人物は緑の上衣、黒いズボンに赤い胴衣、白いマフラーをし、黒いつば広の帽子をかぶる。三人目はやや薄い緑の上着、赤い胴衣に黒いズボンで無帽、象の尻によって左半身しか見えない。上部に大きく奉納の二字があり、奉の字はやや異体である。

左上部から下部にかけて墨書がある。まず上部はつぎのように書く（図23）。

文化十二乙亥年九月朔旦

右横文字和解（朱書き）

文化十歳次辛酉の夏六月入港の和蘭

商船載来る所の象其高六尺六七寸首より

尾根に至るまて七尺六寸余鼻長三尺五寸重
千五百四十斤強斎狼嶋(セイロン)に生れて五歳なるを
蘇門太剌嶋(シユマタラ)の巴蘭蠻屈(バランバンク)におゐて得たりと云
　維時西洋の律元を距る事一千八百
　十五年の第十月十五日在崎の加比丹
　辺んで連紀どう帰題

文頭の文化十歳の文字の横に「右横文字和解」という朱書きがあり、文化の文字の頭から右の方へ赤い線を引いて、右のオランダ文につなぐ。

この墨書の下段中央に（図24）、

須田郷蔵藤原 充信 謹上
　書於崎陽唐館
　　江芸閣□□

とし、芸閣の下に朱印二顆を押捺する。その印文は、

| 芸閣 | 唐上柱國江 南節度使 二十三世孫 |
|---|---|
| 朱文 | 白文 |

である。

画の上部には今は黄色ぽくなった蘭文がある。文は以下の通りである（図25）。

De Oliphant die in t 10 jaar Boenqua alhier door de Hollanders aangebragtis, was in Ceylon gebooren en toen omtrend 5 jaarén. Oud hy was van. Palembang op Sumatra tot. Balaria gekoomen, Zÿne hoogte nas toen hy hier kwan 66 à 67 duymen de Lengte van de kop tot de Staart 76 duymen, de slurp was 35 duymen lang, en de geheele: zwaarte von dit beest emtrend 1540 latjes_Geschreeven in Japan ten Comptoire Nagazacky den 15 October A^e 1815

voor Hendr Doeff

さてこの象のことは、蘭文の日本語訳で述べてある通り、文化十年（一八一三）六月に入港したオランダ船が積んで来た五歳の象で、セイロンで生まれ、スマトラのパレンバンで手に入れたものである。積んで来た目的は将軍に献上するためであった。そのことは、ドゥーフの『日本回想録』(1)に、幕府への特別献上品として持ってきた品が列記されている中に見ることができる。すなわち、拳銃（ピストル）二個入一箱、壁かけの如く描かれた敷物一枚、大鏡二面、銀縁皿九枚附料理物鉢、書卓代用手風琴、綺麗な望遠鏡四個、硝子の外蓋附き置時計、象一頭である。

ところが最後の二品は受領されなかった。その理由は、時計はギリシア神話の絵で飾られ、すべて絵画は日本に輸入することを禁じられていたからであり、象は江戸へ運ぶことが困難だからであった。

（三）

文化十年に渡来した象に関する記事は、石塚豊芥子の『豊芥子日記』(2)に詳しい。豊芥子は江戸の人石塚重兵衛、屋号を鎌倉屋といった。

『豊芥子日記』巻上、第二十七和蘭象持渡という部分がこの象の記事である。その中にはまず入港したオランダ船の風説書が次のように記されている。

一、文化十癸酉年六月、長崎へ和蘭船二艘入津、風説書、今年來朝の和蘭船二艘、五月二十五日ジャガタラ表出帆、海上無二別條一今日御當地へ着岸仕候、右二艘の外類触無二御座一候、去る巳年申上候通り、ヱケレス、彿狽察、阿蘭陀國、戦争いよ〳〵相募り候得共、印度邊は及二平和一、且又去る丑年以來渡來なき次第は、本國筋戦争に付、敵船防の為船々本國表へ出張、ジャガタラ表船居合不レ申、既に今年迄も在合の船無レ之候に付、辨ガラ船二艘借受、乗渡り申候、且又去る亥年帰國のカピタン、ウエレルハルテナル、今年乗渡りの儀は、色々取調の儀有レ之に付、今般ゼネラルより調役申付、渡來仕候、尤右ハルテナルの儀は、今年直に歸國仕候積り御座候、随而本國筋戦争相募り、打續き三ヶ年ジャガタラ仕出し相成がたく、來船及二欠闕一に付ては、御當國の様子も難二相分一、自然在留カピタン、ヘンテレキリドフ、自分違變の儀等難二相計一、右等の節は、爲二代り一新カピ旦、アントフニヒアフラハムカサ、在留仕候ため連渡候得共、新渡りの者に御座候に付、此節猶諸事行届兼候に付、爲二後見一ハルテナル乗渡り候儀に御座候、去る巳年格別に旬季を急ぎ、ジャガタラ出船の節も、御當地へ着岸不レ仕、次でヱケレス敵船に出逢、其船も被二奪取一、乗船のものカピタンを初め、何れも廣東表ヱケレス商館へ差送り、同所よりジャガタラ表へ乗組み、阿蘭陀へ差還り申候、

去る巳年、御當地より帰帆仕候船、十一月十六日海上無難に、ジャガタラ表へ着船仕候、此外洋中において唐船見受不レ申候、右の外相變風説無二御座一候、已上、

六月十九日　通詞目付

大小通詞

一番船

カピタン、船頭、同、同

二番船

カピタン、船頭

右二艘分差出し、

出島白砂糖百四十萬斤　小木十三萬五千斤

胡椒一萬五千斤　象牙千四百斤

丁子一萬二千斤　錫七萬六千斤

鉛四萬八千斤　釷丹千三百斤

水銀二百斤　肉豆蔲一萬斤

紅雀三羽　千鳥一弱

長生鳩三羽　鸚鵡四羽

青音呼一羽　緋音呼四羽

山猫一疋　猿一疋

象一疋

都合二艘分

右來船の内象を初め、珍らしき禽獣の類、江戸表へ御調候處、御差戻に相成候、是珍禽奇獣不レ畜二於國一といへる、聖のいましめもありがたし。

この風説書の積荷の中では、象以外は先のドゥーフの回想録にあった幕府への特別献上品の中には出ていない。

そこで、後に書いた注記の中で、「象を初め珍らしき禽獣の類、江戸表へ御調候処、御差戻に相成候」という部分について他の資料との関連を指摘せねばならない。

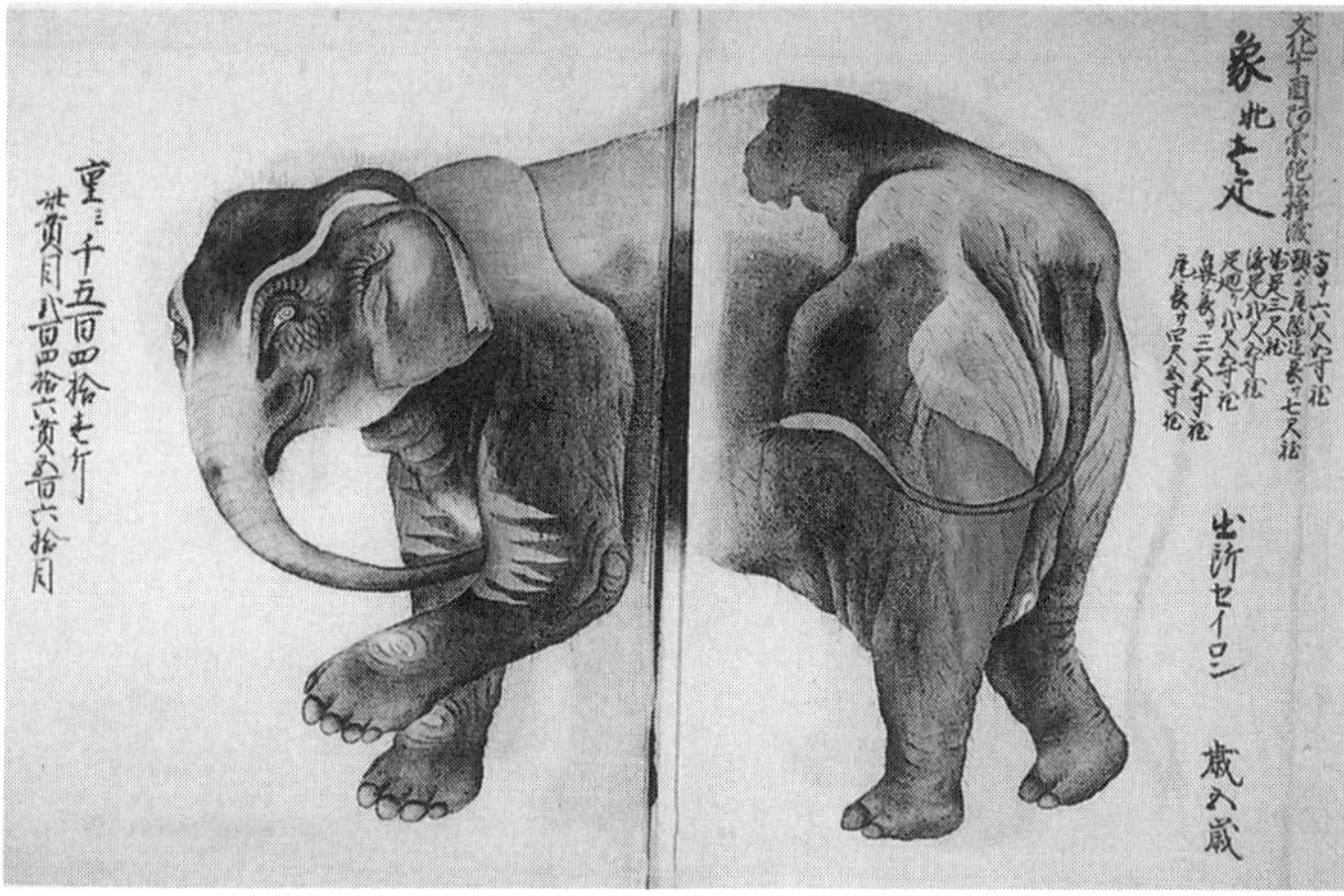


図26●『唐蘭船持渡鳥獣之図』象絵

慶応義塾大学図書館に『唐蘭船持渡鳥獣之図』[3]という五冊の折帖があり、『鳥之図』天・地二帖、『獣類之図』『鳥之図』『犬之図』各一帖よりなり、長崎代官高木氏が唐船、蘭船の持ち渡った動物類を江戸へ要不要を尋ねるために作った絵図の控図として作成した絵を、始めは巻子に、ついで明治二十年（一八八七）に折帖に仕立てなおしたものである。高木氏が幕府の御用の品を取扱うようになったのは、図録に附した目録兼由緒書の明治二十年十二月の高木菊次郎の記す来歴より、寛文の年（一六六一―七二）の初め以来のこととするが、この冊にあるものの年代を記すのは寛保年間（一七四一―四三）から嘉永年間（一八四八―五三）までの間のもので、年代を記さぬものの内に享保十三年（一七二八）の象の絵がある。

文化十年の象については磯野直秀氏の解説[4]の表現を借りると、

この図は観音開き式のおもちゃ絵で、鼻を延ばした象の像を描いた図の上に、左半分には象の前半身の絵四枚、右半分には後半身の絵一枚が張り付けられ、ほかにも小細工があって組合せで十数種の絵柄が楽しめる。

という（図26）。

象の後半身側の右上に、朱で「文化十酉阿蘭陀船持渡」と肩書し、「象牝壱疋」と墨書、その下に墨で細字で「高サ六尺五寸程」頭ゟ尾際迄長サ七尺程」前足三尺程」後足貳尺五寸程」足廻り貳尺五寸程」鼻長サ三尺五寸程」尾長サ四尺五寸程」と寸法を記し、その下に「出所セイロン」、「歳五歳」と説明する。

また前半身の頭部近くには「重ミ千五百四拾壹斤」卅貫目貳百四拾六貫五百六拾目」と重量を記す。

象の図右肩に加えられた朱書に注目して鳥之図を見ると、「大柴音呼」（オオハナインコ）、「猩猩音呼」（ヒインコ）、「五色音呼」（オトメズグロインコ）に朱で「文化十酉年阿蘭陀船持渡御伺相成り扣」の注記があり、獣類之図の中には「山猫牝壹疋」にも同様の注記を見る。この山猫には「面長サ貳寸五分程」高サ五寸程」頭ゟ尾際迄壱尺程」前足三寸程」後足三寸五分程」尾長サ九寸程」「出所咬𠺕吧」の墨書の注もある。[5]

これらはいずれも風説書の積荷中の動物と合致するものと考えられる。

『豊芥子日記』ではこのあとに「此節、蜀山人狂歌」として、

めずらしな象のさし櫛打連て
　寄合町にいづる新象
應永は初會享保はうらなれど
　三會目にはよばぬ新象

の二首をあげ、さらにそのあと日本への象の渡来の次第を述べている。豊芥子は蜀山人の二首目と同様に、応永年間に最初の象が来て、享保に二度目、今回が三度目という解説をしているが、これはいささか事実と異なる。

高島春雄氏の『動物渡来物語』[6]によると、日本に生きた象が渡来したのは一四〇八年、応永十五年に若狭国へ、

また同年六月二十二日に若狭についた南蛮船から、時の将軍足利義持へ、黒象一匹が、山馬一隻、孔雀二対、鸚鵡二対とともに寄進された。この黒象は義持から朝鮮国へ大蔵経を求めた時に贈られ、これが朝鮮への象の初渡という。次に一五七四年、天正二年七月に明船が博多へ象と虎を、翌一五七五年、同じく明船が豊後の臼杵の浦で大友義鎮に虎、孔雀等とともに象一匹を、そして一六〇二年、慶長七年に交趾から虎・孔雀とともに象一匹が徳川家康に贈られた。それで享保の象は第六回目の渡来に当るという。従って文化の象は第七回目で、その後、一八六三年、文久三年四月にアメリカ商船シタン号が横浜へ一頭を運び、この象は江戸西両国で見世物にし、翌々年には大阪でも見せたという。

この中で享保の象は、雌は長崎で病死したが、雄象は享保十四年三月十三日に長崎を出発、四月二十八日に京都で中御門天皇、霊元上皇にお見せし、五月二十五日に江戸に到着、二十七日に将軍吉宗は象を見た。『通交一覧』巻一七五、一七六にある「御所望象始末」に詳しい。この時江戸で作られた象潟屋清七版の瓦板、不明人の描いた象の図に伊藤東涯が賛を加えた軸、その東涯の賛をも含む堀河塾編纂の『詠象詩』、林家一門の詩を集めた『訓象編』をはじめ、『霊象貢珍記』、『象志』、『象のみつぎ』など当時の刊本などを今見ることができ、当時いかに日本中の耳目を集め、また多くの人が真の象の姿を認識したという点から、享保の象は最も有名である。(7)

## (四)

本節では、静岡浅間神社の「大象図」をきっかけに、文化の象の姿を集めてみよう。

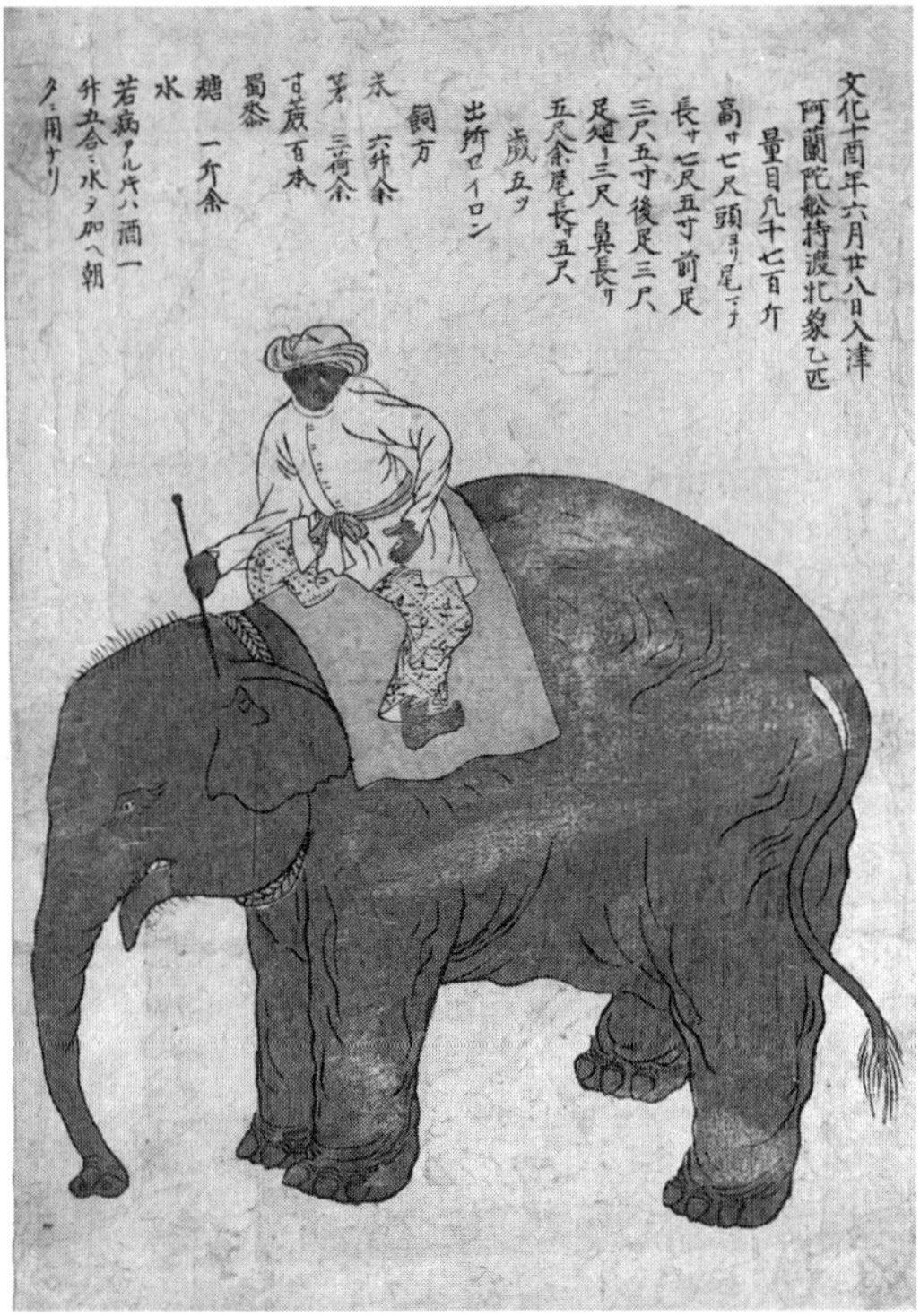

図27●版画「阿蘭陀船持渡牝象」

文化の象の絵姿は、先の慶応義塾大学図書館所蔵『唐蘭船持渡鳥獣之図』のほかに浮世絵に描かれて知られていた。まず神戸市立博物館に所蔵する「阿蘭陀船持渡牝象」の版画は、同館の絵葉書にもなり、最も有名なものであろう(図27)。左側を頭にして象の横側の姿が描かれ、黒人の象使いが敷物を敷いてまたがり、上部に、

文化十酉年六月廿八日入津、阿蘭陀船持渡牝象乙匹、量目凡千七百斤、高サ七尺、頭ヨリ尾マテ長サ七尺五寸、前足三尺五寸、後足三尺、足廻り三尺、鼻長サ五尺余、尾長サ五尺、歳五ツ、出所セイロン、飼方、米六升余、茅三荷余、甘庶百本、蜀黍、糖一斤余、水、若病アル𪜈ハ酒一升五合ニ水ヲ加ヘ朝夕ニ用ナリ

と説明を書く。

家蔵の版画も同巧であるが、横長にとり、象の頭は右側にあり、黒人の象使がやはり敷物を敷いてまたがっているが、服装は違う。説明は右側にあって、

文化十年酉六月廿七日入津ヲランタ船ヨリ連渡象　歳五歳　高サ六尺五寸　頭ヨリ尾際迄七尺　前足三尺　後足二尺五寸　足廻り二尺五寸　鼻長サ三尺五寸　尾長サ四尺五寸　爪二寸計生　出所ベンガラ

と書き、寸法は概して小ぶりになっている（図28）。ただ象の体つきも表情もよく似ていて、同一の実物を写したと考えられる。

つぎに神戸市立博物館所蔵の長崎大和屋の版画がある（図29）。象は頭を左にし、図の左上にOlifantと横文字を書き、その下に「蘭名　オリハント」と記し、右側に大きく「象（ゾウ）」の一字とその下に、

紅毛船持渡

牝一疋　出所セイロン

五歳　重サ千五百四十一斤

とし、さらに、「高サ六尺五寸、頭ヨリ尾際迄七尺、前足三尺、後足二尺五寸、鼻長サ三尺五寸、尾長サ四尺五寸」と列記している。

象の後足の所、すなわち図の右端には、オランダ人の士官らしい人物が椅子に座ってパイプを手にしており、象の中央部にはオランダ人の水夫が長い手かぎを杖（つえつ）いて首を士官の方に向けて立っている。象は全身は灰色に塗ってあるが頭部は薄茶色、首と前足両方の前面、背中の中央に黒い色の部分があり、左の臀部には水色のしみが描かれ、耳と首と足先は淡紅色である。この色の変っている部分の内、黒い部分と水色の部分であろうと思うが興味深い指摘を受けたことがあるので披露しておこう。

図28●版画「象図」

図29●長崎大和屋版画「大象図」

図30●石崎融思編の『全象活眼』

かつて平成三年四月に、関西大学図書館で、所蔵の象関係の資料の展観を行なった時、神戸市立博物館からこの象の版画のパネルを作って展示したことがあり、四月二十五日に私が主として享保の象の渡来について解説をした。その時、大阪の動物園から獣医さんと象の飼育係の方二名、宝塚動物園から象の飼育係二名が来聴に見え、会の後で暫時座談になったが、この図について、「貴方がたはこの絵の年代とか、由来とかに関心を持たれるでしょうが、私達は象の栄養が良いかどうかなどが気になります。この絵の象は皮膚病にかかっています」と指摘され、そこにいた文系の人間はあっと驚いた。つまり色が変っているのは皮膚病を患っているのだということである。そうすると、そのことから類推して、この版画は案外写実的に描かれているということになる。

図31●渡辺鶴州筆「象図」

従って、この絵では頭部が少し波打って描かれているが、慶応義塾大学の『蘭船持渡鳥獣之図』の象の絵もそのように描かれているところからみて、文化の象の個体の特色なのかも知れないのである。

つぎに図30は神戸市立博物館所蔵の石崎融思編の『全象活眼』である。ドゥーフが象を将軍に献上したいと願い出たので、長崎奉行遠山左衛門尉景晋は、唐絵目利の石崎融思に命じて象を写生させ、江戸に送って伺いをたてた。持ち帰りを命じられたことは既に申した通りであるが、融思が描いた象の図にドゥーフの賛などを添えて版行された。木版拓摺、色摺である。

図31は、渡辺鶴州の筆になる。黒人二人が象を飼っており、遠くにオランダ船二艘と、オランダの旗を立てたバッテイラが見える。神戸市立博物館の蔵。絹本、掛軸仕立。

図32と図33は共に神戸市立博物館蔵の版画で、図32には黒人が草を飼い、図33にはオランダ人の士官と水夫が対話している所が描かれ、士官の立つベランダは蘭館の建物の一部である。

図32●版画

図33●版画

図34は長崎の荒木如元の絵「長崎荒如元画」との落款があり、「崑崙奴象を御ながら巻たばこを吸ふ圖」とし、「これハ文化癸酉の夏長崎へ舶来牝象の写真なり」と小文字で記す。ただこの絵は『目ざまし草』という清中亭叔親の書いたたばこの本の中にある挿絵である。文化十二年三月の序がある。モディの著より採った。[8]

図35はオランダ人の立姿に象を配した波了の筆。同じくモディに著録する。[9]

図36は仙台の画家菅井梅関の筆、梅関は長崎に来て江稼圃について画業を学んだ。この図は支倉六右衛門の肖像である。支倉六右衛門は常長のことで伊達政宗によってスペイン・イタリアに遣わされた慶長遣欧使節の大使である。元和六年（一六二〇）六月、マニラ経由で長崎に着き、仙台へ帰った。この図には、「丙子晩秋寫於崎陽客舎」仙臺　東齋」の落款がある。丙子は文化十三年（一八一六）に当るので、おそらく梅関は文化の象を実見し、仙台の支倉常長を思い、象に騎乗さ

図34●荒木如元筆「崑崙奴象を御ながら巻たばこを吸ふ圖」

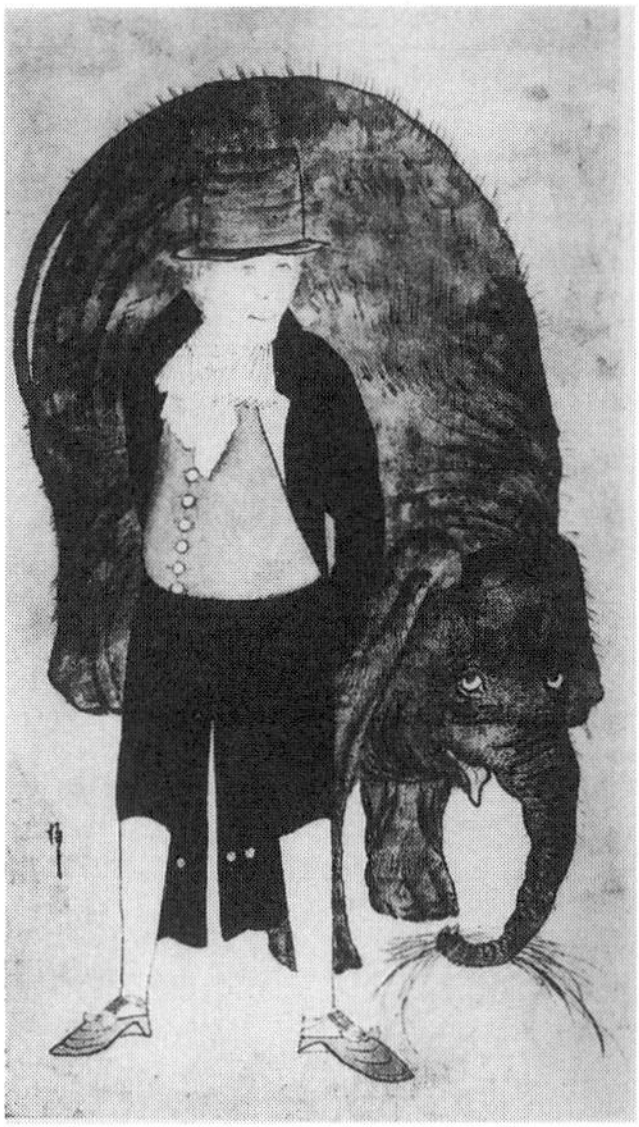

図35●波了筆「阿蘭陀人と象之圖」

図36●菅井梅関筆「支倉六右衛門肖像」

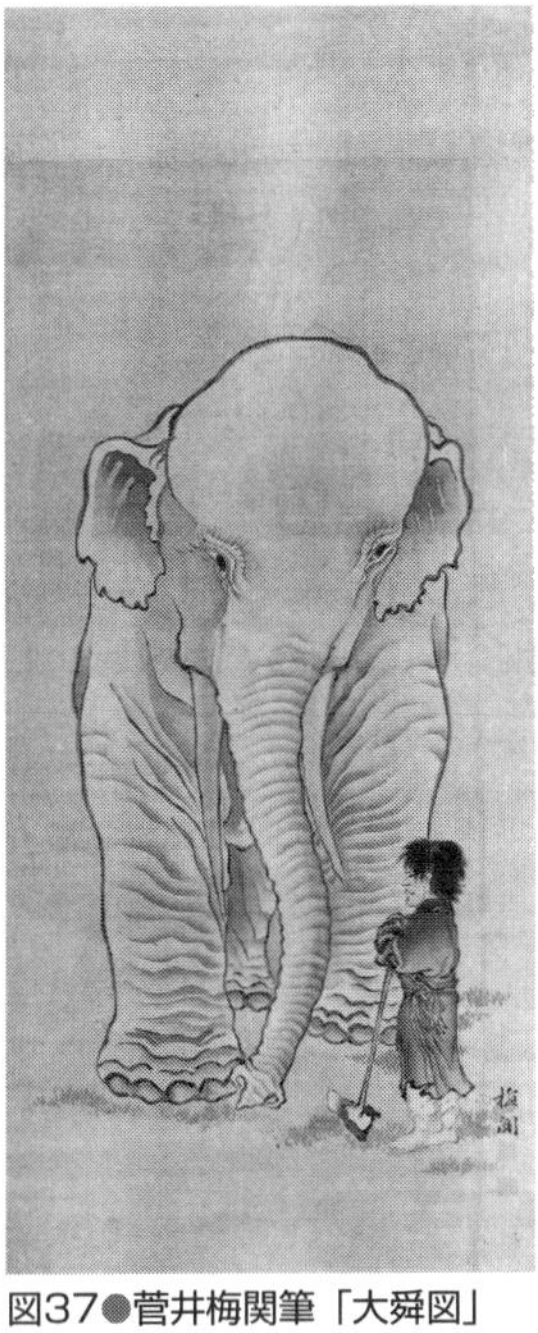

図37●菅井梅関筆「大舜図」

図38●菅井梅関筆「象図」

せて描いたのであろう。手に象を扱う手かぎを持たせているところも面白い。原画の所在は不明、モディ書よりとる[10]。

図37は同じ菅井梅関の「大舜図」である。白象は神性を帯びた象であることを示し、吉宗が享保十一年に象を牽き渡るべしと命じた時は、白象を連れてくるように希望したが、引請けた船頭呉子明は白象はめったにいないから灰色の象で辛抱してくれと要めている。

儒教の方では、舜が継母にいじめられて一人で耕していた時、天が孝心を憐れんで象を遣わして耘らせたという二十四孝の話で白象が現れるが、この象は牙が二対あることになっている。梅関の図は象を正面から描き、小さな舜が威厳を見せて立っている実に心にくい構図で、象の正面の図は伊藤若冲にもあるが、梅関の腕前を十分に見ることができる。なお文化の象は雌だから牙はない。ちなみに仏教の方では象は普賢菩薩を乗せた白象があるが、この象は牙は三対ということになっている。「大舜図」は仙台市博物館の菅井梅関展図録よりとった。個人蔵。

図38も梅関の象の図で、文化の象を基本に想像を加えた作品である。仙台市博物館蔵。

図39と図40はともに長崎版画。オランダ人が象に乗っている図、あるいは移動している姿であるが、図39の象はなお写実性があるが図40の方は写実性がくずれている。共にモディの書よりとる[11]。

このほか一九九八年の神戸市立博物館特別展図録『日蘭交流のかけ橋』には、第四八図に黒人を乗せて立上がろうとする象の図にオランダ語の賛のついた、個人蔵の絵が出ている。その他にも鏑木梅渓の「孝子雲譚」にも象の絵があると聞いた。なお将来も資料の蒐集につとめたい。

ところで、多くの画家の名前の作品を見たが、肝腎の静岡浅間神社の「大象図」は誰の手になるのであろうか。神社では鏑木梅渓の筆となっているが、その根拠は画幅の箱書に「清人江芸閣書、和蘭人甲比丹書、崎陽画工梅渓筆、須田郷蔵謹上」となっていることにある、と古賀十二郎氏はいう。ただ、今はその箱はない。

図39●長崎版画「紅毛人並象圖」

図40●長崎版画「紅毛人巡見之圖」

ところがこのことについて、古賀十二郎氏は『長崎画史彙伝』(12)の中で、梅渓は『広益諸家人名録』に享和三年正月二日歿、年五十四とあり、『雲室随筆』には同年二月四日の死が記録されているが、市河寛斎の『寛斎先生余稿』中梅渓画譜の序文より逆算しても享和三年の死歿は裏付けられることを述べ、「大象図」は箱書に拘らず、梅渓の筆とは認められないとしていて、この点は疑問がないようである。とすれば、画人は誰かという問題が、後に残る。専門家の鑑定を希望する。

## (五)

「大象図」に名前の出ている人物について多少の考察をしておきたい。

まず江芸閣である。蛇足ながら「芸」の時はこれ自体が正字で、香草の名や蔬菜の名のほか、さかんなさま、多いさま、くさぎるなどの意味があり、有名な石上宅嗣の「芸亭」もこの文字を使う。藝術の藝の字の教育漢字に指定されてから本来の意味を失ってしまい、今や漢字典の中には藝の意味のみを書き小さく（参考）として芸（うん）は別字としているが、別字の何であるかの説明はない。この人物は「コウウンカク」である。

江芸閣は、頼山陽が会おうとして長崎に来たが長崎に居なかったことを始めとして、文化・文政期に来航していた清人の中では著名な人物であり、またいろいろな所にその筆蹟が残っているが、必ずしもその行状は定かにはなっていない。そこでまず彼の来航を確証する資料から検討してみよう。

その資料とは長崎県立長崎図書館所蔵の『割符留帳』[13]で、正徳新令以来唐人に支給した、一般に信牌（しんぱい）とよぶ貿易許可証の発行台帳である。現在残っているのは文化十二年以後の分二冊と、別に番外船に与えた分を集めた寛政五年（一七九三）以後のもの一冊のみである。その形式は、各丁の表にまず与えた信牌の名儀人のことを書き、ついで具体的にその名儀の信牌を誰に与え、その際下名が立合ったという趣旨の本文を書き、その後に立合った唐通事の名前と印判がなされていて、通事の連名は各丁の裏へ及んでいる。そして最初の名儀人を書いた部分の上部には、信牌とこの帳簿との間に施された割印の一部が残っており、その印文は「永以為好」である。

信牌を持った唐人が入港すると、その信牌はこの留帳と合わせて確認され、裏面の上部に入港の年月日と船頭など役者の名前が朱書される。持参人は名義人と違っても構わないので、事実同じ場合の方が少ない。

そこで名儀人及び事実入港した人名とを調べてみると、江芸閣は左の通り来航している。

1　文政己卯（二年）二月廿四日夕入津　船主　沈綺泉・同江芸閣　卯壹番
2　文政壬午（五年）六月十八日暁入津　在留船主譚竹庵　財副江芸閣　午貳番
3　文政壬午（五年）十二月十五日夜入津　天草郡崎津村漂着　船主江芸閣　同沈綺泉　午六番
4　文政甲申（七年）正月八日入津薩州片浦漂着　沈綺泉　江芸閣　未七番
5　文政甲申（七年）七月五日入津　沈綺泉　江芸閣　脇船主金琴江　申三番
6　文政乙酉（八年）六月六日入津　在留船主　沈綺泉　脇船主江芸閣　酉三番
7　文政丙戌（九年）四月十九日入津　在留船主夏雨村　財副江芸閣　戌壹番
8　文政丁亥（十年）閏六月三日夕入津　船主江芸閣　同金琴江　亥二番
9　文政丁亥（十年）十二月八日夜入津薩州羽嶋漂着　在留船主江芸閣　財副鈕梧亭　亥十番
10　文政戊子（十一年）四月十九日付信牌名儀人
11　文政己丑（十二年）二月八日入津薩州山川漂着　船主沈秋屏　同江芸閣　子八番
12　文政庚寅（十三年）六月十三日入津　在留船主沈秋屏　脇船主江芸閣　寅壹番
13　文政庚寅（十三年）十二月十九日夜入津薩州羽島漂着　在留船主江芸閣　脇船主鈕梧亭　寅九番
14　天保辛卯（二年）四月十六日信牌名儀人

15　天保辛卯（二年）十二月十四日夕入津五嶋深江漂着　在留船主江芸閣　脇船主沈耘穀　卯貳番
16　天保壬辰（三年）四月十一日信牌名儀人

以上十六項目にわたって公式記録があるということになる。

この中で船主は船頭ともいい、船の荷主に代って商売を取りしきる。副船主はその補助者、財副は経理担当者でこの三者が商売の責任者である。その人名は以上の例でもわかるように、その時の都合で同一人が入れかわって勤めている。卯二番などというのは番立てといってその年の入港船に最初から入港順に番号を与え、その年内の割当貿易高を消化するが、その年の入港の具合によって(11)の例のように前年の番立てに入れることもある。

このリストにより、江芸閣は文政二年（一八一九）に一度、文政五年（一八二二）に二度、文政七年（一八二四）に二度、文政八年、九年に各一度、文政十年（一八二七）には閏六月三日に入津してより十一年四月まで唐人屋敷に在留、文政十二年（一八二九）に一度来航し、文政十三年には六月十三日に入津してから天保三年（一八三二）四月まで唐人屋敷に在留し、その後帰国して再び渡航しなかったということになる。

なお長崎市立博物館聖堂文庫に残る配銅証文を見ると、江芸閣は文政六年四月、文政十年九月、天保二年四月、天保三年四月の四度証文を受け取っているが、文政六年の分は文政五年午六番船の帰帆時に、他の三回は在留船主として受領していたと考えられ、資料に矛盾はない。

このように『割符留帳』で江芸閣の来航を確認してみると、彼の滞日の最後は天保三年四月頃と確認されるが、最初は留帳が文化十二年以降の分のみであるため確かめることができない。そこで「大象図」に明らかに文化十二乙亥年九月朔旦の日付があって江芸閣が署名している以上、少なくともこの年以前より来航していた証拠を得たことになる。(14)

かくして芸閣の長崎来航の日を探ってみると、頼山陽が文政元年五月二十三日に長崎に到着し、九十日の間滞在して芸閣の入港を待ったが、遂に面会をすることができなかったという話(15)も、そうであったろうと確認できる。また、文政九年正月元日に遠州下吉田に漂着した得泰船が、長崎へ回漕され、修理を受けたのに、随行役をつとめた野田笛浦が、同船の朱柳橋の手引で唐人邸で酒食を供応され、その場で江芸閣に面会したこともまた辻褄があう。(16)

江芸閣の兄は江稼圃という。(17)前節に菅井梅関の師として名前をあげた人物である。江稼圃は、伊孚九、費漢源、張秋谷とともに世に来舶四大家とされると、浅野楳堂が『漱芳閣書画銘心録』で言っているほどもてはやされた。稼圃は号で、名は大来、字は泰交、または連山ともいい、蘇州の人である。大田南畝の文化元年十二月十六日付大田定吉宛書函に、(18)

一当年入津唐人頭立候もの計名前別紙入御覧候。此中に九番船江泰交と申もの、書画宜候由に付絹地遣し置候。医胡兆新書も宜候間是亦絹地遣し置候。何にても亦々御好みの詩歟文字等候ば書せ遣し可申候。李白題詩、水西寺の詩も頼み置候。

別紙

| | | | | | |
|---|---|---|---|---|---|
| 子九番船頭 船名〔皆吉〕 | 張秋琴 | 同財副 江泰交 | 同 蒋岳初 | 同安針役 王偉燦 | 同物代 林建揺 |
| 同十番船頭 船名〔金源盛〕 | 許錫綸 | 同財副 夏雨村 | 同 銭守和 | 同安針役 李瑞森 | 同物代 黄成懋 |
| 丑一番船頭 船名〔永泰〕 | 沈九霞 | 同財副 陳升階 | 同 沈起潜 | 同安針役 林徳海 | 同物代 程在郊 |

丑二番船頭
船名〔金全勝〕　陳国振　同財副 沈啓堂　同 銭雲亭　同安針役 邱有斌　同惣代 呉得玉

丑三番船頭
船名〔金得勝〕　汪晴川　同 揚玉亭　同 劉映堂　同安針役 黄光明　同惣代 鄭得青

丑四番船頭
船名〔永興〕　劉景筠　同財副 陳光烈　同 銭位吉　同夥長（安針役） 李造使　同惣官（惣代） 陳義彬

丑五番船頭
船名〔大万安〕　孫瑞章　同 姚静安　同 王宗鼎

此船五島鯛之浦にて破船、水船に成候。孫瑞章は損瑞相と戯言に申候。此外工社（水主の事）等大勢名前略之。

とし、絹地を遺して書画を求めたこと、子九番船の財副（経理担当者）であることを伝える。また同人宛十二月二十六日付書函では、[19]

一子九番船江泰交と申候は落第之書生にて書画を善く致し候。闇絹地頼置申候。大力にて文武ともにすぐれ候へ共賄賂なくては及第出来不申由。画の文鎮に大きなる斧の頭をいたし候は武を忘れざる志の由。夫故商売の事にはうとく御座候。和漢共に可嘆々々。

と言って、科挙の落第の書生という。これは他の例から考えると中央の科挙試験には合格せず、地方の歳貢生には合格していた人の場合が多く、しかるべき知識人である。のち南畝は江稼圃本人に出会い、『瓊浦雑綴』[20]に文化二年二月二日の条に、

江泰交 江大来、字泰交、号稼圃 をも見しが、大きなる漢なり、髭もうるはしくみゆる

とする。

江芸閣は稼圃の弟で、名は大梱、辛夷は字、号は芸閣という。詩文を善くし、書もよかった。画も浅野長祚は画梅にすこぶる韻致ありという。しかし兄がいたので比較すれば劣ったのかも知れない。書は今に伝わるものが少なくないが、大略には行書である。しかし、「大象図」では楷書で念を入れて書いており、奉納の為と目的を認識していたのであろう。年紀、津田郷蔵の行、自署の各部分は芸閣の筆であろう。また印に唐上柱国江南節度使二十三世孫とするのは珍しい。これも奉納を意識して改まった態度で書いているからであろう。

芸閣は引田屋の遊女袖咲を寵愛していたことは、頼山陽、梁川星巌、田能村竹田などによって喧伝されていた[21]。ただ、山陽など当時の著名文人が喧伝したため特に浮名が高かったのではないかと思われ、文化・文政の文人サロンの恰好の話題を提供したのかも知れない。

もう一人説明すべき人物は蘭文を書き加えたドゥーフ、ヘンデレキ・ドゥーフ（Hendrik Doeff）である。『国史大辞典』にある沼田次郎氏の解説を要約すると、寛政十一年（一七九九）に出島商館の筆者頭として来日、一旦バタビアに帰り、翌年新商館長ワルデナール（Willam Wardenaar）と共に再来、享和三年（一八〇三）に二十七歳で商館長に昇任した。ところがオランダは、フランス革命・ナポレオン戦争のため一七九五年以降フランスの治下にあり、英国と戦争状態であり、文化六年（一八〇九）を最後に同十四年まで長崎にオランダ船を派遣することができなかった。その間文化五年（一八〇八）には英艦フェートン号が長崎を脅かし、同十年・十一年には英国のラッフルズ（Thomas S. Raffles）による出島商館接収の企図があり、出島商館の存立も危機に瀕したが、ドゥーフはよくその危機を乗切った。文化三・七・十一年の三度江戸に参府、滞日中オランダ通詞を指導して蘭日辞典（道富ハルマ・長崎ハルマ）を編纂した。文化十四年にバタビアに帰る。一八三五年にアムステルダムで死んだ、という。

「ドゥーフ・ハルマ」は日蘭関係史上不滅の業績であるが、この象を積んで来た船は、ラッフルズのほかにワルデナールがイギリス側の立場で来日しており、ドゥーフの『日本回想録』では彼等との折衝の様子も察することができるし、日本人の和蘭通辞の中には相手側の味方をする者もいたという[22]。

ただ最後までオランダ船として帰帆させたのもドゥーフの外交手腕によるのであろうと思うが、この象がそういう複雑な外交関係の中で渡来したものであるから、別の意味で注目すべき象であった。なお「大象図」の三人の蘭人中右端がドゥーフであろうか。

なお奉献者須田郷蔵は文化十一年の九月二十日、阿蘭陀船出帆に際し、花井恒蔵と共に本船に検使として趣き、また十月朔は出島に検使として、佐藤覚之進と共に出向いていることが、オランダ通詞の『万記帳』[23]に見えるので、時の長崎勤番の奉行、遠山左衛門尉景晋の与力であったと考えられる。

遠山景晋は、文化九年九月七日に長崎に着任、文化十年九月二十二日に長崎を発して江戸へ戻り、同十一年九月六日に長崎へ帰任、翌十二年九月二十二日長崎を出て江戸へ戻った。須田郷蔵は遠山奉行と行動を共にしている可能性があるが、文化九・十年長崎勤番の時に、十年六月二十八日、オランダ船二隻が入港し、二番船に問題の象が乗っていた。この象を積んだ船は二隻共、九月二十日に長崎を出航したことは、次節の市河寛斎の手紙でわかる。

ついで文化十一年九月六日に長崎に着いた遠山景晋すなわち須田郷蔵は、九月二十日に帰帆するこのオランダ船の検使に行ったわけである。

そして文化十二年に何びとかに象の図を描かせ、江芸閣の跋は九月一日にできた。ドゥーフの蘭語の跋文は十月十五日付であるが、これは西洋暦で、日本暦では九月十二日に当る。左上の訳文は年番大通詞石橋助次右衛門の行なったものであろう。須田郷蔵の地位から見てそういえる。そして須田は九月二十二日に長崎を出発した。江戸へ帰る途上駿府で浅間神社に奉納したものか否かは明らかではない。また、何故浅間神社に関係があったのかも、問題は将来に残したい。

## （六）

最後に、この象を長崎で見て、江戸へ手紙で報せていた人物について述べておこう。その人は幕末の三筆として有名な書家市河米庵の父寛斎で、文化十年、牧野大和守成傑の幕賓として随行した。成傑は寛斎の弟子であったためである。寛斎の役割は書籍骨董の鑑定が主なもので、唐船の荷物吟味のある時は検使として出役した。

文化十一年六月十七日の寛斎の書函で江芸閣の来航が伝えられ、七月六日以後時々会っている。七月十七日には芸閣が米庵の「試毫帖」に跋を書き、

観於崎館停雲樓之、松壷閣、姑蘇芸閣江大楣識

とし、印には「唐上柱国江南節度使二十三世孫」という例の「大象図」の印を捺しているという、これらの記事はいずれも市河三喜氏の「長崎と米庵及び寛斎」(24)に引用されているものである。

○六月十七日のものに

此度の船には江荷浦之弟江蕙圃名大槐見え候。詩書に耽り候人物にて候。其外に張秋琴参り申候。當夏は大に咄も出来可申と楽み申候

とあり、また、

○七月六日の手紙には

先便申遣候通、此度は張秋琴江芸閣参り候。當朔日に始て館内へ参り逢申候。両人共温柔の質にて筆談往来面白事共也。

秋琴は去年全唐詩逸百絶等にて翁を存居申候ゆへ、弥咄も出来申候。芸閣は詩書共宜候。此末滞留中唱和も可致由約置申候。

とある。

ただ、七月二十七日の手紙では、「江芸閣は売買にも一向無心で詩書のみを楽しんでいる」といい、又、「書法は甚だ早速にて兆新などとは大違に御座候。夫故面白くもなく候也」と感想を残している。

ところで前年九月八日の手紙により市河三喜氏は左のような記事を書く。

中でも最も興味の有る注文品で、しかも主要視されたらしい品は「象汗」である。九月八日安着を報じると次に「象汗の事頼置申候」とあり、同二十日の書簡に「前日大阪まで申越され候本藩御誂の象汗の事、早々鎮台へも御咄申、去る十五日に西御役所へ、蘭船主並に榜葛剌人両人大象を引出され候。象の珍奇は申に不及候。其節紅木綿の切れにて象汗を拭せ申候間、此度差越申候。木綿三尺は本藩及大聖寺藩の御用に差上げらるべく候。残り二尺は其元へ進申候。其後象も本国へ御帰しに成、乗船いたし、今二十日出帆いたし候。最早再来はなきと申事、長崎中見物如牆」。又十一月二十七日附の書簡に「象汗の紅木綿御落手の由大慶候」とある。

市河三喜氏はこのあと静岡浅間神社の「大象図」の所在にふれ、その内容を紹介したあと、象汗の用途は判明しないが、本草学で尿を治療に用いるところから、痘瘡のまじないではないかということを推察されている。享保の象では「象洞（ほら）」といって、象の糞を薬にしたという話もあり、この推定は当っているかもしれない。
ともあれ長崎中の見物する中を、問題の蘭船が秘めたる目的を果さず、象を積んで、文化十一年九月二十日に出港したというのである。おそらくドゥーフは、無事出島を守り得たことを喜びながら、文化十二年九月、この象の由来を「大象図」に書きつけたことであろう。

註

（1）斎藤阿具訳註『ヅーフ日本回想録』『異国叢書』所収　一九二八年八月　駿南社刊
（2）豊芥子日記『近世風俗見聞集第三』一九一三年六月　国書刊行会刊　四六一頁
（3）『舶来鳥獣図誌』「博物図譜ライブラリー5　唐蘭船持渡鳥獣之図と外国産鳥之図」磯野直秀・内田康夫解説　一九九二年四月　八坂書房刊
（4）註（3）一一九頁
（5）註（3）一二二頁、一二三頁、一二四頁、一二五頁及び七二頁に各々図がある。
（6）高島春雄『動物物語』一九五五年三月　学風書院刊
（7）享保の象については、大庭脩『江戸時代の日中秘話』一九八〇年五月　東方書店刊の「第七章　象の旅」及び「中井履軒作・象鈕の印より出発して」『懐徳』五七号　一九八八年一二月発行　参照。
（8）N. H. N. MODY : A Collection of Nagasaki Colour Prints and Paintings- Showing Influence of Chinese and European on that of Japan- Published by Charles E. Tuttle Company, Inc. of Putland, Vermont & Tokyo, Japan, 1969（Originally Published on January, 1939）　図は同書Pl. 161
（9）註（8）のPL. 178・Fig.2

（10）註（8）のPL. 179
（11）註（8）のPL. 119　図はFig. 1、図Fig. 2
（12）古賀十二郎『長崎画史彙伝』一九八三年十一年月　大正堂書店刊
なお、象の図について、神戸市立博物館学芸員岡正泰氏、及び菅井梅関の象図については、仙台市博物館学芸員樋口智之氏にお世話になったことを記し、感謝したい。
（13）大庭脩編『唐船進港回棹録・島原本唐人風説書・割符留帳―近世日中交渉史料集―』一九七四年三月　関西大学東西学術研究所刊
（14）本稿第六節参照、来航はさらに遡る。
（15）田能村竹田『卜夜快語』『日本儒林叢書　二』所収
（16）野田笛畝「得泰船筆語」『文政九年遠州漂着得泰船資料』一九八六年三月　関西大学出版部刊　五二四頁参照。
（17）註（12）四二五頁、五一八頁以降
（18）『大田南畝全集』第十九巻　岩波書店刊　一二八頁
（19）註（18）一三五頁
（20）『大田南畝全集』第八巻　岩波書店刊　五一五頁
（21）古賀十二郎『丸山遊女と唐紅毛人』一九六八年八月　長崎文献社刊　前編六六二頁
（22）註（1）
（23）須田郷蔵の名前を『万記帳』の中に見つけ、いちはやく報告してくれたのは、本学国史学研究科前期課程の盛山隆行君である。
（24）「長崎高等商業学校研究館年報　商業と経済」第十八年第一冊　一九三七年十月一日発行
市河三喜氏は東京帝国大学教授となった英語学の大家として有名であるが、市河米庵の孫にあたり、本文章は自家に存する

寛斎の書函によって書かれたもので、信頼できる資料である。およそ場違いの本文章が長崎高商の論集に掲載されたのは、同校校長武藤長蔵氏の質問に答えるためであった。

# 六、日本漂着唐船の消息

## （一）漂着唐船への関心

江戸時代の何時に、如何なる種類の書籍がどれ程の量日本に渡来したのかという、いわゆる「唐船持渡書（とうせんもちわたりしょ）」の研究を始めた当初は、思想史や書誌学の問題として調査を進めていたが、その資料の内、齎来書目（さいらいしょもく）や書籍元帳（もとちょう）などを整理し始めると、どうやら輸入手続の過程で作られる順に整理するのが最も納まりがよいことに気がつき、そこで私は貿易史の分野に視野が広がることになった。そうすると当然、一年間に長崎へ入港する唐船の内、何艘が書籍を積んでいたのだろうか、一艘の積荷の中で、書籍はどれ程の量を占めていたのであろうかという疑問に対面することになった。そこで、入港する唐船、蘭船の積荷に関しては、内閣文庫にある『唐蛮貨物帳』が唯一の資料で、それはわずかに宝永六年（一七〇九）七月から正徳三年（一七一三）十一月までの間に限られ、しかも一年間の入港船の積荷が全部わかるのは正徳元年（一七一一）のみであることが判明すると、何と、長崎貿易の実態というものは、かくもわかりにくいものであるのかと驚いたものであった。

ところがその頃、大学図書館で全く偶然に開いてみた山根有三氏編になる『小西家旧蔵光琳関係資料とその研究』

という書の中に、「小西方淑覚書」として、元禄十一年（一六九八）正月四日付の寧波船主王懋功・劉上卿が五島の奉行に差し出した難破船の積荷目録が出ているのを見た。何故この本を開いて見たのか覚えがないので、先日大阪天地書房の目録に同書が出ているのを懐かしく思って購入し、改めて開いて見ても理由はわからず、ただこの本の初版が昭和三十七年三月三十一日であることから、ちょうど唐船持渡書の資料を探し始めた昭和三十八年に近いので、図書館の新刊書コーナーにあったものを見たか、図書館員の誰かに教えられて見たのであろうと想像がついた。ちなみにこの船は書籍六十箱を積んでいたが、その中に禁書があったため、元禄十一年二十八番船として長崎で取り扱われた時、書物は積み戻しを命じられた。

ただ、この「小西方淑覚書」がヒントになって、平沢元愷の『瓊浦偶筆』の中から安永四年（一七七五）六月、未八番廈門船の通船貨冊を見つけ、別に朝川善庵の『清船筆話』を内閣文庫で見て、文化十二年（一八一五）十二月廿九日に伊豆の下田に漂着した南京永茂船（永茂は船名）の積荷が記録されているのを唐船持渡書の研究に用いた。

積荷の中にどの程度書籍を積んでいるのかという貿易史としての興味は、更に進んで、来航した唐船はどんな形をした船だったのかという興味に発展し、平戸松浦史料博物館所蔵の『唐船の図』や、オーストラリア、メルボルン、ビクトリア美術館所蔵の『異域船図』など中国来航船の姿を考えるようになった。

しかし、このような方向へ興味が拡大してゆく途中で、はっきり認識できたことは、長崎へ無事入港し、順調に商売をとげて帰帆した船の資料はほとんど残らず、むしろ日本国内の何処かに漂着した船の資料は、非常に詳しく残っているという事実であった。従来、日本人の漂流記については多くの研究があり、小説の作品もいくつかあるのに対し、日本への外国人の漂着記録については、一向に関心をよんでいなかった。その結果、学生の中には無造作に、「日本からの漂流民は中国では人道的な取り扱いを受けたが、日本へ漂着した中国人は厳しく取り調べられ、非人道的な扱いを受けた」という論理を展開する者がいる。これは日本人を悪役に仕立てておけば物事は落ちつくという戦後教育の成果で、非科学的、非実証的な点では、皇国史観と選ぶところがない。

しかし、そのことよりも、通常的、日常的な貿易においては特に後世にまで資料は残らないが、漂着というような非日常的な事件は、多くの資料が残るものであるという、歴史史料の特性を、この場合にも見ることができるという意味において、遥かに歴史研究上意義深い例だと言えるだろう。こういう風に考えて私は、江戸時代に日本へ漂着した唐船の資料を探すことにしたのである。そしてその場合、最も多く漂着の事実を伝えているのは『通航一覧』の書であった。『通航一覧』は嘉永三年（一八五〇）、林大学頭健（壮軒）・林式部少輔 （復斎）らが主宰し、昌平坂学問所内の沿革調所において編修された対外関係に関する歴史であるが、同一事件に関して多くの史料を並記し、編修者の意見は最小限にとどめるという、林述斎衡が始めた幕府の編纂書の方針に従ったもので、『徳川実紀』などと同様その出典も注記している。このことは、『通航一覧』は外交上の事実を示すと共に、典拠となった原典をも知り、しかもその多くは内閣文庫に所蔵されているのだから、いわば内閣文庫にある外交関係史料の索引の役割をも兼ねているといえるものであった。

## (二)　漂船二例

このような問題関心から、私は関西大学東西学術研究所で、資料集刊十三を「江戸時代漂着唐船資料集」とし、整理がつくに従って一船ごとに、その船や乗組員に関わる資料を集めて一冊の資料集を編むように計画を立て、私自身はそのうちで、第一集と第五集を担当した。これらを例にどういうことができるのかを紹介してみたい。

まず第一集は『宝暦三年（一七五三）八丈島漂着南京船資料』である。

宝暦三年癸酉の年の十二月十日、八丈島の南岸大賀郷に唐船が漂着した。この船は前年（宝暦二年、清乾隆十七年）十一月二十一日浙江省乍浦(さほ)港を出港して十二月二十七日広南に到着し、この年七月八日に広南を出港長崎へ向かったが、風が悪く七月二十八日普陀山に入港し、更に乍浦港へ入港、水漏れを修繕し、十一月七日乍浦を出港して長崎を目ざしたが、十八日洋中で颶風(ぐふう)に遭い正舵を失ない、その日の夜から十九日にかけて積荷八百余包を捨てた。また二十三日には再び暴風に遭い主帆柱を切り去った。十二月九日になって海中に山を見、十日その山に向かって漂着した所が八丈島であった。

島では漁船を出して様子を尋ねさせたが言葉が通じないので、三人の人間を陸につれて来たところ筆談を乞い、島役人は筆談に応じかねるので、島で医術、書道、素読などの指南をしていた、もと御徒組の武士である浪人和田藤左衛門に相談、藤左衛門が筆談の通訳をし、船主は高山輝、程剣南の二人で、信牌も持っており、長崎へ向かう船であることが明らかとなった。船主と従者合計十四人はやがて海雲山長楽寺内の別屋に、残りの者は前崎浦の小屋がけに収容、野菜・食料は村々に高割で割当て、一方唐人と日本人との交渉は厳禁した。八丈島は伊豆下田代官の支配下にあるので、海が静かになる三月に代官に報告、五月から六月の間に下田へ移し、六月二十五日から和合丸、大杉丸の二船に配装、七月六日下田を出港、八月十七日に長崎に到着、戌番外船として商売を許し、七十一人の乗組の内、二十七人は八月に、三十人は十二月に、十四人は翌正月十日に唐船に便乗して帰国した。本船は漂着した直後、十二月十六日のしけで大破したので船主は解船に同意し、船材は長楽寺に寄贈されて山門が作られた。

図41・42●宝暦三年八丈島漂着南京船乗組員肖像（狩野春潮筆）

この船についての記録は下田代官所の書記役として二十八歳の時にこの事件に遇った関修齢、後に昌平黌に入り、林家の学頭となる修齢が記録した『巡海録』に詳しい。そのほか内閣文庫に『宝暦酉年漂着唐船細故』という記録、八丈島長戸路家古文書に「宝暦三年八丈島に漂着南京人訳書上」という記録もある。

ところがこの船には全く他の類例を見ない特色が二つある。その一つは、乗組員の肖像画（図41・42）が残っていることである。所蔵者は東京都公文書館、原本はたて二三・七センチ、よこ一七・六センチ、全二十七枚、昭和五十三年九月に東京都教育委員会によって補修され、今はたて三〇・二センチ、よこ二〇・〇センチの和装本に改装されている。筆者は狩野春潮。春潮は御絵師狩野春雅の伜であった。日光の壁画修復の時に宮川長春が春雅の助手になったが、日当支払のことで口論となり、長春の伜がそのことを怒って春雅とその弟子三人を殺傷して自殺した。その結果、長春は伜の罪で三宅島へ、春潮は父の罪で八丈島へ流罪になり、宝暦二年十月に島へ送られたという。絵はほとんど鮮やかな色彩で、かつ表情ゆたかに描かれており、その氏名までわかっている。まことに珍しい日中関係史の史料である。

その二は、この船の積んでいた書籍の大意書が『戊番外船持渡大意書』として一部四冊が内閣文庫に残っているばかりでなく、「伊豆州八丈島飄流唐人高山輝、程剣南持渡戊番外船商売書大意藁」という三冊の大意書の稿本が国立国会図書館にあり、書物改役が積荷の順に大意書の草稿を作ってから、四部分類に従って書物を並べ換え、大意書の文章も整備する有様がよく見て取れ、書物改の仕事ぶりを如実に見ることができる。

もう一艘のシリーズ第五集は、『安永九年（一七八〇）安房千倉漂着南京船元順号資料』である。安永九年四月晦日、安房国朝夷郡南朝夷村千倉浦に唐船が一艘漂着した。ここは岩槻藩の支配であったため、同藩物頭兼帯郡奉行の児玉琮、号南柯が江戸屋敷から到着、南柯は本来藩儒であったので自ら筆談に当り、船主は沈敬瞻、南京船で前年十一月十一日乍浦を出航したが、同二十二日に颶風に遭い、舵も帆も損ない、百六十余日漂流したことがわかった。信牌を持ち、長崎へ向かう貿易船であることが明らかになったので、房総地域の天領の代官稲垣藤左衛門の指示をまち、七月二日に和合丸、虎丸、日吉丸の三艘に分乗させ、長崎へ送り届けた。この時の記録が児玉の『漂客紀事』であるが、難船の噂がひろがると見物人が殺到し、中に江戸から船をやとって見物に行った野次馬の体験記が、伊東藍田の『游房筆語』である。

ところで、この船の副船頭が画家の方西園であったので、彼は長崎までの航海途上の寄港地の風景をスケッチした。それを谷文晁らが寛政二年（一七九〇）に出版したのが『漂客奇賞図』である。また、方西園の作品の中に「庚午孟秋写於和合丸舟中」と落款のあるものや、沈敬瞻の題字のあるものはこの時の作であること疑いなく、彼の富士山の図も中国人で富士山を実見した画家は彼しかいないことになり、絵画資料に一つの傍証を与える。

## （三）研究への誘ない

漂着船の船頭など中国人との筆談記録は、その情況を説明する資料であるが、その時の村方の記録も、村中あげて救済に協力する有様を物語り、中国史と日本史の研究者が共同して作業をする恰好の題材である。

常識的に言って、長崎へ向かう唐船が、九州の南端を東にそれるとこれは大変で、日本列島に漂着すれば幸運というべく、最も遠い漂着地は、文化四年（一八〇七）正月に銚子浦に漂着した王永安の寧波船の例である。それに対し、九州の西方に入った船は、漂着した土地から曳き船で長崎へ入港しており、その例は『長崎実録大成』正続に多く記事がある。ただ、偶然某書店で見つけた唐船の白描図（図43）は、舷側に書かれた船名から、文政四年（一八二一）に紀州熊野に漂着した江南崇明県の沿岸往還の荷物船であることが判明し、珍しい資料であることがわかった。

図43●漂着唐船の白描図

東西学術研究所は近く藪田貫教授により第六集『寛政十二年（一八〇〇）遠州灘漂着唐船萬勝号資料』を出版するが、この船の『寧波府商船漂着雑記』は、一九七二年初めて在外研究に出た時、ハーバード燕京研究所の書庫で発見、コピーを持ち帰ったもので、四半世紀後、定年の年に日の目を見ることになった。江戸時代の日中関係はまだまだ未開拓の分野の資料を具体的にみずから所有できる楽しみが残っていることを記して、各位のご参加を待ちたい。

またこの点で、まもなく完結する『日中文化交流史叢書』(全10巻・大修館書店)などは、この分野の研究に資するところが大きいと思われる。

# 七、復旦大学図書館蔵の『全唐詩逸』について

## (一)

一九九八年五月末、国際日本文化研究所の文部省国際学術研究補助金による中国所在の日本書の調査のため、上海復旦大学図書館を訪問した時、市河寛斎編による『全唐詩逸』の写本を見た。三巻一冊、図書館では日本黒格鈔本としているが、この日本が日本製の鈔本という意味ならば、中国人の手になる写本である可能性もあることを強調せねばならぬかもしれない。叮嚀な美しい楷書体である。上部には「九峰舊」廬蔵」書記」の陽刻朱印、下部には「綬珊六十」以後所」得書画」の陽刻朱印、書末には「綬珊収」藏善本」、「琅園」秘笈」の陽刻朱印があり、杭州の蔵書家王綬珊の旧蔵書であることがわかる。

王綬珊、諱は體仁、紹興の人で杭州に遷り住んだ。一八七三年生、一九三八年死。大塩商で古典籍を好み、蔵書室名を九峯舊廬と称し、宋・元・明の善本を収め、また地方志のコレクションは三千種を超え、中には天下の孤本も少なくなく、北京図書館所蔵の方志に肩を比べた。「綬珊六十已後所得書画」の印より、この『全唐詩逸』は一九三三年以降の収書で、一九二七年から購書を始め、一九三七年、日中戦争が始まったので止め、翌年死去したと

いうから、彼の収書活動のほぼ中間に得たことになる。

## （二）

『全唐詩逸』の編者市河寛斎は、諱は世寧、字は子静・嘉祥、通称を小左衛門、寛斎は号で、別に西野・半江漁夫・西鄙人・江湖詩老・玄味居士とも号したが、寛斎がもっとも通用している。末子三亥・市河米庵が幕末の三筆に数えられる江戸の書家であったことにもより、寛斎も有名であるが、寛斎自身もしかるべき学者であり、詩人でもあった。河越藩秋元氏の臣山瀬氏の子に産まれ、上州下仁田市川氏を襲いだが、それに先立ち河越藩籍を脱し、市川小左衛門を称し、下仁田の高橋九峰の家でその蔵書を読み学問を深め、安永六年（一七七七）江戸に出、関松窓の紹介で林門に入り、安永九年昌平坂の聖堂の学頭となったが、天明七年

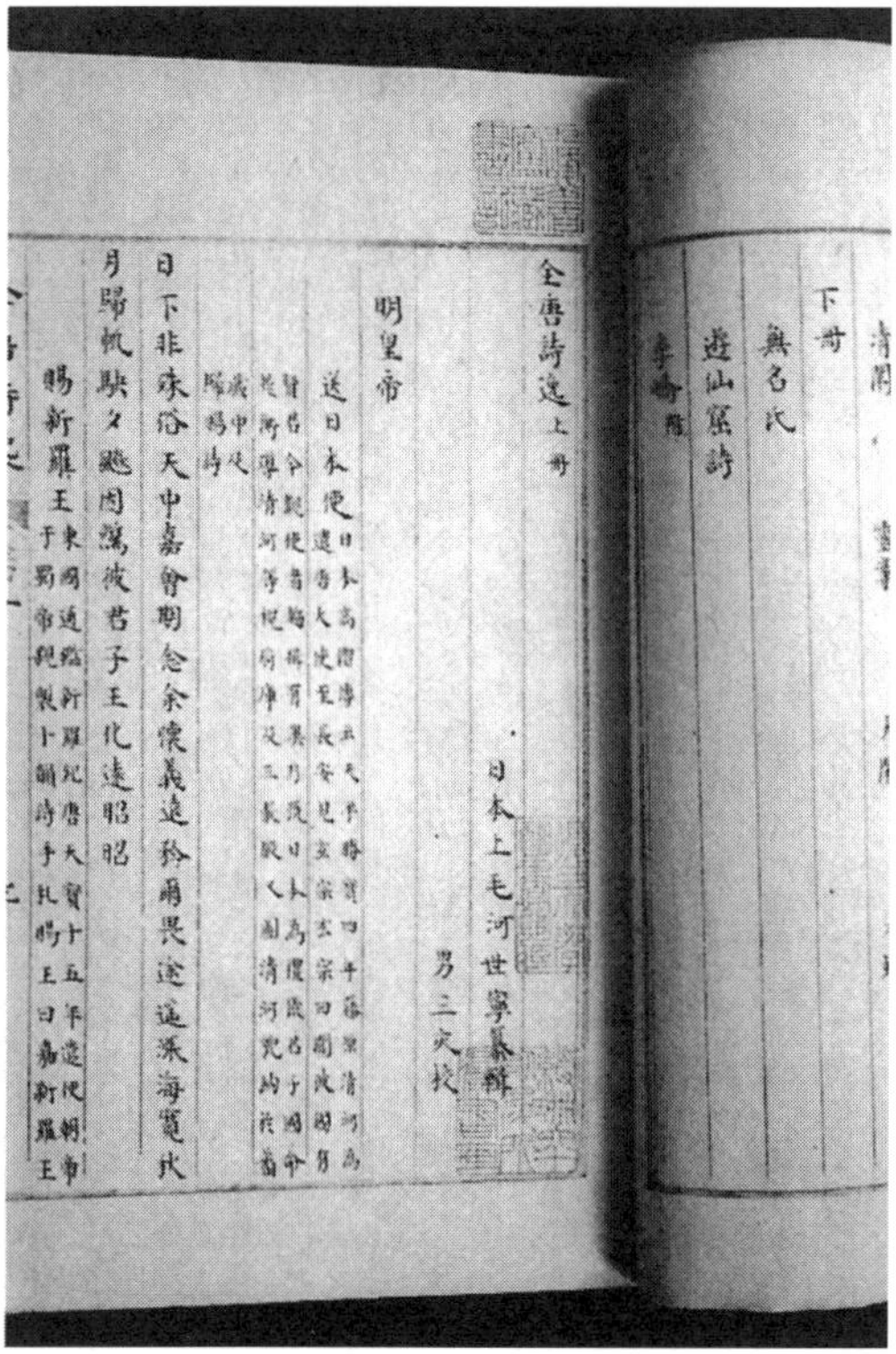


図44●『全唐詩逸』冒頭印影

図45●『全唐詩逸』末尾印影

（一七八七）に退いた。のち富山藩儒となる。聖堂学頭の間、康熙四五年（一七〇六）に編纂された『全唐詩』の中に採られていない唐詩が日本にあることに注目し、この『全唐詩逸』を編集し（図44・45）、天明八年（一七八八）には完成して、これを京都の相国寺の大典禅師のもとに送り、禅師は跋文を書いて上梓する計画をたてたが、板木の一部ができたところで火災によって焼失、頓挫した。

　そこで市河米庵は父のため、箕輪の下田衡、字公権に出版費の援助を依頼するなど力を尽し、難しい版下を書いて出版の準備をした。

　そして、最初は京都で鏤刻予定であったものが、一時江戸で井上清風に板刻される予定に変り、結局は京都で出来上がったようで、その間の事情はどうも明らかではない。それは、この間の事情を記した『箕輪町誌』の本多夏彦氏の「『全唐詩逸』と上毛箕輪の下田氏」や、『書道研究』第三巻五号の市河三次氏の「寛斎『全唐詩逸』覚書」などの文が、郷土史家によくある独り合点や身贔屓の文章であるため、必ずしも事情が定かにならないためである。

　市河米庵は享和三年（一八〇三）八月、新しく『全唐詩逸』を浄写し、持って長崎へ旅立った。そして十二月、伊勢松阪の菊池五山のもとに十日余り逗留した時は、まだ刊本はできていなかったが、文化元年（一八〇四）に京都で出版され、米庵はその刊本を持って長崎へ向かった。

米庵は五月二日に長崎に着いたが、病のため唐医胡兆新に治療を乞い、又書法を筆談して親しく胡氏に親炙した。しかし『全唐詩逸』については、唐通事穎川仁十郎に依頼し、唐商張秋琴によって運ぶこととなった。張秋琴がそれを中国へ持ち帰ったことにつき、市河三次氏は「秋琴の手を経て西渡したという明確な証は、本邦側には今のところ見出されない」とし、本多夏彦氏は、「米庵の『西征日乗』の中には秋琴の名は見えない」として、「穎川の手から張秋琴に託したのは、米庵崎陽滞在中のことではないらしい」と疑いを存している。しかし、本多氏が『崎港筆語』中に、公績先生宛の次のような張秋琴の尺牘があるとして引用しているものによると、

曩者。蒙恵唐人逸詩一帙。捧誦之下。殊深欣悦。切惟、唐人詩篇、累千万牘、伝之千載、遺逸不少。今一旦得之海外、回棹時、伝之詩人学士、吟咏之余、足徴貴国愛才。真令人仰企無窮也。専函鳴謝、並候福祉。

公績老先生台電　晩張秋琴拝手。

という内容である。「公績老先生の誰なるかを知らないが、或は訳人穎川氏のことではあるまいか」という本多氏の比定は正しく、穎川仁十郎は『唐通事家系論攷』によれば、唐名は劉公績、寛政十年（一七九八）八月より文化三年（一八〇六）二月まで小通事末席であったというから、この張秋琴の穎川仁十郎宛の書函で、張氏が持ち帰ったことは疑いないものと思われる。中国では、これを持ち帰った張氏は、翁広平に贈り、翁氏より鮑渌歙（鮑廷博）に贈り、廷博はこれを『知不足斎叢書』に収めようとして果たさず、子鮑始祖によって『知不足斎叢書』第三十巻に収められた。このことは、文政十年（一八二八）正月、述斎林大学頭衡によって市河米庵に伝えられたが、『知不足斎叢書』第三十巻は前年秋に舶載されたといい、市河寛斎は文政三年に没していた。なお市河寛斎は文化十年（一八一三）牧野成傑が長崎奉行になったのに幕賓として長崎に赴き、一年間滞在したが、この時張秋琴に会い、

詩を交換したことが『瓊浦夢餘録』によってわかる。

『知不足斎叢書』は、杭州の塩商であった鮑廷博（一七二八―一八一三）とその子鮑始祖が、一七七四年から一八二三年の間に、杭州の書室知不足斎に収納された宋・元・明・清の珍書善本約二〇〇点を収録したもの。清代の叢書を『粤雅堂叢書』と共に代表するもので、最初鮑廷博が刊行した時は一九七種、二十七集であったものが、彼と始祖とによって続刊されて最終三十集にいたった。わが国に船載された最初は安永七年（一七七八）の船で、その時太宰春台の『古文孝経』が収められているのに特に注目された。その後各時代にわたって幕末にいたるまで持ち渡られていたが、弘化・嘉永の頃、唐船頭に支払う元代で二五〇匁、入札値三五〇匁前後のものであった。『全唐詩逸』が第三十巻、つまり最後の部分に収められているのは、年代より見て当然のことといえる。

## （三）

『全唐詩逸』が作られ、中国へ渡り、叢書に収められて又日本へ渡来した次第は以上のようなものであったが、この事情をふまえてみると、『全唐詩逸』の写本が、杭州のコレクター王綬珊の手にあったことは興味深いことである。

もしこの本が日本鈔本であったならば、唐商が長崎、或いは開国後日本の何処かで入手して持ち帰らねばあり得ない。中国鈔本であれば、鈔写の機会は十分あり得る。こう考えた時、市河米庵が穎川仁十郎を通して張秋琴に依頼した『全唐詩逸』は、京都で得た刊本だったのか、江戸から携行した写本であったのかという疑問も改めて生じるようである。このようなことを考えあわせてみると、復旦大学図書館所蔵の『全唐詩逸』は、中国写本と見るのが無難であると言うことになろう。

張秋琴が持ち帰り、翁広平の手を経て鮑廷博のもとに収まるまでの間にも、その後『知不足斎叢書』に入るまでの間にも、杭州の文人の間で書写された本があることは、ほとんど疑いを容れまいと思うのである。

# Ⅳ　講演録

# 一、唐船持渡書の研究の現状と展望

## ――定年退休記念講演会――

**司会**　長らくお待たせいたしました。ただいまから大庭先生の定年退休記念講演会を始めさせていただきます。講演に先立ちまして、安川昱先生からごあいさつがあります。

**安川**　関西大学東西学術研究所を代表して、一言ごあいさつ申し上げます。

ご承知のとおり、大庭脩先生が本年三月三十一日をもって定年ご退任になりますので、あわせまして東西学術研究所の所長もご退休になります。そのことを記念いたしまして、関西大学東西学術研究所主催で大庭先生の退休記念講演会を持つことにいたしまして、本日ここに、大庭先生のご快諾を得て開催する運びになりました。

大庭先生のご業績は、ここで私が申し上げることもございませんが、昭和六十一年、『江戸時代における中国文化受容の研究』で第七六回の日本学士院賞を受賞されましたことは、皆さんよくご承知のことと存じます。先生のご研究の領域の幅の広さ、そしてまた深さには驚嘆のほかありませんが、東西学術研究所の所員としては、昭和四十年以来、研究を研究所でお続けになり、多くの業績を上げられました。その中でも、昭和四十二年、研究所員として最初に公刊された著書が『江戸時代における唐船持渡書(とうせんもちわたりしょ)の研究』というものでありまして、これは前人未到の分野を開拓した業績として、学界に大きな反響を呼んだものであります。

本日のご講演の演題は、「唐船持渡書の研究の現状と展望」であります。大庭先生は、研究所の外でも、あるいは研究所においても、多くの分野において業績を上げられましたけれども、当初からこのテーマについてずっと持続的に関心を持ち続けてこられました。本日、このテーマについてお話を伺うことができることは、大変うれしく思います。

皆様方が本日の講演会にご来場くださいましてありがとうございます。どうか先生のご講演を最後までご静聴くださいますようにお願いします。

**大庭**　安川先生からご紹介をいただきましたように、昭和四十年から今日までの間、二年間所員でなかったときがありますが、大体研究所でいろいろ勉強をさせていただきました。その勉強をさせていただきました中心課題は唐船持渡書の研究ということでございましたので、この研究所から退きますに当たっても、このお話を申し上げるのが一番適当かと思いまして、これをテーマに選んだわけでございます。

私自身の研究の中で、唐船持渡書の研究がどういう位置を占めるかということにつきまして簡単に申しますと、私は昭和二年の生まれでありまして、昭和二十年の敗戦のときには、高等学校の二年生の学生でありました。それまでの学校の授業というか、教育全般に、いわゆる皇国史観と呼ばれるような歴史によって教育を受けておりました。戦争が終わりましたら、突然話が変わりまして、今まで「鬼畜米兵」と言っていたのが、「親愛なるアメリカ軍」に変わったわけであります。

そういう突然の変化というものがあって、多くの日本人は非常に困ったと思うのであります。中には「私は初めから負けることは知っておった」という先見の明のあるお方がいらっしゃいますけれども、私はさほど偉くはなかったので、皇国史観から突如として話が変わった。その中でどういうふうに自分で考えなきゃならないのか。これは多少は自慢をしてもいいかもわからないと思うのでありますけれども、言うならば、一番もの思う頃に、敗戦という事実によって今までの知識が根底的に否定されて、それからどうするのかという問題については、大人も子どももみんな迷っていたときに、自分でその道を、恐らく三年ないし五年かけて見つけ出してきたということは、私自身の今日の研究の大きな基盤になっていると思うのでございます。

それを一番象徴的にあらわしますのは、私は高等学校の頃までは、日本史、特に江戸時代の思想史をやりたいと思っていたのでありますけれども、戦争中に工場に動員されている間に、月に一回ぐらい、日本史の先生のところで輪読会があった。それは吉田松陰の『講孟余話』を読む会であったのでありますが、その中で、『講孟余話』の話と鬼畜米兵とかなんとかいう話と結ぶことは全然苦労はない。そんなことはわかっているのでありますが、『講孟余話』の講読に参加しておりながら、どことなく釈然としないところがある。どこが釈然としないのかということに大分困っていたのでありますが、そのうちはっきりわかったことは、『講孟余話』というのは、多少余談な言い方かもしれませんが、松陰が松下村塾で『孟子』を講義して、その後でそれに関連していろいろ話をした。だから余話なので、その『講孟余話』を読んでいながら、私は『孟子』を読んでない。『孟子』を読まないのに『講孟余話』を読んで何がわかるのかということにはたと気がついたわけです。つまり、『孟子』を読まないで『講孟余話』を読んでいるというようなやり方は余り正しくない。だから、日本のことを勉強するためには、中国のことを知っていないと困るんじゃないかということを思い始めておりましたところへ、事実上敗戦が来たというわけです。したがいまして、私はその後、自分の生き方をいろいろ迷っている中で、日本史をやめて中国史へ行ったというプロセスがあるわけでございます。

ただ、三つ子の魂百までという諺がありますように、どことなく江戸時代というものについては関心を持っていたのだと思いますが、昭和三十八年に、石浜純太郎先生を中心にいたしまして、「江戸時代京坂における漢学の研究」という科学研究費を取りました。大阪大学の懐徳堂、天理の古義堂、それから関西大学の泊園書院の三つですから京坂における漢学の研究と称して、要するにそれは懐徳堂や古義堂や泊園書院の蔵書を整理するために科研費を取ったということでありますけれども、そういう研究の中に入れてもらいまして、別に泊園をやるでもなく懐徳堂でもなく古義堂でもなく、言うならば研究班の総括的な立場にいたわけであります。

そのとき、懐徳堂とか古義堂とか泊園という私塾にはいろいろな蔵書があるけれども、その中にもちろん漢籍もある。ところが、私は昭和三十一年、三十二年に山形県の米沢の図書館で興譲館の蔵書の調査をするのについて行って、初めて書誌学を経験したわけであります。そのときには宮下三郎先生もご一緒だったのでありますが、そこで藩学の蔵書というものはどういうものかということを見ていたわけです。それに対して私塾の蔵書もそういうことで見ることになって、顕著なる違いがある。それは漢籍の保有量が違うということであります。これは何でもない、見たらわかることです。

どうしてそういうことになったのかということを考えなければならないと思ったんですが、それも別に考えることもない。つまり、藩学の方が金があって、私塾の方が金がないから、輸入品が買えるか買えないかということになると、私塾は買えない。だから和刻版を中心に集めたんだ。それぐらいのことならすぐに結論が出たわけでありますが、江戸時代の学者なり学問なりを考えるときに、オランダの学問は別といたしまして、多くは漢学でありますが、その漢学がどんなふうに展開したかということを考えるためには、一体漢籍はどういうふうに入ってきたかということを踏まえない限り、結果的に机上の空論になるのではないか。あるいは、この人の学問は清朝なら清朝の誰の影響を受けているという結論を出しても、その人がその本を見たか見ないかということを実証しない限り、それは空論になるのではないか。つまり、日本に漢籍が輸入されたのは、いつ、どういう種類のものがどれくらいの量入ったのかということを明らかにしておかないと困るのではないかと思ったわけであります。

たまたまそういうことを考えまして、調べている人がいたら、それによって見たらよろしかろうと思ったところが、そういうことを研究した方が余りいらっしゃらなかった。ただ一人、武藤長平という先生が『西南文運史論』というものの中に多少そのことをお調べになっておりました。それによってどういう資料がどこにあるかということ、殊に長崎の資料は武藤先生の本を見て、こういうところにこんなものがあるのかということがわかったのでありますけれども、結論的に言いましたら、先生はその資料を読み違えているということがわかってきたのであります。

それからもう一つ違った角度からこの問題を研究していたのは、伊東多三郎という先生と海老沢有道という先生のお二人でありますが、共通でやっておられましたのが江戸時代における禁書の研究です。キリシタンに関係のある書物は禁書になっていた。その禁書は何々であったのかということを、伊東先生と海老沢先生がいろいろと調べた。それは本来、「これこれは禁書であるから見ては相ならん」ということを公表してはいないわけです。ですから、どれが禁書かよくわからなかった。それで、伊東さんと海老沢さんが禁書の研究をおやりになったのであります。

実は輸入を許さないのが禁書でありまして、輸入してよろしいものが唐船持渡書である。ですから、禁書の研究というものは、私が問題にしようとしている輸入の許される書物の研究の裏側です。だから、やろうとしていることは、禁書の裏側をやろうとしている。非禁書の研究をやろうとしているんだということになったわけであります。これも先人の研究として大変役に立つ研究でありまして、こういう研究に導かれながらやり始めたのが、唐船持渡書の研究というものであります。

唐船持渡書という言葉自体は、私がつくった言葉です。これまではこういう言葉はありません。今、普通にそういうことを言う方がありますが、これは実は勝手につくった言葉であります。

江戸時代には、中国の船のことを唐船と呼び、中国の人を唐人と呼び、中国のことを唐山と呼びました。杭州大学の日本文化研究所と我が研究所とが交流をやっておりましたときに、最初の頃にわかったことでありますが、中国の学者は唐山というのは地震のあった唐山市だとばかり思っていた。「あそこと違うのか」と驚かれたので、大笑いになったことがありますが、要するに中国を唐山といいます。そこから持ってきた。「このたび新たに持ち帰り候御書物に御座候」という言い方をするわけです。だから、持渡書という名前をつけたのでございます。

いろいろ資料を集めましたが、それは資料一のところに書いてございますので、ここをご覧いただきたいと思います（三四二頁参照）。

持ってまいりましたものがどういう形で現在残っているかというと、上から順番に説明をしてまいりますと、まず最初にあります「齎来書目（さいらいしょもく）」というのは、中国の船が積んできた本を目録にして差し出すものです。その最後には船頭が、「持ってきた本の中にはキリシタンご禁制の本はありません。もしあった場合には一船悉く罪を受けてもそれには文句はありません」ということを書いて書判をして提出するのが「齎来書目」でございます。

その「齎来書目」を提出いたしまして、それから実際に本を荷揚げするわけですが、その荷揚げした本はキリシタンを勧める言葉がないかということを注意しなければいけないので、ひとまずそれを書物改役のところへ持っていくのであります。

寛永七年（一六三〇）のキリシタン禁制の命令が出ましたときには、長崎にできました春徳寺の住持が書物を改める書物改めをやっておりました。ところが、書物改めを手伝っておりました向井という家の向井元成という人が、貞享二（一六八五）年にご禁制のキリシタンの文句の書いてある本を見つけた。これは『寰有詮（かんゆうせん）』という本でありますが、そういうものを見つけて、「これは禁書でございます。禁書にしなければなりません」ということを言い出した。その手柄で向井家が春徳寺にかわって書物改役になって、そして江戸の終わりまで向井が書物改役を代々務めることになるのであります。

その向井元成のすぐ上の兄貴が向井去来です。ですから、『向井去来』という本があるんですが、大きな本の中に出てくるのは、ほとんど書物改めの話ばかりです。あれは決して俳諧の本ではないのです。そういうことがありまして、向井家は書物改役になります。

元禄六年（一六九三）から「大意書」をつくることが始まります。この本の中に大体どういうことを書いてあるかを述べるのが「大意書」で、普通の本、つまりキリシタンでない本の場合には、大体二行、三行で片がつくんです。これは何年に出た本で、大体こういうことが書いてあるということでおしまいです。ただし、もしもキリシタンの文句でもあろうものなら、これは非常に丁寧に書く。「こうこうこういうふうに書いてあるところがいかんのだ」ということを丁寧に書くわけでありまして、「大意書」というのは両方共通のものを申します。

それから、もしその中に日本に関する記事がありましたら、それは丁寧に書きます。例えば沖縄のことを書いた本の中にいろは文字のことが書いてあります。「日本ではいろはというのを使うんだ」ということが書いてある。

そういう日本に関する記事があれば、それは報告しなければならない。そういうようなことで「大意書」というものをつくります。

普通は、「大意書」をつくりまして、最後のところに書物改役が「右の書物の中にはキリシタンのご禁制の文句はございません」という極めをつける。そしてそれを三部つくりまして長崎奉行所に提出をいたしますと、長崎奉行は一部を手元に置いて、二部を江戸に送りまして、江戸在勤の長崎奉行のところへ届ける。そうすると、在勤の長崎奉行はそれを手元に一部置きまして、老中に提出をする。老中はそれを一覧の上、商売に出してよろしいという許可を出すと、初めてこれが商売に回る。そういう大事なのが「大意書」というものです。

ところが、最初の頃は、前に来た本でも丁寧に「大意書」を一々書いていたけれども、だんだん邪魔くさくなってきたのに違いない。見る方も面倒、書く方も面倒ということで、新しく入ってきたものだけでよろしいということに、「大意書」の書き方の制度が変わりますのが、宝暦四年（一七五四）ぐらいであります。

どっちにしましても、「大意書」というのがあるわけですが、キリシタンご禁制の文句はございませんという保証をして出すわけでありますから、当然その中には禁書になるようなものは入っておらない。したがいまして、老中がそれを検閲するということは形式的な問題であって、老中の方にしてみれば、今度は一体どんな本が来ているんだろうかということにむしろ関心が行くわけで、「大意書」というのは書籍解題の役割を果たしたのです。

その中でもし入用の本がございますと、まず将軍家の御文庫である紅葉山文庫、それから後には昌平坂学問所が注文をします。それから林家、それから老中、若年寄は、その中から優先的に一定の銀額の範囲で注文することができる。これはお役人様方お調書という名前がついています。本当にお調べになるんじゃなくて、自分の読みたい本を注文していることに結果的になるのでありますけれども、そういうことをやる特権があります。これは、注文が長崎へ行って、長崎からそれを江戸に送るまでの間に、老中をやめたり若年寄をやめたりしますと、そこで江戸送りを停止するぐらいきっちりしたものであります。そういうケースがございますので、言うならばお役人、いわゆる老中、若年寄でなければそういう特権の行使はできないのです。

大意書が江戸へ行っておりますうちに、長崎の方ではもう一遍丁寧にどういう本であるかということを調べて、そして目録をつくります。それが「書籍元帳（しょせきもとちょう）」というもので、「大意書」が行って、江戸から売り出してよろしいという返事が来たら、「書籍元帳」に基づきまして、今度は値段をつけるわけです。

値段はどうやって決めるかというと、長崎の会所の役人で書物目利（めきき）というのがあります。書物目利という日本側の商人と唐船頭——これは supercargo の意味でありまして、船の運行をつかさどる人間ではない。「村の渡しの船頭さんは」という船頭ではない。この船頭との間で現物を前に置いて、これを幾らで売るかということを交渉いたします。これはすべての商品にわたってやるわけで、本だけやるわけではないんですが、そういう行為を「直組（ねぐみ）」と申します。これはにんべんをつけて値段の値になるわけですが、ここでは「直組」という言い方をいたしまして、このときに現物を置いて、「こういう値段でどうだ」と書物目利が言うと、唐船頭の方は「それでは安い」、「それらで五匁足そうか」、「それでもまだ安い」、「じゃあ、もう一遍五匁足そうか」というぐあいに少しずつ足していって、それで合意に達すれば、そこで唐船頭が判こを押す。合意に達しなければ持って帰っていい。これは強制的に売るものではないわけです。ただし、商売からいえば、せっかく持ってきたんですから、売った方が得だというので、どこかで妥協する。そういう品物が「直組帳」という形で残っておりまして、これは残り方が非常に少ないものでございます。

それで値段が決まりますと、それが元代（もとだい）と言われるものです。直組によって決まった値段が元代でありまして、その元代を「書籍元帳」の右肩の上に朱で書きつけます。これが基本台帳になるわけでございます。その元代というのは、要するに中国船の船頭が持って帰る銀額であります。その値段で中国の人々が売るという値段であります。

そこで、先ほど申しました御文庫御用とかお役人様方のお調書というものは、その元代の五割増しで買うことができる。そういうルートであります。元代の五割増しというのは、結果的には非常に安いことになるのですが、ただで取るのではないということをはっきり言っておかないといけないので、元代の五割増しで江戸送りになります。

それから、いよいよ商売に出す値段は幾らという元代が決まりますと、長崎会所は商人たちに、荷見せといいまして、品物を見せるわけです。何月何日に入札をさせる。その前に荷物を見せる。その荷見せをやるときに、今度は商人たちの方、言うならば唐船の持ってきた貨物とかオランダ船の持ってきた貨物に入札ができる株仲間がございまして、これは五ヶ所本商といいます。それは江戸、京都、大阪、堺、長崎の五ヶ所の商人であるということになるんですが、その五ヶ所本商、要するに株仲間に入っている者がそれを見に行くわけです。手代や番頭などが行きまして、一々品物を見て、その品物の特色を書いて、それは大体幾らぐらいという見当をつけて帰ってくるわけです。これは注文があるから必ずとりたいとか、どっちでもいいとかいうことを見て帰ってくるのです。それが「見帳（けんちょう）」というものでありまして、ここから後が私文書になります。それまでは公文書であります。

それから入札をいたします。入札のときには何回でも札を入れてよろしいが、ある段階で締め切りまして、一番値の高いところへそれが落ちる。そのときの落札した値段を「見帳」に書き加えてありますので、現在残っている「見帳」を見ますと、一番札、二番札、三番札まで書いてあります。もしも自分のところに落ちた場合は、その上に丸を書いてあります。だから、その帳面はどこの帳面かということがそれでわかります。

そういうことがありまして、そのときに特別に落札の値段だけを集めたものが別にありまして、それが「落札帳」

というものでありますが、これは必ずあるわけではございません。

以上のごとき経過を経まして、長崎で入札をするいわゆる五ヶ所本商の手元に品物が移る。それだけのプロセスであります。

その後どういうふうにして本屋さんのところへ来て、本屋さんからどうやってお儒者のところへ本が来るのかという流通に関しては、ほとんどわかりません。これからの問題でございます。

そういうものがあるということがわかりまして、ずっとそれを集めていきましたが、三四二～三四四頁にわたって表が書いてございます。その中に、例えば「大意書」については、元禄七年（一六九四）のところに一つある、享保三年（一七一八）に一つある、享保十年に一つあるというぐあいです。これほど物がないという言い方をしてもいいかもわかりません。こういう微々たる資料しか残っていないということがわかってきたのでございます。

ここまでが輸入に関係のある資料で、研究を始めました当初に集めたものでございます。一、二、そのときには所在がわからなかったものもありますけれども、昭和三十八年から三十九年のときに、既にこの所在はほとんどわかっておりました。ですから、ある意味におきましては、唐船持渡書研究資料の限界がここにある。これから後、出てくれば大変幸いでありますが、出てくる可能性はほとんどない。これが一つの限界であります。

この資料をどうやって整理をしようかということを考えておりましたときに、例えば年代順に集めることができる、あるいは経史子集に分けることもできる、書名を中心に考えることもできる。しかし、それではどうもうまくいかないのではないか。一番うまく配列できるのはどういう方法であろうかということを考えておりますうちに、表に書きましたように、輸入する手続の間にどんな格好でどういうものができてくるか。つまり、「齎来書目」、

「大意書」、「書籍元帳」、「直組帳」、「見帳」という順にできてくるわけでありますが、それは輸入の手続が進むに従ってできる。そういう意味合いで、そのように配列するのがよろしいのではないかということに気がついた段階で、私は、それまで興味を持っていた思想史とか書誌学という限界から、貿易史の方に目が向いたというふうに言えるかと思います。ここから後は貿易史として、書物を一つの品物として取り扱うのはいかがなものかという考え方になってきたと思います。

なお、それだけの資料以外に、江戸時代の人たちで、寛政から文化ぐらいの頃に我々と同じような関心を持った江戸時代人がおりまして、そういう人がつくりました唐船持渡書に関する資料がございます。それが「商船載来書目」という目録でございまして、これは元禄六年（一六九三）からずっと後の時代まで資料が残っておりまして、享和三年（一八〇三）までの資料があります。これをつくりました人物は、向井家の五代目の書物改役の向井元仲という人で、自分の家に残っている資料をもとにしてつくりました。それが「商船載来書目」でありまして、この写本はただ一つ、国会図書館に残っておりました。

これは「唐船持渡書の研究」という資料集の中に翻刻をしてございますので、皆さんお使いになれるのでありますが、その「商船載来書目」というのは、江戸時代の人が我々と同じような興味を持ってつくった。何という本がいつ初めて来たか。初めてきたときの年代順に並べている。書物の名前をまずいろは別に並べて、そのいろは別の項目の中は年代順に並べているという形の目録でありまして、約五〇〇〇点ぐらいの書名が出てくるのであります。ただし、重複をしているものもあります。それは記録の仕方によって重複をしているものもあります。しかし、元禄六年以後で初めて来たのはいつなのかということを一応これで見当をつけることはできます。

それからもう一つの問題として、一艘の船が入港したとき、その船に本をどれぐらい積んでいたのか、あるいはその本は全体の荷物の中でどういうウエートを占めているのか。そういう問題にも当然関心が出てきたわけでございまして、これは非常に難しい問題であります。

江戸時代に長崎に入港した船、積んできた荷物、それから積んで帰った荷物、そういうものを書いてある資料が「唐蛮貨物帳」というものです。これは内閣文庫にあるものでありますが、「唐蛮貨物帳」しかないのであります。これは宝永六年（一七〇九）から始まりまして、正徳三年（一七一三）までの五年間のものが残っております。つまり、一七〇九年から一七一三年までのものが残っているのであります。現在一三冊ありますが、これは本来は二〇冊あったはずであります。それがどういうわけかなくなりまして、今一三冊しか残っていない。したがいまして、一年間に入港した船の荷物が全部わかるのは、正徳元年（一七一一）のみであります。江戸時代二六〇余年の中で入港した中国船の積んでいた品物が全部わかるのは、この年しかないということです。

しかしながら、この年にその船が積んで帰ったものがわかるかというと、それはわからない。そういう非常にわかりにくい状況でございます。これは一九七〇年に内閣文庫から影印本が出ております。

ただし、これは非常に面白いことがございまして、正徳三年六月二十六日に入港した巳の二番の台湾船、それから正徳三年八月八日に入港した巳の三番のオランダ船の貨物帳が売りに出た。これを私は手に入れた。だから、まだ世の中にうろついている資料があり得るということです。そのことは逆に経験的に言えるわけであります。もうすぐ出版します東西研の資料集の中に発表します。発表しました後は、この本は、私は長い間お世話になりましたから、内閣文庫に寄附します。内閣文庫で皆さんに公開してもらおうと思っているんですが、そういうものが手に入りますから、まだ世の中にあり得るということだけは申せます。それが「唐蛮貨物帳」というものでございます。

それから、もう少し関連のあるものといたしまして、『華夷変態』という本がございます。『華夷変態』というのは、長崎奉行から幕閣に対して進達いたしましたところの唐船の風説書であります。これは一六四四年から一七一七年までの間のものが残っております。しかし、すべての船のものではなくて、抜けている部分もございます。これは林家の林春斎（鵞峰）、林信篤（鳳岡）の二人が編纂したものでありますが、一九五八年に東洋文庫から出まして、一九八一年に東方書店からさらに増補して出版をしたものでございます。どの間にそういう船の資料があるかということは、表に丸や数字で示しており、享保九年（一七二四）でおしまいになるということであります。すべての船があるわけではありません。

それから、「舶載書目」、「舶来書目」というのがございますが、「舶載書目」と「舶来書目」は非常にこんがらがってややこしいものであります。ただ、ここに書いております「舶来書目」というのは、後でつくったもので、先につくられたものが「舶載書目」であります。

この「舶載書目」は、現在、宮内庁の書陵部に一部あります。それから名古屋市の鶴舞中央図書館にも一部あります。名古屋にありますものは「舶来」という名前がついているんですが、名前がややこしいので、一応「舶載書目」と一緒にしておきますが、名古屋の鶴舞図書館にある「舶載書目」は桑名文庫、白河文庫つまり松平定信のところにあったものでありますから、一応由緒が正しい。ただし、由緒が正しくても、中身が余りよくない。宮内庁の方もよくない。どっちも読んでおりますとわけがわからなくなる、むちゃくちゃな写本だと言ってもよろしいのでありますが、要するに輸入書に関する資料をほぼ年代順に集めてはあります。その資料はどういう資料かというと、長崎にあった向井家の資料です。向井家の資料をやみくもに集めてあるというものでありまして、よほど注意をしないと使えないんですけれども、これも東西研から「舶載書目」という名前で宮内庁の分を影印して出しております。

それから、「舶来書目」と特に言っておりますのは、大阪の学者でありました尾崎雅嘉が編纂したと言われておりまして、この原本は大正五年頃には存在しておりましたが、その後行方が知れなくなってしまいました。「舶来書目」の四〇冊ぐらいのうち八冊だけを写したものが国立国会図書館にあります。それから新村出先生が原本を借りられて、その中の書物の名前だけを書き抜かせた「舶来書目抄」というものが京都大学の図書館にあります。この二つを合わせて何とか想像をしないと、「舶来書目」の内容はよくわからない。

資料の年表の中には丸印をしてございますが、そういう時代のものが残っているので、使えないわけではない。ただ、これを使うのは非常に難しいということが言えます。

順番が複雑になっておりますが、「商舶載来書目」と「舶載書目」、「舶来書目」というのは、江戸時代の人が我々と同じような興味を持ってつくられた書目でありまして、言うならば唐船持渡書研究の江戸時代版であるということが言えます。

そのほかに、『華夷変態』であるとか、あるいは「唐通事会所日録」というものがありまして、日録は元禄から正徳まで残っておりますが、こういうものがあります。

こういう貿易関係の資料をあわせて調べないと状況はよくわからないということになるのでありますが、先ほど申しましたように、貿易史に関心を持ちまして、長崎貿易全体がどんなふうになっているんだろうかということを調べ始めましたときには、山脇悌二郎という先輩がおられまして、『長崎の唐人貿易』という本に書いていらっしゃいます。これが非常に役に立ちました。それ以後、長崎の貿易に関してこのようにわかりやすい、しかも全体を覆ったような研究書はございません。私はいろいろ山脇さんに教えを受けながら、貿易史のことを勉強していったわけでございます。

ところが、そこでふと気がつきましたことは、まともに中国を出発して無事に長崎に入って、長崎で商売を終えて無事に出港した船の資料は後に残らない。これは非常に難しい。「唐蛮貨物帳」のような格好で残らない限りは、ほとんど残らない。逆に、ある船がどういうものを積んできたか、あるいはどういう人間が乗ってきたかということがわかるのは、日本のどこかに漂着した船であります。漂着した船は、その積み荷についても、あるいは乗組員についても、ちゃんと資料が残っております。言いかえると、無事に事が行われて無事に終わった場合は、資料は残らない。つまり、当たり前のことはほとんど資料は残らない。非常事態に関してのみ資料が残る。そういう傾向にある。これは何もこの問題だけでなくて、歴史一般に言えることでございます。

歴史の中で資料として記録に値するものは、大体特異なことでありまして、当たり前に起こっていることはほとんど記録に残らない。これは一つの歴史の共通の特色でありますが、そういう意味合いにおきまして非常に注目されるのが、江戸時代に日本に漂着した中国船の資料だということに気がつきまして、そこで、東西研の資料集刊の資料集一三シリーズというのが三四一頁に出ておりますが、江戸時代漂着唐船資料集一三シリーズというのは、このシリーズに入れるものは全部一三の何番というナンバーをつけております。私は一三の一と一三の五というのをつくったわけでありますが、一三の一というのは、宝暦三年（一七五三）に八丈島に漂着した南京船の資料であります。これは非常に面白いことが起こっておりまして、そのときにたまたま八丈島は狩野春潮という絵かきさんが流されておりまして、彼がその乗組員のほとんどの肖像画をつくっている。ですから、この一三の一には乗組員の肖像画が全部出ております。

このときに積んでまいりました書物が、戌番外船という名前で「大意書」が現在残っておりますし、さらに戌番外船の「大意書」をつくる前の原稿が残っております。ですから、書物改役がどういうふうにまず書いて、それからそれをどんなふうに直して「大意書」をつくるかというプロセスは、これを見ると非常によくわかります。面白い船でございます。

それから、安永九年（一七八〇）に安房の千倉に漂着した元順号という南京船は、船頭が沈敬瞻（しんけいせん）という人で、副船頭が方西園という人です。その方西園が絵かきさんです。江戸時代に本当に富士山を見て富士山の絵を描いた中国人はこの人しかない。これは山岡泰造先生のお仕事でありますが、方西園の書いた資料をたくさん集めて、それを落款と判このぐあいで山岡先生が整理をなさいました。それを見ていると、こいつは怪しいというのがすぐに浮き上がってくる。山岡先生は借りてきたから、これは偽物だと書けませんから、ずうっと並べてある。それを心ある人が見るとこいつは怪しいなということがわかるというふうに巧みにつくってありますが、こういう南京船元順号の資料というのがあります。

ところが、沈敬瞻という人はそれから後で、寅十番船という船の船頭でありまして、彼が持ってきた本が残っております。天明二年（一七八二）の寅の年に持ってきた本の資料として、「齎来書目」と「大意書」が残っております。ところが、この船が積んできた書物は非常に重要なものでありまして、結局江戸時代に非常に有名な佐伯藩の毛利高標がこの船の荷物をたくさん買ったということが、最終的に実証できる重要な資料であります。

そんなふうなことで、貿易史を見ておりますうちに、漂流船、漂着船のことまで問題が拡がってまいりました。漂着するよりも、まずまともに来た唐船はどういう姿をしていたのかという問題も、それより前に調べなければならないわけでございまして、そのことにつきましては、三四〇頁Cのところに「中国船」という項目がございます。そこに「平戸松浦史料博物館蔵『唐船之図』について」という、東西研紀要の第四冊に書きましたが、たまたま松浦史料博物館に「唐船之図」という大きな絵巻物がありまして、この中にオランダ船の絵が一枚加わりまして、全部で一二枚、唐船の絵は一一枚あるわけですが、それをずっと並べてみますと、どんな船がどう来ていたのかということがわかってくるわけでございます。

たまたま昭和四十七年三月にこの論文を書きまして、そして私はケンブリッジへ行ったわけでありますが、そのときのオランダでの研究発表にこのスライドを使って中国船の絵を見せたわけであります。そのときの研究発表が後に"The Marriner's mirror"に活字になってあるというわけでございます。

オランダで行われた中国学の学会でこのスライドを映しておりますときに、スライドを動かしているオランダ人が突然「どうしてあの中国の船のマストの上にオランダの旗があるのか」と言って、そこからあと動かさないんです。それは非常に面白かった。つまり、彼がそれをチェックしたということは、私にとっても非常にプラスになったわけであります。それはバタビアから出た船です。バタビア出港のいわゆる咬𠺕吧船というのは全部マストの上にオランダの国旗が上がっている。『華夷変態』の中にも、航海の途中で中国の船に行き合った。その行き合った中国の船は咬𠺕吧の船とおぼしくて、オランダの旗を掲げておったということを記録しております。したがいまして、これによりまして、恐らくバタビアから出港してくる船は、オランダ東インド会社の雇い船だろうということを考えてもよかろうと思います。

これは何も文献資料はないですけれども、今のオランダの旗と『華夷変態』の記録によって想像ができると思っておりますが、これを教えてくれたのは、オランダのスライドをやっている人です。「何であそこにオランダの旗があるのか」と言ってスライドを動かさないんです。国旗というのはそういうものなんだということを逆に言わなきゃならんかと思いますが、そんなこともございました。

そして、いろいろなことで資料を集めましてつくりましたのが、『江戸時代における唐船持渡書の研究』という、関西大学東西学術研究所の研究叢刊の第一号にしていただいて、昭和四十二年三月十一日に発行したものでございます。

それから後、『江戸時代の日中秘話』というものを書きました。これはわかりやすい話にしろということで、山脇悌二郎さんから推薦を受けて東方書店から出版したものです。この本は大変興味を持たれまして、中国では既に翻訳が終わって、出版される直前になっております。五月頃に出るだろうと思います。それからジョシュア・フォーゲル（Joshua Fogel）さんがこれを現在英訳中であります。「日中」という彼の主宰している雑誌に彼は一章ずつ翻訳をしていっております。

その後、『江戸時代における唐船持渡書の研究』は資料編と研究編とがあったわけでありますが、研究編は忽卒の間にやっておりますので、欠陥があった。その欠陥は何かというと、尊経閣文庫の利用の仕方が十分でなかった。これが一番大きな欠陥であります。そこで、尊経閣文庫、つまり加賀の前田家の資料をさらに加えまして、そして研究編をつくり直しました。

初めは、『唐船持渡書の研究』が売り切れになりまして、出版部で再版するという話が出たときに、「研究編を変えたらいかんか」と言うと、「それはあきません。元のままでないとあきません」という話になったから、それならばそのまま出していただいて、研究編のやり直しは『中国文化受容の研究』という形で出版するということにいたしました。ちょうど一九八二年にプリンストンへ行っておりますときに、この原稿をつくり直したのであります。そして『江戸時代における中国文化受容の研究』という名前で同朋舎から出すことができたのであります。

そういういろいろな研究をやっておりますうちに、幾つかの問題が出てきたわけであります。そういう報告の書籍でなくて、論文の方を見ておりますと、私もこの業績表をつくって、へえと思って大変自分で面白かったのでありますけれども、昭和四十年から四十一年の間に書いている論文は、その都度その都度報告をつくっていたということだと思います。四十一年の十二月に出しましたのをおしまいにして、昭和四十二年三月に『唐船持渡書の研究』にまとめている。それから後、昭和四十五年と四十六年にちょっと出ておりますけれども、四十五年の「禁書に関する二・三の資料」というのは、禁書というものが必ずしも完全ではないという例、禁書のチェックが必ずしも完全でなかったということが、いろいろ資料の上から出てくる。そこで、長崎で見つかった禁書に関する資料について書いたのが、昭和四十六年のものであります。

それから、昭和四十六年に書きました「徳川吉宗と大清会典」というのは、そこで一つの研究の方の区切りがついた論文だと思います。それは、要するに書物を輸入された、いつどれぐらい入り、いつ誰が買ったというところまでわかっても、そこから先、その本を買った本人が読んだのか、それからその本を読んでわかったのか。これは唐船持渡書というものを貿易品として取り扱っている限りにおいては、どっちでも構わない。ところが、本当にそれが思想史なり文化史なりに何か影響があるとするならば、本当に読んだのか、読んでわかったのかという問題を検討せざるを得ない。

そうしますと、唐船持渡書といいましても、あらゆる分野のものがあるわけですから、あらゆる分野にわたって調べることは、とても一人にはできるものではない。だから、それに関しては、それぞれの方がそれぞれ好きなようにやってくだされればよろしい。そういう意味で、『唐船持渡書の研究』の資料編に全部載せたわけです。

これを出しましたときに、実は二人の先輩からご批評をいただきました。一人は吉永登先生で、「あんたは気前のええ人やな。こんなもの皆出すのかい」と言われました。それからもう一人は、私の学問の育ての親である森鹿三先生で、「もったいないことするな。これをずっと隠して置いとったら、一生あんた論文のネタに困らへんのにな」と言われました。あなたは気前がいいなという話であったんですが、私は実はこれを持っておるに耐えない。これを全部やらなければいけないと思ったら我が身がもたない。だから、これだけのことがわかったから、あとは好きなようにやってくれ。私は法制史のところだけやりますということで、「徳川吉宗と大清会典」を書いた。ですから、これは、読んだのか、それからそれは今も残っているのかということを突き詰めようとしてやった仕事であったわけです。

ところが、読んだか読まないかということは、本を見たらわかるということはあるんですが、それは、先ほどちょっと申しました米沢へ調査に行ったときです。米沢には江戸以来有名な宋版の三史があるんですが、慶元本の『史記』とか『漢書』とか『後漢書』とかをフイルムにおさめるために昭和三十一年に行ったんです。ところが、それを見ていますと、南化玄興という室町時代の禅僧が持っていた本です。彼の判こが押してある、書き入れがある。ところが、『漢書』の本紀と列伝には朱点が打ってあるんですが、志とか表とかいうところは点が打ってないんです。点が打ってないということは、南化玄興大和尚は読んでないことになる。だから、読んだか読まんかという疑問は十分持ち得るし、それからその本を調べたら、読んだか読まんかがある程度わかる。そういう面白い話があるのです。

ただし、そういう意味合いから見て、どうにもならない本というものもあります。全然書入れてもいなければ何もしていない。それは将軍家の本であります。将軍家はそんなところへ点を打ったりしない。それからもしお儒者がそれを借りましても、上様の御本ですから、点は打たない。だから読んだか読まないかわからない。

将軍家の御本について申しますと、唐船持渡書が一番たくさん集まっているところはどこかというと、それは紅葉山文庫です。ですから、今それを伝えているのは、大部分は内閣文庫、それからごく一部分の貴重書は宮内庁の書陵部にある。内閣文庫へ私は長い間通わせてもらって、殊に今の国立公文書館の内閣文庫ではなしに、それより前の、大手門を入った左側に内閣文庫がありまして、そこへ行きました。それが終わったら、今度は書陵部へ行く。江戸城の中を横断して行った。あれは非常に面白かったです。江戸城というのはこんなところなのかと、何度か通って経験的に覚えているんですが、ただ、将軍家の御本について私が特に感心したのは、将軍は自分の持っている本に蔵書印を押さない。これは驚くべきことであります。

紅葉山文庫の本は、例えば書籍館の印というような明治の判こが押してあるんですけれども、江戸時代は将軍は判こを押していない。例えば佐伯の毛利公は大きな判こを押しております。「これは俺の本や」と判こを押すのは二万石です。全然押さなくても平気なのは八百万石。将軍というのはそういうものか、「これは俺のもんや」と言わなくてもいいのが将軍なのか。これは私が紅葉山文庫を見ていて一番印象に残ったことです。そうなると、自分が判こを押したのがちょっと照れくさいような感じがしますが、将軍じゃないんだから構わないでしょう。

そんなことがございまして、いろいろ調べているうちに、徳川吉宗は非常に偉い人だと思いました。歴代将軍でいろいろ偉いのがいたんでしょうけれども、これは抜群に偉い男だなあということを思うようになったのでございます。彼が禁書の禁を緩めた。享保元年（一七一六）に彼が将軍になって、享保五年（一七二〇）に禁書の禁を緩めて、そして享保五年からやたらに本を買うわけです。ものすごく本を集めて、吉宗のときに御文庫の本が二倍になったと言われているぐらい本を買っております。

ところが、本を買ってその本を読んだかという問題に戻りますけれども、そのときに大変役に立つ資料が「書物方日記」です。これは「幕府御書物方日記」というものでありまして、現在、大日本近世史料の中に「書物方日記」

が翻刻されております。延享二年（一七四五）まで翻刻をして、その後止まっております。あれは多分史料編纂所が疲れたんだと思いますが、後の人がやる気がなくなっているのかなと思うんです。まだ大分ありますから、本当は出してくれた方がいいんですけれども、これが大変役に立つ。つまり、幕府御書物方というのは、書物奉行という、紅葉山文庫を管理している連中でありますが、ご存じのように、江戸時代は同じ役職に複数の人間が任命される。だから、書物方（書物奉行）は四人ないし六人おります。それが交代で出てくるわけです。交代で出てまいりますので、今日の当番は明日来ないから、明日の当番が今日何があったかということはそこに書いてある日記を読んで初めてわかるということになっております。いわゆる申し継ぎ日記をつくっているわけであります。

それを見ていると、文庫の本についてどういうことが起こっているかということがわかってきます。例えば、長崎から本が入った。長崎の方の記録で、「書籍元帳」の後ろの方に、これとこれとは御用であるからというので別に取り置いて、そして御文庫御用で納めたというような記録があります。長崎のその記録を見て、それから内閣文庫の方を調べると、大体二年ほど後にその本が入ってくる。それは全部調製し直さなければいかんらしいです。だから、破れているところは継がなければいかんし、しみは抜かなければいかんし、ちゃんと調製をして、そして題簽までちゃんと書いて持ってくるものですから、注文があってから二年ぐらいして入ってくるわけです。ところが、吉宗のときはそうではない。汚れていてもいいからすぐ持ってこいというわけで、どんどんと本が入るわけでありますが、その本がどんなふうに使われたかということを知ることができるのが「書物方日記」であります。

「書物方日記」を見ておりますと、殊に、享保の初め（一七一六年）に吉宗が紀州から入って将軍家を継ぐわけでありますが、これが五月です。それまでに、閏月が入って、享保元年という年は、正徳六年が六ヶ月分あって、その後ろにあるわけですが、その前半の六ヶ月は全部で二十一日分しか記録がないんです。その記録も、「今日は皆来てお蔵をあけて風を通した」とか、「虫干しのために羽箒を注文した」とか、「ござを注文した」とか、「黒鍬衆を何人呼んでそのお弁当を注文した」とか、そんなことしか書いてない。それはそうで、家継は八つで死ぬわけですから、漢文の本なんか読むはずがない。もちろん紅葉山文庫には漫画はありませんから、八つぐらいの将軍は全然使わない。だから、御書物方も大変暇であったわけです。

ところが、吉宗が将軍になりました途端、六月三日から毎日記録がありまして、どんどん注文が来るというのが目に見えるわけです。最初に「御文庫の目録を持ってこい」というわけです。目録を出した途端に、明くる日から注文が来るわけです。ですから、書物方の日記を見ておりますと、徳川吉宗という人物が初めからどういう順番で本を読んだかということがわかります。

その順番がまたすごいです。まず、『御代々記』で、将軍家の先代までの記録をまず見るわけです。それから将軍家に関する記録を見て、その次は皇室の記録を見て、その次は諸大名の記録を見ている。そして最後になりますと、国絵図、城絵図を見ている。二年の間に彼はほとんど将軍としての常識を自分でつけたわけです。

その間にちょいちょい挟むのが、例えば『将軍宣下記』。将軍宣下があるというと、事前に今までの将軍宣下はどうやったかという記録を読む。それから『日光御参詣記』。日光へ行かなければいけないから、そのときはどうやったかという先例を全部見ているのです。だから、これはすごい男だなと思ったんです。それで僕は吉宗が大好きになったわけであります。

ですから、一昨年は八代将軍吉宗の大河ドラマが大変楽しかったのであります。ただ、あれについていろいろクレームをつけるところがあるわけであります。例えば、吉宗の前に室鳩巣と荻生徂徠が一緒に出てくるなんて、そんなばかなことはないので、荻生徂徠は将軍家の前に出ていくはずがない。ただし、綱吉のときは別ですが、綱吉に徂徠が出会ったのは、綱吉が柳沢の家に行ったときです。だから、いわゆる直臣と陪臣とははっきり区別があるということも知っておらないと、江戸時代はわからないなということをつくづく思ったわけであります。

こういうことで、特に徳川吉宗は法律が好きでありまして、『大清会典』を輸入して翻訳させる。そのときに一番働いていたのが誰かというと、荻生北渓というお儒者であった。それで荻生北渓を中心にいろいろと資料を集めましたのが、資料の三四〇頁の「四、享保時代の日中関係資料」の中に「荻生北渓集」というものを入れましたが、この北渓を調べているうちにこれだけの資料が出てきて、とうとう最後には荻生家の旧記まで出てきた。荻生北渓の位牌もお墓も全部見つけてきたということで、これは大変楽しかったのでありますが、実際に唐船持渡書を読んだのは誰かということを調べる意味において、北渓は非常に重要な人物であったということであります。

その前の「朱氏三兄弟集」というのがございますが、これは朱佩章、朱子章、朱来章という三人の兄弟が享保の前半にやってくるわけです。そしてこの人にいろいろなことを荻生北渓を通じて吉宗が尋ねるわけです。吉宗の質問に対して朱佩章が答えたのが「仕置方問答集」と「清朝探事」という問答集で、「清朝探事」は後に写本ができまして、江戸時代の人たちの中国に関する一つの常識を形成したのがこの本であるということになろうかと思います。

それから面白いのは、荻生北渓が疑問を整理して、そして深見久大夫という男が長崎におるのに対して質問を送って、その質問を朱佩章に対して尋ねて、その答えを書いたのが「仕置方問答集」であり「清朝探事」ですが、「仕置方問答集」というのは刑法に関することなので、これは一切外へは出さないということで、今日までただ唯一の写本で残っている。それに対して「清朝探事」の方は、途中で外に出まして一般に流布されて、各藩がたくさん持っているということになります。つまり、将軍家の法律のことは絶対外へ出すのではないというのが一つの常識であり、それがかく守られていたという面白い例だと思います。

それから、それと同時にこのときに、中国で馬に乗る乗り方、それから馬の病気を治すのはどうすればいいか、それから馬に乗っていて矢を射るのはどうやればいいかということについて質問をすると、朱佩章が「とてもそれは私は答えられんから、専門の者を連れてまいりたい」と言って、帰って、専門の人がやってくるわけであります。これは陳采若と劉経先と沈大成という三人が享保十二年（一七二七）にやってまいりました。享保十二年八月十二日に江戸から冨田又左衛門という馬役――これは紀州からついていった人で、馬に乗るのが得意であった人物だそうでありますが、冨田又左衛門が江戸から長崎に下ってまいりまして、陳采若、劉経先、沈大成に対していろいろ質問をする。そしてその答えを書いて差し上げるわけであります。

大事なことは、このときに同時にオランダからケーズルが来ているんです。一般には、オランダからケーズルが来て、ケーズルに対してオランダの馬の乗り方を尋ねたとか、あるいはオランダの馬を持ってきて日本にそれを種付けしたとか、そういうことばっかり問題になっているけれども、全く同時に中国からも馬の乗り方を知っている人が来ているんです。

そして冨田又左衛門という馬役は、オランダ人と中国人と両方に尋ねているんです。ところが、現在はオランダばっかり残っている。中国のことは全部消えた。これは何なのかというと、結局明治以後の日本がそういう教育をやったということになるわけで、我々は歴史を見るときに現在が反映するんです。現在を反映したら、昔から西洋と関係があったんだというところばかりが強調されて、実は中国との間の大事な関係が消えた。本当は同時にやっているんです。

実際合わせてみますと、全く同じ名前の報告書がちゃんと並ぶんです。しかもどちらも冨田又左衛門が書いているわけです。そしてまた、丁寧な馬の絵とか馬具の図というのは、オランダのものもあるし、中国のものもある。それが一旦そのときにつくられたに違いないんですけれども、享保のときのものは残っていなくて、寛政年間に江戸から近藤正斎が長崎に下りまして、近藤正斎が長崎でその絵図を写すんです。それが現在残っているんですけれども、『オランダ馬具図』は明治になってから内閣文庫が買うんです。中国の方のものは内閣文庫にないんです。どこにあるかというと、「馬の博物館」です。馬の博物館というのは、横浜の根岸公園にあります。そこに『唐馬具図』というのがありまして、これは近藤正斎が写しているんです。実にきれいなものです。

これは面白いことに、『唐馬具図』と書いてあるから、馬の博物館の人は隋唐の唐だと思っていたんです。そうではないんです。これは清朝です。ちゃんと後ろに書いてあるのに、見なかったのでしょう。これで、江戸時代に中国とオランダを平等に扱っていたのに、平等に扱わなくなったのは明治以後だということになるわけでございます。これなどは大変面白い経験でありました。

そんなことでいろいろな関連資料を広げて、実際一番難しい読んだのか読まないのかということまで追いかけていっておるわけでございます。それは今までの研究の中でやってきた仕事でありますが、展望のところを少し申し上げたいと思います。

先ほどから申しておりますように、「大意書」とか「齎来書目」とかいうものが出てくることはまずない。出てきたらしめたものですけれども、範囲が狭い。その年のその船だけしか出てきませんから、まずこれは出てこないであろう。

そうすると、これから一体どういう面において唐船持渡書の研究が展開していくのかということが問題になるだろう。資料においては限界がある。しかし、それを突破していくにはどうすればいいかという問題があると思います。

ところが、非常に具体的な限界は、資料の年表が元禄六年からになっております。つまり、元禄六年から「大意書」がつくられた。「大意書」がつくられたので、向井家の資料は元禄六年から後が残っている。元禄五年以前はどうなるんだ。それが一つの問題です。言いかえますと元禄六年という頭打ちの年代がある。これを突破して江戸時代の初めまでさかのぼるのはどうすればいいかという一つの問題があるわけです。

それからもう一つは、例えば「商舶載来書目」は寛政の終わりから文化の初めぐらいのところで止まってしまうわけです。そこからどうすればいいのか。上と下とをどう広げたらいいのかというのが、これからの研究の方向だと思いますが、先ほども申しましたように、個々の書籍に関して、例えば『紅楼夢』がいつ来たのかとか、『金瓶梅』がどうやって入ったのかというような問題は、それぞれの専門の方がそれぞれおやりになっているんですから、それでいいわけで、私は別におせっかいはするつもりはないし、それをやってもらうために資料を公刊しているわけです。

ただ、そういう研究を見ておりますと、東北大学でこの話をしたときに言った表現を申しますと、『唐船持渡書の研究』という本をご利用になるとき、皆さんは後ろから読んでいるだろう、索引から見ているだろう。索引で自分の要る本を見て、ああ何年から来ていると言う。ところが、その資料がどんな資料かという解題を読んでいないから、話がちょいちょいおかしくなるわけで、『唐船持渡書の研究』を見ていたらこの本は一回出てくるだけだ、だからここにあるこの本はあのときに入った本だと。こんな論理はあり得ない。それからあの本の中には何も出てないけど、俺のところの持っているこの本は江戸時代に入った本だから研究は不十分だと。そんなことは初めからわかっている。その資料は完全だと私は言ってないんですから、そんなものが出てきたら結構なことだということになるわけで、私の本の使い方については、もうちょっと解題を読んでちょうだいよというのが、私の一番言いたいところです。つまり、あの本の限界というものを知った上で使ってくれということです。

それは、ある意味において、これをつくりましたときに、森先生やら吉永先生が「あんた気前ええな」とおっしゃったけれども、実はあれをオープンにしたって、こっちのやることは幾らでもある。だから、決して気前がいいんじゃなくて、むしろ助けてくれと悲鳴を上げたような本だと言ってもいいかもわからないので、あれをずっと懐に抱えていたら、私は息が苦しくて困ったんじゃないかと思います。そういう意味では、使い方さえ注意してもらえば、幾らでもあの本はいけるわけであります。

ところが、アッパーリミットに一つ問題がある。そこで、やり始めました一つの仕事の例が、資料最初の三三九頁の論文のところで出てまいります。昭和五十八年度のところに「古今図書集成本書考の出現」、これは長い間探していた本が見つかったということでレポートをしたものです。その後、平成四年ぐらいから後でありますが、『乍浦集詠』乍浦に帰る」というのは、日本へ来る中国の貿易船が江戸時代の後半出港してくるのは、全部乍浦（さほ）という港から来るわけでありますが、そこへ行って、江戸時代の終わり頃に入ってきた『乍浦集詠』という本は、杭州大学の学長先生が関大へ見えて、杭州大学へ来てくれと言われたときに、「『乍浦集詠』という本は知らん。俺は乍浦の出身やけど知らん。そんなものがあるんかい」という話です。それで、「中国にないんだったら日本のやつをコピーして持っていきましょう」ということで行って、そして差し上げたというお話で、乍浦という港をそのとき初めて見たわけでありますが、その後、「明末清初に来朝した中国人」、それから「日本における中国辞書の輸入」、こういうものがアッパーリミットを突破する一つの方法であったわけであります。

その一つのやり方は、紅葉山文庫もそうでありますし、あるいは名古屋の蓬左（ほうさ）文庫もそうでありますが、そういう文庫がどういうふうに形成されていくかということを調べる。それを調べる方法は、実はその文庫の書目の年代順にできてくるわけですから、その年代順に書目を調べて、いつにはないけれどもいつにはあるということを調べる方法があるということを言っているわけであります。

その中でも非常に面白いのは蓬左文庫です。蓬左文庫は、家康の九男の徳川義直が封建されて名古屋に城を構えた。いわゆる尾張藩というのができるわけでございますが、この義直が非常にまじめな人で、いわゆる駿河御譲本（するがおゆずりぼん）という三〇〇〇冊余りの本をお父さんからもらうわけですが、それに自分が本を買い足していくわけです。ところが、彼が本を集めていた頃、つまり元和、慶長、寛永の頃でありますが、毎年毎年この本は何年に入ったということを書いた目録があります。これは義直公のおかげを我々はこうむるわけでありますが、彼が何年に買った本がある。その本はどの本だということを押さえることができるわけです。その本は一体何年に出版したものなのか。中国で何年に出版したものを何年に義直が買っているかということを調べることができる。それが三四六頁の資料の三です。

義直はもっとたくさん買っているんですが、ここではわかりやすいようにつくったわけで、一番最初、寛永四年（一六二七年）に購入した『楊氏易傳』という本は、実は万暦二十三年の刊本である。そうすると、一五九五年に出版したものが一六二七年に入っているわけですから、出版後三十二年で買ったということになります。これは一つのサンプルとして言っているので、万暦刊はたくさんあります。

そこから後、寛永五年の購入以後は、なるべく間隔の短いもの、例えば天啓四年に出た『明職』という本が寛永五年に入っているということは、一六二四年に出版されたものが一六二八年に入っているわけですから、四年で来た。そういうことをずうっと調べていきますと、非常に短いのは二年で入っている。ですから、義直のいた時代は相当な早さで中国の書物が輸入されていたということが証明できます。

義直になぜ注目したかと申しますと、それは義直が買った本の中に『天学初函』というキリシタンの禁書があったんです。この禁書が寛永九年（一六三二）に購入されている。ところが、この禁書を決めたのは寛永七年です。寛永七年に禁書だといっているのに、どうして寛永九年に義直がそれを買ったのか。これは大分長い間悩みました。幾らでも説明のつけようはできるわけで、義直は隠れキリシタンだったと言ってもいいんです。それで小説になります。だけど、そんなあほなことはない。

いろいろ考えていったときに、私は今までの自分の考え方の間違いに気がついたわけです。それは何かというと、寛永九年に買ったということは、寛永九年に輸入されてすぐに買ったような気でおる。だから、中国の本が長崎に入ってからすぐに買うんだと思っている。これは間違いではないか。つまり、本屋さんがストックしているのがあるはずである。だから、寛永七年以前に本屋の手元まで来ておった『天学初函』を義直が買ったならば、寛永九年だって買えるではないか。つまり、本屋さんが持っていたストックの中からいろいろ本を買っていくんだ。直接個人が輸入しているわけではないんですから、そういうことを考えてみると何も不思議ではないんじゃないかということに気がついた。そこでこういうリストをつくってみたわけです。

ですから、限界を突破することはこれで可能だ。しかもこの時期は、桃山の終わり、江戸の初期でありまして、幕府の体制ができる前のあたりの状況、言いかえると、桃山の終わりぐらいから江戸の初めぐらいの輸入の状況はいかなるものかということをこれで明らかにしていくことができるわけです。

その前に、「日本における中国辞書の輸入」を書きましたときに、義直が持っている、いわゆる蓬左文庫にあるところの辞書を見てみますと、例えば有名な宋の『太平御覧』というものを持っておりましても、これは明の刊本で持っている。宋の辞書を持っているからといって宋版を持っているんではない。明のものを持っているんだというところから、こういうものをつくってみようかという感じになったわけでありまして、言うならば寛永、あるいはもう少し前の時代の書物の輸入はこういう状況だということがわかってくる。非常に短い期間で現品が手元に入ってくるという状況がある。そういう状況と並べて考えることができるのは何かといいますと、ごく最近になって大変興味深い研究が行われておりますところの焼き物の問題です。

焼き物の中で、今まで呉須赤絵と言われていた焼き物は、どこで焼いたかということが中国の発掘でわかってきた。それは福建省の漳州というところの焼き物であるということが、発掘によって明らかになったわけです。その漳州の品物が入ってくるのとほとんど同じように、そのときに書物も来ている。焼き物は漳州窯が入ってきている。しかもそれはどこへ入ってきているかというと、それは薩摩に入ってきている。薩摩に本が入っているという明らかな証拠があります。それは非常に面白いことでありますけれども、林羅山の文集の中に彼が友人に出した手紙の中で、漳州の船が薩摩に入って、そして幾籠かの書物を持ってきておる。それをおまえさんは人の手に渡さずにとってこいよということを書いてあります。だから、明らかに薩摩に漳州の船が入っているということが言えます。

それから、長崎で後に唐通事になった人たちの祖先を調べてみますと、漳州の人が相当おります。あるいは長崎に漳州の船が八艘まとまって入ってきたという資料があることにつながっていくわけでありまして、こういう焼き物の中で、今申した呉須と呼ばれているものは漳州窯である。それから景徳鎮のものが入ってまいりまして、景徳鎮の中でも、例えば祥瑞（しょんずい）というような焼き物が入ってまいりますけれども、あれは恐らくこの時期に来ておったものであろう。

そうすると、簡単に言うならば、今までの研究は朱印船貿易ばかりに注目をしておりますけれども、そのときに向こうからやってきた中国の船をもう一遍見直す必要があるのではないか。そしてたくさんの人たちの中で、やがて長崎に残って通事になった人、その中でも子孫が繁栄しないと先祖がわからない。来たことはあるけれども、子孫がどうにもなっていないというのは状況がわかりませんけれども、子孫の繁栄した連中のご先祖はどこから来たかということを考えますと、大体福建から来ている。わかるものの中で三分の二は福建の出身、それから三分の一は浙江省の出身だということになるわけであります。ですから、福建から来るということはそんなに難しいことではなかった。そういえば福建に蛇頭がおる。蛇頭の手によってたくさんの中国人が目下密航しているということにつながってくるわけでありまして、そういう意味からいいますと、大変面白いということになろうかと思います。


それから、今度は後ろの方を突破する一つの方法でありますが、林大学頭述斎は非常に偉い男であったということがわかります。いろいろと述斎のことを今までに調べましたし、これからも調べていきたいと思っておりますけれども、極端な一つの例を申しますと、塙保己一が『群書類従』という立派な仕事をやった。あれをつくったのはもちろん塙保己一の業績ですけれども、あれに対して出版費を与えたのは誰かというと、林述斎です。だから、林述斎のバックアップがなかったら、『群書類従』があれだけ一般の人たちに使われるようにはならなかったであろう。これはほとんど塙保己一研究では言われないことでありますけれども、これは非常に大事なことだと思います。林述斎というのは非常に面白い人物であるということを今感じております。

それから、最近いろいろ見ておりますうちに、先ほど申しました毛利和泉守高標という人が大変有名な蔵書家でありまして、彼の二万何千冊という本を彼の孫のときに紅葉山文庫に奉納した。馬の鞍一つしかもらわなかったと言って佐伯の人は怒りますが、そんなことは怒らなくてもよろしい。なぜ毛利和泉守の孫が献上したか。それから市橋下総守長昭が宋元版三〇部を献納した。これはなぜ献納したのか。あるいは木村蒹葭堂の本が昌平黌に入ったのはなぜなのか。

この辺を考えてみますと、林述斎という人物を中心にして殿様のサークルがあった。毛利にしても市橋にしても、あるいは蒹葭堂はもうちょっと前になりますけれども、こういう人たちのものを林述斎が死後に面倒を見たんだと解釈することができるのではないか。したがいまして、述斎という人物が出てきて、有名なコレクター大名の宋元版を入れることによって、江戸紅葉山文庫というものが善本を含んだ大きなライブラリーになった。それまでは実用書のライブラリーであった。ですから、紅葉山文庫を一つの大文庫に仕立て上げた人物は誰かというと、それは林述斎だと考えることが可能だと思います。

そんなわけで、いろいろな人たちについてもこれから調べていくことができるのではないかと思います。例えば『清俗紀聞』という本をつくった中川忠英という長崎奉行も大変な人物で、明治以後に生きていたら相当な活躍をした人ではないかと思いますけれども、面白い例を挙げますと、彼は寛政七年（一七九五）から寛政九年まで長崎奉行になっているんですが、その前に天明八年（一七八八）から寛政七年までは彼は御目付であった。その御目付のときに、寛政三年（一七九一）から学問所吟味というものを行います。つまり、江戸幕府においては幕臣の次男、三男の出来のいいやつを引き抜くために、人材登用のために、学問吟味をやる。そのときのプランをやったのが中川忠英という御目付で、これが寛政七年に御目付から長崎奉行に転任をいたしますが、その試験で非常に成績のいい男にめっこを入れまして、それを長崎に引き抜きます。それが誰かというと、近藤重蔵です。近藤重蔵は、試験のときに試験官にめっこを入れられて、そして引き抜かれて長崎へ行くわけです。

その後、寛政九年（一七九七）になりまして、今度は中川忠英が勘定奉行、関東郡代兼帯になるのでありますが、そうなった途端に、今度は近藤重蔵は長崎から引き抜かれて関東郡代付になる。そして近藤重蔵が蝦夷地に関して注意をしなければなりませんという上書を盛んにやるのは、全部中川忠英を通じて差し出している。最後には、近藤重蔵と中川忠英が一緒になって蝦夷地の視察に行くという、そこまでつながりがあるんです。ですから、御奉行と、御目付のときに試験を受けた優秀人物がつながっているんだということもわかってまいりました。

そんなわけで、大変面白いことはこれからまだまだたくさん出てくるだろうというので、これから後の展望はますます明るいというのが、私の結論でございます。

どうもありがとうございました。（拍手）

**安川**　大庭先生、まことに興味津々のお話、ありがとうございました。

これをもちまして、大庭先生定年退休記念講演会を閉会させていただきたいと思います。

どうもありがとうございました。（拍手）

# 「唐船持渡書の研究の現状と展望」資料

## Ⅰ. 研究報告

### A. 書籍

#### 1. 著書

江戸時代における唐船持渡書の研究
　東西学術研究所　昭和四二年三月一一日

江戸時代の日中秘話
　東方書店　昭和五六年三月三〇日

江戸時代における中国文化受容の研究
　同朋舎出版　昭和五九年六月一五日

漢籍輸入の文化史　研文出版　平成九年一月二〇日

#### 2. 論文

江戸時代における唐船持渡書の資料
　関大文学論集　一四―三　昭和四〇年一月

番船書籍元帳に見える御文庫・学問所御用書について
　龍谷史壇　五四　昭和四〇年三月

辰壱番唐船の積荷
　石田博士頌寿記念東洋史論叢　昭和四〇年八月

江戸時代に舶載された集帖について
　関大八十周年記念文学論集　昭和四〇年一一月

唐本の値段　東洋史研究　二四―四　昭和四一年三月

江戸時代に舶載された蔵経について
　龍谷史壇　五六・五七合刊　昭和四一年一二月

禁書に関する二・三の資料
　史泉　四〇　昭和四五年三月

徳川吉宗と大清会典―享保時代における日清交渉史の一班―
　法制史研究　二一　昭和四六年三月三一日

古今図書集成本書考の出現
　創文　一三四　昭和五八年七月

象と法と―徳川吉宗と中国文化―
　泊園　二六　昭和六二年九月

『乍浦集詠』乍浦に帰る
　東方　一三〇　平成四年一月五日

明末清初に来朝した中国人
　日本学　一九　平成四年五月

日本における中国辞書の輸入
　東西研紀要　二七　平成六年三月三一日

荻生北渓・徂徠と楽書校閲
　東方学　九一　平成八年一月三一日

徳川吉宗と漢方
　大阪府医師会報　二八二　平成八年一月

日本における中国典籍の伝播と影響
　日本文化交流史叢書9　典籍王勇と共編

江戸時代の中国典籍交流　日本文化交流史叢書9　典籍
　王勇と共編　大修館書店　平成八年五月一日

B. 動植物の輸入
1. 中井履軒作象鈕の印より出発して
懐徳　五七　昭和六三年一二月二五日
2. ドレスデンの椿　日本歴史　四八九　平成一年二月
3. 象の旅『史話日本の歴史』二〇
作品社　平成三年四月一五日
4. 享保版象のすべて『物のイメージ　本草と博物学への招待』
朝日新聞社　平成四年四月五日
5. 徳川吉宗の唐馬輸入『東アジアの本草と博物学の世界』下
思文閣出版　平成五年七月二一日

C. 中国船
1. 平戸松浦史料博物館蔵「唐船之図」について―江戸時代に来航した中国商船の資料―
東西研紀要　四　昭和四七年三月
2. Scroll Paintings of Chinese Junks which sailed to Nagsaki in the 18th Century and their Equipment.
"The Marriner's Mirror" Vol.60 No.4" 1974.11

Ⅱ. **資料翻刻**
1. 書籍関係
宮内庁書陵部蔵　舶載書目　附内閣文庫蔵分類舶載書目集覧
東西研　昭和四七年一月二日
内閣文庫の購来書籍目録
東西研紀要　一　昭和四三年三月
東北大学狩野文庫架蔵の御文庫目録
東西研紀要　三　昭和四五年三月
聖堂文庫の賦役府県志目録　同右
元禄元年の唐本目録
史泉　三五・三六合併号　昭和四二年一二月
国立公文書館内閣文庫蔵名家叢書　上・中・下
東西研　昭和五七年一月三〇日

2. 近世日中交渉史料集　9シリーズ
一　唐船進港回棹録・島原本唐人風説書・割符留帳
東西研資料集刊　九　昭和四九年三月
二　享保時代の日中関係資料　一
内容　中華之儀ニ付申上候覚　信牌方記録　和漢寄文
東西研資料集刊　九―二　昭和六一年三月三一日
三　享保時代の日中関係資料　二（朱氏三兄弟集）
内容　図版　唐馬具図
1、偶記　2、仕置方問答集　3、清朝探事　4、馬医唐人療治方書付　5、唐馬乗方聞書　6、唐馬乗方補遺　7、対語驥録　8、唐人問答　9、馬書　10、南京朱来章治験　その他
東西研資料集刊　九―三　平成七年三月三一日
四　享保時代の日中関係資料　三（荻生北渓集）

内容
1、明律訓点本　2、荻生考　集政備考　3、荻生考明朝清朝異同　4、建州女直始末　5、明律訳
6、唐律和明律異同　7、唐律疏議沈燮庵釈文訂正
8、唐律疏議励廷儀序文　9、沈燮庵遺文　10、七経孟子攷文補遺　11、度量衡考　12、太墨鴻壺集
13、古今図書集成本書考　14、琴之記　15、徂徠先生年譜　16、先祖書　17、荻生家旧記
　東西研資料集刊　九—四　平成七年一一月三〇日

五　江戸時代の日中関係資料（蘭園鶏肋集）
口絵
熊斐筆　費晴湖先生肖像、　象　享保渡来、　象　文化渡来、　駱駝　文政渡来、　唐船、　高玄岱書軸
資料
1、唐方渡俵物諸色大略絵図　2、唐蛮貨物改帳
3、訳家秘備　4、清客新語　5、漂着唐山人往復書文化四年銚子浦　6、呈詞翻案　7、禁書目録2冊
8、黄雪園蔵書目録　三冊　9、繙閲余声　10、書目録　三種　11、和泉屋吉兵衛直段書　12、大清縉紳全書和解　中川忠英
　東西研資料集刊　九—五　平成九年三月三一日

3．江戸時代漂着唐船資料集　13シリーズ
一　宝暦三年八丈島漂着南京船資料
図版　乗組員肖像　狩野春湖写　唐船図
巡海録　関修齢　輯
宝暦三年八丈島に漂着南京人之訳書上
漂着唐船細故
伊豆州八丈島漂流高山輝・程釵南持渡
　戊番外船商売書大意稿　三冊
戊番外船持渡書大意書　四冊
　東西研資料集刊　昭和六〇年三月三〇日

4．安永九年安房千倉漂着南京船元順号資料
口絵　元順号の図、房州漂着南京船図、方済筆
　富士真景図、同筆　遊女図
漂着紀事、　遊房筆語、　安房国朝夷郡千倉浦漂着南京船一件留書
南京船漂着の記事、　安永九子年四月大岡兵庫頭様御領分房州勝浦内江南京漂船一件
南京船元順漂着一件、　南京商船漂着房州記、
南朝夷村千倉浦南京船漂着出役日記
船主沈敬瞻関係資料、　寅十番船齎来書目、　寅十番船大意書
漂客奇賞図、　方西園の絵図（山岡泰造研究員）
元順船乗組員尤廷玉の墓（松浦章研究員）
　東西研資料集刊　平成三年三月三〇日

## 資料一　唐船持渡書研究資料の限界

| | 齋来書目 | 大意書 | 書籍元帳 | 直組帳 | 見帳 | 落札帳 | 唐蛮貨物帳 | 商船載来 | 舶載 | 舶来 | 華夷変態 | 会所目録 | 書物方日記 |
|---|---|---|---|---|---|---|---|---|---|---|---|---|---|
| 元禄　六（一六九三） | | | | | | | | ― | | | 20 | 3 | |
| 七 | | 1 | | | | | | ― | ○ | ○ | 21 | 4 | |
| 八 | | | | | | | | ― | ○ | ○ | 22 | 4 | |
| 九 | | | | | | | | ― | ○ | ○ | 23 | 5 | |
| 一二 | | | | | | | | ― | ○ | ○ | 26 | 5 ← | |
| 一三（一七〇〇） | | | | | | | | ― | ○ | ○ | 27 | | |
| 一四 | | | | | | | | ― | ○ | ○ | 28 | 6 | |
| 一五 | | | | | | | | ← | ○ | ○ | 29 | 6 | |
| 一六（一七〇三） | | | | | | | | ― | ○ | ○ | 30 | 6 | |
| 宝永　二（一七〇五） | | | | | | | | ― | ○ | ○ | 32 | 6 | |
| 三 | | | | | | | | ― | ○ | ○ | 〃 | 7 | 4・7 |
| 四 | | | | | | | | ― | ○ | ○ | 〃 | 7 | 10 |
| 五 | | | | | | | | ― | ○ | ○ | 33 | 7・8 | 9 |
| 六 | | | | | | | ○ | ― | ○ | ○ | 34 | 8 | 2・7 |
| 七 | | | | | | | ○ | ← | ○ | ○ | 〃 | | ○ |
| 正徳　一（一七一一） | | | | | | | ◎ | ― | ○ | ○ | 35 | | 1・6・7 |
| 二 | | | | | | | ○ | ― | ○ | ○ | - - - | 9 | ○ |
| 三 | | | | | | | ○ | ― | ○ | ○ | - - - | 10 | ○ |
| 四 | 1 | | | | | | | ― | ○ | | - - - | 10 | ○ |
| 五（一七一五） | 1 | | | | | | | ← | | | - - - | 10 | ○ |
| 享保　三（一七一八） | | 1 | | | | | | ― | | | 1 | 10 | ― |

| 四 | 五 | 六 | 七 | 八 | 九 | 一〇 | 一一 | 一二 | 一三 | 一四 | 一五（一七三〇） | 享保一六 | 一七（一七三二） | 一九 | 二〇 | 元文一（一七三六） | 二 | 三 | 四 | 五 | 寛保一（一七四二） | 二 | 三 |
|---|---|---|---|---|---|---|---|---|---|---|---|---|---|---|---|---|---|---|---|---|---|---|---|
| 7 | | | | | | | | | | | | | | | 2 | | | | | | | | |
| | | | | | | 1 | | | | | | | | | | | | | | | | | |
| | | | | | | | | | | | | | | | | | | | | | | | |
| | | | | | | | | | | | | | | | | | | | | | | | |
| | | | | | | | | | | | | | | | | | | | | | | | |
| | | | | | | | | | | | | | | | | | | | | | | | |
| | | | | | | | | | | | | | | | | | | | | | | | |
| ─ | ─ | ─ | ─ | ─ | ─ | ─ | ─ | ─ | ─ | ─ | ← | ─ | ─ | ─ | ─ | ─ | ─ | ─ | ─ | ─ | ← | ─ | ─ |
| ○ | ○ | ○ | ○ | ○ | ○ | ○ | ○ | ○ | ○ | ○ | ○ | ○ | ○ | ○ | ○ | ○ | ○ | ○ | ○ | ○ | ○ | ○ | ○ |
| ○ | ○ | ○ | ○ | ○ | ○ | ○ | ○ | ○ | ○ | | ○ | ○ | | ○ | ○ | ○ | ○ | ○ | ○ | ○ | ○ | ○ | ○ |
| 2 | 3 | 〃 | 37 | 〃 | 〃 | | | | | | | | | | | | | | | | | | |
| | | | | | | | | | | | | | | | | | | | | | | | |
| ─ | ─ | ─ | ─ | ─ | ─ | ─ | ─ | ─ | ─ | ─ | ← | ─ | ─ | ─ | ─ | ─ | ─ | ─ | ─ | ─ | ─ | ─ | ─ |

| | | | | | | | | | | | | | |
|---|---|---|---|---|---|---|---|---|---|---|---|---|---|
| 延享一（一七四四） | | | | | | | | — | | | | | — |
| 二 | | | | | | | | — | ○ | ○ | | | ← |
| 三 | | | | | | | | — | ○ | ○ | | | |
| 四 | | | | | | | | — | ○ | ○ | | | |
| 寛延一（一七四八） | | | | | | | | — | ○ | | | | |
| 二 | | | | | | | | ← | ○ | ○ | | | |
| 寛延三 | | 3 | | | | | | — | | | | | |
| 宝暦一（一七五一） | | | | | | | | — | ○ | ○ | | | |
| 四 | | 1 | | | | | | — | ○ | ○ | | | |
| 九 | 4 | | | | | | | — | | | | | |
| 一〇（一七六〇） | 1 | 1 | | | | | | — | | | | | |
| 明和八（一七七一） | | 1 | | | | | | ← | | | | | |
| 安永四（一七七五） | | | | | | | | — | | | | | |
| 天明二（一七八二） | | 2 | | | | | | — | | | | | |
| 寛政六（一七九四） | 1 | | | | | | | — | | — | | | |
| 一一 | 1 | | | | | | | — | | ○ — | | | |
| 一二（一八〇〇） | 5 | | | | | | | — | | - - | | | |
| 享和一（一八〇一） | 5 | | | | | | | — | | ← | | | |
| 三 | | 5 | | | | | | | | | | | |
| 文化一（一八〇四） | | | 9 | | | | | | | | | | |
| 二 | 7 | | | | | | | | | | | | |
| 四 | | 1 | | | | | | | | | | | |
| 七 | | 1 | | | | | | | | | | | |
| 八 | | 1 | | | | | | | | | | | |

資料二　唐船起帆地略図

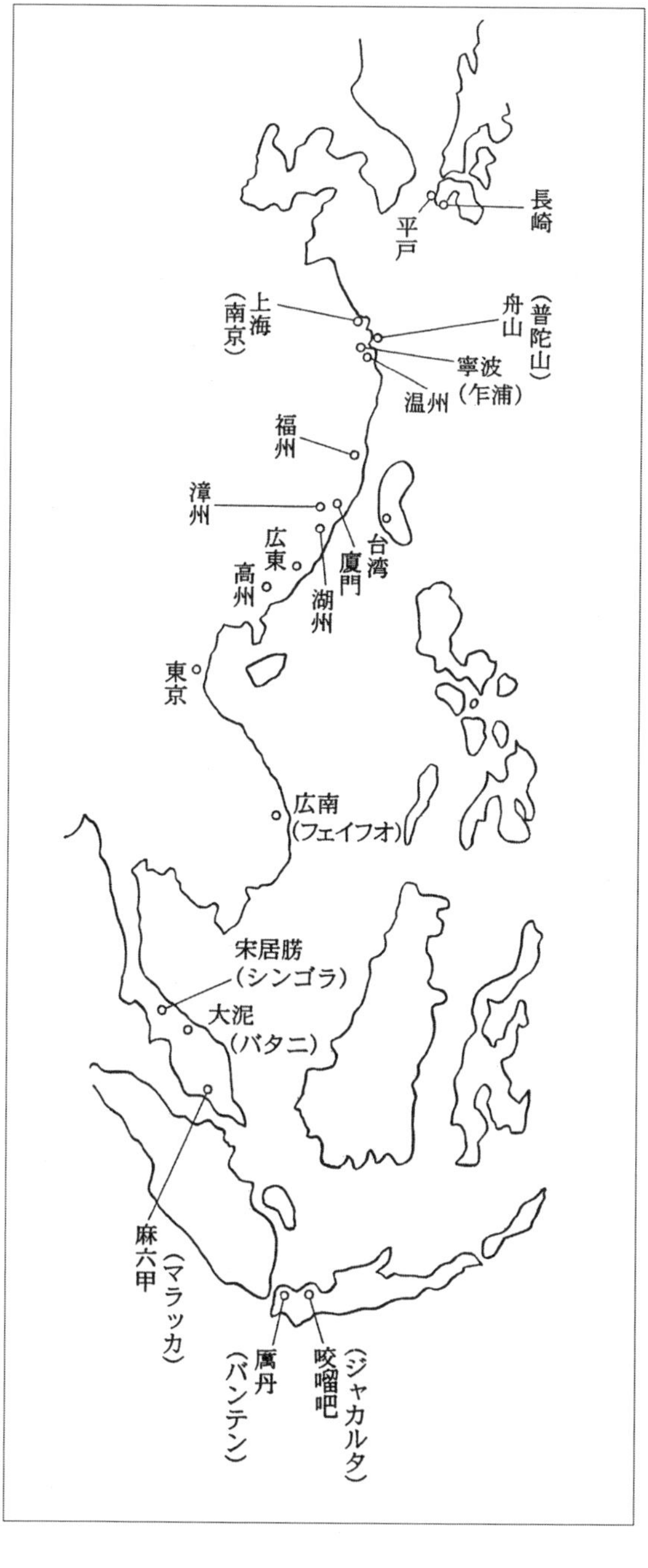
長崎
平戸
上海
(南京)
舟山
(普陀山)
寧波
(乍浦)
温州
福州
漳州
台湾
廈門
広東
高州
湖州
東京
広南
(フェイフオ)
宋居勝
(シンゴラ)
大泥
(バタニ)
麻六甲
(マラッカ)
廣丹
(バンテン)
咬𠺕吧
(ジャカルタ)

## 資料三　限界突破の一例

| | | 出版後入庫まで |
|---|---|---|
| 寛永四（一六二七）購入 | | |
| 楊詩氏傳 | 万暦二三（一五九五）刊 | 三二年 |
| 寛永五（一六二八）購入 | | |
| 明　職 | 天啓四（一六二四）刊 | 四年 |
| 寛永六（一六二九）購入 | | |
| 四書主意宝蔵 | 天啓四（一六二四）刊 | 五年 |
| 四書理印 | 天啓三（一六二三）序刊 | 六年 |
| 科場急出題旨元脉 | 天啓三（一六二三）序刊 | 六年 |
| 完真妙諦捷径 | 天啓五（一六二五）序刊 | 四年 |
| 通鑑総類 | 天啓二（一六二二）跋刊 | 七年 |
| 名公四六争奇 | 天啓三（一六二三）年刊 | 六年 |
| 寛永七（一六三〇）購入 | | |
| 尚書雅言 | 万暦四〇（一六一二）刊 | 一八年 |
| 因知記 | 天啓三（一六二三）刊 | 七年 |
| 整庵先生存稿 | 天啓二（一六二二）刊 | 八年 |
| 寛永九（一六三二）購入 | | |
| 皇明象胥録 | 崇禎二（一六二九）序刊 | 三年 |
| 国史紀聞 | 天啓四（一六二四）序刊 | 八年 |
| 古今名将位 | 天啓三（一六二三）序刊 | 九年 |
| 諸氏琅環 | 天啓五（一六二五）年刊 | 七年 |
| 彙編唐詩 | 天啓三（一六二三）序刊 | 九年 |
| 寛永十（一六三三）購入 | | |
| 国朝典彙 | 天啓四（一六二四）刊 | 九年 |
| 警世通言 | 天啓四（一六二四）序刊 | 九年 |
| 虞徳園先生集 | 天啓三（一六二三）刊 | 一〇年 |
| 寛永十一（一六三四）購入 | | |
| 春秋衡庫 | 天啓五（一六二五）序刊 | 九年 |
| 尚友録 | 天啓元（一六二一）序刊 | 一三年 |
| 寛永十二（一六三五）購入 | | |
| 四書演 | 崇禎五（一六三二）刊 | 三年 |
| 氏族大全 | 崇禎五（一六三二）序刊 | 三年 |
| 大明一統名勝志 | 崇禎三（一六三〇）刊 | 五年 |
| 四書千百年眼 | 崇禎六（一六三三）序刊 | 二年 |
| 四書経正録 | 崇禎四（一六三一）序刊 | 四年 |
| 説文長箋 | 崇禎四（一六三一）序刊 | 四年 |
| 佐玄直指図解 | 天啓七（一六二七）跋刊 | 八年 |
| 容斎随筆 | 崇禎三（一六三〇）序刊 | 五年 |
| 文文山先生全集 | 崇禎二（一六二九）序刊 | 六年 |
| 寛永十三（一六三六）購入 | | |
| 易経疑聚 | 天啓六（一六二六）刊 | 一〇年 |
| 四書問答主意金声 | 崇禎五（一六三二）序刊 | 四年 |
| 仕途懸鏡 | 天啓六（一六二六）序刊 | 一〇年 |
| 函　史 | 崇禎七（一六三四）序刊 | 二年 |
| 石室私抄 | 崇禎四（一六三一）刊 | 五年 |
| 国朝七子詩集 | 崇禎三（一六三〇）刊 | 六年 |
| 寛永十六（一六三九）購入 | | |
| 音韻日月燈 | 崇禎六（一六三三）序刊 | 六年 |

# 二、日本古代に輸入された中国の書籍

## ――大神神社蔵『周書』をめぐって――

### はじめに

皆様、明けましておめでとうございます。当「三輪山セミナー」の一月は、皇學館大学の学長が担当するということでございますので、昨年に引続きお話をさせていただきます。

皇學館大学には専攻科という神職養成機関があり、その入学試験の査定会議に出席しましたら、学部長が「三輪さんのセミナーで学長の話を聞き、その話が大変面白く、感激をして試験を受けに来られた人がおられますよ」と言うのですね。そんなに面白い話をしたかなぁと思ったのですが（笑）、面白いと言って下さるのは結構、さらに皇學館大学をお受けになるというのは益々結構ですので、今年は一人と言わず、二人でも三人でも是非おいでいただきたいと思います（笑）。

今回は、なるべく大神神社に関わりのあることでと考えまして、神社で所蔵されている重要文化財の『周書』を使ってお話をさせていただきたいと思います。これは相当退屈な話になりますので、覚悟をお決めいただきたいと

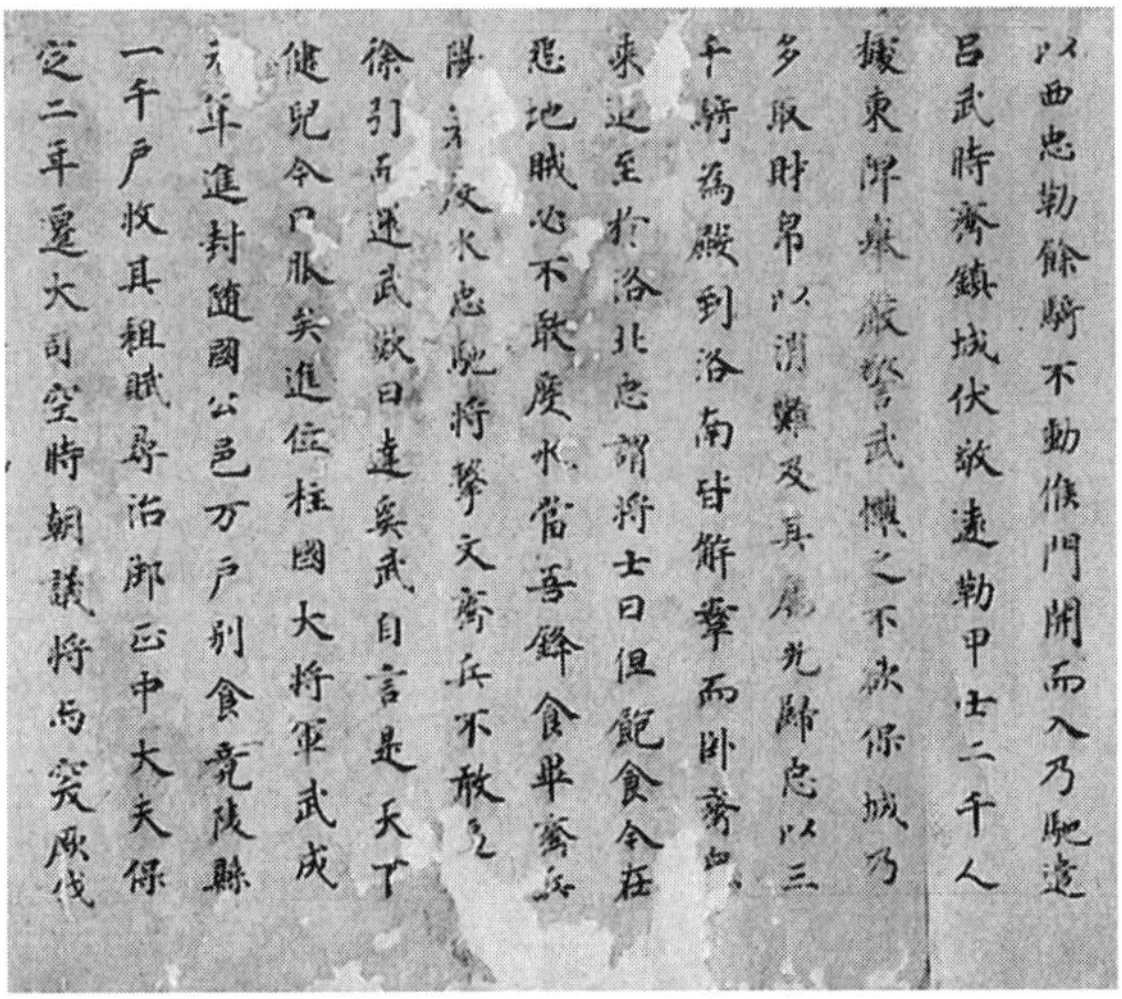
以西忠勒餘騎不動伺門開而入乃馳還
呂武時齊鎮城伏敬遠勒甲士二千人
據東陴舉烽警武懼之不敢保城乃
多取財帛以消難及其屬先歸忠以三
千騎爲殿到洛南皆解鞍而卧齊衆
來追至於洛北忠謂將士曰但飽食今在
死地賊必不敢度水當吾鋒食畢齊兵
陽之次忠馳將擊之齊兵不敢逼
徐引而還武歎曰達奚武自言是天下
健兒今日服矣進位柱國大將軍武成
元年進封隨國公邑万戸別食竟陵縣
一千戸收其租賦尋治御正中大夫保
定二年遷大司空時朝議將爲突厥伐

図46●『周書』巻第十九　大神神社蔵

思います（笑）。

私は中国の書物が、どの時代にどの程度入ってきたのか、ということについて研究をしてきました。研究をしている本人は、大変面白いのですが、これを聴く方は非常に退屈な話になります。

最初は江戸時代を中心に始めまして、それだけでは駄目で、時代を遡り研究を続けていますうちに、大神神社の『周書』に行き当たったわけです。

実は、昨年こちらに参りました時、『周書』はございますかとお尋ねをしました。すると、奈良の博物館に預けているという話で、是非実物を見せていただきたいとお願いしましたら、写真が出来上がってきました。今から皆様に廻しますのでご覧下さい。原寸大にしていただいたようです。このようなものだということだけ、おわかりいただければ結構です。

これは写本で、資料の一枚目に一部分ですがコピーを載せておきました（図46）。
これより前の部分は香川県の猪熊さんという方が持っておられ、こちらの方は資料の二枚目に載せています（図47）。何故切れてしまったのか、というのはわかりません。ここにコピーしているのは、毎日新聞社から発行された『重要文化財』という本の中の「典籍」の部分からです。一枚目は「周書巻第十九」、二枚目は「周書巻第十一断簡」と書いてあります。しかしこれはこの本を作った時の間違いで、巻はどちらも十九です。二枚目の方の十一は巻ではなく列伝十一ということです。

話を聞きますと、この『周書』は若宮さんと呼ばれている大直禰子（おおたたねこ）神社の天井裏で見つかったようで、いつ頃からあったのかというのはわからないそうです。このわからないところが、大変有難いところであります（笑）。なぜ天井裏で見つかったのか。これは天井裏というのは比較的風通しがよく、乾燥しています。ですから書物を天井裏に上げることはよくあることで、奈良の元興寺、或いは金沢（かねさわ）文庫を持っていた武蔵国の称名寺でも、天井裏に大事な典籍を上げていました。

ただ元興寺の場合は、修復に当たっていた大工さんが、そうとは知らずに焼いてしまいました。これは紙の巻物ではなく、柿（こけら）経（きょう）という木に書いてあるお経でした。

称名寺の方は、古文書を袋に入れて上げてありましたので、あまり保存状態は良くありませんでした。金沢文庫の本は大変重要なもので、大体のものは国宝になっています。

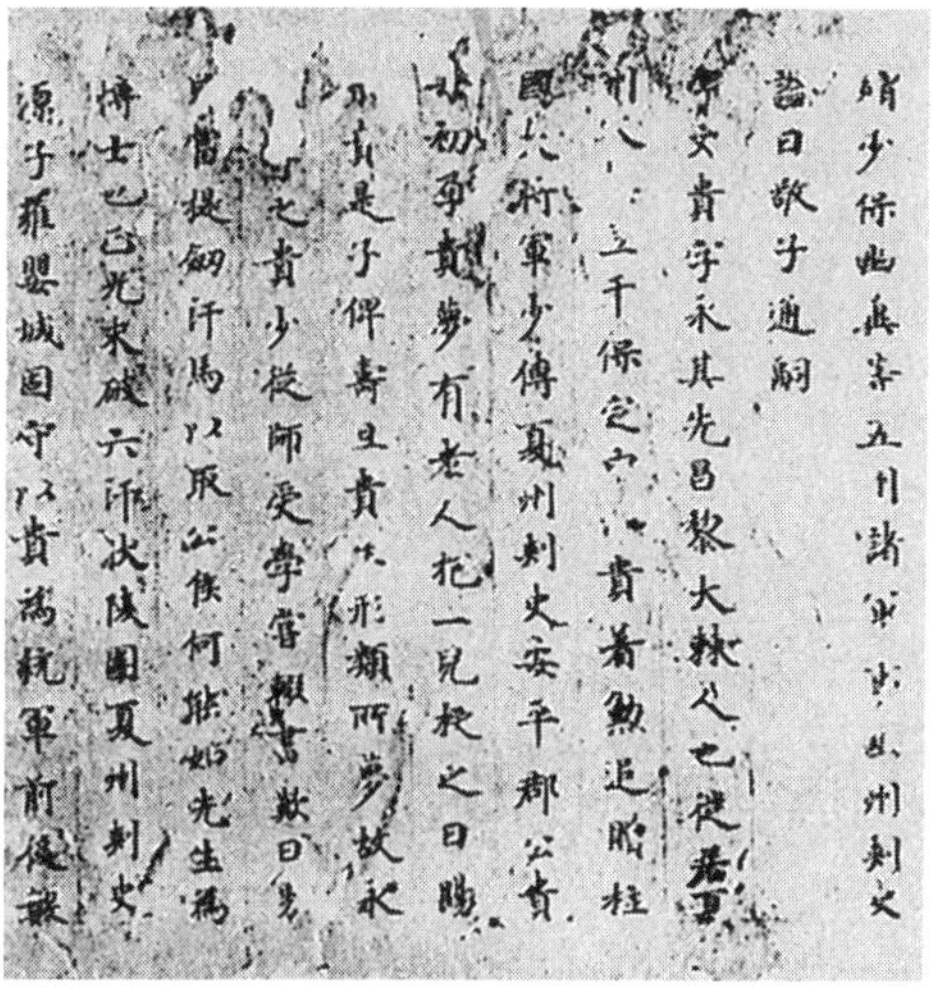

図47●『周書』巻第十九　猪熊全寿氏蔵
（毎日新聞社刊『重要文化財』より）

## 『周書』とは

それでは『周書』とはどのようなものかと言えば、周という国は時代によりたくさんありましたが、その中で南北朝時代の北朝にあった国、西暦紀元で申しますと五五七年から五八一年まで、それほど長くはありません。但し書いてあるのは周の一つ前の西魏の始めからです。従いまして西暦紀元で言うと、五三四年から五八一年の間の西の魏、それから北の周の歴史が書いてあり、作ったのは唐の始めになります。

中国の「正史」という、歴史書の中でも一番中心になる本があります。「正史」はどれだけあるかといえば、『史記』から『明史』まで二十五あり、二十五史という呼び方もします。もちろんこれは、十七史と呼ばれている時代もありますし、十八史、二十一史、歴史が伸びてくると増えてきますので、その時代時代によって呼び方が変ります。

私たちはこの「正史」と呼ばれる歴史書を基本にして、その王朝の歴史を調べますが、「正史」には、いくつかの特色があります。

その特色は何かというと、紀伝体で書かれているということです。紀伝体とは本紀列伝体ということで、「本紀」とは皇帝の年代記、「列伝」というのは皇后以下の伝記です。このスタイルを作り出したのは有名な歴史家の司馬遷で、その人の書いたものが『史記』です。

「本紀」とは皇帝の年代記ですから、これで大体年代がわかります。そしてその後に「列伝」が書いてあります。例えばＡＢＣＤという人物がいて、その人達がいつ生まれて、いつ亡くなって、その間にこんなことが起こったというようなことが書いてあります。

ところが何か大きな事件が起こったとすると、Ａという人物は一人前の人間として活動している年代、Ｂという人間はまだ若い時代、Ｃはまだ生まれていないし、Ｄは死んでいるということになるわけで、何か一つの事件を調べようとすると、その時に関連のある「列伝」を見ていかないといけません。

しかもAはいつ生まれていつ亡くなり、その間にどのような職について何をしたかと書いてあるわけですから、この中から関係のあるものを拾っていかなければいけないことになります。それが中国の歴史を研究する場合の一つの大事な要領であります。

そして、これだけですべてわかるかと言えばそうではありません。例えばBという人が、何か本を書いていて、その本が大事な本であれば、Bの伝記の中に出てきます。しかし「列伝」に載るほど偉くない人は、当然出てこないわけです。それをどうするかという問題があります。つまり「列伝」の中に書けないような事項をどうするか、という問題です。実はそれを纏めて書いたものがあります。資料に『東洋史料集成』から「二十五史分目表」をかりて載せておきました（次頁）。

例えば、『漢書』の項の八番目に「食貨志（しょっかし）」と書いてありますが、これには経済問題が書いてあります。最後にある「藝文志（げいもんし）」には本のことが書いてあります。「地理志」には、どこにどのような郡があり、郡の中にはどのような県があって人口はどのくらい、というようなことが書いてあります。これは「郡国志」「州郡志」等と名前は時代により変りますが、要するに地理のことが書いてあります。

問題は、そういうものがなく、真っ白になっているところがあります。例えば『三国志』には書志の記述が何もありません。『梁書』も『陳書』もありません。言いかえると、「本紀」と「列伝」しかないのです。

この「志」のほかに、もう一つ「表」がありまして、つまり「本紀」と「列伝」と「志」と「表」を全部合わせて「正史」というのですが、最低限「本紀」と「列伝」がないと、紀伝体とは言えません。

# 二十五史分目表

| 書名 | 書 | | | | | | | | | | | | | | | | 志 | | | | | |
|---|---|---|---|---|---|---|---|---|---|---|---|---|---|---|---|---|---|---|---|---|---|---|
| 史記 | 禮書 | 樂書 | 律書 | 曆書 | 天官書 | 封禪書 | 河渠書 | 平準書 | | | | | | | | | | | | | | |
| 漢書 | 禮樂志 | 禮樂志 | 律曆志 | 律曆志 | 天文志 | 郊祀志 | 溝洫志 | 食貨志 | 刑法志 | 五行志 | 地理志 | 藝文志 | | | | | | | | | | |
| 後漢書 | 禮儀志 | | 律曆志 | 律曆志 | 天文志 | 祭祀志 | | | | 五行志 | 郡國志 | | 百官志 | 輿服志 | | | | | | | | |
| 三國志 | | | | | | | | | | | | | | | | | | | | | | |
| 晉書 | 禮志 | 樂志 | 律曆志 | 律曆志 | 天文志 | | | 食貨志 | 刑法志 | 五行志 | 地理志 | | 職官志 | 輿服志 | | | | | | | | |
| 宋書 | 禮志 | 樂志 | | 曆志 | 天文志 | | | | | 五行志 | 州郡志 | | 百官志 | | 志序 | 符瑞志 | | | | | | |
| 南齊書 | 禮志 | 樂志 | | | 天文志 | | | | | 五行志 | 州郡志 | | 百官志 | 輿服志 | | 祥瑞志 | | | | | | |
| 梁書 | | | | | | | | | | | | | | | | | | | | | | |
| 陳書 | | | | | | | | | | | | | | | | | | | | | | |
| 南史 | | | | | | | | | | | | | | | | | | | | | | |
| 魏書 | 禮志 | 樂志 | 律曆志 | 律曆志 | 天象志 | | | 食貨志 | 刑法志 | | 地形志 | | | | | 靈徵志 | 官氏志 | 釋老志 | | | | |
| 北齊書 | | | | | | | | | | | | | | | | | | | | | | |
| 周書 | | | | | | | | | | | | | | | | | | | | | | |
| 北史 | | | | | | | | | | | | | | | | | | | | | | |
| 隋書 | 禮儀志 | 音樂志 | 律曆志 | 律曆志 | 天文志 | | | 食貨志 | 刑法志 | 五行志 | 地理志 | 經籍志 | 百官志 | | | | | | | | | |
| 唐書 | 禮儀志 | 音樂志 | | 曆志 | 天文志 | | | 食貨志 | 刑法志 | 五行志 | 地理志 | 經籍志 | 職官志 | 輿服志 | | | | | | | | |
| 新唐書 | 禮樂志 | 禮樂志 | | 曆志 | 天文志 | | | 食貨志 | 刑法志 | 五行志 | 地理志 | 藝文志 | 百官志 | 車服志 | | | | | 儀衛志 | 選擧志 | 兵志 | |
| 五代史 | 禮志 | 樂志 | | 曆志 | 天文志 | | | 食貨志 | 刑法志 | 五行志 | 郡縣志 | | 職官志 | | | | | | | 選擧志 | | |
| 新五代史 | | | | | 司天攷 | | | | | | 職方攷 | | | | | | | | | | | |
| 宋史 | 禮志 | 樂志 | 律曆志 | 律曆志 | 天文志 | | 河渠書 | 食貨志 | 刑法志 | 五行志 | 地理志 | 藝文志 | 職官志 | 輿服志 | | | | | 儀衛志 | 選擧志 | 兵志 | |
| 遼史 | 禮志 | 樂志 | | 曆象志 | | | | 食貨志 | 刑法志 | | 地理志 | | 百官志 | | | | | | 儀衛志 | | 兵衛志 | 營衛志 |
| 金史 | 禮志 | 樂志 | | 曆志 | 天文志 | | 河渠書 | 食貨志 | 刑法志 | 五行志 | 地理志 | | 百官志 | 輿服志 | | | | | 儀衛志 | 選擧志 | 兵志 | |
| 元史 | 禮樂志 | 禮樂志 | | 曆志 | 天文志 | 祭祀志 | 河渠書 | 食貨志 | 刑法志 | 五行志 | 地理志 | | 百官志 | 輿服志 | | | | | | 選擧志 | 兵志 | |
| 新元史 | 禮志 | 樂志 | | 曆志 | 天文志 | | 河渠書 | 食貨志 | 刑法志 | 五行志 | 地理志 | | 百官志 | 輿服志 | | | | | | 選擧志 | 兵志 | |
| 明史 | 禮志 | 樂志 | | 曆志 | 天文志 | | 河渠書 | 食貨志 | 刑法志 | 五行志 | 地理志 | 藝文志 | 百官志 | 輿服志 | | | | | 儀衛志 | 選擧志 | 兵志 | |

（『東洋史料集成』より）

## 日本の紀伝体の歴史書

それではそのようなものが日本にあるかというと、最初に皆さんは「六国史」があるではないかと思われるかもしれません。『日本紀』『続日本紀』『日本後紀』『続日本後紀』『文徳実録』『三代実録』ですね。しかしこれは紀伝体ではありません。どの天皇に何があったかを年代順に書いてあり、ある時に誰が死んだ、その人はいつ生まれて、このような人であるという伝が入っています。「本紀」だけではなくて伝が入っていて、その間に区別がない。ですからこれは紀伝体ではありません。

日本における唯一の紀伝体は、徳川光圀が作った『大日本史』で、これは中国型の紀伝体の書です。「本紀」と「列伝」は光圀が生きている間に出来ました。ところが「志」を書くのは大変難しく、「志」が出来上がったのは明治三十五年です。水戸藩がずっと作っていたのです。

『大日本史』には三大特筆と言われているものがあります。それは大友皇子、弘文(こうぶん)天皇の即位を認めた、神功皇后を皇后とした、南朝を正統としたという三点です。

それでは光圀は、その三大特筆を序文か何かで高らかに謳い上げたかというと、何もしていません。弘文天皇の「本紀」を作り、神功皇后は皇妃伝に入れ、それから南朝の天皇の「本紀」を作ったのです。

話を元に戻しますと、『周書』というのは先ほど申し上げましたように、非常に短い間のことですので、「本紀」と「列伝」だけしかないということになります。

それでは誰が書いたのかといいますと、これは唐の時代の令狐徳芬(れいことくふん)です。書いたといっても編纂物ですので、この人が責任者になって編纂したということです。

## 正史の私撰と官撰

この二十五史の中で、『史記』『漢書』『後漢書』『三国志』『宋書』『梁書』『魏書』は個人が書きましたので私撰と言います。それ以外のものは、政府が歴史の編纂官を置いて作らせたので官撰と言います。

官撰の歴史を作ることは、唐の始めに起こります。唐の太宗李世民（りせいみん）が命令し、それまでに歴史書のないものについて、或いは歴史書はあるけれどもいくつもある、そのようなものを整理する形で、政府の事業として編纂させます。『周書』は、そのようにして唐の時代に書かれたものです。

その本がいつ頃書かれたかということは重要なことで、対象になっている時代にどれだけ近いかということになります。『晋書』が書かれたのは唐の時代ですから、二百年以上後に書かれたものです。そうしますと、資料としての信頼性はやや薄いと言えます。薄いと言っても、現在から見るとずっと近いので、資料として使えないわけではありません。

ただ大事なことは、ある王朝を滅ぼした人が前の歴史を書くこともあるので、今の王朝を悪くいうことはない。それは疑わなければいけませんが、それしか拠る資料がなければ、どの程度信じればよいのかという話になるので、これは大変難しい問題です。

近頃『三国志』の「魏志倭人伝」は伝聞であると言う人がいます。しかし「魏志倭人伝」を見て、これは全部伝聞だというのは漢文が読めていないのです。伝聞でない部分が三分の二はあります。残りの三分の一は伝聞なのですよ。でも三分の二は、はっきりした資料があり、その資料を使って書いています。その区別がつかないようであれば、漢文が読めていないのですから、資料として使うなと言いたいわけです。

そのようなことを言えば、お前読めるのかと言われそうですが、読むのは難しいですよ。漢文は中国語の古文ですからね。皆さん日本語を話していますが、それでは「源氏物語」を読んでみろと言われたら、そう簡単にはいかないでしょう、それと同じことです。それでも努力をして読まないといけません。

私は高校時代から、このようなことはいささか得意だったのです。ということは数学が駄目だったということです（笑）。それでも大学で『宋史』という、点も打っていないものを初めて見た時は全然読めませんでした。読めないけれども毎日毎日それを見て、一週間ぐらいたつと、向こうから漢字が迫ってくるのです。それでも見続けたら、少し読めるようになってきました。

困った時にはどのようにすれば良いか、それを身につけたわけで、これは簡単なものではありません。だから面白くないよ、と最初に申し上げたわけです。

## 校合の仕事

では『周書』を見ていきます。左側に活字を載せていますのでご覧下さい。猪熊氏所蔵のものは四一行、大神神社のものは一三一行あります（図48）。例えば一枚目の最初の所「若し漠北（ばくほく）より并州（へいしゅう）に入らば極めて険阻（けんそ）たらん

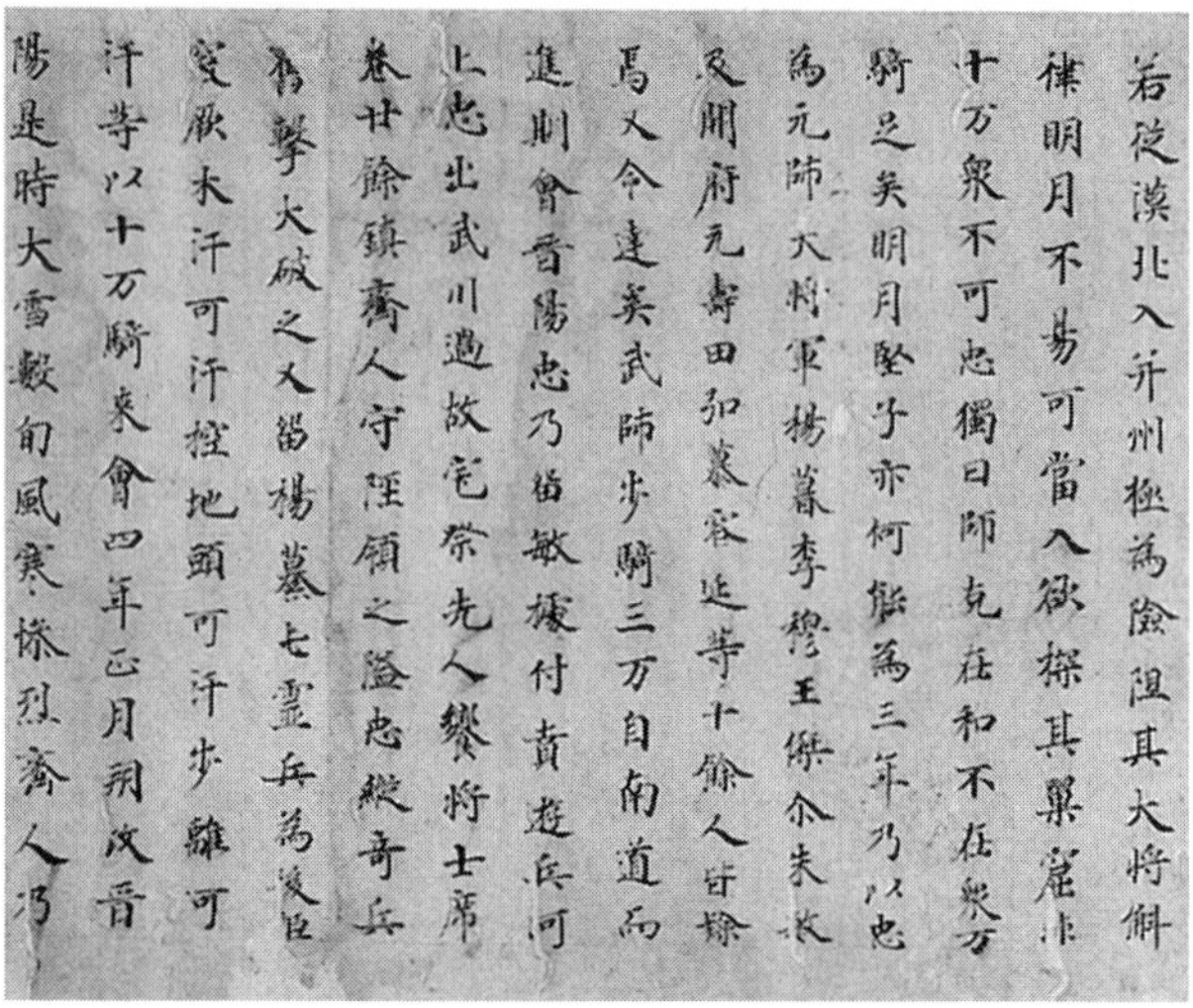
若從漢北入并州極爲險阻其大將斛
律明月不易可當今欲探其巢窟非
十万衆不可忠獨曰師克在和不在衆万
騎足矣明月豎子亦何能爲三年乃以忠
爲元帥大將軍楊纂李穆王傑尒朱敏
及開府元壽田弘慕容延等十餘人皆隸
焉又令達奚武帥步騎三万自南道而
進期會晉陽忠乃留敏據什賁遊兵河
上忠出武川過故宅祭先人饗將士席
卷廿餘鎮齊人守陘嶺之隘忠縱奇兵
奮擊大破之又留楊纂屯靈丘爲後拒
突厥木汗可汗控地頭可汗步離可
汗等以十万騎來會四年正月朔攻晉
陽是時大雪數旬風寒慘烈齊人乃

図48●『周書』巻第十九　大神神社蔵

且つ大将斛律名月は未だ易く当るべからず」と書いてあります。ところが今読みましたところで、「未」は写真では「不」の字になっています。こういうことが、ゆっくりご覧になればいくつも出てきます。どちらも打ち消し語がきますが、「不」で打ち消すか、「未」で打ち消すか、文章の意としては「未」の方が読みやすいでしょう。

中華書局版「二十四史」に載せています活字の方は、最近中国から出版された一番手頃な『周書』の本です。このように今ある本と、古い写本とを比べた時、文字の違いがあります。どちらがいいのかということは考えなければなりません。このように文字の違いを照らし合わせていく作業を校合と言います。

正しいテキストを手に入れないとわからないわけですから、それを手に入れるためには違った本を見比べて、違った文字があるならばどちらが正しいのかを調べていく。これはある意味基本的作業であり、かつ地味な作業です。

このようなことは、大学の文学部国文学科や史学科とか英文学科へ来て、古いものを調べる時に、教師はもちろんですが、学生が必ずしなければならないことです。私はこれを文学部の専門技術教育であると考えています。

それでは、今の『周書』は何に基づいているのかと言えば、宋の時代に印刷された『周書』です。印刷の歴史を考えた時に、宋の時代に印刷技術が非常に発達を致します。

## 宋版は絶対か

ここで気をつけていただきたいのは、印刷にあるからそれで正しいのかと言うと、そうではありません。印刷をする時には必ず元になる写本があります。その写本に基づいて印刷をしていくわけですが、今の例でいいますと写本では「不」という文字を「未」という字で印刷したわけです。もしこれが間違いであるとすると、印刷は間違いを広めているという結果になります。

このあたりは非常に難しいところで、良い例があります。その例とは、「魏志倭人伝」に関しての古田武彦さんの論文です。この方は「邪馬臺国」ではなくて「邪馬壹国（やまいこく）」であるとの説を発表されました。これは有名な論文で、宋版の『三国志』には「壹」という字になっています。古田さんは、「臺」と「壹」は遡っていくにしたがって、字型はだんだん離れていく。だから書いた時から「邪馬壹国」であったに違いない。「壹」を「臺」と読みかえるのは、「ヤマト」としたいからだと議論をたてられました。

あれは実に面白い議論です。ではあなたはそう思いますかと問われれば、そうは思いません。何故そう思わないかというと、宋版の『三国志』は確かに「臺」が「壹」になっています。ところが宋版の『後漢書』は「邪馬臺国」になっています。ですから古田さんが、宋版の『三国志』は陳寿が書いた時から「壹」であり、絶対に「臺」とは間違えるわけがないとこう言われた。しかしそれが論証されたとするならば、『後漢書』の「臺」は范曄（はんよう）が書いた時代から、「臺」だということが同時に証明されたことになります。

どちらが先に出来たかというと、『三国志』が先に出来ました。それでは『後漢書』はなぜ「臺」と書いたのか。ここが難しいところです。この難しいことを簡単に解釈することはできます。およそ間違えるわけがないのを范曄が間違えたといえば簡単です。

でもそのことを言えば、絶対に間違えないといった論理が崩れてしまいます。それでは解決にはならないので、吉田さんは『後漢書』がなぜ「臺」になったのかというところを非常に苦心しています。

例えば一つ例を挙げますと、『三国志』に「一大国（いちだいこく）」が出てきます。これは場所から言えば、誰が考えても「壱岐」なのです。ところが古田さんはこの「一大国」を「壱岐」に持っていきません。どうしてかと言うと、もし「いき」と読むのであるならば、宋版の『三国志』では「い」は「一」になっているのだから、もし「邪馬壹」であるならば、なぜ「邪馬一」と書かないのかと言われると困るので、そのために「一大国」を今の「壱岐」に持っていきません。そこまであの論文は配慮されているから面白いのです。

何も昔から間違えたと言っているわけではありません。この宋版を彫る時に、版下を書く職人が間違えたというのです。これをケアレスミステークと言います。ケアレスミステークが歴史上存在しなかったと論証することは不可能です。宋版というものはそれほど信頼できるものではないのです。

写本は一人で写すから、一人しか間違いません。しかし出版してこれを二百部刷れば、間違いは二百人に及びます。そのような意味において出版文化は、逆に間違いを広げる効果もあると知っておいていいのではないかと思います。

今言いましたような「壹」か「臺」かという議論を立てる上で、影響のあるような重要な文字もありますし、先ほどの「不」と「未」のようにどちらも否定しているのだから、読みやすい方でいいではないか、或いは読みやすいように写した人が変えたのかもしれない、それぐらいの余裕を持って、校合をやっていくのがいいと思います。

つまり、当社にあるような『周書』を元にして、現在発行されている『周書』の文字を訂正していくことができる。これが古い写本が持っている大事な役割なのです。

## 人に伝える文化

中国から日本へいろいろな文化が伝わってきます。文化を伝えるということは、人間がやって来るということです。やって来て帰ってしまう人もいますし、そのまま日本に留まる人もいます。いずれにしても人が文化を伝えます。これは文化伝来の非常に大事な要素であります。

一つの例を挙げますと、江戸時代に日本に来られた隠元(いんげん)禅師という方がおられます。隠元禅師は黄檗(おうばく)という禅宗の流れを日本に伝えました。宇治に黄檗山万福寺を建て、江戸の半ばまでの住持はすべて中国僧が継いでいるというお寺です。「山門を出ずれば日本ぞ茶摘み唄」といわれるぐらいの中国的なムードがあり、建物の材木はチーク材を福建省から持ってきて建てたものです。

その黄檗山万福寺に煎茶があります。皆様方の中で台湾へ行った方は、みやげ物屋に連れて行かれてお茶を飲まされたことがあるでしょう。その時、お盆に小さな茶碗を入れて急須を真中に置き、お茶葉をたくさん入れて上からお湯をかける。煎茶では、蒸し茶手前というお手前の形だそうです。

台湾のお茶は福建省のお茶です。それが日本に来ている煎茶のお手前にあるということは、それを持ってきたのは福建出身の隠元禅師だからなのです。それを見て皆が真似をし始めて、煎茶道になったのです。そのように黄檗という仏教を伝えた隠元禅師が来たことにより、その人が持っている他の文化も伝わったということになります。人間が来て文化を伝えるというのは、文化交流においては単にその人が僧侶であるか、儒者であるかという問題だけではなく、その人の持っている文化の広がりが入ってくるということです。

## 書物の伝える文化

もう一つ、文化を伝えるもの、それは書物です。しかし書物は書いてある以外の広がりはありません。ただ書物はなくならない限りはずっと伝わっていきます。唐の時代の写本である書物が、ずっと大神神社に伝わっている。もし我々が周の歴史を勉強するならば、我々は唐の時代の写本から、今日までこの書物が伝わっていることにより、唐の時代の文化を直接接触することになります。つまり範囲は狭いけれども、その伝わる長さにおいては、書物の伝来というものは極めて違った特色を持っているということになります。

このような書物が古代においては、日本にたくさん伝来しているわけですが、それは残念ながらいろいろな形で消えていき、現在ではごくわずかしか残っていないのです。

江戸時代の始め頃に伝わった書物で、大変大事な書物が文庫として残っていますが、一番大きな文庫は紅葉山（もみじやま）文庫という徳川将軍家の文庫です。これは現在、独立行政法人国立公文書館に残っています。

その次に大事な文庫は尾張徳川家が持っていた蓬左文庫です。蓬左文庫を作った初代の殿様は徳川義直です。この人は非常に真面目な人で、何年にどの本を手に入れたかという記録を作っています。

その記録によって、義直が本を手に入れた時期が確定するわけですが、書物には多くの場合刊記というものがあり、この本はいつ誰が印刷したかということが書いてあります。したがって、中国で何年に出来た本が、どれくらいの期間で義直の手に入ったか、そのような年月を出すことができます。それは文化がどれだけの早さで伝わるかという文化流通のスピードでもあります。

短ければ大体三年で来ます。もっとも古い時代の本を買えば、それはしょうがないですよ。ほとんど同時代のもので、手に入った本を見ると、ほぼ三年から四年で義直のところに来ていることがわかります。そのように考えると、書物の輸入が非常に重要な文化交流の材料になるものだということです。

## 聖徳太子と書物

それでは、中国から本を買って来いと初めて言った人は誰かといえば、聖徳太子です。

何故わかるのかと言えば、十五世紀に瑞渓周鳳という禅のお坊さんが作った『善隣国宝記』があり、これはいうならば日本で初めて出来た日中関係史を書いた本です。その中に今は残っていない『経籍後伝記』という本が引用されています。それを見ますと、推古天皇十二年（六〇四）正月一日より初めて暦を用いたが、国家の書籍は未だ多くないので、小野臣妹子を隋に遣わして書籍を買い求め、兼ねて隋の天子に聘する。その書に曰く「日出づる処の天子、日没する処の天子に書を致す」。この部分はよく出てくる話で、皆さん知っておられるけれども、小野妹子に本を買いに行かせたのだという話はここにしか出てきません。これは非常に面白い話です。ですから、中国から本を纏めて買って来いと言ったのは、聖徳太子ということになるわけです。

## 論語と千字文の伝来

『古事記』の中には、『論語』と『千字文（せんじもん）』を王仁博士が持ってきたと書いてありますが、年代を考えてみると『論語』はあってもまだ『千字文』はありません。『千字文』は南朝で出来たものなのです。それから『論語』の中で、梁（りょう）の皇侃（こうかん）という人が「論語義疏（ろんごぎそ）」という本を作りました。

聖徳太子が書いたものに「三経義疏」があることは、皆さん御存知でしょう。「法華経義疏（ほけきょうぎしょ）」とか「維摩経義疏（ゆいまきょうぎしょ）」とか、これを「ぎしょ」と読むのは仏教の場合です。これを「しょ」と読むのは呉音で、「そ」と読むのは漢音です。漢文の方は漢音で読みます。仏教の方では呉音で読みます。それぞれに読み方に違いがあるのです。「義疏」とは意味を通すという意味ですから、注釈ということになります。

梁の皇侃（こうかん）が『論語』について意味の注釈をした。それが「論語義疏」です。これは南朝の学問で、『千字文』を作ったのも南朝です。南朝の学問が百済に入って、百済から日本に伝わってくる。そのような流れがあります。中国では唐から宋になる頃、「論語義疏」はなくなってしまいます。このように本が失われることを、佚書（いっしょ）と言います。

この皇侃の本が中国ではなくなって、日本には残りました。これが江戸時代の後半になり、中国で大変注目され、この本を使った研究書が、日本から逆に中国へ輸出されていきます。そのようなことで、必ずしも一方通行ではないのです。

## 留学生と書物

それから遣唐使についてお話しますと、多くの留学生や留学僧が唐に参りまして勉強してきます。平安時代になると、最澄のように行って直ぐに帰ってくる人、空海のように二年で帰ってくる人、留学期間がだんだん短くなるのですが、飛鳥から奈良時代の始めにかけては、大体の人が留学二十年ぐらいです。

その中で僧玄昉（げんぼう）は、奈良時代の始めに二十年の留学を経て、五千余巻の仏典を持って帰ってきます。それは唐の時代の大蔵経です。但し大蔵経というお経はなく、あらゆる仏教の経典を集めた、そのものが大蔵経です。

その時に彼と一緒に留学をし、彼と一緒に帰ってきた男で吉備真備（きびのまきび）という人がいて、この人も仏教以外の書物を恐らく五千巻ぐらい持って帰って来ます。

二十年ぐらい留学をして、自分も勉強しながら書き写していくわけです。天平三年（七三一）頃にこの人達は帰ってきます。

石田茂作先生が『写経より見たる奈良朝仏教の研究』という本を昭和五年に出版されています。これは正倉院文書の中に出てくる写経の名前を全部書き、それを並べて見ると初めてそのお経が写された時期が出てくる。それを年代別に集めてみると、天平五年ぐらいにずっと数が増えます。何故かというとその前年に玄昉が帰ってきている。ですから玄昉が持って帰ってきたものが、奈良の都で写されたのだ、そのように書いてある本で、これは大変面白い研究です。

どのようなものが入ったかを調べていきますと、『魏徴時務策』という本があります。唐の太宗（李世民）の家来である魏徴が、今やらなければならないのはどういうことかを書いたのが「時務策」です。

中国に残っていないし、日本にも残っていません。ただわずかに「令集解」の注の中に、「魏徴時務策に曰く」として引用されています。

ところが大宰府から出土した木簡の中に、木簡の削り屑がありまして、その削り屑を広げてみると、「魏徴時務策」という文字が見えます。ですから出土木簡によって、大宰府には「魏徴時務策」が来ていた、そうなれば当然奈良の都にも来ていたということがわかってきます。これは木簡からわかる例です。

それから王勃という唐の始めの頃の詩人の『王勃集』、或いは『王勃詩序』という写本があります。これはいずれも現在国宝に指定されています。それには慶雲四年（七〇七）七月二十六日に書かれたという年記が入っています。

ここで大事なことは、どのような文字が書かれているかということです。則天文字という特別な文字があり、唐の時代に則天武后、恐らく唯一の女帝が出て、彼女が新しい文字を作ります。その文字は一度に出来たのではなく、少しずつ出来ていきます。則天文字はいくつかありますが、いつ作られたかということは調べていくとわかりますので、写本の中に則天文字があるかないか。あるとしたらどの文字があるかということによって、写本の年代を決めていくことができます。

そのようなことは非常に大事なことで、則天文字がどう使われているかを調べることによって、『王勃集』がいつの写本かがわかります。その写本の年代が決まりますと、その年代以後、一番近い時に帰ってきた遣唐使は誰かということによって、これがいつ輸入されたかと考えるわけです。

次に『雑集』(ざっしゅう)、『杜家立成雑書要録』(とかりっせいざっしょようろく)ですが、『雑集』は、聖武天皇が自分の気に入った文を書き抜いたものです。『杜家立成雑書要録』というのはその当時の手紙の書き方の本で、これは光明皇后が書いています。それが現在正倉院に残っていて、それを調べると、大体いつ頃輸入されたのか、どの遣唐使の時に入ってきたのか、ということの見当がつきます。『杜家立成雑書要録』は、正直なところ皇后様が写されるような本ではないのです。

また山上憶良の「沈痾自哀文」(ちんあじあいぶん)の中に、いろいろな中国の本が引用されています。それを先生方は、山上憶良が引用しているのはまともな本ではないと言っています。ところが調べてみると、山上憶良が引用している本とか、『杜家立成雑書要録』に類する書儀とかは敦煌からたくさん出てきます。

中国西域の敦煌石窟の蔵経洞(ぞうきょうどう)にはお経がたくさん詰まっていて、お経でない本もありますが、それが出てきました。この経洞はある時期に閉めてしまい、それから歴史が止まるわけで、歴史が缶詰になっている状態の本です。言うなれば唐の時代の断面の中にあるような本を、遣唐少録(けんとうしょうろく)の山上憶良、或いは光明皇后が読んでいた。ということは、つまり日本の奈良時代の人達は唐の時代の普通の人が読んでいた本を読んでいたということです。偉い先生方は、漢文の難しいものしか本だとは思っていませんが、私はそのような雑書を読んでいるということは、ある意味非常に具体的に唐の文化が入っているのだと、逆に評価することができるのではないかと考えるわけです。

## 日本国見在書目録

このような書物を含め、平安時代に出来た『日本国見在書目（にほんこくけんざいしょもく）』という目録があります。この見在の見という字は王をつければ現在となるわけで、その当時、平安時代に日本にあった中国の本の目録のことです。

これを見ますと、全体を四十の項目に分け、その四十の項目の中で、三つの項目だけがずば抜けて多いのです。その一つは医書、二番目は五行、三番目は辞書、これで全体の三分の一を占めます。

日本は古い時代から江戸に至るまで、医学の本は必ず買っています。その『日本国見在書目』の中で字引の類を見ますと、驚いたことにペルシャ字の書き方、或いは突厥（とっけつ）語（トルコ語）の字引まで入っています。どれだけの人がそれを理解できたかは別に致しまして、広く中国の文化を取り入れてきたということがわかってきます。

それ以外にも『文館詞林（ぶんかんしりん）』、これは百科辞典です。この古い写本が、ごく一部高野山に残っています。『翰苑（かんえん）』もある意味百科辞典ですが、これは太宰府天満宮に残っています。『玉篇（ぎょくへん）』も字引で、これはたくさん残っています。いろいろと国宝の類を見ていくだけでも、どのような本が入ってきたのかということがわかります。

そのようなものの中の一つに『周書』があり、『周書』とは別に『漢書』『晋書』は木簡に書いたものが出てきます。『周書』はまだ木簡に書いたものは出ていません。木簡に書いてあるということは、木簡の本があったということではなく、写経生や、奈良朝の官人たちが何かを書く場合に、筆慣らしに書いていたということです。

『周書』は唐の太宗が命令を下して作ったもので、『晋書』も同じです。それから『漢書』は「漢」の時代のことが書いてありますが唐の時代、非常に立派な学者である顔師古（がんしこ）が注をつけています。それでこの『漢書』が、唐の時代に見直されています。そのようなわけで、一般に木簡を使っていた官人たちが、手近にある本としてそのような書物を持っていたということです。それはある意味において、唐の太宗ないしは太宗の仕事に対する敬意を表していて、彼らはこのようなものをよく読んでいたのであろうと想像することができるかと思います。

そのようなものの一つとして、大神神社の『周書』が位置付けられるのではないかと、このように考える次第です。

ご清聴有難うございました。(拍手)

参考　大庭脩『漢籍輸入の文化史──聖徳太子から吉宗へ──』(一九九九年　研文出版刊)

# 三、中国でなくなった書籍の逆輸出
## ――佚存漢籍還流の研究――

### （一）問題の所在と研究方法

ご紹介をいただきました大庭でございます。

まず、関西大学東西学術研究所が五十周年を迎えられましたことを心からお喜びを申し上げますとともに、私から申しますと、四十年間にわたっていろいろ育ててもらった研究所に対しても、また御礼を申し上げたいという気持ちでございます。

東西学術研究所の設立に関しましては、ご存じのとおり、藤澤泊園書院の泊園文庫が寄贈されたということが一つの契機になっておりますけれども、もう一つ、岡本尚一という極東国際軍事法廷の弁護人を務められました方から寄贈を受けました極東国際軍事裁判の記録が関西大学に入ったということも契機になりまして、この二つのものを研究するために研究所が設立されたのでございます。

泊園文庫に関しましては、東西学術研究所ができましただけでなく、もう一つ大事なことは、泊園文庫の書物を基礎にして、文学部に東洋文学科が設立されたということを忘れてはいけないのでございます。東洋文学科はその後、中国文学科に名前を変えましたが、これができました昭和二十年代は、文部省は必ず新設学部・学科に関係のある書物をどれぐらい持っておるかということを調べに参りました。泊園文庫があるから東洋文学科は大丈夫と言われたわけですが、その当時は、個人の蔵書を借りてきて、文部省が来るときに並べた大学は幾つもある。そういう中で、本当に自前のもので学科をつくったという意味におきましては、泊園もお役に立っておりますし、東洋文学科も胸を張っていただいて結構でございます。

本学には、皆様方がご覧になりましておわかりのように、いろいろな個人の文庫が所蔵されております。「大坂の学問」というタイトルで、今、シンポジウムないし、それより前の日本思想史学会に対していろいろな文庫が展示されているのは、ご存じのとおりでございまして、ぜひ見ていただきたいのでありますけれども、泊園文庫はわかりますが、内藤文庫が一体どうして大阪の学問かということの説明は割合難しい。京都大学に叱られないかという気がしないでもない。増田文庫はなぜそうなるのかというのも、ちょっと難しいところです。増田渉先生は、本学へおいでいただきましたし、大阪市立大学にもいらっしゃいましたから、大阪に関係があるかもわからない。

では内藤湖南はどうなるんだということでありますけれども、私は私なりにその理屈をつけるならば、内藤湖南に私淑し、湖南先生のお尻にくっついて二年間ヨーロッパへ行った人がおりまして、その名前を石浜純太郎といいます。石浜先生は藤沢黄坡先生の義弟で本学へ来て、東洋史学科をつくられたのでありまして、その石浜純太郎の中には内藤学が脈々と生きていた。そういう間接的な意味においては、内藤学が大阪で花を開いたというふうに言えば、確かに湖南先生の内藤文庫も大阪の学問だと言えないことはないのでありますが、そういう理由を考えながらちょっと苦しいなと思っております。

いろいろな文庫――内藤、増田、泊園、そのほかに長沢規矩也氏の長沢文庫もいずれそのうちに公開いたしますし、それから中村幸彦先生の中村文庫もそのうちに整理をして公開されるでありましょう。そのほかに、我々の東洋学といたしましては、大変関連の深いものに吉田文庫というのがございまして、戦前にトルコの駐在特命全権公使をやられた吉田伊三郎氏のお持ちになっていた書物が購入されまして、吉田文庫として残っております。私は、この吉田文庫の書物の中にあった Aurel Stein の "Innermost Asia" を使って漢簡の研究には大変役に立ったということがございます。極東国際軍事裁判の記録も、吉田文庫も、泊園文庫同様、石浜先生の仲介があって関西大学へ入ったのであります。

そんなわけで、個人の文庫は大変役に立つものでございます。どのように役に立つかということは、きょうのお話の最後に申し上げるつもりでおりますが、増田文庫について内田慶市先生が解説をお書きになっております。その解説の中には、増田先生というと魯迅とすぐに考えるけれども、そのほかに、増田先生の亡くなってから出版された『西学東漸と中国事情』という岩波書店から出た本が今度展示をするのに大変役に立った、こういうことをお書きになっておりますのは、私としては非常にうれしいことであります。私はかねてから、増田先生のお仕事を理解する一つの方法として、増田文庫の目録の中の、それぞれの書物の後ろに、今申しました増田先生の書物のどのページにその本の名前が出てくるかということを書き込むと、これは大変役に立つインデックスになるんだということを言い続けてまいりましたが、どなたもおやりにならない。お若い方々はそういうことを記憶にとどめていただいても結構であります。増田先生はどの本を使ってここを書いたのか、それを現物で押さえていく、これは個人文庫を持っているからやれるので、そういうことは研究に大変役に立つことだと私は思っております。

きょうのお話のテーマは、中国でなくなった書物が日本に残っていて、そしてそれが逆に輸出された――「中国でなくなった書籍の逆輸出」、そういう問題についてお話をすることになっておりますけれども、サブタイトルにつけましたように、「佚存漢籍還流の研究」という名前を考えているわけでございます。それは言い換えますと、私はここで勉強させてもらった『江戸時代における唐船持渡書の研究[1]』という研究がございますけれども、これを逆にすると、「唐船持帰書の研究」ということになるわけで、どういう本を持って帰ったかという問題が、今や問題になりつつあるのではないか。「佚存漢籍還流の研究」というのは、実は昨年二月、国際日本文化研究センターで笠谷和比古さんの主宰するチームの報告の中で私が初めて使いまして、そのときの司会の池田温氏が「こんな言葉は初めて聞いたけれども、多分こういう意味であろう」と言われました。そのときは唐船持帰書の研究とは言わなかったが、そういう内容が今日の話の一つの重要な特色だということを申し上げまして、話を進めてまいります。

どういう書物が唐船によって持ち帰られたかということに関しましては、既に研究がございます。その研究に基づいてリストアップしてありますのが、次頁の「江戸時代後期の輸出書」です。これは、福井保さんの「佚存書の輸出」に基づいて書いたのであります[2]。福井先生は、その本は一体どういう本であるか、いつの版であるかということを全部注釈をつけておられますが、そういうことにつきましては、『文献』という雑誌を見ていただきたいと思います。

こういういろいろな書名はどこからとられたかと申しますと、『通航一覧続輯』というものがつくられておりまして、その中に、「戸川家蔵長崎志続編」の中に中国へ逆輸出された書物の名前が出ているということを福井さんはお書きになっております。福井さんという方は、私は今日までの自分の勉強の過程において、いろいろな教えを受けた方でありまして、内閣文庫の司書を長くお勤めであり、内閣文庫の漢籍目録や和書の目録はこの福井さんの手によって作成された。非常に温厚な方でありまして、内閣文庫へ参りますと、私は必ず福井さんにお目にかかっ

**江戸時代後期の輸出書**

| | |
|---|---|
| 寛政元年九月 | 求言録 |
| 寛政六年四月 | 七経孟子考文補遺 |
| 享和元年 | 佚存叢書前編並後編合八部 |
| 文化二年三月 | 佚存叢書二部 |
| 文化六年 | 爾雅註疏、易経本義、日本書紀、大学解、中庸解、書経古註音義、礼記古註、春秋集註、公羊伝穀梁伝、左伝觿、大疑録、非徂徠学、論語徴、大学章句新疏、古文孝経正文、孝経大義、日本詩選、詩書古伝、五経集註、趙註孟子、論語註疏　各一部 |
| 文化七年春 | 古梅園墨譜一部 |
| 文化八年秋 | 東医宝鑑一部 |
| 文化一四年 | 群書治要二二部 |
| 文政元年 | 聖済總録二部 |
| 文政六年 | 佚存叢書前編二部、中後編各一部、群書治要二部、論語集解二部、史記評林、古梅園墨譜後編各一部 |
| 文政七年 | 佚存叢書、群書治要、呂氏春秋各一部、四書集註、史記評林各一部、傷寒論輯義二部 |
| 文政八年秋 | 七経孟子考文補遺、論語徴、群書治要各二部、佚存叢書十部 |
| 天保八年四月 | 東医宝鑑一部二十五冊 |
| 弘化二年春 | 毛詩補伝、唐詩正声箋注 |
| 嘉永元年 | 影宋本尚書正義 |
| 嘉永三年 | 資治通鑑、論語素本 |

て、そのときに持っている疑問をお尋ねして、福井さんはそれに対して穏やかに説明をして、話が終わると、「では、どうぞごゆっくり」と言って、すっと消えていく。ライブラリアンの典型というのはこういうものだと私は思っておりますが、今なお九十歳で東京の方にいらっしゃいます。

　その福井さんがやられたわけでありますが、この論文が出ましたときには、『通航一覧続輯』はまだ出版になっておりませんでしたが、今日では、これは刊本として見ることができますから、そういう意味では、直接元の資料を見ることができるのであります。

　戸川家というのは、戸川播磨守安清という江戸時代のごく終わりごろに三度にわたって長崎に在勤した、ということは五年ないし六年間、長崎奉行の地位にいた人でありまして、江戸の終わりごろでは隷書の書き手と評価をされております。戸川安清に関しましては、柴田光彦先生に『書学書道史研究』(3)の中に書いた「忘れられた碑の中から――戸川安清寿蔵碑をめぐって――」という論文がありまして、東京にある戸川安清の碑を紹介されております。大変重要な人物だと思います。安房千倉には、ここのところへ中国の船が漂着したという戸川氏の碑が建っております。そんな意味で、戸川安清は長崎貿易においては忘れることのできない人でありまして、この人が長崎在勤のときにつくった長崎奉行所の資料が長崎県に移り、現在、長崎県立図書館に存在しております。そういう意味においても重要な人物であるということだけ申し添えておきます。

それからもう一つ、福井さんが論文の中で書いておられますことは、江戸時代を二つに分けまして、前半は『知不足斎叢書』の中に翻刻されているものを見ながら、大体どんなものが行ったかということがわかる。後半は『通航一覧続輯』で調べればよろしいと書いておられます。わずか二～三ページの重要な論文であります。

その次は、さらに研究の方法といたしまして、この席におられます王宝平さんが中国でご研究になりました方法があろうかと思います。それは、王宝平さんが二つの本を出版されております。一九九五年に『中国館蔵和刻本漢籍書目』(4)、九七年には『中国館蔵日本漢文書目』(5)、そういう二つの大きな書目をおつくりになっておりまして、現在中国の図書館においてはどのような日本人の書物があるかということを調査されております。この調査は、ご自分でおいでになったのではなくて――おいでになったところもあるでしょうけれども、大体アンケートをとって、その返事をまとめていかれた。これは大変な仕事だと思いますけれども、どういう本が今どの図書館にあるのかということは、これを見ればわかります。ですから、そういう面の研究は、王宝平さんのお仕事によれば、それで十分目的を達するということになります。

ただ、ここで王宝平さんが整理なさいましたように、日本の本といっても、いわゆる和刻本の漢籍の場合と日本人が漢文で書いたものと二つに分ける。これはある程度必要なことかと思いますけれども、そういう分類をされている点に注目をしておく必要があろうかと思います。

そういう現物を中国で調査する、日本から出ていった記録を調べるという二つの方法以外に、もう少し何か方法がないのかということを考えて、私がここで三～四年前から注目をしていろいろ見てまいりましたのに、清朝の時代の蔵書家の蔵書目録の中に日本の本がどれぐらいあるかということを調査する方法があると思います。そういう方法をとりますと、たくさんの中国の蔵書家の目録が必要になってまいりまして、最近中国におきましては、こういう古い目録を集めてくる、あるいは古い目録を出版するということが次第に盛んになってまいりまして、今はそういう関心の傾向が出てきていると言えるかと思います。

その種の目録がいろいろあるのでありますけれども、その目録を考えるときに、取り扱いの上で二つの時期、あるいは三つの時期に分けることができるでありましょう。その分け方の一つは、日本の開国を境にして、つまり一八五四年を境にして、それまでは中国の船が長崎に持ってきて、積んで帰ったのですけれども、それ以後は開国されましたので、どこからどんな本をどの船が積んで帰るかわからない。それを調べる上においてはちょっと手間な問題があります。つまり私が取り扱いましたのは、長崎へ積んできた中国の船の積み荷の目録を調べたわけでありますが、積み荷の目録を当てにできなくなってきた。そういう意味において、日本の開国は一つのエポックでございます。

それから後は、中国の人が日本へやってきて、日本においてどういう本があるかということを自ら調査することが可能になっております。その調査の中で極めて大きなエポックをつくったのは、黎庶昌（れいしょしょう）の随員として楊守敬が日本に来たこと——楊守敬が日本に来ましたのは一八八〇年で、八四年までおりまして、その結果、この人たちが出したものが『古逸叢書』であります。『古逸叢書』の刊行は、そういう意味において、開国以後の日本にある佚存書の研究の上において、新しいエポックをつくったということが言えるだろうと思いますので、この辺で研究史の上から言うと一本線が入るであろう。

それからその後、民国革命、あるいはそれより前、清朝の終わりに西洋文化を取り入れてくることが次第に書物のコレクションの上にもあらわれてくるわけであります。それはどういうことかというと、プライベートなコレクションから公のコレクションに変わっていく。個人のコレクションがやがて公のコレクションに吸収されていくという意味において、公のコレクションが増えてくる。これは後で説明いたしますけれども、そのようになってきて、北京の図書館、北京大学の図書館、あるいは江蘇省立の図書館、そういうところに大きな個人コレクションが入っていくという変化が起こってまいります。

しかし、そういうプライベートなコレクションがなくなったのかというと、そうではないのでありまして、例えばその具体的な一つの例を申し上げますと、北京大学の歴史系の有名な周一良先生のお父さん、周叔弢（とう）という方が一八九一年から一九八四年まで、随分長生きだったんですけれども、この方が一九七二年に今までの自分のコレクションを国家に納めた。ということは、言い換えると、そのころまでは個人のコレクションがあり得たということです。そういうことが証明できるわけで、これは『自荘厳堪善本書目』(6)という書目が出ておりますので、それをご覧になれば、どんな本を持っていたのかということがわかります。

それからもう一つは、今日、中国の書店へ行ってみますと、『古董鑑賞収蔵叢書』という叢書があります。アンティークを鑑賞し、アンティークを集めるための参考書というシリーズがあります。そのシリーズの中に『版本古籍鑑賞与収蔵』という一冊がありますので、これは古い本は今でもコレクションの対象になっているということの証拠であります。どこかで誰かがコレクションをしている可能性があるので、個人のコレクションがなくなったとは言えない。中国の人たちの個人のコレクションは、中国人がだんだん金持ちになってきましたから、いろんなコレクションができているはずでありまして、私の研究の一つでありますところの中国の誥命（こうめい）という官吏を任命する辞令を集めているコレクターがいることをテレビで見たと教えてくれた人がおりまして、「その人はどこにおるのか」と聞くと、「それは忘れた」ということでした。それでは何もならない。けれども、集めている同好の士がいるという事実だけでも、考えてみれば心楽しいことです。

ただ、太平天国の乱とか義和団の乱、あるいは日本の侵略などで集まっていた、いろいろなコレクションが散らばるわけです。その散らばった古い先行のコレクションをまた後の人が集めてくる。それがまた散らばって、また次が集めてくる。そういうコレクションが増えたり減ったりというプロセスを目録でたどるわけでありますけれども、例えばその一例は、この席にいる松浦章さんがお書きになりましたところの「上海沙船船主郁松年の蔵書」という論文(7)がありまして、沙船船主で金持ちであった人が集めた蔵書で、郁松年の蔵書がある。これは彼が貧乏をして消えるわけでありますけれども、そのコレクションは清末の蔵書家の陸氏皕宋楼の方に移っていったという話でございます。これはある意味において「うたかたのコレクション」とでも言うべきものであるということになります。そういう観点から申しますと、寧波の天一閣というのはよく続いているなということになります。あれはどうしてあんなに続くのかということは、研究の一つの大きなテーマになるのではないかと思います。

清末の蔵書家のコレクションを呼ぶのに、南瞿北楊といった時代がございます。南瞿は、江蘇省蘇州・常熟の瞿鏞という人の「瞿氏鉄琴銅剣楼」、それから北楊は、山東省歴城県の聊城の楊以増・楊紹和父子が集めた「楊氏海源閣」で、「鉄琴銅剣楼」の本は北京図書館へ入っております。「楊氏海源閣」のものは山東省図書館に入っておりますす。そのほかに、南瞿北楊というふうに出てまいりませんけれども、浙江省杭州・銭塘にあった丁丙という人の「丁氏八千巻楼」という大きなコレクションがありまして、これは江蘇省立国学図書館に入りました。それから陸心源という人の「皕宋楼」は、浙江省呉興・湖州にありました有名な清末のコレクションでありますが、これは日本の静嘉堂に入りました。こういう蔵書の目録を見ておりますと、「皕宋楼」については、「あれ惜しいことをした」という中国の人たちの残念がる言葉がしばしば出てくるので、大変面白い。それから「皕宋楼にあった本が一つだけ抜けていて、北京で見つけた、ざまあ見ろ」ということも書いてあります。えらい怒っているなというわけで、大変面白いのであります。

そういうものの中に、あるいは清末から民国へ移ってまいりますときに、例えば李成鐸さんの『木犀軒蔵書目録』、傅増湘さんの『蔵園群書経眼録』、『雙鑑楼善本書目』、あるいは鄭振鐸さんの『西諦書目』などという、もっと近い時代の人の書目で、しかも非常に面白い、言うならば一流の書誌学者が集めてコメントを書いているもの、これも大変役に立つのでありますが、李成鐸さんの本は北京大学へ入っております。

ただ、こういうものを見ておりまして、こういう目録の中で日本人の著作がどれぐらいあるかということを拾ってまいりますと、「鉄琴銅剣楼」以下四つのものの中で一番多いのは、『八千巻楼書目』の中に四四〇種類の日本人の著書があります。それから『皕宋楼蔵書志』の中には四〇、『海源閣』の中には一つ、『鉄琴銅剣楼』の中はゼロ、こういう結果が出てくる。ただし、この目録でも、これから後でも出てくると思いますが、書目の書き方、あるいは書目の集める方針が違うので、『八千巻楼書目』のように何でも持っているものは皆書いたというのもあるし、傅増湘さんの『蔵園群書経眼録』は、自分のものではないけれども見た物の話があります。傅増湘さんは日本へ来て、静嘉堂も見ておりますし、内藤湖南のところを訪ねて内藤先生の本も見ております。ですから、こういうタイプの書目もあるし、自分の持っているものの中で一番いいというか、これは善本だというのを集めたものは『雙鑑楼善本書目』という格好になるので、書目ということでは取り扱いは簡単にはいかないけれども、少なくとも『八千巻楼書目』は非常に多いということになります。

その中に入っている日本の書物は、一つは、それぞれの単一の本が出てくる場合と、書名はあるけれども、その書名の下を見ると、これは『佚存叢書』のものである、それから『古逸叢書』のものである、もう一つは『甘雨亭叢書』が入っているので日本人の著作があるという入り方、つまり、叢書で入っているか、単一で入っているかということも、見ていく上において必要なのであります。

そういうことを考えながら入っている書物を見ておりますと、中国人の蔵書目録ということで、『八千巻楼書目』の四四〇〇部の中では、比較的医書が多い。この日本版の医書が多いという傾向は、日本において中国の医書を大切にしたという伝統がずっと続いていて、それが結果的には医書の出版が多かったという格好になってくる。そういう形で見ると、その傾向は、例えば明の胡宗憲が書いた『籌海図編』巻二の中に「倭好」というところがあります。これは「倭の好きなもの」と考えるべきものであります。話は飛びますけれども、この関連で『魏志倭人伝』の中で「汝の好物を賜うなり」というのを、「よいもの」という解釈をする人がおりますが、これは「好きなもの」というふうに考えるべきで、倭人は鏡が好きであったという結論の方に私は賛成したいわけであります。『籌海図編』の中にある「倭好」の中で、古書というところがありまして、「五経の中では書経と礼記を重んじて、易と詩と春秋を忽せにする。四書の中では論語と大学、中庸を重んじて、孟子を悪む。仏教を重んじるけれども、道教はない。古医書のごときは、見ればすなわち必ず買う、医を重んずる故也」と書いてあります。だから、日本人は向こうで本を探すときによく医書を買うということが、明のときに特色として出ています。

さらにさかのぼっていきますと、『日本国見在書目』という、有名な平安時代の日本にあった漢籍の目録を見ましたときに、これは全体で四〇の分類になっておりまして、一五八六部が入っておりますが、その中で医方家が一番多くて一六五、小学家（字引類）が一五八、五行家が一五六――この医方家、小学家、五行家だけで四七九になる。三分の一を占めるという特色があるということは、その時分から医書は大変注目をされていたということになろうかと思います。『皕宋楼蔵書志』の中でも、『千金要方』、『聖済總録』、『百一選方』、『随竹堂経験方』という和刻医書類が入っていることがわかります。

そういうことで書目を見ていくと、いろんなことがわかってまいります。また、こういうこともあります。嚴宝善という人が編集し、記録した『販書経眼録』の中にも、日本刻の医書が多いという話が出てまいります。

そこでどういう問題をこれから考えていこうかということになりますが、日本から中国へ行った書物を絞って議論を一つ立ててみようかと思うわけで、それは先ほど申しましたように、日本が開国してから以後よりも、国を開くまでの間、いわゆる鎖国の時代の方がわかりやすいので、とりあえずそこのところで時代を切って、その時代のものを見ていくということにしようかと思います。

そうしますと、江戸時代の前期では、『七経孟子考文並補遺』というものが代表的なものである。それから江戸時代の後期におきましては、『佚存叢書』が代表的なものであるということになりますので、まず『佚存叢書』の方から考えてまいりたいと思います。

## (二)『佚存叢書』と林述斎

『佚存叢書』というものは、林衡、号は述斎――蕉隠とか蕉軒という号もありますが、林述斎という大学頭が一一〇巻六〇冊に編集したところの叢書でございます。これから述べますことは、この席にいらっしゃいます高橋章則先生が『日本思想史研究』二一の中に「近世後期の歴史学と林述斎」という論文(8)をお書きになっておりますが、この論文に大きな根拠を得ておりますので、あらかじめ申しておきます。

高橋先生のお説などによっていろんなことが考えられるわけでありますけれども、そこでおっしゃっていることは、近世の後期は編纂書の時代だということを言っていらっしゃる。編纂書の時代ですが、編纂の中心になった人物は今申しました林述斎である。林述斎という人は、美濃国岩村藩の藩主、松平乗薀の三番目の息子でありましたが、長男が弱くて、次男も弱くて、三男も弱くて、子供が皆弱かったので、よそから養子を入れた。養子が入ってから後で述斎は元気になったので、寛政五年(一七九三)、林信敬(錦峯)が死んだ後、幕府の命令によって林家を嗣いだというのです。

そしてこの人がやった仕事が、『徳川実紀』、『後鑑』、『朝野旧聞裒藁(ほうこう)』、『史料』などの歴史書、それから『寛政重修諸家譜』という伝記、それから地誌として『新編武蔵国風土記稿』あるいは『新編相模国風土記稿』もつくる。後には『改正三河後風土記』というものをつくる。そういう流れはやがて子供の韑、復斎にも継がれまして、『通航一覧』が生まれてくる。あるいは『編集地誌備用典籍解題』という書誌もつくる。こういうたくさんのものを彼述斎が中心になって編纂をします。彼が中心になって編纂方針を決めて、どのように書くかということを決めて、あとは全部人に任せて共同作業をやらせる。これが林述斎のとった方法であるというわけでございます。

高橋先生の論文の中には出てこないのでありますけれども、紅葉山文庫の善本書目でありますところの『御書籍来歴志』というものがあります。これは福井保さんが『書誌学』の復刊第一号にお書きになっている「御書籍来歴志について」という論文(9)がございまして、この中で福井さんは、この『御書籍来歴志』は三種類ある。一番目と二番目と三番目があって、一番有名な、今みんなが使っている『御書籍来歴志』は二番目のものだ。一番目のものは刊本はない。書き本しかない。ところが、それが一番最初にできた。そのときの様子を見ていると、あるいはその中に書いてある記事によると、この書目は『天禄琳琅書目』によっている。『天禄琳琅書目』をモデルにして、あるいは何かを調べるときには『天禄琳琅書目』を引いて、これをつくっているということを指摘されております。もちろん、そういうことでもわかりますし、今申しました高橋先生の論文によれば、要するに林述斎の学問は乾隆、嘉慶のころの学問の影響を受けているんだということが指摘できるのでありまして、いろいろなところでそういうことが出てくるということであります。

これは余談でございますが、例のペリーが来たような日本国家の状況が次第に騒がしくなってきたというときに、それを一つのきっかけとして、今までの外交はどうであったかということを振り返る。相手国の国別に振り返ろうとしたのが『通航一覧』です。ところが、ここにあります編纂書の一つの大きな特色は、全部これは何からとったかという根拠が書いてあります。そして異説があった場合には併記するという建前であります。自分でこっちだと決めない。これは非常にありがたい編纂方針でありまして、私は『通航一覧』あるいはその続輯にお世話になった。といいますのは、『通航一覧』を編纂したときの参考書は、ことごとく現在、国立公文書館内閣文庫にある。ということは、この『通航一覧』は内閣文庫の外交資料の索引である。だから、これで見つけておいて内閣文庫へ行って、「これをちょっと……」と言って見せてもらうと、そのとおりの場合もあるし、編纂者が採っていない部分もある。採っていない部分に割合役立つことが書いてある。それは標準が違うからしようがない。この『通航一覧』は、そういう意味において内閣文庫の外交史のインデックスであると私は解釈して、今日まで使ってまいりました。

それと同時に、『徳川実紀』は編纂物である。編纂物であるがゆえに、編纂者の意図がどことなく出る。編纂者といっても、これは述齋先生ではなくて、その部分は担当した人の意識なり常識がどことなく出る。そのために、具合によると余り信用できない部分があるということも言える。これは編纂物だから信用できないという一面もある。『徳川実紀』に書いてあるとおりだと思ったら話が違うことは往々にしてあるという逆の警告もできる。要するに、どっちに転んでも、編纂物であるという意識からこれを見なければいけないという点がありますが、高橋氏は大変大事な編纂物という指摘をされているのであります。

林述齋という人物に関しましては、彼のいた前後のときに、まず『欽定四庫全書總目』は乾隆三十七年（一七七二）に編纂され、四十七年（一七八二）に刊行されて、日本に来たのが寛政十一年（一七九九）でございます。『欽定四庫全書簡明目録』は、乾隆三十九年（一七七四）に編纂されて、日本に参りましたのは寛政五年でございます。寛政五年という年は、先ほど申しましたように、林述齋が林家を襲いだ年であります。襲いだときには林熊蔵ですけれども、この年の十二月になって大学頭になります。

それからもう一つは、『天禄琳琅書目』という書目は乾隆四十年（一七七五）に編纂されて、これがいつ来たのかというのは難しいんですけれども、多分享和三年（一八〇三）の亥十番船が持ってきたのが初めてではないか。これは大田南畝の『もすの草くき』の中に入っている『改済書籍目録』によって、そのときに来たのが初めてではないかと考えられます。

林述齋という人は林家を襲ぎました後で、唐船持渡書との関連におきましていろいろな新しいことをいたしますが、それを簡単に申しますと、寛政五年に襲ぎまして、寛政六年（一七九三）に命令を出しまして、そのときまでは正規のルートで入ってきた本方荷物（ほんかたにもつ）の書物に関しては入札前に江戸へ御用のお伺いを立てますが、別段売りといいまして、船に乗っている船頭その他個人が持っている荷物に関しては、書物はそのまま江戸伺いをしなかった。その別段売書物も必ず江戸へ伺いを出すようにという注文を出しております。それから寛政八年（一七九六）二月には、「長崎調進御用書籍取調方の儀につき申し上げ候書付」を老中に対して申し上げて、長崎の方へ命令が行く。あるいは寛政八年四月に別段売書物の中から六五種類を買い上げますが、これは大体乾隆の地誌です。康熙の地誌は、ご存じのように、吉宗のときに入っておりますが、乾隆のときの地誌は林述齋がねらいをつけて買い始めた。そういうことがあるわけであります。

それから寛政十一年正月には、「長崎調進御用書籍取調方改正の件」、これも老中にこのようにしたらいかがということを言って、それが命令で長崎へ行くわけですが、要するに何を言っているかというと、御用書を余り丁寧に修繕をせずにすぐに江戸へ送れ。御用書であることが決まるといろんな調べ方があって、例えば字が欠けていたりにじんでいたら、そこのところは直すとか、あるいはこれをどうしましょうかと一々江戸伺いをしている。そんなことをせずにすぐに送れ。吉宗公の時代に入庫した書物を見たならば、汚いものもたくさんある。御用物だからといってきれいにする必要はない、早く送れ。本当に早く見たい早く見たいと思っているわけです。そういうことで、長崎の改め方を彼の原案によってだんだんと変えていくという特色を見ることができるのであります[10]。

そして彼が具体的に買った本にどんなものがあるかと申しますと、例えば『学津討原』というものを買っておりますす。これは嘉慶十年（一八〇五）に刊行された一九二種一〇四八巻の大きな叢書でございますが、この本は翌年の十二月に江戸に着いている。だから、出た翌年に御文庫に買っている。これを買えと言ったのは彼に決まっているということであります。それから書目も買っておりますし、『官版四庫全書總目』を文化二年（一八〇五）に出版している。これも彼のやった仕事だと思われます[11]。

そういうことで、この人が大学頭になった結果、いろんな変化が起こってきていると思いますが、大事なことは、彼はある意味において、昌平坂学問所も含めて、紅葉山文庫ないしは昌平坂学問所の蔵書の変質をやったということが言えるのではないかと思います。紅葉山文庫が集められた初めごろは、実用的な文庫であった。殊に医書とか兵書は非常に早い時期に購入したということは、ここにおられる上野正芳さんが考証してはっきりしているわけであります[12]。だから、紅葉山文庫は実用的な文庫でずっときている。ただし、その実用書の中には古いものもある。けれども、それは実用的な価値のあるものを取り上げているのであって、それが宋版であるからとか元版であるからという、いわゆる書誌学的に貴重なものであるからということで買っているのではない。紅葉山文庫は本来は、実用的な文庫であったと私は考えますが、それが述齋のころになりまして、いろいろな書物が入ります。

木村蒹葭堂が亡くなりまして、その蒹葭堂蔵書二千七百余冊が文化元年（一八〇四）に学問所に入ります。それから市橋下総守長昭の宋元版三十種が文化五年（一八〇八）に学問所に入ります。これは今調べると宋元版ではなかったということですが、それはよろしい。宋元版だと思って入れられた。もらう方もそう思ってもらった。今調べたら違った。それだけの話です。それから大きなのは、毛利和泉守高標の蔵書が文政十年（一八二七）に高標の孫高翰から献納される。そして文政十一年（一八二八）には御文庫と学問所に分割された。こういう、蒹葭堂、市橋、毛利、特に毛利という人のコレクションは善本です。善本がこのときに入った。そういう意味において、今までの実用本位の文庫の性格が変わったということは言えるであろう。

ところが、さらに面白いのは、蒹葭堂はちょっとお年をめしておりますから、これは大阪の町人だから別としまして、市橋下総守、毛利和泉守、それから松平冠山という鳥取の若桜藩の藩主であった池田定常、この人は地理が好きで、地誌の解題などを手伝っておりますけれども、この池田侯と毛利侯と市橋侯は「柳班の三賢人」と呼ばれていた人で、柳班というのは江戸城内柳の間であります。柳の間詰めの大名の中でこの三人は賢い、有名な本好きで学問好きな人だったと言われているんですが、この柳班の三賢侯が集まって、お城を下がってどこかへ行こうかというときには、どこで待ち合わせたかというと、林大学頭の家で待ち合わせた。そういう仲のいい連中であります。その本好きの仲のいい連中の善本のコレクションが、結局は林述齋を通して御文庫に入った。こういう現象が起こっている。その意味において、述齋は紅葉山文庫を変質させたと思います。

それからもう一つ大事なことは、幕府から和学講談所に対しての援助をいたします。寛政七年（一七九五）九月六日から和学講談所は勘定奉行から林大学頭支配に変わります。したがって、大学頭、つまり林述齋が『群書類聚』を出している和学講談所を援助している。金がなければ出版できないから幕府が援助している。それを実行したのは誰なのかというと林述齋である。これも見逃してはいけないことではないかと思います。

こんなわけで、彼はいろいろな形で中国の乾隆ないしは嘉慶のころの学問の影響をダイレクトに受け入れているわけでありますけれども、そこで彼が日本に残っていて中国にはないと思って編纂したものが『佚存叢書』でありまして、その『佚存叢書』に関する大変面白い文書が大田南畝の『一話一言』巻二二に書かれております。

これは真ん中のところが先に文書として出まして、その前後に書き加えがあるわけであります（次頁）。だから、一番最初の文書はどれかと申しますと、「唐土之亡書叢書に取立申すべき目　林大学頭」。それでいろいろと本の名前を出して、「右兼而取集置唐土亡び候段、急と証故（しょうこ）有之候品々にて粗校合も仕置候間、直に取立候ても都合相調

**大田南畝『一話一言』巻二二**

書面林大学頭承付之通被仰渡候旨承知仕候。午九月十二日　中川飛騨守

林大学頭

伺之通被仰渡承知仕候。九月四日

林大学頭

唐土之亡書叢書取立可ㇾ申目

漢孔安国伝古文孝経古本　梁李暹注千字文　隋蕭吉五行大義
唐許敬宗文館詞林　唐李嶠百二十詠　唐武后臣軌
唐武后楽書要録　唐韋述両京新記　唐李瀚蒙求本注
宋李中正泰軒易伝　宋蔡模注朱子感興詩　元許衡魯齋心法
元辛文房唐才子伝

右兼而取集置唐土亡び候段、急と証故有之候品々にて粗校合も仕置候間、直に取立候ても都合相調可申分先前書之通に御座候。尤此余も彼是心当りも御座候得共、弥亡書に相違無之所、未だ屹と証故を見出し不申候分は此度不申上候。右書面之品々にても、一集を五百枚位に定、十冊綴之書物に取立候得共、大抵四集位にも相成可申候哉に奉存候。以上

午三月　林大学頭

右摂津守殿近藤吉左衛門を以会計府中に下して議せしめし時の本紙のうつし也。

可申分先前書之通に御座候。尤此余も彼是心当りも御座候得共、弥亡書に相違無之所、未だ屹と証故を見出し不申候分は此度不申上候。右書面之品々にても、一集を五百枚位に定め、十冊綴之書物に取立候得共、大抵四集位にも相成可申候哉に奉存候。以上午三月　林大学頭」。中国でなくなった佚存書を、こういうものは間違いなく向こうにない本だから出版をいたしましょう。こういうことを言っているということは、将軍からどうなっているかと聞いたかもしれない、あるいはこちらから耳打ちしたかもわかりませんが、とにかくこういう話があって、「右摂津守殿近藤吉左衛門を以会計府中に下して議せしめし時の本紙のうつし也」と、これは南畝が書いているわけでありますけれども、摂津守とは誰であるか、あるいは「午」というのはいつであるかというと、寛政十年（一七九八）戊午、摂津守は堀田摂津守正敦で、寛政六年六月十日から天保三年（一八三二）一月二十五日まで若年寄であった。だから、若

年寄のところへ申し出てきて、これが会計府（勘定奉行）のところへ行った。そうすると、勘定奉行は誰かというと、中川飛騨守でありまして、前に「書面林大学頭承付之通被仰渡候旨承知仕候。午九月十二日　中川飛騨守」と書いてある。これは勘定奉行が書いている。その前は、「伺之通被仰渡承知仕候（お願いしたとおりよろしいとおっしゃっていただいたので、わかりました）。林大学頭」と書いて、勘定奉行から金を出しなさいという話になった。ということは、『佚存叢書』は幕府の援助で出版費が出ているということになるわけでございます。

この中川飛騨守というのがまた凄い人でありまして、中川忠英といいますが、この人は寛政七年二月五日から九年二月十二日まで長崎奉行であった人であります、九年二月十二日から勘定奉行にかわりました。この人が長崎奉行でおる間に『舶載書目集覧』、『清俗紀聞』という本を編纂しております。ただし、それだけではない。非常に面白い人物でありまして、この人が長崎奉行になる前職は何かというと、御目付であった。この御目付であったときに彼は何をしたかというと、学問吟味という旗本の若い連中を試験で能力を調べて、できる者は引き上げていく。こういう試験をして幕臣の次男、三男に活力を与えようということを、松平定信が老中筆頭のときに意見が出て、それを実現したところの御目付です。そしてその御目付が試験をして、そのときの試験で成績のよかった者の中に遠山金四郎景晋、大田直次郎南畝がいるわけです。

それからもう一人重要な人物がいて、それは誰かというと、正斎近藤重蔵守重であります。近藤正斎がその試験で注目されたわけです。『近藤正斎全集』というのがありますが、それで近藤正斎の経歴を見ていると、中川忠英が長崎奉行になってしばらくしたら、近藤正斎は長崎奉行手付出役になります。そして長崎でいろんなことを調べたのは近藤正斎です。これはいろいろな証拠がありますが、長崎で調べているうちに中川忠英が勘定奉行にかわりました。そして関東郡代兼帯になるのでありますが、それがしばらくすると長崎から近藤正斎を引き抜いてきて、

**大田南畝『一話一言』巻三九**

書面佚存叢書六部丑三番船四歩銀を以御買せ被仰付度願之趣相調候処、右は是迄之直段を以追々買請被仰付候儀に付、此節之儀も本船四歩銀を以一二三篇にて都合六部買請候儀、願之通可被為成御免哉に奉存候。則代銀積り左之通御座候。

丑三番船四歩銀を以相払候分

一佚存叢書一ノ篇より三ノ篇迄　六部

此代銀諸雑費共弐百拾六匁八分

　一ノ篇弐部　　但壱部に付三拾三匁七分

内訳　二ノ篇弐部　　但同断　　三拾七匁五分

　三ノ篇弐部　　但同断　　三拾七匁弐分

丑三月廿六日

野口長右衛門

河野甚一郎

勘定奉行の配下の支配勘定関東郡代附出役ということにした。そして皆さんよくご存じの、近藤正斎が北方の防衛に関するいろいろな話、あるいは蝦夷地の調査に関していろんなことを言上する。その言上する提案は全部中川忠英を通して大目付に出している。そして最後には、文化四年（一八〇七）近藤正斎が蝦夷地へ行くときに中川忠英も視察に行くんです。そういう人物で、これは後に御留守居になって江戸時代が終わる前に死にました。先ほど申しましたところの戸川播磨守よりは中川忠英の方がちょっと年上であります。

こういう人たちを見ておりますと、中川忠英とか戸川安清とかいう人がそのままの状態で明治の時代まで来ると、日本は変わっていただろう。今のような日本ではなかったかもしれない。っまり、この連中は公武合体の政権ができると生きていて、非常に活躍した連中です。そうでなくて、薩長の政権ができたので、こういう幕府の有能な連中は皆消えた。これは惜しいことであったと思います。その一人が中川忠英でございます。中川忠英の蔵書は幾つかありまして、紅葉山文庫にもありますし、私のところにも『黄陶庵全集』という忠英の蔵書が一部あります。これはちょうど彼が長崎に行っていたときに入ってきた本に違いないというものであります。蔵書印などからそういうことがわかるわけであります。

そして、そういうふうにしてつくられた『佚存叢書』は、「江戸時代後期の輸出書」(三七二頁)というところに書いてありますように、たくさん運び出されております。そのときの値段が幾らぐらいかということは、右の引用のように、大田南畝の「一話一言」巻三九のところに書いてあります。

そういう意味において、『佚存叢書』の輸出は大変面白い現象だということが言えるかもしれません。要するに、『佚存叢書』に関しましては、結局幕府の援助があった。それからいろんなものをどうやって叢書の中に入れていくかという判断は、林述齋が、少なくとも『天禄琳琅書目』、『欽定四庫全書總目』などによって判断していったんだということが言えるだろうと思います。

## (三)『七経孟子考文』と『七経孟子考文補遺』

その次に、今度は『七経孟子考文補遺』に関してお話をしたいと思います。

『七経孟子考文』――正確には『七経孟子考文並補遺』というものがありまして、これが中国へ輸出されるわけでございます。この本がどのようにしてできたのかと申しますと、七経というのは、足利にあります足利学校に保存されている古鈔本及び宋刊本の十三経の中で易経、尚書、詩経、春秋左氏伝、礼記、論語、孝経の七経で、それに孟子を加えて校勘された。それが『七経孟子考文』であります。校勘をした人物は、伊予の西条侯の臣であるところの山井鼎であります。山井鼎は、本姓は大神氏、字は君丘、号は崑崙であります。紀伊の海草郡浜中村の出身で、元禄三年(一六九〇)に生まれて、享保十三年(一七二八)に死んだ。若死にです。享保三年(一七一八)に

**徳川氏系図**（略）

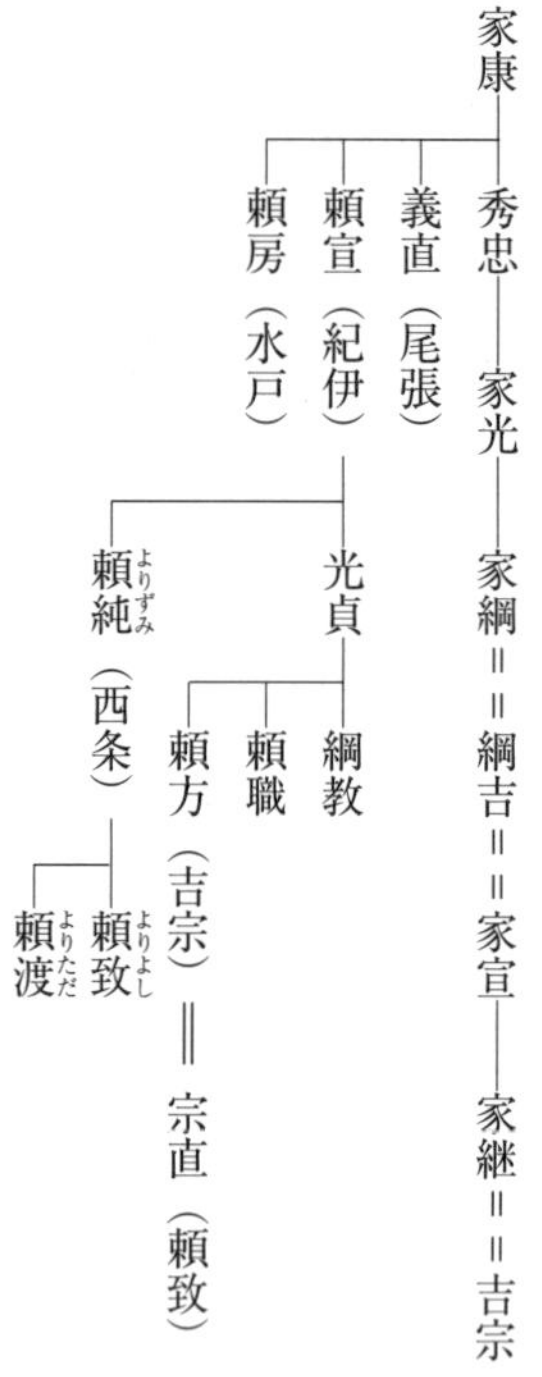


伊予の西条侯の臣となった。享保七年（一七二二）から根本遜志と一緒に足利学校で作業して、『七経孟子考文』をつくったのであります。

どうして徳川氏の系図を出してきたかというと、西条について説明をしておく必要があるので、書いたわけであります。

伊予の西条藩は紀州の徳川頼宣の子供である頼純が西条に封ぜられて、そのあとの藩主が頼致、そのあとが頼渡と続いております、紀州の支藩でございます。西条藩は、寛文十年（一六七〇）二月十八日に松平頼純が西条に封建されました。そのとき彼は三十歳でありまして、与えられた官位は、従四位下左近衛権少将左京大夫であります。ところが、西条藩は定府でありまして、江戸詰めで、普通は国もとへは帰らないという建前の藩であります。

西条藩ということで話をすると、ああそうかいとおっしゃる有名な話がありまして、西条藩士の菅野六郎左衛門という人と村上庄左衛門が喧嘩をいたしまして、菅野六郎左衛門は村上庄左衛門らに元禄七年（一六九四）二月十一日、高田馬場で討たれた。そこへ駆けつけてきた甥の中山安兵衛が敵討ちをした。これは西条藩の事件だったのです。でもあれが西条藩であるということを知っていた人は余りいない。しかも、それが山井崑崙と同じ藩だとしても、全く何の関係もないわけです。

西条というのはそういうところでありますが、要するに紀州の分家でございます。ところが、この紀州の系譜はややこしくて、頼宣の後は光貞で、その後二人の子供が死んで、三男頼方が紀州を継いだ。これが後に吉宗として将軍になる人であります。吉宗が将軍になりましたので、紀州の殿様が空いて、西条から頼致が入りまして、和歌山で徳川宗直になる。そのために頼渡が西条藩の藩主になりまして、この西条藩の藩主頼渡が享保三年に山井崑崙を任用したのであります。そしてつくられたものが『七経孟子考文』であります。

〔図49〕ここにありますのが『七経孟子考文』です。今、前に出しております。上の方にあるのは京都大学の印があります。京都大学の図書館から貸していただきました。

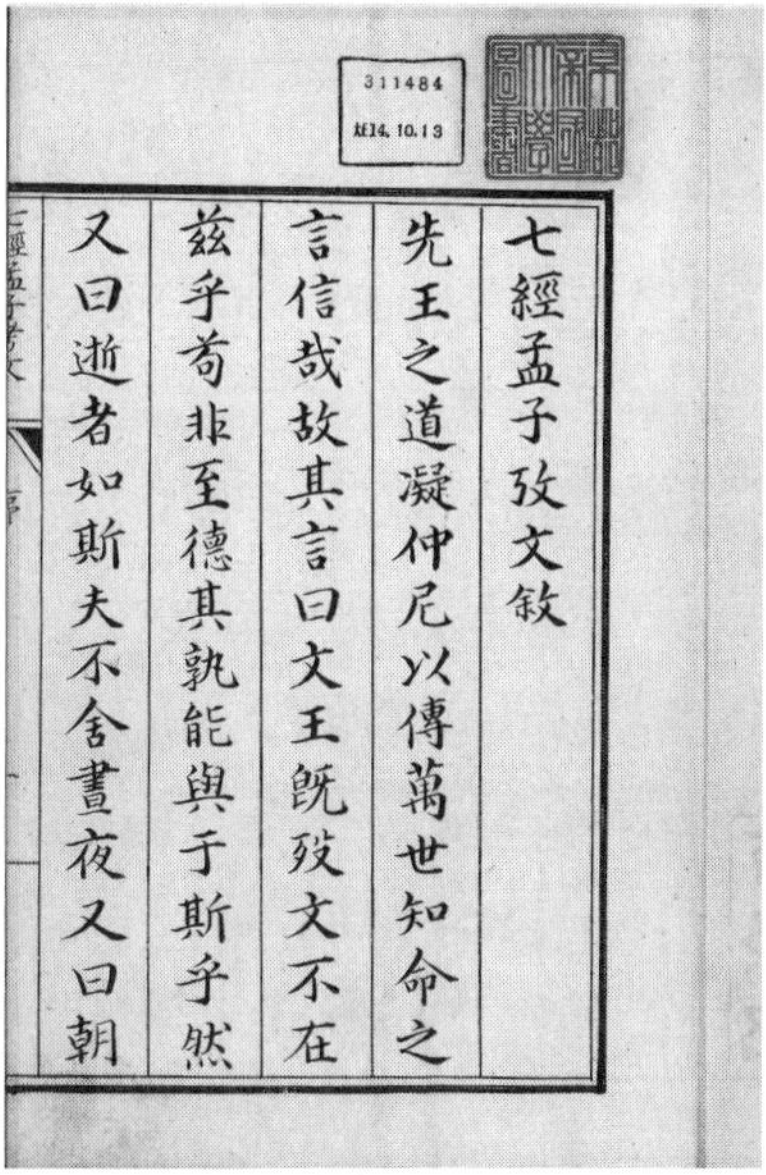

図49●『七経孟子考文』

図50●西条邸図書記の印

〔図50〕『七経孟子考文』には「西条邸図書記」の印があります。これはなぜ西条邸で、藩でなかったかというと、江戸詰めだからです。これは京大の貴重書です。

〔図51〕これは荻生徂徠が序文を書いている最後です。印は朱印です。

〔図52〕一番最初のところの山井鼎の肩書きをご覧いただきたいと思います。紀府分藩京兆家文学という肩書きです。紀府分藩というのは、西条は紀州の分藩である。京兆家というのは左京大夫です。中国風に京兆家という言い方をしております。これが『七経孟子考文』であります。

きょう覚えておいてほしいのは、『七経孟子考文』と『七経孟子考文補遺』は別の本だということです。これは違うん

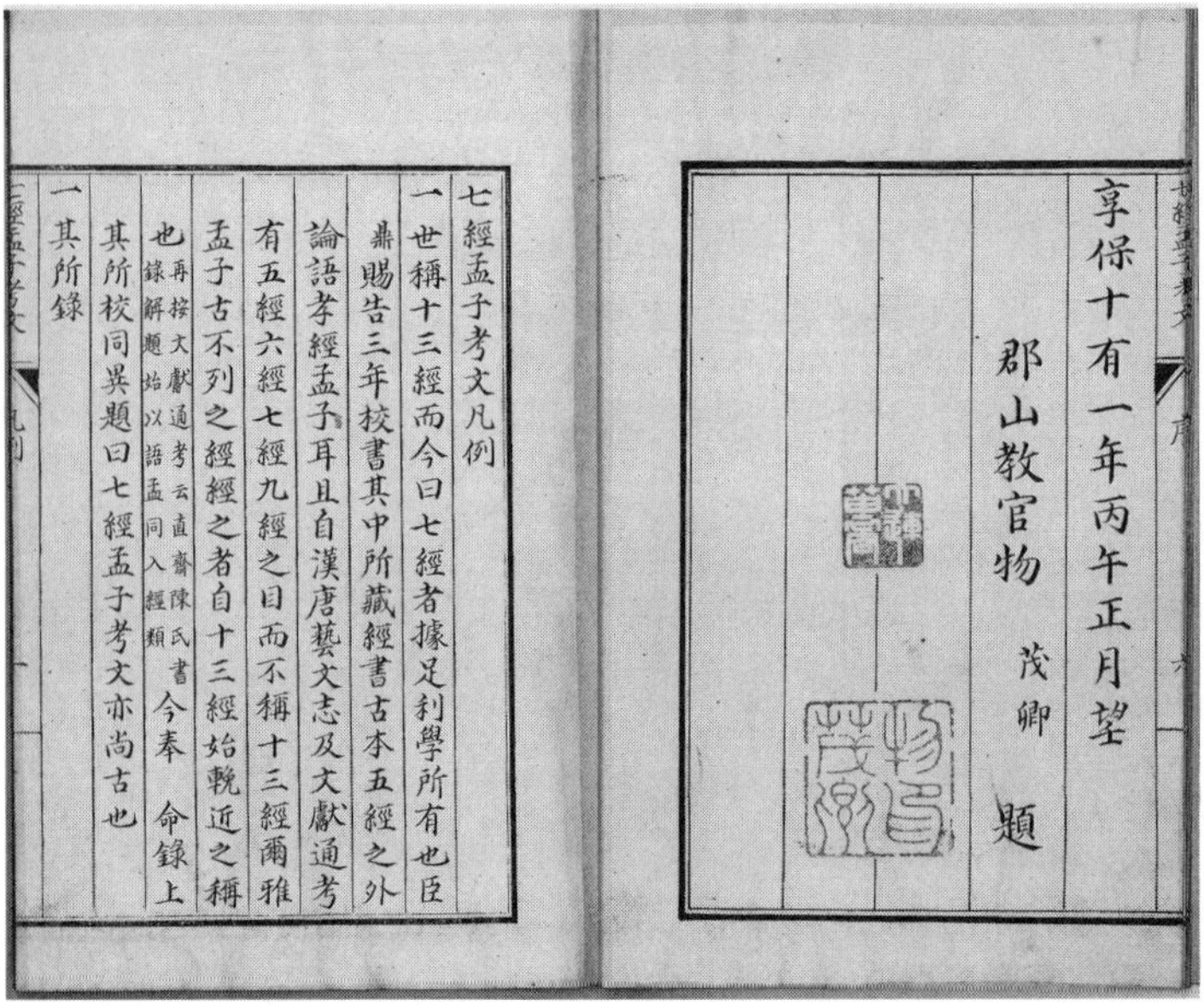
享保十有一年丙午正月望
郡山教官物茂卿題

七經孟子考文凡例
一世稱十三經而今曰七經者據足利學所有也臣
鼎賜告三年校書其中所藏經書古本五經之外
論語孝經孟子耳且自漢唐藝文志及文獻通考
有五經六經七經九經之目而不稱十三經爾雅
孟子古不列之經經之者自十三經始輓近之稱
也再按文獻通考云直齋陳氏書録解題始以語孟同入經類今奉　命録上
其所校同異題曰七經孟子考文亦尚古也
一其所録

図51●荻生徂徠の序文

です。この『七経孟子考文』を、後に命令があって西条から吉宗のところに献上されまして、吉宗がもう一遍校訂をしろということを荻生北渓（観）、荻生物七郎に命じまして、荻生物七郎が主宰をいたしまして、蘐園学派の宇佐美灊水、石川之清、三浦義質、木村晟、こういう四人が、二人ずつ対校していくわけです。問題があれば北渓が裁定する。そしてずっと校訂の作業をやって、享保十四年（一七二九）三月二日にそれが終わった。その作業のときに、面白いことに、室鳩巣が命じられて時々見に行くんですが、室鳩巣は嫌で嫌でしようがない。それはそうです、朱子学派で北渓の先輩です。それが古学派のやっている仕事を見に行くわけです。室鳩巣は手紙にそのことの不満を書いております。しかも遠い、あんなところまで行くのはかなわんと書いているんですが、とにかくそれでつくられたものが『七経孟子考文補遺』です。

この『七経孟子考文』に関しましては今までに研究がありまして、一つは、『叢書日本の思想家[13]』に藤井明さんが「山井崑崙」というのをお書きになっている。ここに大抵皆書いてあるから、今はこの本が一番便利がいい。それから狩野直

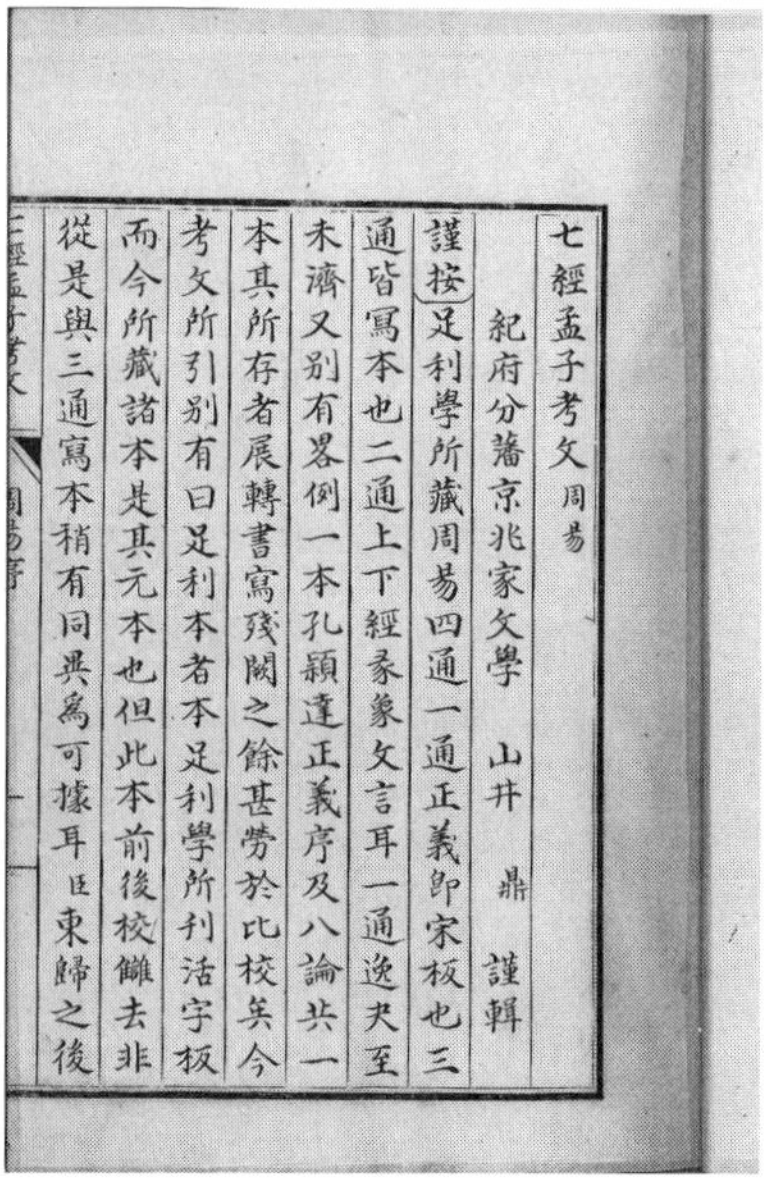
七經孟子考文 周易
紀府分藩京兆家文學 山井 鼎 謹輯
謹按足利學所藏周易四通一通正義卽宋板也三
通皆寫本也二通上下經彖象文言耳一通逸夬至
未濟又別有畧例一本孔穎達正義序及八論共一
本其所存者展轉書寫殘闕之餘甚勞於比校矣今
考文所引別有曰足利本者本足利學所刊活字板
而今所藏諸本是其元本也但此本前後校讎去非
從是與三通寫本稍有同異爲可據耳旦東歸之後

図52●山井鼎の肩書き

喜先生が「山井鼎と七経孟子考文補遺」というものをお書きになっています。これは内藤先生の還暦の論文集にお書きになって、それが後に『支那学文藪』(14)に入っております。なぜ狩野先生がお書きになったかというと、西条家の『七経孟子考文』が大正十四年に京都大学へ寄贈された。ここにあるこの本が来たから狩野先生は書いたんです。

ですから、『七経孟子考文』に刊本はないんです。写本しかないんです。しかも、このときの写本は一体どれぐらいあるだろうかということになると、将軍家のお手元へ差し上げたものが一部あるはずです。西条家に残っているのはこれで、京大にあります。将軍家に差し出したものはどうなったかといいますと、宮内庁の書陵部にあります。それから紀州家に差し上げたものがある。紀州家に入った本はどうなったか。これは非常に面白い問題があって、紀州の本は南葵文庫です。南葵文庫は、関東大震災の後で東京大学に寄贈された。それで私はヤマをかけまして、東大の図書館へ行きまして、「中へ入らんでもよろしい。一つの本があるかないかだけ教えてくれ。南葵文庫の中に『七経孟子考文』があるか」と聞くと、受付の方が目録を開いて見てくれました。確かにある。あるけれども、赤い線で消してある。受付の方がおっしゃるには、「赤い線で消してあるのは初めから来ていないということでございます」。そうすると、またもう一つヤマをかけまして、それでは和歌山大学が持っているはずだ。和歌山大学の書目を調べてみると、『七経孟子考文補遺』の、しかも中国版を持っているだけであって、そんないいものはなかった。もちろん享保十六年（一七三一）に出版した分は東大へ持って行ってますから、南葵文庫というよりは、むしろ紀州家に残った写本は今どこにあるか。探すならこれしかない。もっとも、山井鼎が自分のところへ置いたものがあるでしょうし、序文を書いてくださいと荻生徂徠のところへ頼みに行ったから、徂徠のところにもあるかもわからない。集めてくると五部で、五部のうちで二部はわかった。そういう状況であります。

そして、先ほど申しましたように、享保十四年三月二日にできまして、荻生北渓も宇佐美以下のお手伝いも吉宗から褒美をもらいます。

ただ、室鳩巣は死んでおりましたので、何ももらわなかった。そういう話でありますが、その翌年になりまして、吉宗の方から費用を出してくれまして、出版をいたします。その出版に関しましては、森銑三氏が「山井鼎とその七経孟子考文」[15]という論文の中に、『享保撰要類集』十一冊によって、そのときに出たそのお金の状況がどうかということについての研究が書いてありますので、これはまたその意味においてお役に立とうかと思います。

その後、享保十七年正月になって、吉宗から「この書物は中国にないはずだから、中国に売り広めよ」という命令が出た。この命令は一体どの根拠に基づいて言うかと申しますと、近藤正斎の『正斎書籍考』の中に享保十七年の正月に命令が出たと書いてあります。近藤正斎という人は証拠のないことを書かない人だと私は信用しております。したがって、彼がこう書いていることは、何か根拠があって言っているに違いない。そして享保十七年に、そのときに持って帰る本については細井広沢が箱の外書を書いたということもわかっておりますが、とにかく長崎奉行に命じて中国へ送った。そうすると、一番早く出たとすれば、享保十七年三月二十六日から二十八日の間に亥の一番船から五番船が出港しておりますから、これが積んで行ったということになるだろうと思います。そのほかに、後で出ます『知不足斎叢書』本の『古文孝経』の日本での復刻本の跋を見ておりますと、伊孚九――これは画家で有名でありますが、もともとは商人であります。この伊孚九が持って帰ったということが書かれております。もし伊孚九が持って帰ったといたしますと、一番早いのは享保十八年（一七三三）丑七番船に乗って来て十九年十二月に帰っておりますから、このときに持って帰った可能性がある。そういうところまでは押さえることができます。

なお、その後に『通航一覧』には、これがその当時幾らであったということが書いてありますが、それをご覧になりますと、「孟子考文之板行萩野宗十郎」――これは違います。「按ずるに」とは違うということです。「荻生總右衛門の誤りなり」と書いてありますが、荻生總右衛門でもない。このときは荻生總右衛門は死んでおります。これは荻生徂徠ではない。荻生北渓です。だから、編纂物はきちっと追っかけないと危ないということの一つの証拠であります。とにかく、一部は代金が三分ぐらいだったということです。

それから、大田南畝の『百舌の草茎上』のところには、

平賀礼部、長崎の鎮台たりし頃より、清人年々七経孟子考文補遺を求むる事甚し。価十貫文づゝにて買得てかへれり。つゐに今翻刻し来る随月読書楼の本是なり。今も猶、和版を求めるものありとぞ。此外にも論語徴を求めしが、論語徴集覧を見しより、集覧の本を求むる事多し。論語古訓をも求るもの多し。これ又外伝を見ば求るなるべし。

**『通航一覧』**

享保十六年辛亥年、孟子考文之板行萩野宗十郎按ずるに、荻生總右衛門の誤りなり、撰之、右公命有て漢朝へ相渡さる、一部代金三分位也、老士筆記、

**大田南畝『百舌の草茎上』**

平賀礼部、長崎の鎮台たりし頃より、清人年々七経孟子考文補遺を求むる事甚し。価十貫文づゝにて買得てかへれり。つゐに今翻刻し来る随月読書楼の本是なり。今も猶、和版を求めるものありとぞ。此外にも論語徴を求めしが、論語徴集覧を見しより、集覧の本を求むる事多し。論語古訓をも求るもの多し。これ又外伝を見ば求るなるべし。以上村上如登話

**大田南畝『一話一言』巻二二**

落紙考

清人阮元七経孟子考文序云、揚州江氏随月読書楼所蔵乃日本元板落紙印本

此に落紙といふ物は美濃の十文字紙のことなり。享保の御時にこの書を美濃の十文字紙に摺て渡されたれば、十文字をさして落紙といへるは疑なき事なれども、何ゆへに落紙と名付しや詳ならず。窃に按ずるに、落は苔の本字にて側理の一名のよし、諸書に所見あれば、側理紙を落紙ともいふべく格致鏡原に蕭子良が書を引て落紙の名みへたり。前後の文によりて考ればこれすでに側理紙の一名と見ゆ。十文字すなはち側理紙に似よりたる物ゆへさもいふべきにや。拾遺記に、側理紙南人以海苔為紙、其理縦横邪側因以為名とあり、其縦横邪側といふに拠て、十文字を落紙と称したるなるべし。

本草注に、水中苔取以為謎紙名苔紙、ともみへたれど、其下に青黄色とあれば、是は実に水苔を用て漉たる物にて此に落紙といふ。

平賀礼部というのは、平賀式部少輔貞愛という人で、寛政四年（一七九二）三月朔日に御目付から長崎奉行になって、九年十一月二十二日に普請奉行にかわった。だから、その時期の話だということになります。

ついでに、ちょっといらんことを申しますと、『論語徴』を求めて帰ったので、『論語徴』を見て、その説を書いたために科挙に落ちた人がおるそうです。科挙を受けてこれは異説であるというので、落とされたという話があります。だから、簡単によそから来た本は信用したらいかんということです。

それから、このときの本に関しましては次に問題がありまして、『七経孟子考文補遺』が中国で阮元という人によって翻刻されます。それが嘉慶二年（一七九七）のことでございます。そのときに阮元は誰の本によったかということを追いかけてみると、それは揚州の「江氏随月読書楼」の本によって翻刻をしたということが序文に書いてあります。揚州の江氏随月読書楼というのは、江春、字穎長、号鶴亭、安徽歙県の人であって、揚州に遷った。自分の蔵書の処を秋声館・随

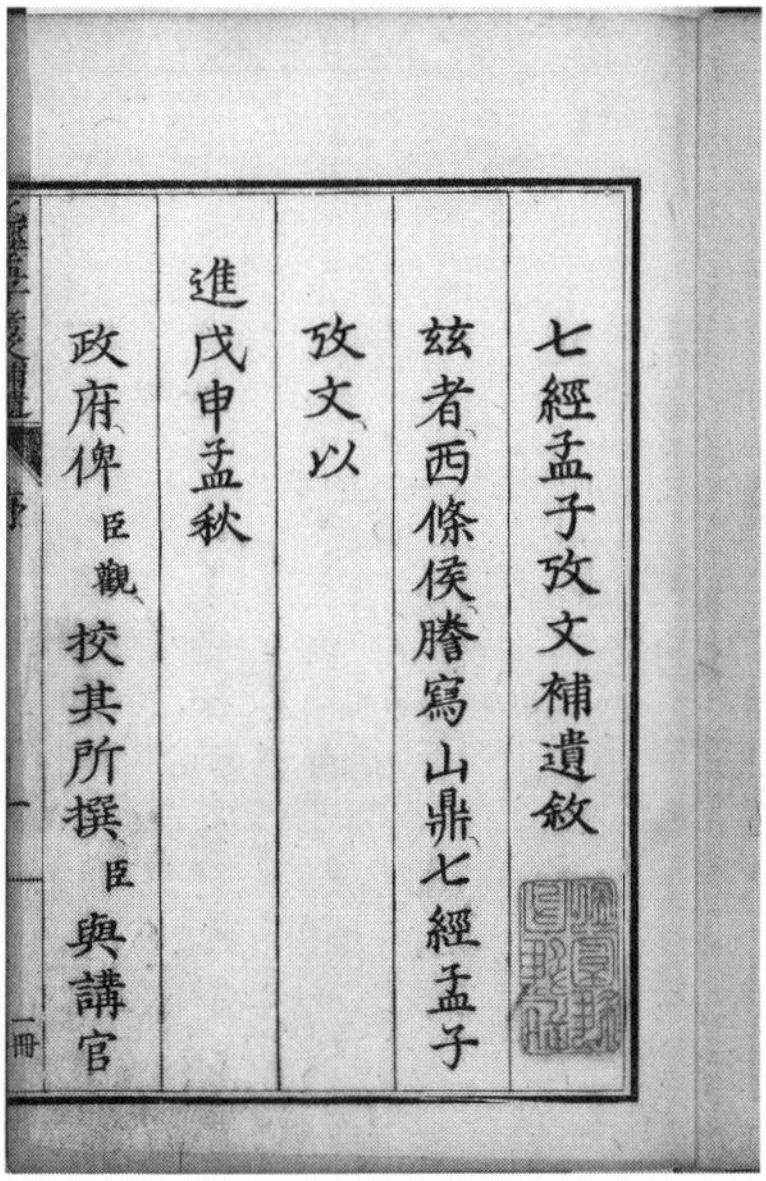
七經孟子攷文補遺敘
玆者西條侯賸寫山鼎七經孟子
攷文以
進戊申孟秋
政府俾臣觀校其所撰臣與講官

図53●和刻版（内藤文庫）

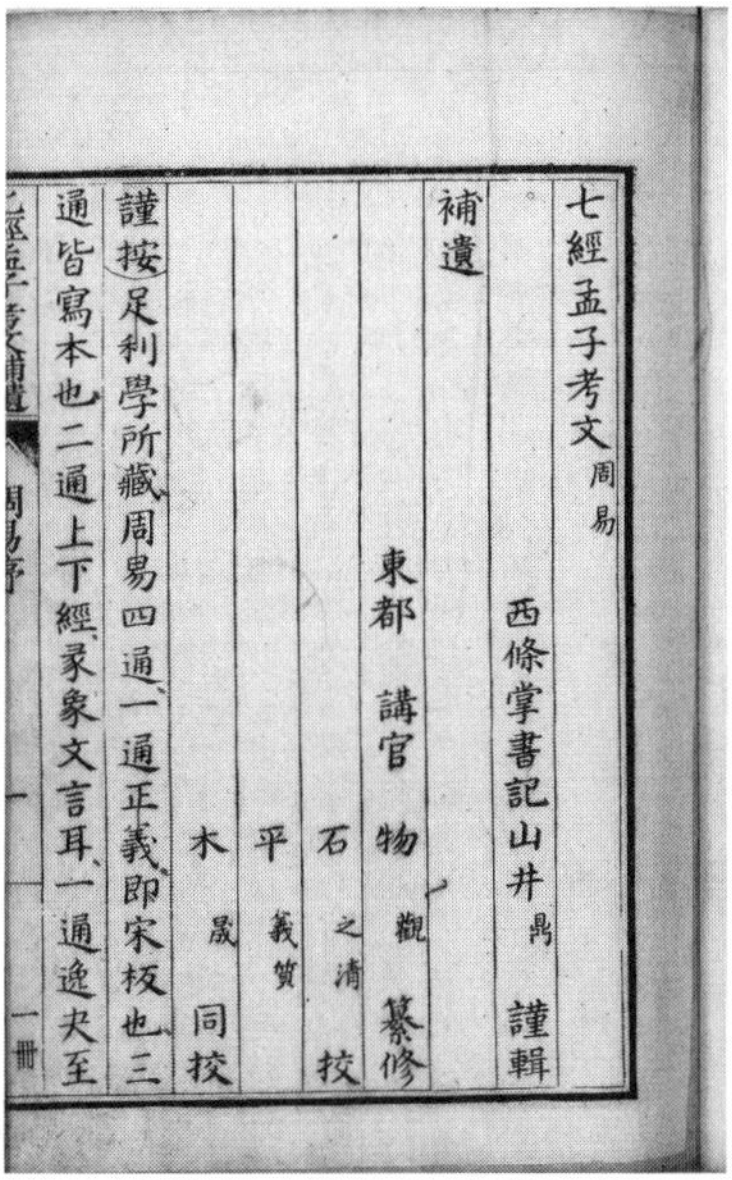
七經孟子考文 周易
西條掌書記山井鼎 謹輯
補遺
東都講官物觀 纂修
石之清 校
平義質
木晟 同校
謹按足利學所藏周易四通一通正義即宋板也三
通皆寫本也二通上下經彖象文言耳一通逸夬至

図54●山井鼎の肩書き「西条掌書記」

月読書楼・康山草堂とよんだ人です。ですから、この人はまさしく日本との間の貿易に従事していた人物だと考えられるから、この『七経孟子考文補遺』が早く入ったんだといえるでしょう。阮元はそれを借りて翻刻しているわけでありますが、その序に書いているのを見ますと、「かつて京師（北京）において写本を見た」と言っている。北京には写本があったことがこれでわかります。

ところが、その刊本はどんなものだったのかというと、それは大田南畝が『一話一言』巻二二に「落紙考」というものを書いておりまして、何か知らんけれども、特別の美濃の十文字紙にこれを刷って、中国へ渡されたた。このことを落紙というのであろうという考証を大田南畝がしておりますので、この辺で阮元が見た江春の「随月読書楼」の本はこういうものであったということになるわけであります。

〔図53〕これは内藤文庫にある和刻版の『七経孟子考文補遺』です。内藤先生の判こがなくて、「知雄守雌園記」という蔵書印が反対に押してある。判こを逆さまに押すのはよっぽど慌て者であるかもしれない。ただし、いい判であります。

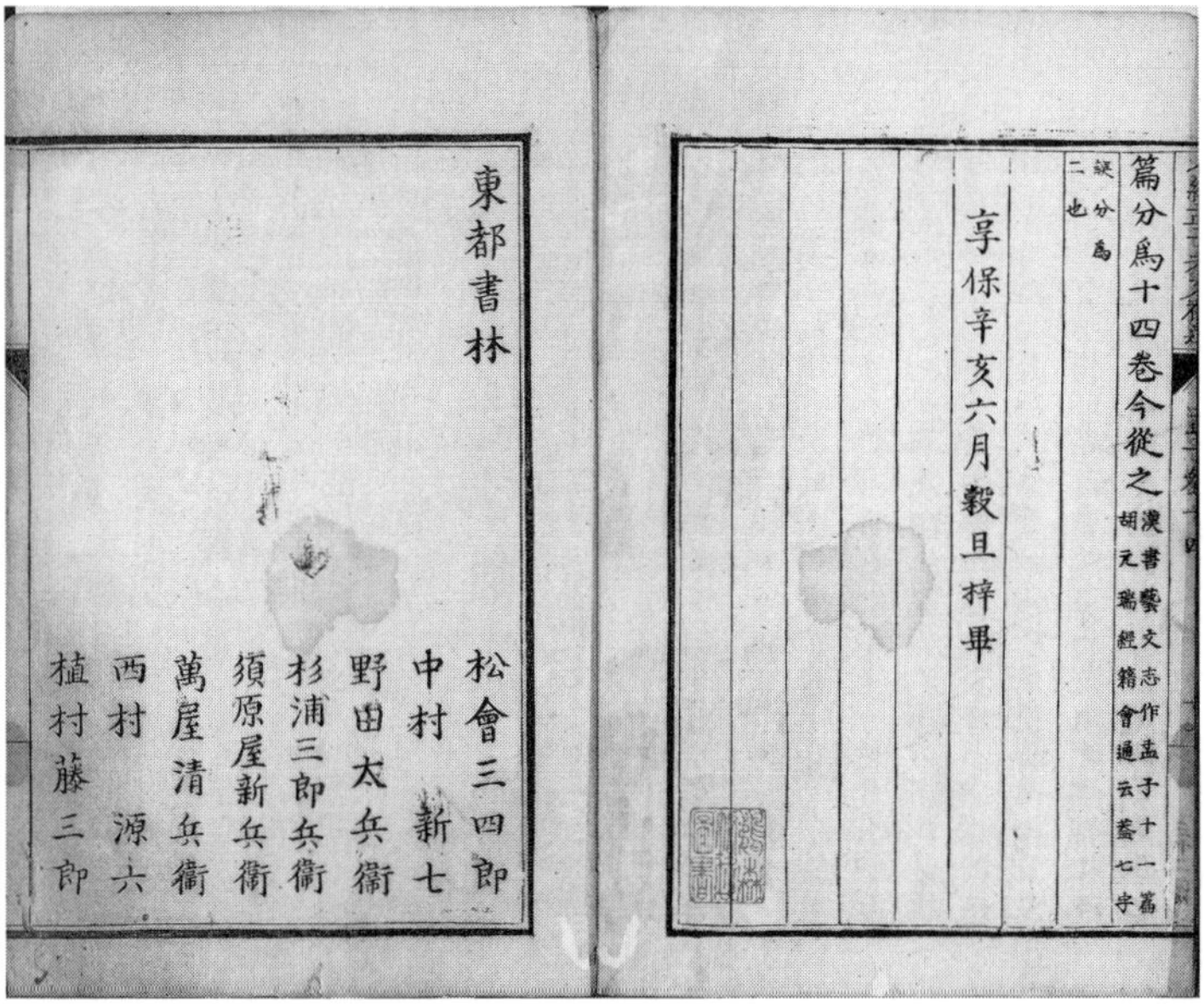


図55●『七経孟子考文補遺』刊記

〔図54〕後ろの方へいきますと、『七経孟子考文補遺』には山井の肩書が西条掌書記と書いてある。先ほどの肩書と変わっている。北渓は東都講官で、格が違う。格が違うという点に関しては、荻生北渓と荻生徂徠とは格が違う。荻生徂徠はどんなに偉くても柳沢家の家来であります。将軍の家来である弟北渓より格が下です。

〔図55〕刊記の所に判こがあります。「鵜森坂井図書」。これは誰かわからない。殿様かもしれない。将来の問題です。この本はどういう経路のものか知らないけれども、内藤先生はなぜ自分の判こを押さなかったのかというのがわからないです。

〔図56〕これが阮元の印刷した『七経孟子考文並補遺』であります。この本は泊園書院の本であります。泊園書院では『七経孟子考文補遺』に『七経孟子考文』としか書いてない。泊園の学はちょっと問題があるということです。ここに「江氏随月読書楼」所蔵のものによったということがあります。

〔図57〕「序」の最後には阮元の名が書いてあります。だから、今ここに『七経孟子考文』と日本版の『七経孟子

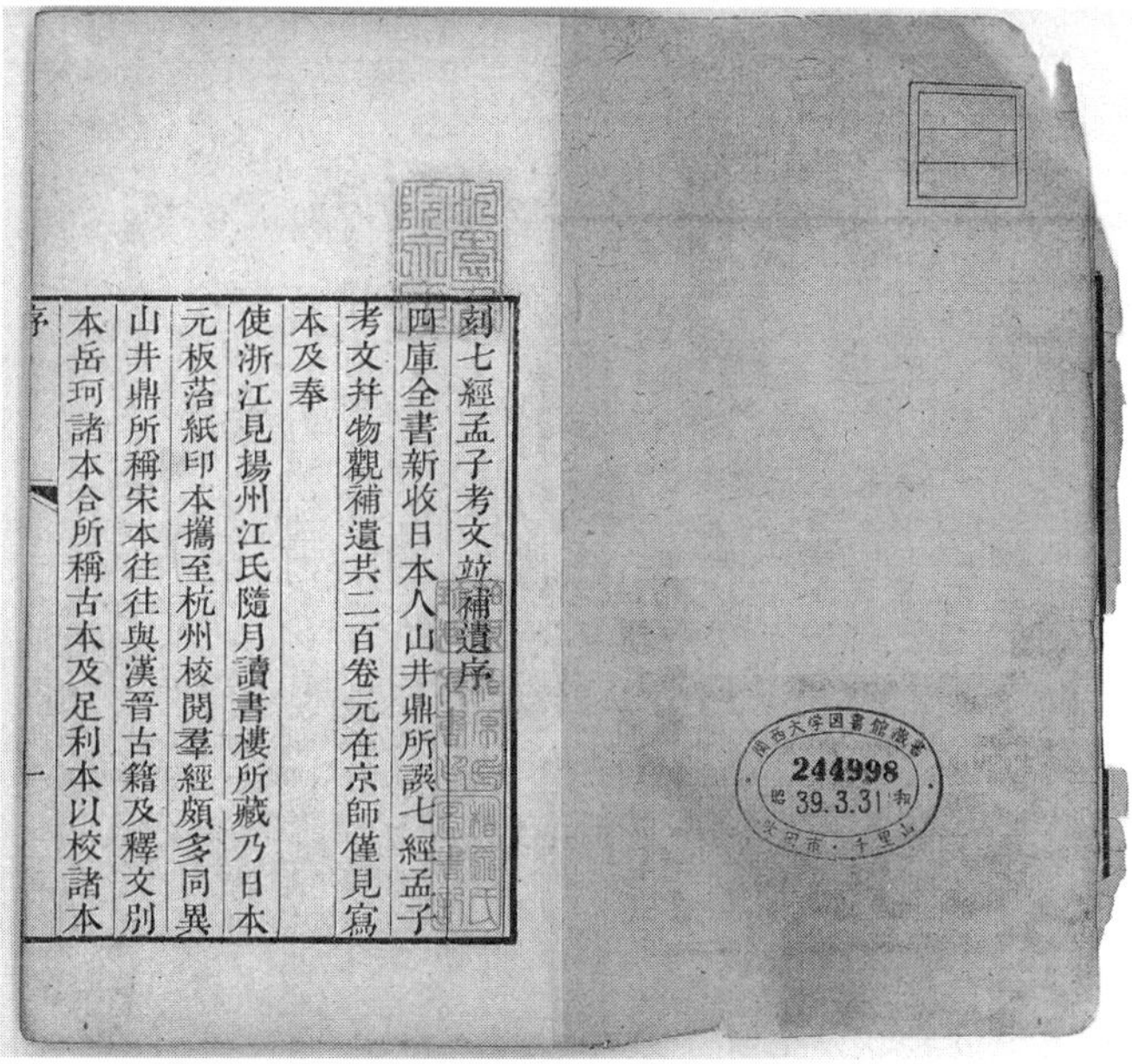
刻七經孟子考文並補遺序
四庫全書新收日本人山井鼎所譔七經孟子
考文并物觀補遺共二百卷元在京師僅見寫
本及奉
使浙江見揚州江氏隨月讀書樓所藏乃日本
元板落紙印本攜至杭州校閱羣經頗多同異
山井鼎所稱宋本往往與漢晉古籍及釋文別
本岳珂諸本合所稱古本及足利本以校諸本

図56●阮元印刷の『七経孟子考文並補遺』（泊園書院）

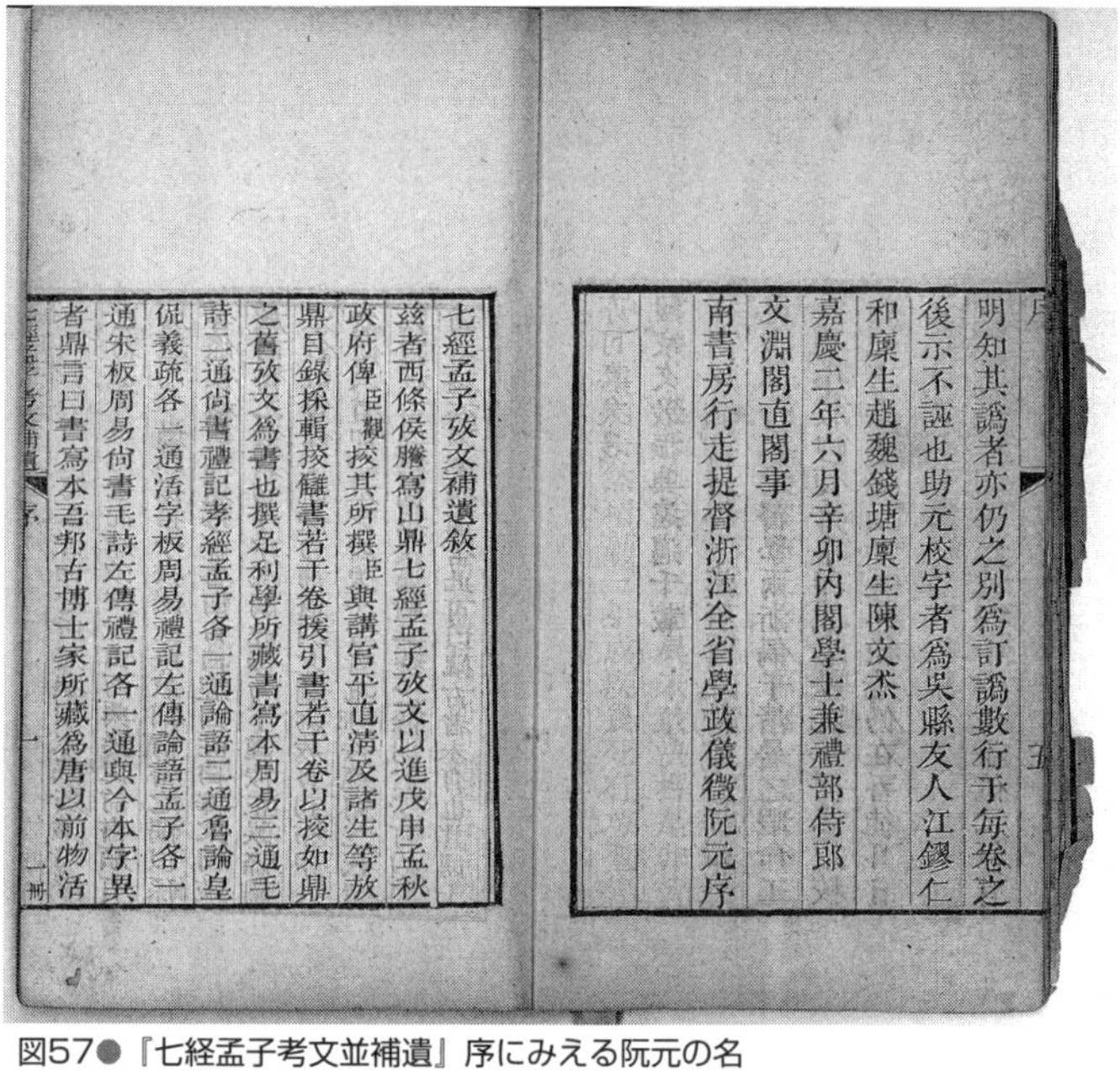
明知其譌者亦仍之別爲訂譌數行于每卷之
後示不誣也助元校字者爲吳縣友人江鏐仁
和庠生趙魏錢塘庠生陳文杰
嘉慶二年六月辛卯內閣學士兼禮部侍郎
文淵閣直閣事
南書房行走提督浙江全省學政儀徵阮元序

七經孟子攷文補遺敘
茲者西條侯謄寫山鼎七經孟子攷文以進戊申孟秋
政府俾臣觀挍其所撰臣與講官平直清及諸生等放
鼎目錄採輯挍讎書若干卷援引書若干卷以挍如鼎
之舊攷文爲書也撰足利學所藏書寫本周易三通毛
詩二通尚書禮記孝經孟子各一通論語二通爲論皇
侃義疏各一通活字板周易禮記左傳論語孟子各一
通宋板周易尚書毛詩左傳禮記各一通與今本字異
者鼎言曰書寫本吾邦古博士家所藏爲唐以前物活

図57●『七経孟子考文並補遺』序にみえる阮元の名

考文補遺』と中国版の『七経孟子考文並補遺』とが一堂に会しておりますので、これは余り機会がないことです。特に京大の本は貴重書でありますから、簡単には見られないということであります。

その後は、このようにして中国に『七経孟子考文補遺』が入っていっているが、その流れがどういうぐあいに流れているかということを書目によって調べてみたわけであります。そういたしますと、まず『七経孟子考文並補遺』を復刻した阮元は、先ほど申したとおりです。そしてこの阮元の印刷、出版した『七経孟子考文並補遺』が寛政十一年（一七九九）に日本に初めて参ります。これは向こうへ行った書がまた逆に日本へ来るわけです。そして面白いことには、享和元年（一八〇一）酉の番外船の「別段売齎来書目」を見ますと、倭紙の嘉慶板十三経注疏が五部入っている。嘉慶板十三経注疏の中で日本の紙を使って印刷したものがあるということは、こちらから注文を出しているということなのでしょう。そういうことも起こっておりますし、その次に、『七経孟子考文並補遺』が九十四部来ている。この船だけでも大量に来ている。これは注文があったのか、売ろうと思って持って来たのかわかりませんが、こういうことがわかります。

非常に大量に入ってきたということになりますが、これは面白いのでありまして、先ほど申しました市橋長昭の書目が三つある。そのうちの一つは和刻版、和本のことを書いた目録であって、唐本を書いた目録が二つある。調べてみると唐本の目録がいつできたか順番がわかる。その初めにできた方には『七経孟子考文補遺』はないんです。後の方に入っている。後の方に入っているのは、前の目録をつくってから、その後で買ったということです。それは『七経孟子考文並補遺』で清版と書いてある。だから、彼は阮元の本を買ったということが言えるわけでありま す。大体これでおわかりになると思いますが、私は人の懐中を探っているような仕事をしているわけでありますが、それは大変面白い。市橋の殿様は日本のものは持ってなかったのかということになるわけです。

同じようなことを見ていきますと、もう一つ、中国で『七経孟子考文補遺』を持っていたので大変有名なのは誰かというと、浙江の汪啓淑という蔵書家でありまして、この蔵書家はライブラリーを、飛鴻堂といいますけれども、『四庫全書』編纂のときに浙江省の第四次の献上の折に汪啓淑のところから『七経孟子考文補遺』が乾隆帝のライブラリーに行くということであって、汪啓淑という人のところに一つあったことは間違いないということになります。そして、『四庫全書總目』の中に浙江の汪啓淑家蔵本と注がついておりますし、『四庫採進書目』を見ておりますと、浙江省第四次汪啓淑家呈送書目、全体で五二四種の中の一つに『七経孟子考文補遺』が入っています。この『採進書目』の中で、『浙江採進目録』はいつ日本に来たかわからないんですけれども、安永三～四年のころに長崎にいた平沢元愷が通事から見せてもらったという記録が『瓊浦偶筆』というものの中に書いてあります。

それから、翟灝という人の『四書考異總考』の中には、この人は「杭世駿の紹介で飛鴻堂汪氏本を借りて見た。その中に『論語義疏』があるということを初めて知った」ということを乾隆二十六年（一七六一）に書いておりますす。だから、翟灝は飛鴻堂の系統の本を見ているわけです。

それから、阮元が復刻したのは「江氏随月読書楼」の書でありますが、その後になって阮元は現物を手に入れたと思われます。阮元の『文選楼蔵書記』の中には、日本の原版を持っているということを書いておりますから、出版するときには人のものを借りたけれども、後になって手に入れた可能性があります。

その前に、洪頤煊の「七経孟子考文補遺跋」、『詁経精舍文集』に出てくるのを見ておりますと、「阮雲臺、すなわち阮元が日本の元板の落紙本をもとにして、琅嬛僊館で刷った。そして一部を私にくださいました」。嘉慶庚申に書いておりますから、一七九七年に出版したものを一八〇〇年にこの人は阮元からもらった。だから、阮元の系統の本だということになります。

「楊氏海源閣」は一部だけ日本の本があると申しましたが、これは何かというと、嘉慶二年の阮元の刻本『七経孟子考文並補遺』であります。阮元のもので持っているということになります。

それから、『知不足斎叢書』をつくった有名な鮑廷博は、汪鵬という日本貿易に従っていた人からいろいろな本を手に入れるのであります。

汪鵬はいくつも佚存書を持ち帰ったということでありますが、この人は浙江の杭州府仁和県の人でありまして、『袖懐篇』という日本滞在記を書いております。この人は、「古文孝経孔子伝及び七経孟子考文補遺を購い、之を士林に伝う」と書いております。それから『論語集解義疏』を持って帰った。これは安永七年（一七七八）二月十二日に戊の四番船で来たときに買って、そして国に帰って、元の上司であったところの王亶望に差し上げて、王亶望から乾隆四十四年（一七七九）九月二十七日に乾隆帝に献上した。この王亶望の档案は松浦章さんが北京で見つけて報告をしておりますので、(16)そういうことがあった。この汪鵬という人は大変興味のある人物でありますけれども、汪鵬のことに関しましては、『漂着船物語』という最近出しました岩波新書に書いておりますから、(17)それでご覧をいただきまして、本日は触れません。

それから、鮑廷博の本の系列がその次にありまして、鮑廷博の『七経孟子考文並補遺』は、呉寿暘という人の『拝経楼蔵書題跋記』を見ておりますと、『七経孟子考文補遺』の鈔本が十三冊、先君士（お父さん）が呉騫という人で、この人は鮑廷博の『知不足斎叢書』に序文を書いているぐらい親しい人物でありますが、「先君士の跋に、武林汪君鵬がかの国の孟子考文や皇侃の論語義疏を持って帰ってきた。そして余の友鮑君廷博に帰した、次第に刻して叢書に入るけれども、またこの本を得るに、惜しむらくは巻帙稍繁なれば、未だ鮑君がこれを印刷するところまでは至っていない。それで私は鮑君から借りて……」云々と書いておりますから、この本は鮑廷博の系統になります。

そのほか、盧文弨、あるいは王鳴盛、こういう人は先ほど来申しておりますところの鮑廷博の『知不足斎叢書』に対して序文を書いておりますので、同じ仲間です。だから、この人たちが見ているのは鮑廷博の系統だと考えることができます。

こうして、ずっと探していくと、大体二つか三つの流れになる。ところが、ちょっと違う系統のものがある。それは、莫伯驥——これは後の時代の広東の蔵書家でありまして、一八七八年から一九五八年まで生きていた人物で、東莞の人です。この人の『五十萬巻楼蔵書目録』を見ますと『七経孟子考文補遺』が出てくるんですが、これは高郵王氏旧蔵の写本としています。だから、王念孫は写本で見ていたということになる。そういう系統のものがあります。

それから、葉徳輝さんの『郋園蔵書記』の中に、「光緒丁酉に都門の書友から日本の享保十五年の刻本を購った」とはっきり書いておりますから、世の中に流通しているものが別に存在しているということがわかるわけでございます。

## (四) 結び

大分いろいろ探すのにお付き合いいただいたわけで、あっちこっちお話を申しましたけれども、そろそろ、どういうことになるかということについてまとめていきたいと思います。

どのような種類の書物がどれほどの量輸出されたか、その出港の記録については福井保さんの論文によるのが一番よろしい。それからどのような種類がどれほどの量現存するか、現状の把握に関しましては、王宝平さんのお仕事によるのがよろしい。どのように輸出され、あるいは保存され、流通したか、集書のプロセスとその証拠、あるいはどういう系統の本でどこから手に入れたのかということは、目録で追いかけなければ仕方がない。その目録で追いかけているうちにいろんなことが出てきますが、それはそれとして、藩校の出版を初め、江戸時代の後期、幕末に出た、あるいは明治にかけて出た書物が非常に多く中国へ移動しているということが考えられます。

例えば葉徳輝さんの「郋園蔵書記」の中に、安政三年（一八五六）の活字版の『太平御覧』が出てまいります。それを見ていると、誰々は『太平御覧』の宋版の本を何冊持っていた、誰々は宋版の何を何冊持っていた、その本の行数とこの本とは同じだ。それは基づくところは何であるかというと、紅葉山本をもとにして校訂を加えている。だからこの本はいい本だという論調です。これは日本の記録では安政二年ですが、そんなときに出版された『太平御覧』の活字本がこういう評価を向こうで受けているということは、ちょっと面白いことかと思います。

そういういろいろの目録の中で、先ほど出ました江春の「江氏随月読書楼」という揚州商人の文庫、あるいは「丁氏八千巻楼」という浙江杭州の文庫、あるいは汪竹里（汪鵬）という学識のある商人の活動、あるいは汪啓淑という大きなコレクター、あるいは鮑廷博という大きなコレクター、あるいは郁松年の宜稼堂のコレクション、そういうものは、大体江蘇・浙江のコレクターを中心に集められているということになる。その意味において、「丁氏八千巻楼」と「楊氏海源閣」との違いはある。だから、日本貿易に従っていた浙江あるいは江蘇のあたりから、日本の本が向こうへ入っていっているということはほぼ間違いなかろうかということになります。人間が持って行ったというだけでなしに、それを集めているということを蔵書目録で追いかけていくと、少なくともはっきりしてくるであろう。江浙の有力な出版業とコレクター、それから日本の江戸時代の書籍文化とのつながりが、双方向で交流をしている。向こうから来る本を日本で大事にする、日本から出ていったものを向こうは注目している、こういう双方向の交流が、江戸時代の後半ごろにあったということになるでありましょう。

それから、林述斎を中心とする人々の活躍は、清朝の乾嘉の文化との間で作用・反作用の現象を持っていたと考えられます。

次に、『七経孟子考文並補遺』の果たした役割の大きさをやはり再評価してみる必要がありそうであります。第一番目は、『七経孟子考文』と『七経孟子考文補遺』とは別の本である。これはきょう、証拠を見せて申し上げました。

それから、『七経孟子考文補遺』が成立しなかったら、これは出版されていなかった。『七経孟子考文補遺』が吉宗のお声がかりがあったならばこそ、出版されたということです。いろいろな文化活動をした徳川吉宗という人間は、そういう見識をどこから得たのであろうか。これはこれからも問題であります。あれは変わった人です。

もう一つ大事なのは、吉宗を評価するに当たっては、蘐園学派の中で荻生北渓を評価しなければいけない。今はそういうことはございませんけれども、岩崎遒成という方が『徂徠研究』を書かれた時代には、荻生徂徠の書いた本の中に北渓の書いた『名家叢書』の本まで入れているので、兄弟二人分を一人の仕事のように見ると、それはえらい人になります。そのときに考えなければいけないことは、将軍の直臣と柳沢の家来とは違うということです。徂徠は柳沢家の家来で、しかも捨て扶持をもらっていて、身上は非常に自由だから、彼は自由に出版ができた。北渓は将軍の御下問に対して返事をするのが仕事なので、それを出版して銭儲けしてはいけない。許可がない限りは出せない。こういう封建制の身分についてはっきりした常識で判断していかないといけないのではないでしょうか。

こんなことがいろいろ出てまいりまして、本当に吉宗というのはよくわからない。ただ、将軍の学問というものを考えたときに、綱吉は自分で講義をした。将軍家が自分で講義して、「あなたは間違ってますよ」と言う人はまずいない。必ず「立派なものでござる」と言うに決まっている。ところが、吉宗は何をやったかというと、たくさんのスタッフを集めて、それに対して質問するわけです。「これは何だ。これを調べてこい」。そして全部報告が来る。その報告を集めたものが『名家叢書』というものです。これは先ほど言いました福井さんに、私が「『名家叢書』の中でこういうものがあるそうですね」と言ったら、「よくご覧ください」と言うんです。「私はあれは非常に大事なものであるということをいろんな先生に申し上げたけれども、どなたもご利用になりません」。それで僕はそれから後で、「これを関西大学で復刻してよろしいか」と言うと、「どうぞやってください。内閣文庫はほかにもっとやるものがあります。どうぞやってください」と言われた。それで関西大学東西学術研究所から、金はかかったかもしれないけれども、売れない本を出したんです。出してくれたのは、関西大学のおかげです。こういうものが人々によって用いられてくると、それは吉宗と研究者、ないしは研究者を通して中国人との間の問答が浮かび上がるんですから、やっぱり面白いので、吉宗は偉い人であると思っております。

それから『皕宋楼蔵書志』の中に『論語集解』がございます。『皕宋楼蔵書志』では、これは日本の旧鈔本であると書いてあります。そして、述古堂の旧蔵であると書いてある。述古堂というのは何かというと、銭曽（銭遵王）であります。この人は一六二九年から一七〇一年まで生きていた人で、彼の書きました『読書敏求記』を見ていると、この本は高麗の鈔本である、そして遼海道の監軍で朝鮮に行っていたところの蕭応宮という人物が朝鮮で手に入れて帰ってきた。これはひょっとすると、秀吉軍に対して出て行っていた人かもわからない。朝鮮から手に入れて帰ってきた。その蕭氏が持っていたものを、その孫から自分は順治十一年（一六五四）に非常に高い値段で買った。これは朝鮮の写本であると書いてある。ところが、それから後で黄丕烈という人物がそれを見まして、『士礼居蔵書題跋』か何かの中に、「そんなことを言っているけれども、あれは違う、そうじゃないんだ。わしは半信半疑であったけれども、あれは日本のものである。なぜかというと、その中に正平という年号が出てくる」。銭遵王は、「正平というのは朝鮮のいつの年号かはこれから調べなければいかん」と書いてある。ところが、この年号は日本の年号だということを『吾妻鏡補』を書いた翁海村が教えてくれた。だからこれは日本の写本であるというふうに、黄丕烈のときになるとわかります。そしてこれが皕宋楼に入ったときには、これは日本の旧鈔本であると注釈をつけます。同じ本がずっと動いてくるのをたどってまいりますと、だんだんに日本に関する認識が改まってくるということが言えるかと思います。

その認識が非常にはっきりと変わったのは、楊守敬が日本に来たときであります。楊守敬が日本に参りましていろいろなものを見まして、『日本訪書志』を書きますが、その中に書いていることに、阮元が『七経孟子考文補遺』を校勘して出したけれども、そのときにこれは違う、これは日本人が勝手に変えているんだと言っているところがあるが、日本へ来て足利学校のものを見てみると、それは阮元が違っているんだ。もとの方がよろしい。なぜそういうことが起こったかというと、阮元は南宋のものしか見てないが、日本にあるのは北宋のものだと結論づけております。だから、楊守敬が来たことによって、日本に関する認識がまた変わっているだろう、というわけで、いろんなことが申せます。

私自身は、最初に申しましたように、唐船持渡書の研究をやらせてもらいましたが、このときに私は、初めは思想史から始めたんです。日本にどういう本がいつ入ったかということがわからない限り、日本の思想を考えることはできない。だから、いつ入ってきたのか調べてみようということで調べていくと、結局使う資料が貿易史の資料になってきたので、そこで私は貿易史に変わりました。貿易史になりますと、本は思想を盛った立派なものではなくて、これは物であります。

だから、書籍は物である。こういう考え方になって、ずっといろいろなことをやってまいりましたが、その中でだんだんわかってきたことは、漢籍は物である、物は物でも貿易品である。本は貿易品であると考えますと、その本の刊記というものは、貿易品の製造年月日です。そうすると、中国から入ってきたところのいろんな品物の中で、砂糖は食べるとおしまいです。反物は着物をつくるとしまい。薬は飲んだらしまい。姿が全て残っているのは本だけだ。しかも、その本は何時つくったものかという製造年月日がわかっている品物だ。そうすると、それを誰がいつ買ったかということがわかると、中国から日本へ物の来る時間がわかりますから、そういう時間がわかるということは、文化の伝来のスピードがわかるということになるんだと考えるようになりまして、そして取り上げたのが、「蓬左文庫」の初代の徳川義直の蔵書です。徳川義直という人は非常にきっちりした人だったので、いつこの本を買ったという記録があります。その記録によって、「蓬左文庫」の現物に当たっていくと、それの刊年が出てまいりますから、刊年から日本へ入ってきて彼が買うまでの間、これは言い換えますと、明末のころにどれぐらいの速さで物が来ているかということが証明できる。それから一歩次へ行くと鎖国になる。そういう意味において、書物は物であるという考え方は大変面白い考え方でありまして、この点について詳しく知りたいと思われましたら、大修館書店から出しました私の『徳川吉宗と康熙帝』の第一章[18]をご覧いただけば、そこのところに書いております。

そういうわけでありますが、その研究は、今日やりましたものでもわかりますように、書籍の個体を確認するということです。有名な高崎山の猿を調べるときに一番大事なのは、猿の個体確認です。書籍の個体を確認するという作業をやる。そういう作業をやるということは、文庫の研究ということになります。

そういうふうにして文庫の研究をやりますと、今、簡単に「この本は西条藩のものです」とか言っているけれども、これは西条の殿様も触ったし、狩野先生も触ったし、南岳先生も触ったし、あるいは湖南先生も触ったものです。そういう格好で個々の古い文庫の書物は、先学の指の温かさが伝わるものです。だから文庫の研究は非常に大事なので、内藤先生に「弘法大師の文芸」という講演があります。私はあるところで物を言わなければいけなくて、必要が起こって、「弘法大師の文芸」を先生が講演しているんだったら、どうせ『文鏡秘府論』を言っているから、内藤文庫の『文鏡秘府論』をちょっと見ようと思って出してみると、先生の講演の中に出てくる大事な項目が小さな紙にメモしたものが入っていた。だから、先生が高野山でやった講演のときのメモが今でもそのままそこに入っている。

あるいは、明の朱載堉という人が書いた『楽律全書』という音楽の本があります。それを朱来章という商人が享保十年（一七二五）に持ってきて吉宗に献上した。それから後、古尺の一尺の長さはどう計算するのかという問題が吉宗の周辺で大変問題になった。それは、一尺の長さはどれだということを決めない限り、管楽器の音が変わるわけです。だから、一尺は何ぼだという議論をやってきて、いろんなことをやるんですけれども、それが終わった後で、十年ぐらいたってからでしょうか、『御書物方日記』を見ていると、何か知らんけれども、将軍様の方から書物奉行に対して「『楽律全書』という本があるはずだ。その本の最後に差し紙をしてあるところがあるから、そこだけ持ってこい」という命令があった。書物奉行は一生懸命紅葉山文庫を探したけれども、そんなものはない。それでもう一遍御殿へ参上するわけです。そしてないという事を言うと、さっき注文した人が、「いや、あれは違った。あの本はお納戸にあったから、あれは間違いだった」と言って、それで話が終わっているんです。『御書物方日記』では『楽律全書』に関してはそれだけしか記事が出てこない。これを手がかりにいたしまして、内閣文庫

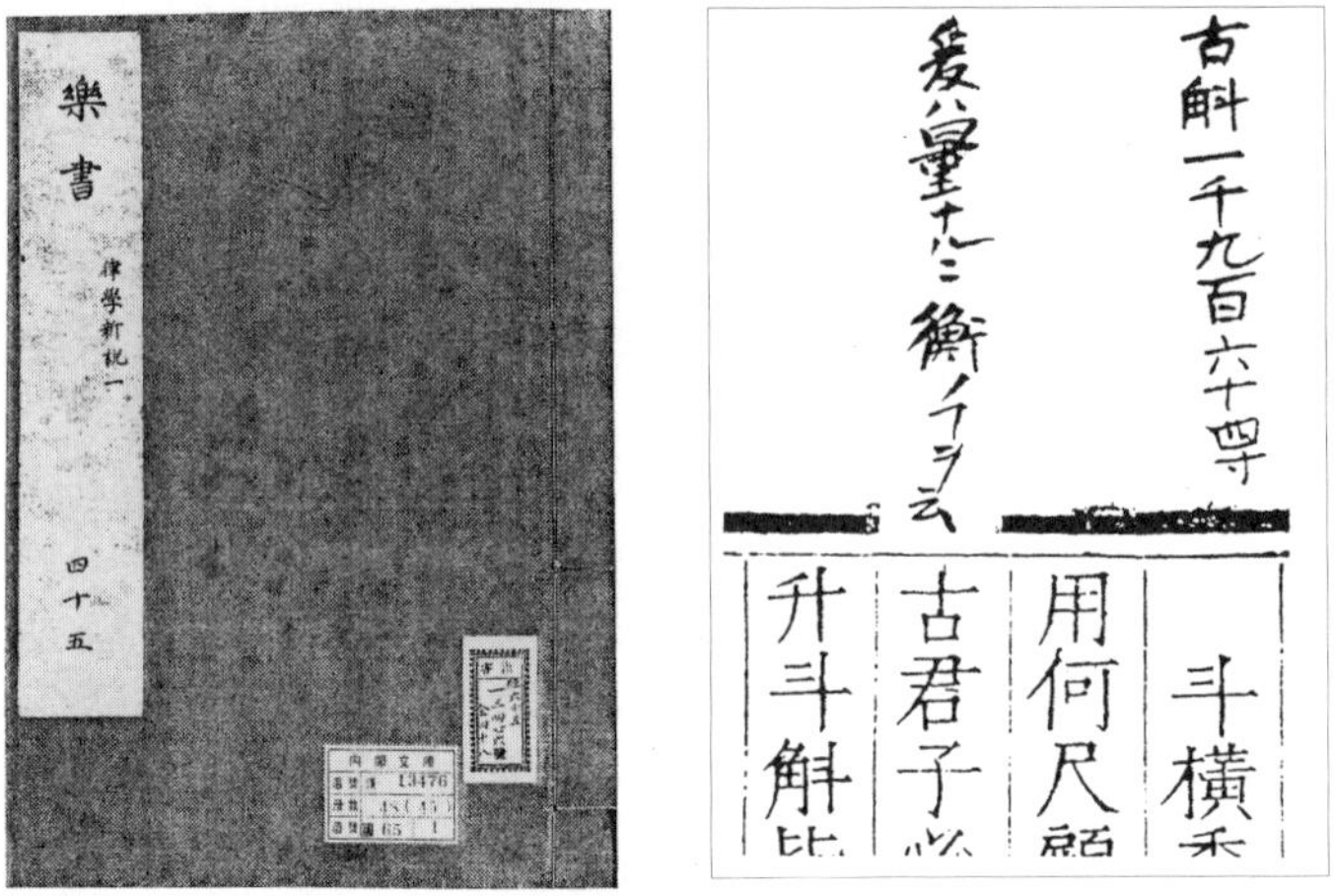

図58●『楽律全書』表紙と荻生徂徠の書き入れ

へ行って『楽律全書』を出してもらって、一番最後のところをあけると、確かに書き入れがある。この書き入れは誰かというと、荻生徂徠です。徂徠の筆で入っているのです（図58）。

あるいは、こういうケースがございます。米沢の上杉家の持っていた宋版の三史がある。この宋版の三史の間ではいろいろ特色が違う。『漢書』と『後漢書』を見ておりました。これはどういう本かといいますと、南化玄興という五山のお坊さんが直江山城守に与えた。そして直江からこれを上杉に献上した。その『漢書』を見ておりますと、本紀と列伝には朱が打ってあるが、志と表には朱がないんです。それで、南化和尚は志と表は読んでないのかということになるわけです。現物を触るとそういう話が出来るわけであります。

ですから、関西大学にこれだけのたくさんの個人文庫がありますので、皆様方はどうかその本を実際に触って、そしてそこから碩学の指の温もりを感じてもらいたい。これはコンピューターではできない。この学問はコンピューターではできない。そしてこの学問は、これから消えていくであろう。消えていくようなことを誰かやってくれ。将来は貴重になる。みんながやっている方ばっかりやっていると、競争するのは大変だ。誰もやらないことを今のうちに一つやれば、将来よく売れますから、若い諸君にお願いをしておきます。

最後に、大変面白い言葉を私はこの勉強をしている間に見つけました。それは、狩野直喜先生の書いていらっしゃるものの中に、江戸時代に藩札学問という悪口がある。藩札というのは、ご存じのように、藩で出した紙幣でしょう。その藩しか通用しないんです。藩札学問というのは、その藩でしか通用しない学問です。その地域でしか、身内でしか通用しない学問を悪く言っている。そういうことをしてはいかんと狩野先生は言っているが、私がこの大学にいたころよりはるかにこの大学はグローバルになっている。先ほど学長もおっしゃいましたが、世界へ広がってきた。世界へ広がってきて、インターナショナルになってきたときに、ナショナルなものがなければインターナショナルというものはわからない。だから、むしろ今や藩札学問へ戻さなければいけないのかもわからない。

そういう見方を戻さなければならないかもわからない。そして、どうか何かよい文庫がありましたならば、これは大学の財産としてぜひ投資をしてまた増やしていただきたい。これはいつの日にかみんなの役に立つ。コンピューターは買ってもすぐにつぶれます。本はつぶれない。貴重書は大事にしましょう。と、そういうお話であります。

どうもありがとうございました。（拍手）

**司会**　二時間余にわたる長い時間、本当にご苦労さまでございました。書物の往来に始まりまして、書誌学的なもの、あるいはまた書目、あるいは交易の様子や内容、しまいには徳川吉宗にまでたどり着かれるという、実に縦横無尽のご講演でございました。最後には、若い学生諸君、それから学界に対する警告ともとれるお言葉をいただきました。また、コンピューター学問に対する批判もございました。肝に銘じてこれから努力してまいりたいと思います。

大庭史学の妙味といいましょうか、それは博覧強記はもちろんのことでございますが、発想の面白さ、それから切り口の妙、実に大きな仕事をなさっただけに、我々にひしひしと伝わってくるような、そういう味わいがございます。きょうは、存分にその点をご開陳いただきまして、誠にありがとうございました。

さかのぼりますと、二十日、二十一日とございました日本思想史学会も協賛ということになっておりますが、二十四日から本格的な五〇周年記念事業に入りました。「江戸の漢学、明治の漢学」に始まりまして、三日間にわたる国際シンポジウムを実施致しました。そしてきょうは、総仕上げとして大庭先生に貴重なご講演を賜りました。本当に先生、ありがとうございました。また、最後までご静聴いただきました会場の皆様方、厚く御礼申し上げます。

これにて、東西学術研究所創立五〇周年記念の特別講演を終わらせていただきます。誠にありがとうございました。（拍手）

註

（1）大庭脩『江戸時代における唐船持渡書の研究』一九六七年三月　関西大学東西学術研究所刊
同『江戸時代における中国文化受容の研究』一九八四年六月　同朋舎出版刊
（2）福井保「佚存書の輸出」『文献』二　一九五九年十二月
（3）柴田光彦「忘れられた碑の中から―戸川安清寿蔵碑をめぐって―」『書学書道史研究』八　一九九八年九月
（4）王宝平『中国館蔵和刻本漢籍目録』一九九五年二月　杭州大学出版社刊
（5）同『中国館蔵日本漢文書目』一九九七年二月　同右刊

(6) 冀淑英纂『自荘嚴堪善本書目』一九八五年七月　天津古籍出版社刊
(7) 松浦章「上海沙船船主郁松年の蔵書」『或問』二　二〇〇一年三月
(8) 高橋章則「近世後期の歴史学と林述斎」『日本思想史研究』二一　一九八九年三月
(9) 福井保「御書籍来歴志について」『書誌学』復刊新一号　一九六五年七月
(10) 大庭脩『江戸時代における中国文化受容の研究』第一章「江戸時代における書籍輸入の概観」参照。
(11) 同右　第二章唐船持渡書の資料　第一節　第一次資料―貿易業務に関係のあるもの　第二項　大意書　リ　文化四年大意書断片を参照。
(12) 上野正芳「江戸紅葉山文庫所蔵唐本医書の輸入時期について」『史泉』五一　一九七七年三月
(13) 藤井明『山井崑崙（山県周南と）』　叢書　日本の思想家一八　一九八八年一〇月刊　明徳出版社刊
(14) 狩野直喜『支那学文藪』一九二七年二月　弘文堂書房刊
(15) 森銑三「山井鼎とその七経孟子考文」『森銑三著作集　第八巻』一九八九年五月　中央公論社刊　所収
(16) 松浦章「浙江商人汪鵬と日本刻『論語集解義疏』」『関西大学文学部創設七十周年記念特集　文学論集』一九九五年三月刊所収
(17) 大庭脩『漂着船物語―江戸時代の日中交流―』岩波新書七四六　二〇〇一年八月　岩波書店刊
(18) 大庭脩『徳川吉宗と康熙帝―鎖国下での日中交流』一九九九年一二月　大修館書店刊　第一章「鎖国直前の日中関係」

# 四、蔵書を通じてみた内藤湖南の学問

ご紹介をいただきました関西大学の大庭でございます。

「蔵書を通じてみた内藤湖南の学問」、これは大変難しい題でございます。皆さんに板書の代わりに差し上げました手書きの資料（四四一頁）は、実は昨夜まで色々考えておりましたものを今朝大阪の方で書いたものでございます。頭に5とか10とかあるのは行数でございますので、探していただくのに便宜のために付けたわけでございます。湖南先生にはもちろん、私はお目に掛かったことはないのですが、ただ私は一九二七年の生まれでございますから、湖南先生がご存命の時に、同じくこの世に生きておったことは事実なわけです。

そこに最初に書きました青江舜二郎という方の『龍の星座――内藤湖南のアジア的生涯』というノンフィクションがあります。これを読んでおりますと、この中に何人か私にご縁のある先生方のお名前が出てまいります。先ず、石浜純太郎という先生。湖南先生の弟子の中で、石浜純太郎と富岡謙藏が暴れん坊であると書いてありますが、この石浜純太郎という先生が私の先生でございます。先ほど礪波護先生がお話になりました、今は違うと仰いますけれども、京都大学東洋史第一講座の後継者・後任者は、今、礪波先生でありますように、私は関西大学で石浜純太郎教授が退任されました後の席をうめた者であります。私は石浜先生に学生時代からよく習っておりました。

それから、その次の森鹿三というのは『龍の星座』の中では、森鹿三という怪物があり、学問の幅の広さからいえば、あるいはこの人が一番ではないかという人がおる、と。青江さんが色々取材をなさった中にそういうことを仰るお方がいらっしゃるのでございましょうが、この森鹿三先生という方が京都大学の人文科学研究所に教授としておられましたときに、京大の人文科学研究所の研究会にまいりまして、そして森先生の指導を受けた。私個人から申しますと、石浜純太郎は私の学問の生みの親であり、森鹿三は育ての親であると自ら称しておりますが、この森先生が『内藤湖南全集』第一回配本の第九巻付録の月報に——これが一番最初に出た『湖南全集』なんですが——、そこに「内藤湖南先生の思い出」ということが書いてあります。内藤湖南先生は七月十八日のお生まれだから、大正十五年の一学期だけ授業をして定年でお辞めになられた。そのとき森先生は一年生で講義を聞かれた。そのご講義は『全集』の第十二巻に入っており、「支那目録学」というものである。「今まで印刷されたことがなかったので、この度その『湖南全集』を作るについては、私のノートも色々な方に貸したことがあるんだが、それがようやく出版されるとは結構だ」と書いてある。その中に大事なことが書いてございまして、目録学というのは単なる図書分類つまり簿録ではなくて、学問の流別による分類であること。そういう事を湖南先生が十回ほどにわたって講義をなさったと。

これは目録学という、つまり今の言葉で言う書誌学のようなものだけれど、それは学問を流別、系統別に分けていくものであって、単に本を記録して登録するだけのものじゃないのだ、ということを仰っているわけなのですが……。私が今日お話しをいたします一つの最終的な結論は、内藤湖南先生の学問の中に貫いておるものは目録学である、という感じがしております。

それから吉田清治という名前が出ておりますが、これは東北大学をご卒業になりました、宋の時代の専門の先生でございまして、私が高等学校の時代この吉田清治先生に習いました。私が高等学校の時は吉田清治先生から、大学では石浜純太郎先生から常に聞いておったのは「内藤湖南は偉い」という言葉で、だから私も偉いと思っておった。先生が言ったから偉い。どこが偉いのやら、と聞かれたらちょっと困る。困るのですが、それはまぁ後にいたしまして、つまり私のこういう中国の歴史の勉強をする一つの大きなきっかけを作ったのは、この吉田清治および石浜純太郎、従いまして内藤湖南先生のお弟子であったということです。

それから、その次に出てまいります大島徹水というのは、やはり『龍の星座』の中で、湖南先生と大変親しかったお坊さんである。この方は浄土宗のお坊さんでありまして、京都に家政学園という私立学校をお作りになられました。ものすごく体の大きな方で、その家政学園の校長室ともなんとも、小使い室ともつかないところにいつもこの人は暮らしておられまして、もちろん奥様もいません。そして、どこかへお参りしてお布施があれば、そこにある箪笥の中に放りこんでおいて、そこに金があるから持っていけという調子のお坊さんで、最後には東京芝増上寺の貫長になられました。戦時中、東京へ行くのにあの満員列車に立って旅行したために、何度かそういう無理を繰り返しているうちに、結果病気になって亡くなった方なんです。湖南先生とどんなにこの方が親しかったという事は、『龍の星座』を見ていただきたいのですが、私は違いますが、私の家は浄土宗にわりあい信仰が深くて、私の母がこの家政学園という学校の卒業生です。そういう関係で、大島先生とは、私どもの家とは大変近い関係でありまして、この方には、私は何度かお目に掛かっております。その家政学園の汚い部屋へ伺いましたときに、一人の老紳士が奥様を連れてお見えになって、大島さんは何気なく私どもに、「これは矢野さんだよ」と言った。何処の矢野さんやろと子供の時思っておりましたが、それが京都大学の東洋史の矢野仁一教授であった。そういうことで、内藤先生や狩野直喜先生が大島先生と一緒に歩かれるときに、内藤先生や狩野先生が大島上人の風呂敷包みをお持ちになった。だから大島先生という人は偉いんだとも聞いておりますし、狩野、内藤という先生はそういうふうに偉い人に敬意を表する偉い人であったとも聞いております。

まぁそんなことで、ここからも内藤先生という人は偉いのだということを聞いておりました。

それから内藤乾吉という湖南先生の長男で学者がいらっしゃいますが、この先生は直接に法制史学会の関係で何度かお宅に伺いまして、お教えを受けたことがございますし、それからもう少しプライベートなことを言いますと、内藤乾吉先生と私の伯父とが京都の中学で同級生でありました。その同級生の中に木村潔という人がおりました。これがお医者さんでありまして、実はしょっちゅう何かあると瓶原へ行って、湖南先生の脈を診ていたのがこの木村潔という先生でありました。私は子供の頃に肺炎にかかりまして、もうちょっとで死ぬところをこの木村先生に助けてもらった。木村先生は京都大学の医学部のご卒業でありますけれども、大阪の北野病院というところにおられまして、それから後に和歌山大学に行かれ、定年退官になってから、ずっと御長命で、九十何歳で亡くなられた。私がたまたま京都の仏教大学で、市民講座を頼まれて喋っておりますときに、突然その看板を見て、後ろから入ってみえました。私は壇上から木村先生だと分かりましたが、先生も「あの君が講師か」というようなことでありました。その先生からも内藤湖南先生のことを聞いております。

その他、たとえば「内藤先生の家来だ」と自ら称しておった、毎日新聞の京都支局長であった岩井武俊さん、この方も東洋史の学会にしょっちゅう座っておられ、お顔を見ておりました。この方のご長男の奥様と私の家内が同窓生で。そんなわけで、寺田隆信先生や礪波先生のように真っ直ぐ入ってきたんではなしに、私の方は脇から色々入ってきた。正統ではないのであります。

もし私が学問をやりますのに、内藤先生の影響が何かあるとするならば、それは石浜純太郎及び吉田清治の二人の先生が、「内藤湖南先生は常に中国の歴史をやるならば、時代を遡るにしても、時代を下るにしても、漢から始めるのが宜しいと仰っていた」ということを、両方の先生から聞いておりましたので、卒業論文を書くときに、何にしようかと思いまして、この二人の先生の事を考えてみると、石浜純太郎という先生は、何が専門か非常に分かり難い、あっちゃこちゃしているのですけれども、言うならば西夏をやっていたとも言えるし、それから東洋言語学をやっていたとも言える。それから吉田先生は今申したように宋をやっていた。偉い偉いと言うておる内藤先生の言うことを二人とも聞いておらんではないか。だから私はその偉い先生の仰る通り、漢から始めようと思って、漢代を専攻した。これが明らかに私の研究生活に内藤湖南先生の影響がはっきりあるといえばそこにある、と言えるかと思います。ただ、内藤先生は、「時代を上るにしても、下るにしても、漢から始めろ」と仰ったのですが、私は上りも下りもしないで、まだ漢に引っ付いとるというところがあまり偉くないと思うのであります。

今日、お話しをいたします中で、もちろん内藤湖南の蔵書というものを中心に考えていかなければいけませんので、この文化講演会の私の項目のところに「内藤湖南先生の旧蔵書は今どこにあるのか」ということを書いております。

その旧蔵書の第一番目は、財団法人武田科学振興財団の杏雨書屋というライブラリーに、合計九七点、他一点の湖南の旧蔵書がございます。財団法人武田科学振興財団とは何かと言いますと、これは薬の武田製薬の社長、武長(武田長兵衛)さんの所に杏雨書屋というライブラリーがありまして、そこに湖南先生のお持ちになっておった善本のすべてが入っております。国宝が三点、重要文化財三点を含むところの書物でございます。湖南先生がお亡くなりになりましたのが昭和九年、その翌年の昭和十年三月に、先生のお持ちになっておる恭仁山荘の善本を大阪府立図書館において展観されまして、その時に『恭仁山荘善本書影』という大きな本が出版されておりますが、この本の中に写真でサンプルが出ております。その後暫くいたしまして、この書物は昭和十三年の終わりに内藤家から武田家に移ります。この杏雨書屋の湖南の書物は、『新収恭仁山荘善本書影』、新収という名前が付いておりますが、こういう新しい目録を作られまして、そして解題も付けられましてご出版になった。昭和六十年の五月に三百五十部限定で出版をされたのが、この杏雨書屋の内藤先生の善本の目録であります。内藤先生は非常に立派な、貴重な書物をお持ちになっておりましたが、その全部はここにある、ということになります。

それから、その次に京都大学の人文科学研究所に百六十一点その他が譲られました。それはいつ譲られたかという事は分かりませんが、戦後でありまして、小さな目録でありますけれども、注の付いた『附注内藤文庫目録』というのが、京大の人文科学研究所から昭和二十八年に出ております。これを見ますと二度にわたって入ったようでありります。昭和二十七年に一度と二十八年に一度、入ったようであります。合計で百六十一点。他というのは、その時にここの目録に出ている以外のもので、拓本類がやはり研究所に移されております。

なお、この『内藤文庫目録』に載っております書物は、主として、昔の言い方をいたしますと、満蒙関係、満州語と蒙古語の書物を中心にした貴重書が一括して京都大学の人文科学研究所に入りまして、これが内藤文庫という事になっております。

第三番目は関西大学の図書館が内藤文庫を譲られまして、そして総合図書館で幾つもの目録を現在作りつつあります。一つは『関西大学総合図書館開館記念特別展示　内藤文庫展観目録』という薄いものがあります。その薄いものを含めまして『古刊古鈔目録』というものを昭和六十一年に作りました。それから後、内藤文庫リストと称してナンバー1からナンバー5まであります。最後のものは平成八年の三月、ごく最近に出たものであります。どうして関西大学が内藤湖南のご蔵書を頂くことになったかと申しますと、これは多少ご縁がありまして、私どもの方の法学部の教授で東洋法制史を担当している奥村郁三という先生がおります。先ほどお話のありました、夏にシンポジウムかなんかで、こちらへ伺った中の一人に奥村さんがおりますが、この奥村郁三先生が内藤乾吉先生の大阪市大のお弟子であります。そして内藤乾吉先生のご子息で内藤泰二さんという方がおられますが、この泰二さんとも彼は親しくしておって、乾吉先生がお亡くなりになりまして、内藤泰二さんから、とてもその保存をするのが難しいので、関西大学へ引き取ってもらえんかとの話があって、恭仁山荘の建物と共に、これを関西大学が譲り受けたということです。

先ほども記念館（顕彰館）にある恭仁山荘の模型を見ながら、私はちょっと話をしたのですが、あの左の方にある書物蔵にこのご本は入っていましたが、私が学長の命令を受けて、恭仁山荘で待ち受けておる奥村さんと内藤泰二さんの所まで副理事長と一緒に行ったのであります。その時初めて見た恭仁山荘の書物蔵は、こちらの隅のところが完全に蔵が破れておりまして、そこにブリキ板を張って雨を止めておったというようなことです。これは大変だということで、結局、大学と内藤さんのお宅との話し合いが色々行われたのでしょうけれども、この敷地、建物共に譲り受ける。それから恭仁山荘の状況、その形は変えないで立て替える。ありゃ立て替えなかったら大変なことです。現在は、私どもの大学の教職員の研修所になっておりますが、遠いですからあまり人が行かない。もし皆さん方でご希望がございましたら、関西大学の事業課にお申し込みになりましたならば、もちろん研究のためにお使いになることは不可能ではないということを申し添えておきます。

この書物のお蔵には、湖南先生が独自の分類をされた置き方がしてあったと森鹿三先生は書いております。森鹿三先生は、このお蔵に入って見ておられます。正倉院のお蔵にこの棚に何が載っておるのかという目録がある、その棚別目録のような形でこの本のリストが出版されたならば、大変研究に役立つであろうということを森先生は言っておられます。奥村郁三先生も、その当時の形を崩さないということを原則にして、この目録を作っておりますので、従って、このリスト1、2、3という格好になった。このリスト1、2、3という状態のリストは、そのままでは見ても分からん。これはもう索引で探さなければ仕方がない。ここにどういうふうな話というか、ストーリーがあるかということに関しましては、まだ私も分かりません。もう少しよく見てみないと、なぜその棚にこれが集まっているかということは分かりません。ただし、今のそのリストの通りに見ても、全部は多分、分からないと思います。なぜならば先ず一番貴重なものは、武田の杏雨書屋へ行っております。それから、私どもの方が譲っていただきましたものの中に乾吉先生がお集めになった品物が入っております。

それから、この旧蔵書の所在につきまして、四番目は関西学院大学の図書館、五番目は金蘭女子短期大学の図書館に湖南旧蔵書の若干が入っておる。いくら入っておるのかというのは、まだ整理し発表しておらないので分からない。この本はどういうルートでそこに行ったのかというと、内藤戊申（泰二）先生がお使いになっていたものを、戊申先生がお亡くなりになりましたあと、関西学院と金蘭女子短大へ行ったという事を聞いております。この主体は主として甲骨金石関係の書物である、というふうに聞き知っておりますが、実態はどうであるのか、まだリストが出ておりませんし、ものを見たこともないので分かりません。

この内藤泰二さんの奥さんが、私の聖心女子大学時代の教え子でありまして、この泰二さんの結婚式にも出ました。そこで、内藤乾吉先生と木村潔先生が二人出ておられました。で言うならば、昔、肺炎で死にかけておった子供を治した人がおりますし、それが一人前の顔をして祝賀の挨拶をしたから、後で、エレベーターの前で、二人で私を捕まえて、「あんたは雄弁やな」とひやかされたんですが、まぁそんなことで、乾吉先生の所へはよく行きました。伯父の墓が法然院にあるものですから、湖南先生の好きな法然院に先生のお墓もあるところから、内藤先生に親しくしていただいたことをいいことにして、法然院にお参りするときには、花はどこで買いますか等を教えてもらったりしたんですけれども、もう只今はその墓を大阪の私の方の檀那寺へ移してしまって、法然院とは縁がない。

そういうふうなことがありまして、関西大学に入ってまいりました湖南先生の蔵書を、主として奥村さんが整理しておられますので、私はあまり邪魔をしないように、整理の進み具合を見ておったんです。初めに作られましたのは、湖南文庫の整理と研究を目的にするということで、委員会が作られておりましたけど、これは委員長は図書館長、副委員長は奥村さんという格好でやっておった仕事でございますが、整理を始めまして十年を経過いたしましたし、このリストのナンバー5が出ましたところを一つのきっかけにいたしまして、そこで整理の方はあとはもう図書館がやる。つまり、蔵書のナンバーを与えて整理をしなけりゃいけませんが、棚別目録では利用に困るので、そこで通常の四部分類にそれを置き換えて、そして目録をCD―ROMで作る、というふうに現在やっておりますから、もう一、二年経ちますと、これが完成し、あるいは市販が可能になると思いますから、その時になったらひとつご利用がいただけるようになるかと思います。現在でもご利用いただけないわけではないんですけれども、一応、まだナンバーを十分与えておらない状態でありますし、大学の中で貴重書扱いをしておりますから、そのへんはちょっとご不自由があるかもしれません。

で、私はこの湖南先生の学問というもののごく一部分しか見えないわけでありますけれども、これをまぁ見てみますと、湖南先生という方は、人物であるとか、あるいは書蹟、王羲之というようなあぁいうふうな立派な文字、それから絵、絵画、それから典籍、これが本ですね、そういうふうなものが隠れて一般の人たちから見えなくなっている状態にあるものを、隠れているものの中から価値を見いだして、そしてそれを顕彰するということを色々な方面においておやりなった。これが私にとって湖南の目に見える有効な学問の成果ではないか、というふうに考えております。

で、まずその文字ですね。つまり書蹟というものを考えますが、内藤湖南先生自身も、大変な書家でありますけれども、その古い立派な書蹟を見つけだして紹介をなさった。そのことにつきましては、やはり京都大学の東洋史のご出身であります杉村邦彦という書道史の専門家がおられまして、ここへもしばしばお見えになっております。先だって書学書道史の――先週のことですが――学会がありました時に、杉村さんが「あんたは鹿角へ行ってどういう話しをするんや」と聞いておりましたが、私は「あんたの言うたことを僕は言うつもりなんだ」と言った。それは杉村さんが、「内藤湖南と山本二峰」という論文を『書学書道史研究』の第六号に書いておりますが、これは現在、四日市の方で猪熊信行という方が、山本二峰という方のお持ちになっておった貴重な書画を譲り受けられて、山本さんの名前そのままに澄懐堂という名前をつけて、四日市にプライベートなミュージアムをお作りになっておられる。そこにあるものに関して、内藤湖南先生と関係のあるものを特に取り上げて、杉村さんが紹介をなさっておられる。その中に杉村さんが言っていることは、「内藤湖南先生の学問は非常に立派なものだということは皆分かっているけれど、その学問の延長として中国書画の鑑識にも非常に長じておられる。そして先生は先駆的な論著を発表なさると共に、学問と文章と書法とが渾然一体となった題跋芸術とでも言うべき分野を、その質と量において、少なくともわが国では古今独歩の偉業を成し遂げた」、そういうふうに言っております。

つまり、立派な書、あるいは立派な絵、そういう書画がありますと、それに題跋を書いて――題跋を書くというのはもちろん中国のやり方であります――、それが一体何者であるかということを顕彰する。そういうことをなさった。そこに書かれた湖南の書は晋唐を基調とした典雅な書風である。だから湖南先生の書そのものも大変立派なものであるけれど、この立派な書で立派な跋を書かれた。その跋が、ある程度『湖南全集』の第十四巻に集まっておりますが、杉村さんはもっとあると言ってたくさん集めて、出来ることならば『湖南全集』が再刊されるのであるならば、「儂の集めたもんも付録につかんかな」と言って出版社に掛け合ったところ、断られたと言って随分悲しそうなご様子でした。でもそういうことで、まだ彼もたくさん発掘しておる。恐らく、まぁ澄懐堂にもあるんだと思いますが、つまり湖南先生は書蹟、絵画、それから善本類の題跋は、古い書物、典籍に関しても題跋をお書きになって、これはこういう価値のあるものだということを明らかにし、世の中に公にされた。

資料に名前が書いてある、杉村邦彦の下の猪熊信行というのは、現在、四日市で澄懐堂の博物館を経営していらっしゃるオーナーであります。

こういう湖南先生がお書きになった題跋を含むところに漢文を集めたものが、五番目にあります『寶左盦文』という大正十二年に出された漢文の文集と、それから『湖南全集』の第十四巻に、書や典籍の方では、湖南の最大の弟子であると一般に言われている神田喜一郎先生が集めて『湖南文存』というものを作られた。

こういう漢文の作品があるわけです。それは漢文で書かれた論文であるとも言えるわけです。『寶左盦文』は二十五編の序跋が入っておりますす薄いものです。それから『湖南文存』の方は全十六巻に編纂がされておりまして、神田先生は、それは全部で三百六十三条の漢文をここへ集めて、しかるべく編集した。その編集された漢文の中に、たとえば大正天皇、昭和天皇それぞれのご即位の時のお祝いの表、賀表（「賀大正天皇即位表」「賀今上天皇即位式表」）というものも入っておりますし、「内藤十湾先生事略」というもの――お父さんの伝記ですね――そういうものも入っております。それから「陸中毛馬内郷人死事碑」という、明治三十三年八月に、当地のためにお書きになりました碑文も入っておりますし、それから「十和田湖勝景圖記」、十和田湖勝景図というものがあったのでしょうか、それに関する題跋。これも明治三十三年に書かれていた。そういうふうなものも『湖南文存』の中に含んでおりますので、三百六十三条ことごとくが、貴重な典籍の書跋ばかりではない。しかしながら、その中に相当な部分は貴重典籍に関する書跋であり、さらにこういう書画の跋は明治四十年頃に始まって、四十四年から大正に入る時期に激増しております。そういう傾向が見られます。その中で、恐らく最も重要であろうと考えられるものの一つ二つを挙げてみます。

まず、「聖武天皇宸翰雑集跋」(『寶左盦文』所収)というものがあります。それから「杜家立成雑書要略」というものに関する跋があり(『寶左盦文』所収)、『王勃集』というものに対する跋がありますが(「上野氏蔵唐鈔本王勃集残巻跋」「富岡氏蔵唐鈔本王勃集残巻跋」「正倉院本王勃集残巻跋」)、これは如何なるものであるかと申しますと、実は正倉院の御物であります。私がこういうものに興味を持ちます一つの理由は、日本に中国の書物が、一体、いつ、どのように入ってきたのかということを調べている関係上、たくさんのあちらこちらに宝として残っておる書物を調べたいわけでありますが、もちろん、その本物を見ることはない。そういうものを写真やなんかで調べているわけでありますけれども、非常にたくさんありますから、国宝ないし重要文化財の指定品の範囲で留めようという方針を立てて調べておりましたが、難儀なことに、正倉院御物は国宝ではない。これははっきりしておきます。正倉院御物は国宝でない、国民のものではない。あれは帝室御物、天皇家のものである。だからこれは国宝の中に入っておらん。まぁ、ちょっと例外として、正倉院御物まで広げると、そういうことで調べてみたのです。

『王勃集』というのは何かというと、王勃とは初唐の文人で、唐の初めの四人の詩のうまい人の中に入っておりますが、この人が二十九歳で死んだ。その文集の『王勃集』というのは、初めは三十巻あったのですけれど、散らばってしまいまして、そして後になりまして、清朝の蒋清翊という人が『王子安集註』という二十巻のものを集めた。これしかない、と言われていたところが、日本には『王勃集』の二十八、二十九、三十の三巻が残っておる。二十八巻は上野清一氏が持っておった。これは朝日新聞社の社長さんでしたが、今は上野さんの所にあるかどうかは分からん。しかし国宝というのは、移ってもなかなか分からないんで、まぁ一応上野さんの所にある。それから他の二巻は東京の国立博物館にある。これは、だいたい西暦紀元六九〇年から八九〇年前後の写本だ、というふうに考えられるもので、興福寺にあったと言われます。

ところが、この正倉院御物の中には、西暦紀元七〇七年七月二十六日、慶雲四年という年ですが、こういう年号が入っているところの『王勃集』の序というのがある。これはどういうプロセスで入ったのか、ちょっと分からないのでありますが、この『王勃集』の中に、唐の則天武后の時に作ったところの則天文字がありまして、その則天文字を内藤乾吉先生が調べました結果、これは六九八年以後に初めて使われるようになったものだ、ということが分かりました。そういたしますというと、この写本が書かれましたのが、七〇七年のことでありますから、だからこの本が日本へ入ってきたのは、六九八年から七〇七年の間だというふうに決めることが出来ます。そうすると、この時に七〇二年に行って七〇四年に帰ってきた第七次遣唐使がこの間に入唐しておりますので、これは恐らくその遣唐使が持って帰ったのではないか、そういう推定が可能になる。

それから、先ほど申しましした中で、聖武天皇がご自分でお書きになりました真筆であるところの「雑集」という本がありますが、この「雑集」というのは聖武天皇、三十一歳の時にお書きになったものであります。その内容を色々と湖南先生がお調べになりまして、そしてその中に、霊實というお坊さんの詩が入っておるのですけれども、この霊實というお坊さんの詩が、恐らく詩集が七一七年以後に作られている。そうするとこの聖武天皇の宸翰であるところの「雑集」は、天平三年九月八日、従って七三一年の九月八日に聖武天皇がお書きになったものであるから、七一七年から七三一年の間に唐から持ってきたものであろうということになる。そうすると七一七年に出発して七一八年に帰ってきた第八次遣唐使があるから、この第八次遣唐使が元のものを持って帰ってきたのではないかということが推定できる。

こういう、これは一体いつ出来たのかという事、さらにいつ入ってきたのかという事を、こういうふうな格好での追いつめ方というのが、それが湖南先生がやっている仕事である。もちろん、湖南先生お一人ではなくて、乾吉先生の仕事も入っておりますし、私どもの考えておりますこともその中に入っておりますけれども、こういうふうな方法で、湖南先生は色々な日本に伝わっている書物、古くに伝わっているところの書物、この書物の形は巻物でもあるし、あるいは冊子になっているものもあるし、中国で出来たものもあるし、日本で出来たものもあるけれども、そういう宝物を、単にこれを古い物だというんでなくて、どういうふうな具合で日本へ来たのかというようなことを推定している。そういう仕事をしていらっしゃいまして、そのお仕事の結果を、多くの場合は漢文で書いている。

時には、一方で漢文で書き、一方では、いわゆるその当時の言葉は、もちろん文語体になっておりますけれど、文語体の論文に書いてそれを明らかにする、というような仕事をしていらっしゃいます。

「杜家立成雑書要略」というものは光明皇后が書かれた物でありますけれども、こういう物もどういう性格の物かという事を、湖南先生は題跋を書いて明らかにしている。これは要するに、今の言い方をすると手紙の書き方である。手紙の書き方という本を日本の皇后が写しておられるというのが大変面白い、ということになるわけであります。

それからその後に、「唐写本説文木部残巻跋」という、やはり先生の題跋の中にありますが、これは明治四十三年の十月に中国へお出でになりましたときに端方という人の所でご覧になった。そして大変珍しいものだということで、それに短い題跋を付けた。その時に、「狩野直喜、小川琢治、瀧精一、富岡謙蔵、濱田耕作と共に見る」と書いてある。だからこの五人の京都大学の先生達が、明治四十三年、中国へ行ったときに、珍しい本を見た。この「説文木部残巻」は、説文解字というこれは漢の時代に出来た、中国で完全な姿で伝わっている字引では一番古い物でございますけれども、この「説文木部」というものが、後になりまして、内藤湖南先生の手に入ります。そして、現在、国宝に指定されておりますけれども、杏雨書屋にこれが入っております。これが手に入ったときは、湖南先生は大変喜ばれた。

こんなふうなわけで、湖南先生は萬朝報の記者の時代、明治三十二年から始まりまして三十四年、三十五年、三十八年、三十九年。それから四十一年、四十二年、四十三年、四十四年、四十五年。だから明治のときは毎年のように中国へ行っておる。大正には六年、七年と中国を視察されまして、どんなふうに先生が中国の中を視察なさったかという足どりは、記念館の中に地図が出ておりましたけれども、まぁ、あちこち見ておられたのでありますが、この中には一つの目標がある。この一つの目標は、その当時の日本の対中国の政策は如何にあるべきかという問題をご覧になっておる。これは言うならば、その現代史に対する、湖南の貢献である。それに対して、その他の先生が中国国内で見た立派な典籍類。そういう物を色々とメモをして帰られまして、そしてそのメモはつまり先生の目の底に残っているわけで、それによって先生は書物や絵を見る鑑識力というものをどんどんと広げていかれたという事が考えられます。

ただ、その中で書籍に関して大変重要な物は、これは大体、明治三十五年あたりから後、中国へ行きましたときに、多くの場合今日の東三省、いわゆる旧満州の、しかもお出でになった中心は奉天、今日の瀋陽へお出でになりまして、そして奉天の清朝の故宮、今から言うと故宮ですが、その当時はまだ故宮になっていない、清朝の宮廷の中に残されているところの善本類を何度かにわたって見てこられたのです。『四庫全書』も見ておられる。その中で先生が非常に注目されましたのは、満州語や蒙古語で書かれているところの資料であります。先生は明治三十八年の三月の奉天の大会戦の直後に、あの戦争によってあそこにあった書物はどうなったのかということを大変心配して、それの学術調査団を出すようにということを外務省に建言して、そして三十八年の六月に行政調査のためにということで出張なさいますが、その時ももちろんこういう書物の運命を調べて、そしてそれが全く無事であったという事を喜んでおられます。

こういう、言うならば、満州蒙古文に書かれたもの、乃至は五体清文鑑というものを大事にしなければいかんというので集めて、その集められた物を中心に人文科学研究所に入いった。そういうふうに考えたら宜しいかと思います。その時に集めようとされた物の名前が、資料の十行目、十一行目、十二行目に書いてあります。「満文老档」というのは満州語で書かれたところの公文書で、清朝の初め頃の公文書なども保護しなけりゃならんということを大いに主張なさったのです。それと同時に、明治四十年から京都大学にお出でになっておりますけれども、その後、四十一年には金沢へ行って前田家の書物、典籍を調査され、四十二年には阿波の国、つまり四国へ行って、蜂須賀阿波国文庫や、そこの儒者でありました那波文庫の書籍の調査など、つまり日本国内における有数のコレクションを、京都大学の先生何人かと共に調査するということをやり、典籍の調査を進めておられて、その値打ちを紹介するということもしておられます。

それからもう一つ、一九〇九年、明治四十二年の十一月に、羅振玉からフランスのペリオが敦煌で古い書籍類を発見したという情報を得られまして、早速にこれをニュースとして日本にお知らせになる。これが言うならば、敦煌に関する日本の関心がここから始まる、といって宜しいわけでございまして、それから翌年、四十三年に、北京へ出張なさいましたときには、北京にありました敦煌の古書をご覧になりまして、余り大した物はないと結論を出した。余り大した物はないのは何故であるかというと、それはスタインやペリオが西洋に持っていったからであろうということをこの時にお考えになったに違いない。それで大正十三年、十四年にヨーロッパへお出でになって、ヨーロッパにある敦煌遺書をあちこちでご覧になって、その時には乾吉先生もそれから石浜純太郎先生も随行していって調べたということで、それが結局、後に、日本における敦煌学というものに発展をしていくきっかけになった。

それからもう一つ、大正十四年、一九二五年には、先生が宮内省の臨時東山御文庫調査掛というものに任命されまして、そして九月に宮内省図書寮、今日の宮内庁書陵部ですが、そこにある漢籍の調査を始めます。この時、湖南先生とご一緒に行った人の中に、神田喜一郎先生がおりまして、そして、神田喜一郎先生は、その後、昭和五年になりまして、宮内省の持っている漢籍の善本目録というものを出版されます。名前は出ておりませんが、これは内藤湖南と神田喜一郎お二人の業績だと私は見ております。

そういうような色々なことがありまして、古い物を見つけだしていく、そしてその値打ちを世の中に紹介していく。まぁ今の言葉で言うならば、文化財の発見と保護に努めたという言い方も出来るかも分かりませんが、単に保護するだけではなくて、それをはっきり顕彰していく。研究をしてその学問的な価値というものを紹介していくというお仕事があります。

こういう湖南先生のお仕事というものが、一体どんなふうな流れなのかということを考えますと、資料の十四行目の所に森立之の『経籍訪古志』という本がありますが、『経籍訪古志』というのは、その下にある狩谷棭斎などの、江戸の終わり頃の学者達が、日本にある本邦伝来の漢籍を色々調べて、その価値を見いだして記録にとどめていったものを集めたものですが、そういう日本にある、中国の古典籍に関して色々と集めて価値を見いだしていくという仕事がある。さらにその後の清朝との、いわゆる近代的国交が始まりますと、楊守敬というのは、資料でその下にある清朝の駐日大使の何如璋に呼ばれてきた人であり、それからその下の黎庶昌というのは、さらに何如璋より長い間、一八八一年から九一年、途中で二年間お母さんが亡くなったので帰りますが、楊守敬と黎庶昌とで力を合わせまして日本に残っているところの古い典籍類の顕彰、記録に努める。この楊守敬は『日本訪書志』という本を作りますし、それから黎庶昌の協力を得まして、『古逸叢書』という叢書を作るのであります。古いもので中国でなくなってしまっている書物が、日本にはこういうのがあるんだということを『古逸叢書』という形の書となって、人びとに知らせてるという学問的な仕事がある。

幕末から起こったその仕事はもう少し先に遡って行くならば、それは寛政の頃から文化文政の時代に、当時の大学頭林述斎が自分の費用で『佚存叢書』という、やはりこれは中国にはなくて日本に残っている書籍シリーズを出版した。そういう流れに繋がるものと考えられます。

それからさらにそれを遡って行くならば、恐らく乾隆帝のときに作られたところの『四庫全書』。中国の国内に残っている書物を集大成したという事業につらなることが想像が出来ます。

この林述斎という人が寛政のときから林大学頭になりまして、その頃に大学頭の周りにおりました有名な大名の中に毛利高標、それから市橋長昭。この市橋長昭というのは市橋下総守長昭という人でありまして、滋賀県、近江の仁正寺というところの大名です。それからちょっと早く死んでおりますけれども、大阪には木村蒹葭堂という町人学者のコレクターがおりました。こういう人たちが古典籍を集める。ただし毛利和泉守高標の場合などは、日本にある古典籍も集めましたし、中国から入ってきたところの善本類も集める。そういうコレクションがこの時期に形成されてゆきます。大事なことはこの毛利高標、市橋長昭、木村蒹葭堂の集めました書物は、最終的には林述斎の手によって、幕府紅葉山文庫もしくは昌平坂学問所に納められる、というかたちになります。従いまして、この時に行われた日本国内における善本を集めるという作業は、最終的には現在も宮内庁の書陵部に、維新のあの戦火を免れて残っているのだ、ということになりますが、そういう古典籍を集めて残していくという作業の延長上に内藤湖南の業績があるわけであります。さらにそれは内藤湖南が一歩踏み込んで、恐らくそれまでほとんど人々が見ることの出来なかった正倉院の御物にいたるまで、これを今までの御物だという格好だけで置いているのではなくて、それは何なのかということまで明らかにしているのです。ここに湖南の優れたところがあるのではないでしょうか。

同じように、人に関しましても、湖南は隠れている人を顕彰していくわけであります。湖南先生が一番最初に作りました『関西文運論』、それを明治三十年に改めました『近世文学史論』というものもございますけども、これは儒家それから医者、医学者、それから国学、それから餘論というふうに分けて、色々な人材を集めて、それを顕彰するというような作業をやられたわけであります。その中に挙がっておりますのものに、富永仲基の『出定後語』があります。湖南先生はこの『出定後語』を見てこれは面白い人だと考えられた。その後亀田次郎という先生が、この富永の『翁の文』というものを見つけ出した。これは幻の本だと言われていたものが見つかりました。

それから、山片蟠桃という、大阪のやはり町人でありますが、この人の『夢の代』があります。それから大阪の葛城におられました、日本では最初のサンスクリットの学者である慈雲というお坊さん、慈雲尊者ですね、こういう方々も取り上げました。

そして先ほど申しました市橋長昭も、湖南先生が、この市橋という人については色々な形で紹介されておるけれども、市橋が書物のコレクターであるという事は誰も言うとらんので、といって蔵書家としての市橋下総守という面でのご紹介をなさっておられます。

その時に、多くの場合、先生は自分の持っている本で研究したと考えられます。たとえば慈雲尊者の『梵学津梁』というのは、これは一千巻ある本でありますが、それはもうほとんど残っていない。そのうちごく一部の写本を先生が持っていて、そしてこれは関西大学にある。

そして『繙閲餘聲』という本があるんですけれど、これは市橋長昭の書いたものである。先生の「寛政時代の蔵書家市橋下総守」という講演の中に、『繙閲餘聲』という本を挙げて、「私が持っておりますが」とチョッと出てる。そういう先生の講演の記録を見ておって、「私が持っておりますが」とあったら、それ本当にあるかなと調べるわけです。するとそれは確かにある。恐らく私が何か新しいことをご紹介できるとするならば、この『繙閲餘聲』という本は湖南先生が見つけて、現在関西大学にある一冊なのである。先生が、これは市橋長昭の著述というほどのものではなくて、書き掛けて置いたような薄い本で、この本を見つけたのは恐らく鹿田であったかなというような書き方をしておる。鹿田というのは鹿田松雲堂という大阪にあった本屋でありまして、敗戦直後に廃業したのでありますが、この鹿田松雲堂からたくさんの貴重な書物が先生の所に入ったと聞いております。この『繙閲餘聲』というものを見ますと、表紙に『繙閲餘聲』ともちろん書いてありまして、そして中の方には「看痕巻之一」と書いてある。もちろん写本でありますから、その本の後ろの方はない。だから「巻之二」はない。ところが先生は、あんまり人の読まんような本を市橋は読んでいるということを書かれています。これをずっと調べて、湖南先生は自筆かどうか分からないと言っておられる。なぜならば、中の文字が一定していない。だから自筆かどうか分からんと仰るけれど、よくよく見ますと、これは一つの本を読んで面白いところを書き抜くわけです。また次の本を読んで面白いところを書き抜くわけです。書く日が違いますから、字の書き方が違う。急いでいる時もあればゆっくり書いている時もあるということで、字の書き方が違う。だから私は、これはいずれにいたしましても市橋の自筆であると考えますが、その読んだ本をずっと見ていきますと、市橋長昭は「昭代叢書」を読んでいる。昭代というのは立派な時代というような意味でありますので、清朝で昭代といえば、これは清朝その時代ということになる。清朝の人の著述、それを読んでおる。しかも「昭代叢書」というのは一六九七年から一八四九年までの間に何度も出ておりますので、一体何時の版を彼が見たのか分からんのでありますけれども、天明四年、一七八四年に初めて日本に来ておりますし、大田南畝もこれは見ておりますが、恐らく一八〇三年、享和三年に同じものが四部、長崎に入った。まさにこれは市橋長昭が書物を買っている時期のものというところまで現在研究が進んでおる。

こういうことは、言い換えますと、湖南先生がそういう珍しいものを押さえて下さって、大体の概略を示してくれているので、それをフォローして私どもが、さらに明らかにすることが可能だという一つの例かと思います。

そういうふうに、なお先生の学問を発展させていける部分もありますし、もはや先生が言ってしまって後はどうにもならん、完全にみな言ちゃったというところもある。これは面白い表現でありますけれども、あんまり完全な論文を書くのは学問の発展を妨げるというのが私の説であります。やっぱり穴がないと後の者が困るんで、後から行ったらどうにもならんような壁みたいな論文は書くもんやないと思うんですけれども、湖南先生はちょいちょいやる。

その一つの例でございますけれども、先生が明治四十五年六月十五日、弘法大師の降誕会という席上で講演をなさった「弘法大師の文芸」というものがありまして、これは『日本文化史研究』の中に入っているものであります。ここで湖南先生が取り上げられたのは、資料の二枚目の五行目にあります『文鏡秘府論』というものを取り上げられました。そして『文鏡秘府論』の中に出てくる沈侯、劉善、王皎、崔元という四人の名前が出てくるが一体誰なのか。それは一体どういう書物なのか。要するに『文鏡秘府論』というのは詩に関することが書いてあるので、だからこういう人の持論が引用してあるが、これは一体どういう人なのかということを先生がきちっと考証されている。それがこの「弘法大師の文芸」というものでございます。先生がこの「弘法大師の文芸」を書いたのは、明らかに書き入れのところがございますが、だから間違いなくこの本に依られたのでありまして、さらに面白いことには、その中にメモが入っている。だから先ほど、礪波先生が仰いましたように、先生が講義に遅れてきて早く帰ったと言うけれど、もう一つ言われていることは、先生はノートはなしに本を持ってきて、あっちを開けたりこっちを開けたりしながら流れるように講義をなさったというのですけれども、メモがあったかなかったかというのは学生さんは知らない。これを見ると先生はメモを見た。このメモによってあっち開けこっち開けしたのではないかということが分かります。いまのこの「弘法大師の文芸」は、もはや間然するところのないものでありまして、いわゆる草も生えんという、立派な論文であります。

そういうふうなことで、先生のお仕事をずっと調べながら、先生の蔵書と照らし合わせてまいりますと、その次に、やはり有名なものは、「章實斎先生年譜」という湖南先生の論文でありまして、清朝の中頃の学者の中に、戴東原とか程易疇とか、それから汪容甫などと共に章實斎、章学誠という人がおって、この章学誠という方については『文史通義』というような本はあったけれども、まだ彼自身のことがよく分からなかった。ところが、大正八年に先生が『鈔本章氏遺書』というものを手に入れた。鈔本というのは写本である。そして大正九年四月にちょっと病気をしている時に病床でこれをぱらぱらと読んで、それで章学誠という人の学問が分かった。

そこで、その年の十二月に、「章實斎先生年譜」というものを、時の『支那学』という雑誌にご発表になった。そうすると、それを見て刺激を受けまして、中国において胡適という学者が「章實斎先生年譜」という、彼自身の、また考えによる年譜を書いた。

この章学誠というものの値打ちを見いだして、日本国内だけではなしに、中国に対してもこれを紹介していったのは湖南先生である。先生によって顕彰された中国の学者の一人というか、最も有名な例でありますけれども、この『鈔本章氏遺書』というものは関西大学にある。

つまり満蒙関係の貴重なものが残ってある。それから一般的に大変に貴重なのがある。それはよそへ行って、あんまり人が買わんようなものが関西大学へ来たということになる。それで僕はどうもやっぱり売れ足の遅いものだけが残っとるんじゃないかなというのが正直な印象なのです。

色々と例を挙げてまいりましたけれども、資料の最後のところに出ております『建州始末記』という本がございますが、これは荻生北渓という学者が書いたものでございます。荻生北渓というのは荻生徂徠の弟でありまます。荻生徂徠は三人兄弟で、一番上の人は後を継ぎませんで、荻生徂徠も後を継ぎませんで、一番下の弟、三男の荻生北渓が荻生家を継いだのでございます。

荻生惣七郎観、この観という字を「たすくる」と読む。北観と書いてありますのは間違いであって、北渓。渓流の渓。荻生は物部だというので姓を物という、物観といったら一番皆さんがご存じなようでありますけれども、荻生物七郎北渓、この人が、将軍吉宗のお側儒者である。これは北渓のために言うておきますけれども、兄貴の徂徠は色々、吉宗のために仕事はしておりますけれども、徂徠が吉宗にお会いしたのは一回しかない。身分が違う。弟の方は、これは直参であります。ところが荻生徂徠という人は、これは柳沢家から五百石の給料をもらっておりますから、決してこれは将軍家の家来ではない。柳沢の家来である。柳沢の家来である者が江戸城をのこのこ歩くことは出来ない。そしたら荻生徂徠は綱吉におうとるやないかという方がいらっしゃいましたが、私は手をたたいて「偉い」と言いました。何で綱吉に会ったかと言えば、綱吉が柳沢の家に行ったときに彼は会っている。特別な許可で一遍、江戸城に入りますけれども、江戸城は城なんですからね、よその家来がうろうろしてはいかんのです。そういうふうなものなんでありますが、それで実際に吉宗の側におって、色々吉宗のために学問的な知識を提供したのは、荻生北渓、弟であります。

この北渓が書きました『建州始末記』というのがある。これは写本でしか伝わっていない。ところが、内藤先生がお持ちでありますところの『建州始末記』というのは、北渓が書いたものを徂徠が訂正した。部分的に修正を加えている。そういうもので、元は大槻如電が持っていたのを、内藤先生が満州のことをおやりであるということを知って、大槻如電から譲られた。そう書いてありますね。大槻如電が「こういう本は儂は持っておるが、あなたは知っているか」と。「知らん」と言ったら、それではあなたに譲ろうといって、譲ってくれたのが『建州始末記』という本であると。本来は北渓が書いて、そしてそこに色々と書き入れをしているのは徂徠である。そういうものを先生はお使いになりまして、「昔の満州研究」という論文をお書きになった。

私はこれは面白いと思いまして影印して出版しましたので、関西大学私は荻生北渓の業績を纏めて出しましたので、関西大学に頼みまして『建州始末記』を写真版にして出しました。それと同時に、そういう修正の入っていない、通行本の『建州始末記』というものを、蓬左文庫という名古屋の尾張藩にあったものを借りてきて、それも影印して出しました。いわゆる『国書総目録』というものを見ますというと、尾張の蓬左文庫に『建州始末記』が二冊ありまして、一冊は京都大学の付属図書館にある。京都大学の付属図書館にあるのは、新村出館長先生が湖南先生から借用して写された写本でありますが、残念ながら、その書き入れが上の方に書いてあるので、何のためにこんなところに字が入っているのか分からない。それを、この湖南文庫にある『建州始末記』を見ると、字のずれ方が分かるのである。これはこれを修正したのかというのが分かる。そういう代物があるので、ただこれはいつ書かれたというのは出てこないのですけれども、鄭成功側の史料である『経国雄略』というものだけに基づいて、この本が出来上がっておりますので、恐らくこれは吉宗の早い時期である。ひょっとすると享保二〜三年位かも分からん。早い時期の仕事であるということが出来る。そういうものがあるということを先生がご紹介になっておられます。これも自分で持っていて紹介している。そういうところが実に恐ろしい。

ところが、その「昔の満州研究」という論文を見ておりますというと、その次にある『清朝探事』という本が出てくるのですが、この『清朝探事』というのも、荻生北渓が吉宗の意を受けて、長崎におるところの唐人に訊ねた。訊ねられた唐人は朱佩章という人物であります。朱佩章は色々とお答えをした。そのお答えを書いたものが『清朝探事』というもので、これは写本が非常にたくさんある。そしてこの本には三種類ぐらいの違う本がある。内容は結局、一番多いものの中に満州のことが書いてある、一番少ないものは満州のことが出てこない、ということがまぁ分かるんでありあます。ところが、荻生北渓つまり言い換えると吉宗の質問に答えた朱佩章という中国人を、この「昔の満州研究」の中で、先生は、朱佩章というのは享保二十一年に来ている。だから、この『建州始末記』の時には問におうておらん、そういうことを言っておられる。ところが私が調べましたところでは、朱佩章の来たのは享保十年、一七二五年なのです。なんでこういうずれが出来るのか、というので一生懸命この内藤文庫の中の『清朝探事』を探しましたら、出てきた。前は調べてもなかった。何で出なかったかというたら、棚別になっておったから分からなかった。その後になって調べてみて出てきた。出てきて見たら、先生がそう考えた理由が分かった。その写本の頭の所に、享保中と書いてありまして、ここに朱で享保二十一年と。それを見て、享保中ということはつまり享保二十一年であると先生は思ったらしい。そうでなきゃ、ああいうことは仰らない。ところがこの享保中に二十一年と朱を入れたのは前の持ち主である。先生じゃない。そうすると先生は買って自分ところにある本をそのまま信用して書いちゃったが、これは先生のミスである、ということが分かる。ミスがあるから悪いのかというと、別に悪いことはないですよ。悪いことはないけど、そういうことが起こる場合もあるということですね。

ですから、まぁ幸いにしてまだ我々は頑張ればどこか先生の研究の穴が見つかるという多少の救いがあるのが、私の話の最後のところであります。こういうふうにして、隠れていた価値を掘り出してその人物やその品物が生きていた時代を調べだしていく、そういう仕事が先生の学問である。正倉院の御物なんてものは、もう先生がこうだと言っちゃったら、後の者には、そうだとしか言いようがないし、その先生の説というものを我々は継承していくわけです。その通り言うわけです。つまり言い換えると、今日我々の常識になっておるその常識を作ったのは誰かといえば、それは内藤湖南でありますということになる。そうすると、誰もが知らないときに内藤湖南がこう言うたんだという、その内藤先生が生きていた時代に遡って、初めて我々は内藤湖南の価値というものを実際に認識することが出来るのではないか。そうじゃないと当たり前のことを言うてはるではないかという事になる。そうじゃない、当たり前のことになっておる、この常識を作ったのが誰だということを考えなければならないのではないか。

もう一つ、言うならばこの高尚な学問以外に湖南先生というものは、その時代というもの、同時代というのを見据えることの出来る能力をお持ちの先生でありました。そういう湖南の学識というものがどこから、どのようにして生まれてくるものなのかということは、残念ながら私はまだ分かりません。

しかしながら内藤湖南の学問というものはどんなふうにして、そういう形が出来たのかということは、まだこれから我々は色々探っていかなければなりませんけれども、時あたかも来年は香港の返還が実現する。アヘン戦争以来の中国の半封建、半植民地の時代というものが具体的に消える時代だ。内藤先生はどんな時代にいたのかというと、清朝の滅亡の時にいた。清朝の滅亡の時に先生はおって、そして中華民国が成立するときに先生がいた。その時点において、先生はどういう見識を持っていたのか、それはどのように形成されたのか、ということを探ることによって、我々はこの次の時代というものに対処できるのではないか。今申し上げたように、アヘン戦争の清算がされるときは来年である、ということ。清朝が滅びるとき、中華民国が出来るときに何を言ったのか、「排満興漢」ということを言っている。来年以後「排満興漢」が通るかという問題ですね。これはやはり各地に起こってくる民族主義というものを考えてみると、そういうことが言えるであろうかという事です。中国自体にとっていうならば少数民族の問題、これを一体どう処理するか、あるいは世界のあちこちに起こってくるところの、そういう問題は、先生だったらどう考えたでしょうか、ということ。それはお互いにこれから勉強しなければならないというのが私の結論であります。ありがとうございます。

## 配布資料

青江舜二郎　龍の星座―内藤湖南のアジア的生涯
石浜純太郎　森　鹿三　吉田清治　大島徹水
内藤乾吉　木村　潔　岩井武俊　内藤泰二
杉村邦彦　猪熊信行
寶左盦文　湖南文存
聖武天皇宸翰雑集跋
杜家立成雑書要略
王勃集
唐写本説文木部残巻
端方　文延武　羅振玉
蒙文元朝秘史　満蒙文蔵経
満文老档　五体清文鏡
京都府相楽郡瓶原村　恭仁山荘
森立之　経籍訪古志　狩野掖齋
楊守敬　何如璋　黎庶昌　古逸叢書
林述斎　佚存叢書
毛利高標　市橋長昭　近江仁正寺　木村兼葭堂

近世文学史論　関西文運論
富永仲基　出定後語　翁の文　山片蟠桃　夢の代
慈雲尊者　梵学津梁
繙閲餘聲
文鏡秘府論　沈侯　劉善　王皎　崔元
章實齋先生年譜
戴東原　程易疇　章学誠　汪斎甫
文史通義
建州始末記　荻生北渓　大槻如電
経国雄略
清朝探事

## 遺稿集の刊行に添えて

この度、関西大学奉職以来の御縁深い皆様方の御尽力により、このように立派な遺稿集を上梓していただきました。研究生活の枠外におりました私たち家族にとりましては、遺稿集出版は思いもかけないことであり、またこの上ない宝物でございます。

平成十七年のある日、関大ＯＢ有志の方々がお訪ね下さり、当家の意向をお尋ね下さいましたのが最初でございます。夫のあと、私に移りました著作権についての法的な了解が必要だった由でございます。このお話は大変名誉なことではありますが、出版に至るまでのご苦労を思います時、現役第一線でご活躍中の皆様に、大きなご負担をおかけするのは忍びないことと、一度はご遠慮を申し上げました。が、皆様方のご好意をこの上なく有難いものと思い、また夫にとりましても望外の喜びであり光栄なことと存じ、お気持ちに甘えさせていただくことに致しました。

その後、遺稿集刊行会ができ、早速夫の書斎を丹念に調べ、収録資料の選定から作業が始まり、その読み合わせ、入力、校正と多くの時間を費やしていただきました。

出版に当たりましては、大阪歴史博物館館長脇田修先生より序文を頂戴し、巻頭に華を添えていただきました。脇田先生には生前多くの学恩をいただいており、更に思いがけなく博物館の運営という学問以外の業務も加わり、その面でもご指導を仰ぐことが多うございました。同窓出身という勝手もお許しいただき、この様にお心のこもった御序文をお寄せ下さり、心から御礼申し上げます。

出版につきましては、永年書籍でお世話になりました藤沢書店の藤沢正明様に大きなお力添えをいただきました。「阪急古書のまち」はわが家の書斎の延長のように思い、心安らぎ好奇心をかき立てられる場所であったように存じます。また柳原出版様、第二編集室長木村京子様には、生前いろいろお世話になっており、更にこの度も刊行会の意向をお汲みいただき、快く出版のご決定を給わりましたこと心から感謝申し上げます。

刊行会は代表河崎章夫様のご人徳を得まして、鵜飼昌男様を中心とした有志チームが、団結して事を進めて下さいました。刊行会の皆様のご助言などは、チームの心強い支えだったことと存じます。会の皆様とは関大時代から公私にわたってのお付き合いをさせていただいており、その交流は今も変わらずに続いておりますことを大変嬉しく思っております。

研究に並々ならぬ思いを持ち続けた夫にとりまして、この遺稿集はどれほどの感激がありましょうか。多くの方々が夫にお寄せ下さいましたご好意・ご厚志を、私たち遺族はこの上なく有難いものと感謝申し上げ、満腔の謝辞を以てお礼の言葉とさせていただきます。

有難うございました。

大庭博子

# 編集後記

本書は、絶筆『木片に残った文字—中国木簡の世界—』を冒頭に一編として組み込み、未だ一書にまとめられていない論考から、内容の重複や学術的な価値を考慮して、先生の遺稿集として編集した。先生のご専門の広さから、構成を中国編と日本編に分け、これとは別に、今となっては先生の音容を偲ぶ上では欠かすことのできない講演録で一編を立てた。

各論考の初出と本書の関係は、以下のとおりである。

第Ⅰ部『木片に残った文字』は、先生の絶筆であり、一周忌の法要の折りに私家版として配布されたものである。その第五章「どうすれば皇帝になれるか」は、未完により自筆原稿の姿で掲載されていたが、本書では平成十三年六月二日に行われた国際日本文化研究センター（以下、「日文研」と略称）での口頭発表の内容が、報告集、笠谷和比古編『公家と武家Ⅲ—王権と儀礼の比較文明史的考察—』に採録されたことを受けて、その全文を節末に追加し、些かなりとも先生の意図した内容に近づけようとした。

第Ⅱ部「中国編」では、

「中国古代の武士の《家》」は、日文研報告集『公家と武家Ⅱ—「家」の比較文明史的考察—』（平成十一年十一月、思文閣出版）。

「講義ノート　中国法制史概説」は、この度の遺品整理によって見つかったものである。

第Ⅲ部「日本編」では、

「ブックロードの検証方法」（『奈良・平安期の日中文化交流』平成十三年九月、農山漁村文化協会）は、漢籍輸入の研究方法を説いたこの分野での総論的なものである。

「江戸時代の輸入法帖と《李氏千字文帖》」（「大阪府立近つ飛鳥博物館館報4」平成十一年三月）は、書物による日中交流史の副産物として、江戸時代の法帖を調べられた成果である。書物と同じように現物を追うことが出来そうだったが、品名に独特の略記が多く記録と現物の照合が難しい、と生前先生がこぼしておられたものである。同様の論考に「江戸時代に舶載された法帖の研究」（「書学書道史研究」8、平成十年九月）もあるが、輸入法帖の概観と具体的な成果が記されているものを本書に採録した。関西大学漢簡研究会において、私信の読解には王羲之の法帖を東晋の手紙文の例として参照すべしと助言をいただいた時、書道の作品を史料として見る視点に皆が驚かされたことが思い出される、大庭先生らしい視点の論考であろう。

以下の五点は、主に最晩年に精力を注がれた日本漢籍の還流と漂着船関係のものである。

「神宮文庫蔵貝原益軒『公私書目』」（「皇學館論叢」三三の二、平成十一年四月）。

「市橋下総守長昭について」（「関西大学東西学術研究所所報」六四、平成九年三月）。

「静岡浅間神社蔵《大象図》考証」（「皇學館大學文学部紀要」三九、平成十二年十二月）。

「日本漂着唐船の消息」（『しにか』九の一、平成十年一月）。

「復旦大学図書館蔵の『全唐詩逸』について」（「皇學館大學史料編纂所報　史料一五八」平成十年十二月）。

第Ⅳ部「講演録」では、分野を限らず先生のご講義を思い起こさせる懐かしい空間が再現されているものである。

「唐船持渡書の研究の現状と展望」は、平成九年三月の関西大学退休記念講演である（「関西大学東西学術研究所紀要」三〇、平成九年三月）。

「日本古代に輸入された中国の書籍―大神神社蔵『周書』をめぐって―」は、平成十四年一月大神神社での「三輪山セミナー」でのものである（「大美和」一〇三、平成十四年六月）。

「中国でなくなった書籍の逆輸出―佚存漢籍還流の研究―」は、関西大学東西学術研究所創立五十周年記念講演のもので、本書後半のメインともいえる玉稿である。本書では、当日配布された資料七枚をも採録し読者の便に供した（「関西大学東西学術研究所紀要」三五、平成十四年三月）。

「蔵書を通じてみた内藤湖南の学問」は、秋田県鹿角市で行われた内藤湖南先生生誕一三〇年記念文化講演会のものであり、内藤湖南を語られた珍しいものである（「湖南」第十七号、平成九年三月）。

この他に、本書には採録できなかったものとして、吉田光邦・山本七平両氏との異色の顔合わせで行われた鼎談「世界に例のない程早くから官僚制度を発達させた国、中国」があり、一九八九年九月の時点で話されている中国の問題点と、現代との比較という観点から興味深い。業界の広報誌故にあまり広く読まれていないと考えられるので、併せて紹介する（NTT出版「コミュニケーション」四の二一、平成元年九月）。


さて、これによって先生のご著書とご自身で編まれた『昭和元年生まれたち』『象と法と』の遺を拾い、ご逝去までの期間を些かなりとも補えたのではないだろうか。いずれも達意の文章や講演であり、本書を編むにあたって、先生の学問の広さに改めて敬服せざるを得ない。日中両分野にまたがる諸論考の選抜には、適切を欠くかと恐縮しているが、その責は編集の任にあたった私に帰する。読者諸氏にはお詫び申し上げ、ご寛容を乞う次第である。

最後に、遺稿集の形をとる本書の刊行に関係していただいた皆様に感謝の意を込めて、そのお力添えの様子を書き記し記念としたい。

まず、岸口好廣・田中勲・早苗良雄・松浦章・堀田善弘・上野正芳・木保恒雄の関西大学東洋史の先輩方によって、刊行会の発起人会を組織していただき、河崎章夫氏に会の代表を引き受けていただけたことがすべての核となっている。またほぼ同時に、中堅・若手の門下生、吉村昌之・一ノ瀬雄一・田中幸一・矢部正明・図師啓介・村元健一・西村克仁諸氏の協力で、時間をやり繰りしながら採録すべき諸論考の入力・校正が行われたことは、刊行の原動力であった。上記の諸先輩諸氏は、すべてが大庭先生のゼミ生ではないが、毎年正月三日に吉例となっている箕面のお宅でのお年始会のメンバーであり、いずれも関大での先生の講義で鍛えられ、公私にわたって先生のお世話になった者ばかりである。少しウェットに出版までの経緯を書かせていただくならば、本書は恩師としっかりお別れができなかった多くの「大庭っ子」の物足りなさと、先生が残された最晩年のご研究を一人でも多くの方々に読んでいただきたいという思いから出来上がったものである。ここに門下生のよきチームワークを感謝し、刊行の記念としたい。

学外からは、本書の序文を大庭博子令夫人のご紹介で、大阪歴史博物館館長脇田修先生にお引き受けいただいた。最も難航が予想された出版社の手配をはじめ、不慣れな事務局長をいつも支えて下さったのは、「阪急古書のまち」藤沢書店藤沢正明氏である。藤沢氏のご紹介で出版を引き受けてくださった柳原出版株式会社では、第二編集室長木村京子さんに丁寧なるお世話をいただいた。ここに厚く感謝を申し上げたい。

なお、このような本書の刊行にあたって、門下生の我儘に快くお付き合いいただいた大庭博子令夫人を始め、ご遺族の皆様方の温かいご理解とご協力には、お礼の申し上げようもない。私たち門下生は心からよき師にめぐり会えたと感慨を新たにするばかりである。

恩師大庭脩先生を偲んで

平成十九年十一月二十七日

大庭脩先生遺稿集刊行会

事務局長　鵜飼昌男

**大庭　脩**（おおば・おさむ）

1927年（昭和２）京都市に生まれる。1950年（昭和25）龍谷大学文学部東洋史学科卒業、1953年（昭和28）龍谷大学大学院文学研究科東洋史学科修了。関西大学文学部教授、大阪府立近つ飛鳥博物館館長、皇學館大学大学院教授、同学長を歴任。専門は古代中国法制史、日中簡牘学、漢籍輸入と受容による日中交流史。博士（文学）。1986年（昭和61）『江戸時代における中国文化受容の研究』（同朋舎出版、1984年）により日本学士院賞受賞。1998年（平成10）勲三等旭日中綬章を受章。2002年（平成14）死去、正五位に叙される。
著書に『江戸時代における唐船持渡書の研究』（関西大学東西学術研究所、1967年）、『秦漢法制史の研究』（創文社、1982年）、『漢簡研究』（同朋舎出版、1992年）、『漂着船物語』（岩波新書、 2001年）ほか多数。

木片（きぎれ）に残った文字
――大庭脩遺稿集――

二〇〇七年十一月二十七日　初版第一刷発行

著　者　大庭　脩
編　者　大庭脩先生遺稿集刊行会
発行者　柳原喜兵衛
発行所　柳原出版株式会社
郵便番号　六一五―八一〇七
京都市西京区川島北裏町七四
電話　〇七五―三八一―二三一九

印刷・製本　亜細亜印刷株式会社

ISBN978-4-8409-5019-0 C3021